Kulturweg Alpen
Sentier culturel des Alpes
Sentiero culturale delle Alpi
Senda culturala da las Alps

Der Kulturweg Alpen der Naturfreunde Schweiz wird durch Alp Action, den Schweizer Bäcker-Konditorenmeister-Verband und durch den Verkauf des Alpenbrots in den gewerblichen Bäckereien unterstützt.

Die Naturfreunde Schweiz danken den Projektpartnern für die finanzielle und ideelle Unterstützung:
Schweizer Bäcker-Konditorenmeister-Verband (SBKV)
Stiftung Alp Action

Folgende Kantone bzw. Stiftung haben die Herausgabe dieses Wanderführers unterstützt:
Kanton Bern
Kanton Luzern
Kanton Tessin
Kanton Uri
Kanton Zürich
Oertli Stiftung

Ein Dankeschön auch allen Institutionen, die mit ihrer fachlichen Kompetenz zum Gelingen dieses Führers beigetragen haben:
Inventar historischer Verkehrswege der Schweiz (IVS)
Schweizerische Gesellschaft für Kunstgeschichte (GSK)
Fonds Landschaft Schweiz (FLS)
Lia Rumantscha (LR)

Auf Internet
Informationen zu Autorinnen und Autoren
Materialien zu Büchern, Hinweise auf Veranstaltungen
Schreiben Sie uns Ihre Meinung zu diesem Buch
www.limmatverlag.ch

Das vorliegende Buch ist in französischer Sprache unter dem Titel «Sentier Culturel. Les Alpes suisses d'un bout à l'autre» erschienen und kann bezogen werden bei:
Naturfreunde Schweiz, Postfach, 3001 Bern
Fax 031 306 67 68, org@naturfreunde.ch

Umschlagfotos
oben: Crap la Crusch, Greina, René Moor
unten: Backtag in Vrin, 1942, Ernst Brunner (1901–1979)
Umschlaggestaltung, Typografie, Bildredaktion: Christof Hirtler, Altdorf
Lithos, Karten, Datenaufbereitung: Rolf Halter, von Ah Druck, Sarnen

ISBN 3 85791 330 4
Französische Ausgabe ISBN 3 9521808 0 7
Editions Amis de la Nature, Berne

KULTURWEG ALPEN

zu Fuss vom Lac Léman ins Val Müstair

Herausgegeben von den Naturfreunden Schweiz
Redaktion Herbert Gruber

Mit Beiträgen von Thomas Bachmann,
Pirmin Bossart, Christophe Büchi,
Christine D'Anna-Huber, Walo von Fellenberg,
Heidy Gasser, Herbert Gruber,
Anne-Marie Haller, René Moor und
Pirmin Schilliger

Limmat Verlag

Inhalt

Vorwort ... 6

Bevor's losgeht ... 8

1 **St-Gingolph–Montreux** ... 12
Herstellung einer Sehenswürdigkeit

2 **Montreux–Montbovon** ... 26
Der Weg als Kulturgut

3 **Montbovon–Saanen** ... 36
Ob dütsch, ob wälsch, c'est bien égal,
le même soleil schynt überall

4 **Saanen–Jaun** ... 50
Das Blut in Wallung versetzt

5 **Jaun–Oberwil** ... 60
Die Kraft der Kräuter

6 **Oberwil–Spiez** ... 70
Unterwegs mit einem Hölzigen

7 **Spiez–Innereriz** ... 82
110 Tage, 250 Kühe, 40 Schweine,
20 Geissen, 30 Tonnen Käse

8 **Innereriz–Marbach** ... 94
Treicheln singen

9 **Marbach–Flühli** ... 106
Moorschutz soll sich auszahlen

10 **Flühli–Giswil** ... 116
Zio, Lobä, zio, Lobä!

11 **Giswil–Melchtal** ... 128
Bruder Klaus – Botschafter des Verzichts

12 **Melchtal–Engelberg** ... 142
Das Wesentliche ist dem Auge unsichtbar

13 **Engelberg–Altdorf** ... 150
Lieber die Schonegg als Schissplanggenbödmer

14 **Altdorf–Gurtnellen** ... 162
So fährt die Bahn – und so geht die Zeit

15 **Gurtnellen–Andermatt** ... 176
Lawinen und Verkehrslawinen

16 **Andermatt–Airolo** 194
Den Gotthard im Kopf

17 **Airolo–Osco** 208
Mundarten – die sprechenden Archive

18 **Osco–Sobrio** 218
Die Tessiner Edelkastanie

19 **Sobrio–Leontica** 228
World-Music aus dem Bleniotal

20 **Leontica–Campo (Blenio)** 238
Val Blenio – und talwärts bis nach London

21 **Campo (Blenio)–Motterascio** 252
Die Greina – Hochland der Steine und des Wassers

22 **Motterascio–Vrin** 264
Wasserschlange

23 **Vrin–Ilanz** 272
Heilige Orte zum wechselnden Gebrauch

24 **Ilanz–Chur** 286
Ahnen der Sonne?

25 **Chur–Langwies** 300
Unterwegs auf Walserwegen

26 **Langwies–Klosters** 310
Fondei – skiliftfrei!

27 **Klosters–Lavin** 322
Lingua è cultura

28 **Lavin–Scuol** 334
Auf Safari

29 **Scuol–S-charl** 346
Jagdfieber

30 **S-charl–Müstair** 358
Grenzen? Brücken!

Distanzen und Adressen 372

Vorwort

Ein neues Modell für einen nachhaltigen Tourismus

Wege sind Spuren menschlicher Präsenz. Oder eben Kultur. Meistens scheinen sie einfach da zu sein, seit Generationen. Wir richten unseren Lauf, unser Leben danach. Wir benutzen Autobahnen, Treppenhäuser, Alpstrassen, Radwege, Römerwege... Doch Wege sind entstanden durch wirtschaftlichen und kulturellen Austausch. Menschen haben sich gesucht und Wege dazu benutzt oder geschaffen. Wege verknüpfen deshalb nicht nur verschiedene Ortschaften miteinander, sondern haben die Geschichte unserer Gesellschaft geprägt und gestaltet. Der hier vorgestellte Weg führt durch diese Geschichte(n), durch die Kulturlandschaften der Voralpen und der Alpen. Durch die Kultur von heute, entlang den Spuren von vorhin, von gestern und vorgestern.
Das Projekt «Kulturweg Alpen» ist ein gutes Beispiel dafür, wie verschiedene Partner mit unterschiedlichen Interessen, Ideen und Traditionen zusammengefunden haben. Es sind dies der Dachverband der gewerblichen Bäckereien, der Schweizer Bäcker-Konditorenmeister-Verband SBKV, die Stiftung Alp Action, welche sich dem Schutz des Alpenraumes verpflichtet, und die Naturfreunde Schweiz NFS als Tourismus-, Sport- und Umweltorganisation. Gemeinsam konnten wir den 650 Kilometer langen Weitwanderweg quer durch die Schweiz realisieren und im Herbst 1999 eröffnen. Jeder Partner lieferte dazu einen wertvollen Beitrag
Der SBKV lancierte im Mai 1998 das «Alpenbrot – das Brot zum Teilen». Es wird mit Liebe zum Handwerk und Traditionsbewusstsein aus 100 Prozent reinem Schweizer Getreide (Weizen, Roggen, Urdinkel) vom lokalen Bäcker hergestellt. Im Verkaufspreis jedes Alpenbrotes ist ein Beitrag an das Projekt enthalten. Diese Aktion ist das finanzielle Fundament, auf welchem der Kulturweg Alpen erst angelegt werden konnte.
Seit 1994 wirkt der SBKV zudem an der Seite von Alp Action aktiv an der Bewahrung des Kultur- und Naturerbes der Alpen mit. Gemeinsam wurde der Anbau alter Getreidesorten in den Alpen gefördert und die Wiederinbetriebnahme eines der ältesten Dorfbrotöfen der Schweiz – in Blatten im Lötschental (VS) – unterstützt. Die beiden Organisationen engagierten sich auch dafür, dass traditionelle Praktiken des Bäcker- und Müllerhandwerks und der Berglandwirtschaft nicht in Vergessenheit geraten. Daraus entstand schliesslich auch die Idee des Alpenbrotes.
Grundlage des Wirtschaftens in den Alpen ist seit jeher die extensive Landwirtschaft mit dem Anbau beziehungsweise der Zucht von immer seltener werdenden Pflanzen- und Tierarten. Die Stiftung Alp Action hat seit 1990 mit der

Unterstützung von zahlreichen Partnern aus der Privatwirtschaft sowie staatlicher und nichtstaatlicher Institutionen in sechs Alpenländern mehr als 140 gross angelegte Projekte durchgeführt. Ziel war immer, die lokalen Strukturen und die regionale Wertschöpfung zu stärken. Mit neuen Modellen für eine angepasste Entwicklung soll eine wirtschaftliche Basis geschaffen werden, die den Schutz und die Bewahrung des Alpenraumes mit seiner Vielfalt an Pflanzen, Tieren und Traditionen erst ermöglicht.
Die Naturfreunde Schweiz erarbeiteten die Idee eines Weitwanderwegs durch die Alpen mit der Überzeugung, dass ein nachhaltiger Tourismus nur mit attraktiven Angeboten und nachvollziehbaren Ferienerlebnissen gefördert werden kann. Wandern ist eine umweltfreundliche, sanfte Fortbewegung. Beim Wandern kann der Rhythmus des eigenen Körpers und der Zeit neu entdeckt werden. Weitwandern – das Unterwegssein während ein paar Tagen oder Wochen – verstärkt diese positiven Effekte. Gleichzeitig fördert es die Struktur des lokalen Tourismusgewerbes. Und schliesslich eröffnet der Kulturweg Alpen neue Dimensionen für die Vermarktung von erholsamen Wanderferien in der Schweiz.
Wir sind froh und stolz darüber, dass wir gemeinsam als Partner dieses ausgewogene und reife Projekt mitgetragen haben und nun in Form dieses Buches präsentieren können. Wir wünschen allen, die sich am Kulturweg Alpen wandernd erfreuen, angenehme und schöne Zeit unterwegs.

Sadruddin Aga Khan
Präsident
Alp Action

Renaldo Nanzer
Direktor
Schweizer Bäcker-Konditorenmeister-Verband SBKV

Peter Glauser
Zentralsekretär
Naturfreunde Schweiz
NFS

Bevor's losgeht

Der Beschrieb des Kulturwegs Alpen quer durch die Schweiz ist in 30 Kapitel aufgeteilt. Diese sind in drei Teile gegliedert:

1. Wander- und Reiseinformationen
2. «unterwegs»
3. Thema

Den Wander- und Reiseinformationen beigefügt ist ein Kartenausschnitt (1:100 000). Darauf eingezeichnet der Routenverlauf des Kulturwegs. Zusammen mit dem Wegbeschrieb, den Angaben von Zeiten und Distanzen, zum Schwierigkeitsgrad sowie den Auf- und Abstiegen reichen diese Informationen für eine Wanderung vollkommen aus.
Die Gliederung in Streckenabschnitte erleichtert zudem das Bestimmen des nach eigenem Gutdünken angesetzten Start- und Zielorts. Jene, die darüber hinaus nach weiteren Orientierungsmöglichkeiten suchen, beachten die Hinweise auf den Landeskarten 1:25 000 und 1:50 000.

offizielle Route

Variante

SACHSELN
Abschnittsort

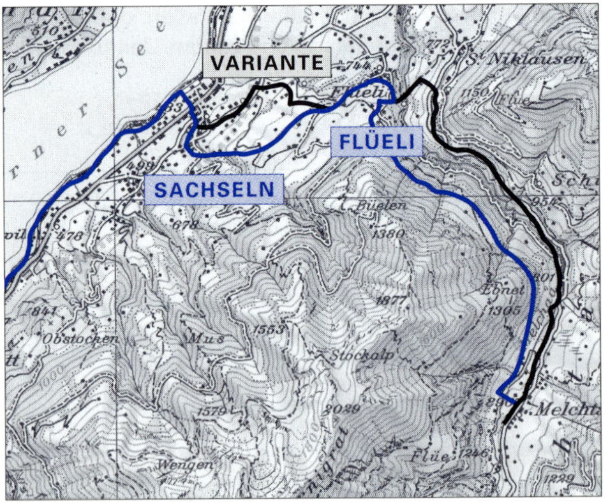

L	Schwierigkeitsgrad leicht. Gut begehbarer Weg. Wander- oder Trekkingschuhe erforderlich.
MS	Schwierigkeitsgrad mittelschwer. Der Weg führt durch steiles Gelände, Geröllhalden oder weist andere Schwierigkeiten auf. Kinder müssen unter Umständen an die Hand genommen werden. Trittsicherheit, Wander-, Trekking- oder Bergschuhe erforderlich. Bei schlechtem Wetter ist mitunter auf das Begehen dieses Abschnittes zu verzichten.
◷	Reine Wanderzeit. Gruppen sowie Erwachsene mit Kindern sollten eher mehr Zeit veranschlagen.
→	Distanz in Kilometern
↗	Aufstieg in Metern
↘	Abstieg in Metern
Route	Routenbeschrieb mit den wichtigsten Wegweiserstandorten. Die aufgeführten Ortschaften beziehen sich auf die Landeskarte der Schweiz 1:50 000. In der Regel ist der Kulturweg Alpen durchgehend gelb oder rot-weiss-rot markiert. Wo die Beschilderung (Stand 1998) ungenügend ist, wird die Route ausführlicher beschrieben. Siehe auch Routenverlauf auf der im jeweiligen Kapitel abgebildeten Karte im Massstab 1:100 000.
Variante	Alternativen sind alphabethisch aufgeführt. Die angegebene Wanderzeit in Klammern bezieht sich auf das Begehen der Variante.
Abkürzen	Abkürzungsmöglichkeiten mit Bahn, Bus, Seilbahn, Taxi oder Schiff
Anreise	Anreisemöglichkeiten mit öffentlichen Verkehrsmitteln
/	Schrägstrich zwischen zwei Ortschaften, Transportmitteln bzw. Kursbuchfeldern bedeutet «oder».
(320)	Fahrplanfeld im offiziellen Kursbuch der öffentlichen Verkehrsmittel
Rückreise	Rückreisemöglichkeiten mit öffentlichen Verkehrsmitteln
Service	Auskunft über Restaurants, Lebensmittelläden, Post und Bank vorhanden? Zu beachten: In kleinen Dörfern sind Lebensmittelläden oft nur stundenweise geöffnet.

Schlafen

Auswahl an Unterkunftsmöglichkeiten pro Ortschaft. Die erstgenannte Unterkunft ist die teuerste (max. ***), die letztgenannte die günstigste (Basis: Matratzenlager, Naturfreundehaus oder Jugendherberge). Wo Hotels über Matratzenlager verfügen (in Prospekten oder vor Ort oft als «Touristenlager» oder «Lager» bezeichnet), ist dies in Klammern vermerkt.
Zu beachten: Nicht alle Pensionen und Hotels haben auf bargeldlose Bezahlung umgestellt. Während der Hauptwandersaison (Sommer und Herbst) empfiehlt es sich, die Unterkunft im voraus zu reservieren. Eine Telefonnummern- und Internetadressen-Liste der Verkehrsvereine mit weiteren Übernachtungsangeboten findet sich auf den Seiten 372 bis 375.

Jahreszeit

Günstigste Jahreszeit. Bei Wanderungen zu Beginn oder gegen Ende der aufgeführten Periode empfiehlt sich die vorherige Kontaktnahme mit dem Verkehrsbüro.

Karten

Die diesen Abschnitt abdeckenden Kartenblätter des Bundesamtes für Landestopografie mit Blattnummer und Kartenname. Karten im Massstab 1:50 000 weisen dreistellige Nummern auf (grüne Kennfarbe). Karten mit vierstelligen Nummern weisen auf den Massstab 1:25 000 hin (braune Kennfarbe). 1:50 000er Blätter mit dem Zusatz (T) sind auch als Wanderkarten (gelbe Kennfarbe) erhältlich.

Spezielles

Nützliche Hinweise.

Col de Jaman: Blick auf Genfersee und Savoyer Alpen.

1 ST-GINGOLPH – MONTREUX

St-Gingolph, Bahnhof (386 m) – Villeneuve, Bahnhof (375 m)

L	◷ 3 h 00 ➔ 12,6 km ↗ 170 m ↘ 181 m
Route	Ab Bahnhof St-Gingolph Richtung Bouveret. Vorerst durch ein Aussenquartier hoch zum Wald und nach Bouveret absteigen. Dem See entlang zum Bahnhof Bouveret. Ab hier Richtung Villeneuve. Bei Regen kann der Weg durch das Naturschutzgebiet Les Grangettes sehr sumpfig sein. Ansonsten recht viel Hartbelag.
Abkürzen	Bouveret – Villeneuve mit Schiff (3151)
Anreise	Bahn Brig/Lausanne – St-Maurice (100) Bus/Bahn St-Maurice – St-Gingolph (130)
Rückreise	Bahn Villeneuve – Lausanne/Brig (100.1)

Service	Restaurants, Lebensmittelläden, Post in St-Gingolph, Bouveret und Villeneuve
Schlafen	Hôtel du Soleil***, Villeneuve, Tel. 021 960 42 06 Hôtel de l'Aigle, Villeneuve, Tel. 021 960 10 04 Jugendherberge, Territet-Montreux (mit Trolleybus ab Villeneuve bis Territet), Tel. 021 963 49 34
Jahreszeit	Januar–Dezember (für die Beobachtung der Vogelwelt in Les Grangettes besonders März–Juli)
Karten	262 (T) Rochers-de-Naye; 1264 Montreux
Spezielles	Für einen Abstecher ins französische St-Gingolph Pass mitnehmen.

Villeneuve, Bahnhof (375 m)–Montreux, Bahnhof (396 m)

L	◷ 1 h 10 → 5,4 km ↗ 29 m ↘ 8 m
Route	Vom Bahnhof Villeneuve zur Hauptstrasse und zur Schifflände. Auf der Seepromenade am Schloss Chillon vorbei nach Montreux. In Montreux 100 Meter nach Schifflände rechts zur Hauptstrasse und über die Escaliers de la gare hoch zum Bahnhof.
Abkürzen	Villeneuve–Montreux mit Schiff (3151)
Anreise	Bahn Brig/Lausanne–Villeneuve (100.1)
Rückreise	Bahn Montreux–Lausanne/Brig (100)
Service	Restaurants, Lebensmittelläden, Post, Bank in Montreux
Schlafen	Hotel «Golden Pass Terminus»***, Montreux, Tel. 021 963 12 31 Hostellerie «Du Lac»**, Montreux, Tel. 021 963 32 71 Hotel «La Rouvenaz», Montreux, Tel. 021 963 27 36 Jugendherberge, Territet-Montreux (direkt am Weg), Tel. 021 963 49 34
Jahreszeit	Januar–Dezember
Karten	262 (T) Rochers-de-Naye; 1264 Montreux

unterwegs...

St-Gingolph Das Dorf «sitzt» rittlings auf der schweizerisch-französischen Grenze. Das französische St-Gingolph war ab 1939 unter italienischer Besatzung, später unter deutscher. 1944 wurden acht franz. Staatsangehörige, darunter der Pfarrer erschossen. Am 23. Juli 1944 durch Nazi-Truppen bombardiert, Schweizer Grenzbeamte wiesen Flüchtlinge ab. St-Gingolphs katholische Kirche steht auf Savoyer Boden, auf der französischen Seite. Sie untersteht dem Bistum Annecy und dient den Gläubigen beider Ortsteile. Hoch- und Seitenaltäre im Übergangsstil von Rokoko zu Louis XVI.
Kapelle St. Famille: Erbaut 1677 auf Walliser Boden. Realisiert durch die Familie Riedermatten. Barock, mit spitzem Turm. *Château:* Ebenfalls auf Schweizer Seite, erbaut 1588 durch die Familie Riedmatten, 1995 renoviert. Das Schloss diente im Verlauf der Geschichte verschiedensten Zwecken – auch als Wohn-, Schul- und Gemeindehaus. Seit 1982 darin untergebracht das Musée des Traditions. Nebst der lokalen Ortsgeschichte geht das Museum ein auf die kommerzielle Schiffahrt auf dem Genfersee vom 15. bis ins 20. Jahrhundert. Zu sehen typische Genfersee-Barken. *Öffnungszeiten: jeweils 1. und 3. Sa pro Monat 15–17 Uhr; Juli/August täglich ausser Mo.*
Kastanien: Bäume und deren Früchte sind nicht ohne Besitzer. Ein altes Gesetz sagt, Kastaniensammeln im Hain östlich des Dorfes sei allein den Bewohnern St-Gingolphs gestattet...

Bouveret Einst Grenzort zwischen Wallis und damals bernischem Waadtland. Gehört zur Gemeinde Port-Valais. Der 1659 eröffnete *Canal Stockalper* (heute Entwässerungskanal) erschloss dem Wallis Zugang zum Genfersee. Bouveret ist geprägt durch Sommertourismus: Swiss Vapeur Parc (Miniatur-Eisenbahn-Anlage), Aquaparc, Schifflände. Anlegeplätze für rund 600 Boote. Zahlreiche Segelboote.

Vogelreservat Les Grangettes: Reiherente. Graureiher.

Les Grangettes Flussdelta der alten Rhone. Wasser- und Zugvogelreservat von internationaler Bedeutung. Ausgedehnte Schilf- und Auengebiete, das Reservat umfasst zudem eine weite Wasserfläche (Schiffahrt verboten). Winterquartier zahlreicher Wat- und Wasservögel. Über 265 Vogelarten nachgewiesen, u.a. Schwarzstorch, Zwergschwan und Eistaucher. In den Grangettes leben Füchse, Dachse, Iltisse, Hasen und viele Fledermausarten. Nachgewiesen 27 verschiedene Libellenarten, daneben selten gewordene Schmetterlingsarten, u.a. Grosser Eisvogel, Grosser Schillerfalter und Violetter Silberfalter. Das Naturschutzgebiet Grangettes erstreckt sich von Bouveret bis nach Villeneuve.
Wesentlich zum Schutz für die Grangettes beigetragen hat die Schoggitaler-Aktion 1970 des damaligen Schweizerischen Bundes für Naturschutz und des Schweizer Heimatschutzes. Seit 1989 bemüht sich die Fondation des Grangettes um den Erhalt des Gebiets.

Lac Léman Mit einer Fläche von 582 km^2 grösster See der Alpen, 73 km lang, 14 km breit und bis 310 m tief. Abfluss in die Rhône bei Genf, seit 1713 durch ein Damm- und Schleusensystem geregelt. Der See enthält rund 89 Kubikkilometer Wasser. Seespiegel auf 375 m. Auf dem Lac Léman verkehren 16 Kursschiffe, darunter acht mit Schaufelrad. Aushängeschilder der Flotte sind die Dampfschiffe La Suisse, Le Simplon, Le Rhône und La Savoie. Angelaufen werden auf französischer und Schweizer Seite 42 Häfen, so Le Bouveret, Château de Chillon und Montreux. Die von vielen Halts unterbrochene Schiffahrt von St-Gingolph nach Genf dauert gut fünf Stunden.
Bisenböen von über 100 Stundenkilometern sind auf dem See keine Seltenheit. Für die auf und um den See herrschenden Winde haben die Bewohner der Gegend ebenso viele Namen gefunden: Joran, Bornan, Brise de terre, Vent blanc, Rebat, Séchard, Morget de neide, Vaudaire und viele mehr.

Villeneuve *La ville neuve de Chillon:* Neue Stadt östlich von Schloss Chillon, 1214 durch die Grafen von Savoyen

gegründet. Wichtiger Handelsplatz und Stützpunkt der savoyischen Genferseeflotte. 1536 durch die Berner erobert. *Grand-Rue:* Im Zentrum attraktive Hauptstrasse und zwei parallele Nebenstrassen. Häuser aus dem 18. und 19. Jahrhundert, bei der Kirche Reste der ehemaligen Schanzanlagen. *Ref. Pfarrkirche:* Anstelle einer früheren Filiale der Zisterzienserabtei Haut-Crêt; Baubeginn für die heutige, dreischiffige Kirche um 1200, weitgehend romanisch. *Hôtel de Ville:* Ehemals Spitalkirche Notre-Dame und Pilgerherberge, umgestaltet 1876 und fortan als Rathaus benutzt. Im heutigen, neogotischen Bau die ehem. Kapelle Notre-Dame aus dem 13. Jh.
Weinbau: 618 000 m^2 umfasst das Weinbaugebiet der Gemeinde Villeneuve. Zwei Drittel (444 000 m^2) sind mit Chasselas-Trauben bepflanzt, aus denen die typischen – spritzigen und wenig süssen – Waadtländer Weissweine gepresst werden. Daneben gedeihen Pinotnoir und Gamay, zwei Gewächse, aus denen Rotwein gewonnen wird, und einige lokale Rebsorten. Südöstlich von Villeneuve das Weingebiet von Yvorne, westlich jenes von Vevey–Montreux. Wie die meisten Waadtländer Weissweine ist jener von Villeneuve am besten jung und frisch zu trinken. Da und dort Möglichkeiten zum Direktkauf.

Weinbaukultur: Wird um Villeneuve seit mindestens 1000 Jahren gepflegt.

Château de Chillon Eine der schönsten mittelalterlichen Befestigungsanlagen der Schweiz. Reicht zurück ins 9. Jahrhundert. Unter den Savoyer Grafen Thomas I. und Pierre II. wurde das Schloss im 12. und 13. Jahrhundert nach und nach ausgebaut und verschönert. Später bernische Bastion und Bastille, siehe Seite 18 ff.
Öffnungszeiten: Täglich 10–16 Uhr, im Sommer nachmittags auch länger. Tel. 021 963 39 12.

Montreux Die Film- und Musikindustrie verbreitet den Namen Montreux weltweit. An den Casino-Brand (1971) während eines Frank-Zappa-Konzerts erinnert der Rockhit «Smoke on the Water» von Deep Purple. Das Montreux Jazz Festival findet jeweils im Juli statt.
Montreux mit seinem milden Klima – es wachsen Palmen und Bananenstauden – erlebte bereits im 19. Jahrhundert ein fulminantes Wachstum. Dem damaligen Touris-

musgeschäft verdankt die Grossgemeinde diverse Hotelpaläste im Rivierastil. Als Art-nouveau-Bau sehenswert ist das 1904 am Quai erbaute *Hôtel Montreux-Palace* (Architekt: Eugène Jost). Im ersten Stock Café-Restaurant mit ortsüblichen Preisen.

Territet: Im ehemaligen Englischen Friedhof ruht der aus Frankfurt stammende Apotheker und Chemiker Henri Nestlé (1814–1890). In seinen späten Jahren lebte er in Glion über Montreux. Das Headquarter des heutigen Nestlé-Konzerns ist in Vevey. Im *Grand-Hôtel,* erbaut 1877, das Musée suisse de l'audiovisuel *(Audiorama).* Anhand von vielen hundert Beispielen zeigt es die Entwicklung von Radio und Fernsehen. *Öffnungszeiten: Täglich ausser Mo 13–18 Uhr.*

Clarens: Villa Karma, erbaut 1906 durch den Österreicher Adolf Loos. Auf dem Friedhof von Clarens, an der Avenue Rambert, das Grab des russisch-amerikanischen Schriftstellers Vladimir Nabokov (1899–1977). Zusammen mit seiner Frau Vera lebte Nabokov ab 1964 in Montreux. Sein Roman «Lolita» gilt als Klassiker. Im Weinberg oberhalb von Clarens der *Châtelard,* ein mittelalterliches Schlösschen, dessen Turm norditalienischen Einfluss verrät.

Musée: In der Altstadt das Musée du Vieux Montreux, untergebracht in einem Haus aus dem 17. Jahrhundert. Bietet Einblicke in die Entwicklung Montreux' zur internationalen Tourismus-Destination. *Öffnungszeiten: April–Oktober 10–12 und 14–17 Uhr, Tel. 021 963 13 53*

Seit 1966 alljährliches Sommerereignis in Montreux: Jazz Festival.

Herstellung einer Sehenswürdigkeit

Wie Schloss Chillon zu Schloss Chillon wurde

Schloss Chillon, Südansicht. Ehemaliges Schlossgefängnis: Kerker für den Genfer Prior François Bonivard.

Nehmen wir an: An einem hellen Tag im finsteren Mittelalter ritt der Graf von Savoyen mit seinem Tross um den Lac Léman ins Waadtland. Nachdem er das östliche Ende des Sees hinter sich gelassen hatte, kam der Trupp an eine Stelle, wo der Fels fast bis ans Wasser reicht und der Durchgang eng wird. Der Graf hiess absitzen, zeigte auf ein Inselchen, auf dem sich ein Turm erhob, und sprach: «Lasst uns hier eine Burg und ein Zollhaus bauen!»

Der Savoyer wusste, wie man eine Sehenswürdigkeit herstellt. Darum liess er nicht irgendeine mickrige Burg bauen, sondern ein richtiges Wasserschloss. Er ahnte nämlich, dass sich die Befestigungsanlage in späteren Zeiten, wenn die Druckerkunst erfunden sein sollte, auf Ansichtskarten sehr vorteilhaft ausnehmen würde.

Die Grafen von Savoyen waren im Hochmittelalter ein bedeutendes Adelsgeschlecht. Sie herrschten über den Grossen Sankt-Bernhard, die Passstrasse zwischen Aosta und Martigny, eine der bestfrequentierten Alpenübergänge der damaligen Zeit. Ihr Ehrgeiz war es, die Nord- und die Südseite der Alpentransversale zu kontrollieren, denn damit liess sich viel Geld verdienen. Die Gründung von Schloss Chillon war ein Teil dieser Politik, denn Chillon lag auf dem Weg zwischen Martigny und Lausanne. Als jedoch die Innerschweizer im 13. Jahrhundert den Gotthardpass erschlossen, verlor der Sankt-Bernhard an Attraktivität, trotz der einschlägigen Lawinenhunde mit dem Fässchen am Hals. Für den Savoyer Passstaat begann der wirtschaftliche Niedergang.

Schloss Chillon verlor im Spätmittelalter an Bedeutung. Auch kam es in späteren Jahrhunderten immer wieder zu Seuchen, die der Bevölkerung zusetzten. Wenn wieder einmal die Pest umging, veranstalteten die christ-

lichen Waadtländer ein Pogrom: Die einheimischen Juden wurden verfolgt, im Schloss eingesperrt und umgebracht. Weil die Seuchen früher oder später zu Ende gingen, waren die Behörden überzeugt, dass sie wirkungsvolle Epidemiebekämpfung betrieben hatten.

Gefangene Um Schloss Chillon, die «Bastille» der Savoyer, begannen gruselige Geschichten zu zirkulieren. Man erzählte sich, dass die Kerkergruft durch das Heben einer Schiebetür unter Wasser gesetzt werden konnte und manch ein Häftling so ersäuft wurde. Einer der Gefangenen war der Genfer Prior François Bonivard. Er wurde 1532 in Chillon eingekerkert, weil er seine Landsleute gegen die Savoyer Herren aufgehetzt hatte. Um Genf zu befreien, rief er die Eidgenossen zu Hilfe.
Für die Savoyer kam dies Hochverrat gleich. Vom rechtlichen Standpunkt hatten sie nicht einmal ganz unrecht, aber das hinderte die eidgenössische Propaganda nicht daran, das tyrannische Regime Savoyens anzuprangern. Die schweizerische Public-Relations-Kampagne war nicht ganz uneigennützig: Ohnehin wollten die Eidgenossen, allen voran die Berner, das Waadtland in Besitz nehmen. Schon ein halbes Jahrhundert zuvor waren sie in den Burgunderkriegen ins Waadtland eingedrungen und hatten festgestellt, dass es am Genfersee wärmer ist als an der Aare.
1536 erklärte Bern Savoyen den Krieg. Mit einigen tausend Mann zog der bernische Säckelmeister Hans-Rudolph Nägeli in den Milden Westen. Die Eidgenossen galten als Brutalos, die keine Gefangenen machten. Ihre Reputation war so schlimm, dass die Savoyer ihnen Hunderte von Waadtländer Städten und Schlössern fast kampflos überliessen.
Auch Schloss Chillon wurde eingenommen, nachdem die Berner mit ihren am steilen Hang aufgestellten Kanonen einige Löcher ins Schlossdach geschossen hatten. Der Häftling Bonivard wurde aus der finsteren Schlossgruft befreit. Man erzählte, er habe sich zuerst geweigert, ans Tageslicht zu gehen. Den Bernern gefiel das Schloss Chillon ungemein. Sie reparierten das Dach und machten sich daran, dem feuchten und etwas baufäl-

ligen Bauwerk ein bisschen Berner Wohnlichkeit und Gemütlichkeit zu verpassen. Sie setzten einen «Vogt von Vevey und Hauptmann von Chillon» als Schlossherrn ein und pinselten einen grossen Berner Bär auf die Schlossmauer, damit das Ganze ein bisschen Gattung machte.

Touristen Unter der neuen Herrschaft entdeckte das Waadtland den Tourismus. Die Berner verstanden etwas von Fremdenverkehr, denn schliesslich waren sie ja selbst Fremde im Land. Landauf, landab priesen sie das angenehme Leben am Lac Léman, so dass die meisten Berner Patrizier eine Zeitlang als Vogt ins Waadtland gehen wollten. Auch Berner Bauern gingen massenweise in den Westen und blieben dort, selbst wenn es noch keinen Eisenbahntunnel bei Chexbres gab, wo die Deutschschweizer bekanntlich ihr Retourbillett aus dem Waggonfenster werfen.

Jean-Jacques Rousseau.

Ein Bestseller-Autor des 18. Jahrhunderts machte Chillon gar in ganz Europa bekannt. Der Genfer Jean-Jacques Rousseau hatte eine Zeitlang versucht, in Paris Karriere zu machen, doch schliesslich hatte er genug von der versnobten Pariser Gesellschaft und wandelte sich zum Herold der «freien Natur». Auf seinen Wanderungen kam Rousseau auch in die Gegend von Montreux und Chillon – sie schien ihm eine Art Paradies auf Erden. Sein Briefroman «La Nouvelle Héloïse», ein Bestseller, der die Liebe eines adligen Waadtländer Fräuleins zu ihrem unadligen Privatlehrer erzählt, spielt in Clarens bei Montreux, und eine besonders ergreifende Szene hat Schloss Chillon zum Hintergrund.
Rousseaus Ruhm war so gross, dass Franzosen und Engländer in grosser Zahl aufbrachen, um am Genfersee auf Jean-Jacques' Spuren in unberührter Natur lustwandeln zu können. Die Waadtländer «Riviera» wurde zum Katmandu des Rokoko und der Romantik. Unterdessen freilich waren hier auch die ersten Privatbanken entstanden, wo die europäische Aristokratie ihr Geld, und die ersten Privatschulen, wo sie ihre Söhne und Töchter deponieren konnte. Und schliesslich hatten clevere Ärzte und Quacksalber den Gesundheitstourismus am Léman in Gang gesetzt.

Das einst so furchteinflössende Schloss Chillon wurde zu einer Touristenattraktion. An den Wänden, wo Bonivard und andere Gefangene ihre Kritzeleien hinterliessen, verewigten jetzt vornehme Touristen ihre Namen. Als Landvogtsitz hatte das Schloss inzwischen ausgedient: Die Berner Landvögte hatten trotz Seeanstoss genug vom feuchten Gemäuer und wechselten auf eine Residenz nach Vevey. Als militärische Verteidigungsanlage hatte das Schloss seit dem Aufkommen der Artillerie ohnehin ausgedient. Auch der Kerker wurde nur noch gelegentlich benützt. Denn inzwischen war man aufgeklärt und human geworden und folterte nur noch gelegentlich ein bisschen.

Nach der Französischen Revolution wechselte das Schloss einmal mehr den Besitzer. 1798, neun Jahre nachdem das Volk von Paris die Bastille gestürmt hatte, beschloss General Napoleon Bonaparte, den störrischen Eidgenossen mit Waffengewalt liberté et égalité beizubringen. Die französische Armee wurde losgeschickt, um der Schweizer Fremdenverkehrsbranche die Ehre zu erweisen. Als die französischen Truppen schon an der waadtländischen Grenze standen und den Berner Aristokraten angst machten, erinnerten sich die Waadtländer Untertanen plötzlich daran, dass sie eigentlich unfrei waren, und machten eine kleine Revolution: Sie pflanzten Freiheitsbäume, setzten sich Kokarden aufs Haupt und drückten den Berner Landvögten ein Billett Bern einfach in die Hand.

Die Berner verliessen, enttäuscht über soviel Undankbarkeit, kampflos die Waadt. Die Franzosen okkupierten hierauf die Eidgenossenschaft, wonach «die eine und untheilbare Helvetische Republik» ausgerufen wurde. Schloss Chillon, die «Bastille» der Berner, ging in den Besitz des Canton du Léman über – so hiess die Waadt jetzt. Der Berner Bär auf der Schlossmauer wurde überpinselt, aber so schnell und oberflächlich, dass man ihn heute noch sieht. Was zeigt, dass die Waadtländer zwar gelegentlich eine Revolution machen, aber mit Mass und ohne zuviel Sachschaden anzurichten.

Überhaupt wollten sich die verstockten Schweizer nicht so recht mit den neuen revolutionären Zuständen an-

Schloss Chillon: Grosser Saal des Burgvogts.

freunden. Deshalb machte Napoleon 1803 die Helvetische Republik wieder zu einem lockeren Staatenbund. Schloss Chillon gehörte jetzt dem neugegründeten Canton de Vaud, der hier ein Pulverdepot und Waffenarsenal einrichten sollte. Und weil die Waadtländer Sinn für Humor haben, setzten sie einen Mann zum Verwalter ein, der unter den Bernern einige Zeit in Schloss Chillon gefangen war, weshalb er die Örtlichkeiten gut kannte.

Romantiker Im Jahr 1816 segelten zwei englische Touristen Richtung Chillon. Sie führten die «Nouvelle Héloïse» bei sich und trugen ziemlich lange Haare. Der eine hiess Shelley, der andere Lord Byron. Der hatte soeben einen handfesten Londoner Gesellschaftsskandal produziert, indem er seine Frau verliess und mit seiner Halbschwester eine Liaison unterhielt. Too much, fand die Londoner Gesellschaft. Byron zog es deshalb vor, nach Genf zu reisen, wo sein Freund Shelley wohnte, der auch ein Dichter war und eine nette Frau hatte.

George Gordon
Lord Byron.

An einem verregneten Sommertag warfen die beiden beim Schloss den Anker. Sie liessen sich den Kerker zeigen mitsamt der Säule, wo Bonivard einst angekettet war. Von draussen drang Gerausch von an den Fels klatschendem Wasser hinein. Spinnetze hingen an der Wand, was die beiden Engländer heimelig anmutete. Da entstand in Lord Byrons Hirn ein Gedicht – das Gedicht vom Gefangenen Bonivard, der jahrelang um der Freiheit willen im Kerker sass und am Schluss seinen Kerker zu lieben begann. Vielleicht ist die Welt ein grosser Kerker und der Kerker die freie Welt?
In den darauffolgenden Tagen schrieb Byron seine Verserzählung «The prisoner of Chillon» nieder. Es wurde unter der romantischen Jugend zu einem Hit und machte Schloss Chillon endgültig zum Begriff: Victor Hugo kam, Alexandre Dumas kam, die Engländer kamen, die Deutschen auch.

Verkehr Der Pfad, der am Schloss Chillon vorbeiführte, wurde nach und nach ausgebaut, denn immer mehr Kutschen verkehrten jetzt zwischen Lausanne und dem Wallis. Nach der Gründung des Bundesstaates wurde auch eine Eisenbahnlinie dem See entlang gebaut, die sich zwischen Schloss Chillon und der Strasse durchzwängte. Leider wirkte das Schloss danach nicht mehr ganz so furchteinflössend wie einst, dafür wurde es pittoresk. Der Kommunarde Gustave Courbet malte das malerische Schloss während der Zeit seines Exils mehrere Male. Die Eisenbahnlinie aber liess er weg.
Doch der Fortschritt war jetzt endgültig ausgebrochen. Nach der Eröffnung der Simplonlinie donnerte der Orient-Express haarscharf am Schloss vorbei: für Gratiswerbung war gesorgt.
Als das Automobil kam, wurde die Strasse, die am Schloss vorbeiführte, noch mehr verbreitert. Und als dies nicht mehr genügte, baute man die Autobahn, die das Schloss in einem hohen Bogen überspannt. Das Autobahn-Viadukt raubte dem Wasserschloss den letzten Rest von Majestät. Von der Autobahn aus wirkt das Schloss in Briefmarkengrösse fast wie ein Modell aus Suisse-miniature.

Inzwischen steht Schloss Chillon auch nicht mehr einsam in der Landschaft, sondern ist von der Agglomeration Montreux eingeholt worden. Diese hat sich in den letzten Jahren nach allen Richtungen ins umliegende Land hineingefressen, wobei sich die Häuser nicht mehr eng zusammenschmiegen wie im Mittelalter. Schön über die Landschaft verzettelt stehen sie: Rousseaus «unberührte Natur» gehört der Vergangenheit an. Rousseau ist inzwischen ausgewandert – möglicherweise auf eine Südseeinsel oder nach Alaska, er hat keine Adresse hinterlassen.

Christophe Büchi

Lesen:
George Gordon Lord Byron: Der Gefangene von Chillon.
In: Sämtliche Werke, Band 1, Winkler Verlag, München 1978.
Mielsch Hans-Ulrich: Sommer 1816. Lord Byron und die Shelleys am Genfersee. Verlag NZZ, Zürich 1998.
Vollenweider Alice: Schweizer Reise, Literarischer Reiseführer durch die heutige Schweiz. Wagenbach Verlag, Berlin 1993.

2 MONTREUX – MONTBOVON

Montreux, Bahnhof (396 m) – Les Avants, Bahnhof (968 m)

L	1 h 50 → 4,8 km ↗ 602 m ↘ 30 m
Route	Der genaue Ausgangspunkt (Hauptwegweiser) dieses Abschnittes befindet sich über dem Gleis 8 im Bahnhof Montreux. Ab hier Richtung Gorge du Chauderon–Les Avants. Vorerst durch die kleine Altstadt von Montreux, dann durch die imposante Schlucht von Chauderon. Vom hinteren Talgrund steil hoch nach Les Avants. Vorsicht bei Nässe in der Schlucht!
Abkürzen	Montreux–Les Avants mit Bahn (120.1)
Anreise	Bahn Brig/Lausanne–Montreux (100)
Rückreise	Bahn Les Avants–Montreux/Zweisimmen (120/120.1)
Service	Restaurants, Lebensmittelladen, Post in Les Avants
Schlafen	«Hôtel de Sonloup», Les Avants, Tel. 021 964 34 31 (mit Standseilbahn ab Les Avants) Hôtel «Helioda», Les Avants, Tel. 021 964 39 50

Jahreszeit	April–November
Karten	262 (T) Rochers-de-Naye; 1264 Montreux

Les Avants, Bahnhof (968 m) – Col de Jaman, Passhöhe (1512 m)

L	◷ 1 h 40 ➔ 3,8 km ↗ 574 m ↘ 30 m
Route	Ab Bahnhof Les Avants auf Fahrstrasse Richtung Col de Jaman. Nach ca. 30 Min. markante Abzweigung nach rechts. Auf dem Fussweg leicht absteigen und dann zum Teil recht steil, immer wieder das Passsträsschen schneidend, hoch zum Col de Jaman.
Anreise	Bahn Montreux/Zweisimmen–Les Avants (120/120.1)
Rückreise	keine Möglichkeit
Service	Restaurant auf dem Col de Jaman
Schlafen	Cabane CAS «Jaman», Col de Jaman, Tel. 021 922 68 19/ 021 943 34 30 (Reservation obligatorisch) Restaurant «Le Manoïre», Col de Jaman, Tel. 021 964 63 30
Jahreszeit	Juni–Oktober
Karten	262 (T) Rochers-de-Naye; 1264 Montreux

Col de Jaman (1512 m) – Montbovon, Bahnhof (797 m)

L	◷ 2 h 40 ➔ 9,7 km ↗ 125 m ↘ 840 m
Route	Ab Col de Jaman auf Fahr- und Fusswegen nach Les Cases absteigen und auf Fahrstrasse Richtung Montbovon. In Allières befindet sich die leicht übersehbare Abzweigung zur historischen Brücke «Pont du Pontet» ca. 700 Meter nach der alleinstehenden, modernen Kapelle. Dieser Abschnitt ist durchgehend mit braunen Wegweisern «Sentier historique No. 2» markiert.
Abkürzen	Les Cases/Allières – Montbovon mit Bahn (120)
Anreise	keine Möglichkeit
Rückreise	Bahn Montbovon – Montreux/Zweisimmen (120)/Bulle (256)
Service	Restaurants in Allières und Montbovon; Lebensmittelladen, Post, Bank in Montbovon
Schlafen	Hôtel «Jaman», Montbovon, Tel. 026 928 11 30 Hôtel «De la Gare», Montbovon, Tel. 026 928 10 88
Jahreszeit	Juni–Oktober
Karten	262 (T) Rochers-de-Naye; 1244 Châtel-St-Denis, 1245 Château-d'Oex, 1264 Montreux

unterwegs...

Gorges du Chauderon: Aufstieg nach Les Avants.

Gorges du Chauderon Durch die Baye de Montreux gebildete Schlucht. Beidseitig nahezu senkrechte, moosbewachsene Felswände, zahlreiche Wasserfälle und Felswannen – bildet einen landschaftlichen Höhepunkt der Route über den Jaman. An einigen Stellen ist der Wanderweg mit Drahtseilen gesichert.

Les Avants Der Aufstieg von Les Avants zum renommierten Kurort hat viel mit der Eröffnung der Eisenbahnstrecke Montreux–Berner Oberland zu tun. Auf ein gegenseitiges Entgegenkommen der Sprachgruppen verweist der Name der Bahn: Montreux-Oberland-Bernois-Bahn (MOB). Seit 1903 ist Les Avants per MOB von Montreux aus zu erreichen, ein Jahr später erfolgte der Durchstich durch den Col de Jaman und damit die Verbindung ins Pays d'Enhaut und Saanenland. Das MOB-Streckennetz Montreux–Gstaad–Zweisimmen–Lenk misst 75 km, dazu gehören 18 Tunnels und 63 Brücken.

Col de Jaman Verbindung von Greyerzerland und Pays d'Enhaut mit dem Genferseegebiet. Der Verkehrsweg über den Col de Jaman (1512 m) wurde bis 1880 gut frequentiert. Die Eröffnung der Eisenbahnlinie durch den Jamantunnel (1903) machte ihn für den Warentransport überflüssig. Noch Ende des 17. Jahrhunderts wurden via Schiffshafen Vevey jährlich 1000 Tonnen Käse exportiert, ein Sechstel davon gelangte über den Jamanpass an den Genfersee. *Kontinentale Wasserscheide:* Mit der Baye de Montreux fliessen die Wasser in den Genfersee und via Rhône ins Mittelmeer, via Hongrin, Sarine/Saane, Aare und Rhein in die Nordsee.
Vogelzug: Im Gebiet um den Jaman brüten zahlreiche Vogelarten, darunter Steinadler, Turmfalke, Hasel-, Birk- und Steinhuhn. Im Herbst (ca. Oktober) wird der Pass in grossen Schwärmen von Zugvögeln (zahlreiche Finken) überflogen. Die Vogelberingungsstation Col de Jaman steht Besuchern und Helfern offen.

Reisegenuss mit der MOB: Werbeplakat, 1922.

Narzissen: Auf den Alpweiden beidseitig des Passes blühen im Frühling Tausende von Narzissen. Sie werden den Amaryllisgewächsen zugeordnet. Die Bezeichnung der Blume erinnert an die griechische Sage um den schönen Jüngling Narkissos. Dieser hatte die Liebe der Bergnymphe Echo abgewiesen und wurde dafür mit unstillbarer Selbstliebe bestraft: Er verliebte sich in sein eigenes Spiegelbild, das er in einem Bach erblickte. Darob verzehrt, verwandelte er sich in eine Narzisse.

La Joux Ein mit der Jahrzahl 1828 versehener Felsblock markiert die Grenze zwischen den Kantonen Waadt und Freiburg. Oberhalb Les Cases ein Hohlweg.

Pont du Pontet Bei Allières die aus dem Jahr 1680 stammende Steinbrücke *Pont du Pontet,* 1993 von Grund auf renoviert. Den Wiederaufbau der Brücke über die Hongrin-Schlucht ermöglichte eine damals landesweit durchgeführte «Schoggitaler-Aktion». Zusätzliche Mittel stellte neben Bund und Kantonen auch die Gemeinde Montbovon zur Verfügung. Am Wiederaufbau mitbeteiligt war eine aus Freiwilligen zusammengesetzte Lehrlingsgruppe. Mit der neuen Pont du Pontet erfolgte die Eröffnung des Jaman-Saumpfads als Wanderweg. *Steintreppe:* Bei Vers les Jordan eine in den Fels gehauene Treppe. Sie diente Säumern und Lasttieren als Tritthilfe. Einzelne Abschnitte des Weges verlaufen als Hohlweg, da und dort erhalten hat sich die historische Wegpflästerung.

Montbovon Einstiger Etappenort am Verkehrsweg über den Col de Jaman. Im Jahr 1850 zählte die Gemeinde 387 Einwohner, 1900 – zu Zeiten des Bahn- und Tunnelbaus – waren es 611, darunter zahlreiche Italiener. Seit dem Zweiten Weltkrieg anhaltender Abwärtstrend: 1997 waren in der Gemeinde noch 250 Personen als ortsansässig registriert. Für Wandernde von besonderem Interesse: die *Laiterie-Fromagerie Montbovon* mit grosser Auswahl lokaler Käsesorten.
Erstmals erwähnt wird die zum Kanton Freiburg gehörende Gemeinde 1255. Gebräuchlich waren verschie-

Poya-Malerei: Lucie Bochud, «la montée à l'alpage», 1919.

dene Bezeichnungen: Montisbovonis, Mons Bovum, Mons Bovarium. Möglich ist die Herleitung des Ortsnamens vom Familiennamen Bovon. Demnach besass jene im 12. Jahrhundert im Greyerzerland bekannte Familie hier eine Alp.

Innerhalb von fünf Jahrhunderten hat die mehrheitlich katholische Bevölkerung von Montbovon zwei Kirchen und drei Kapellen erbaut. 1515 eine erste Kapelle und 1621 eine erste Kirche. Die 1721 errichtete *Kapelle von Allières* wurde 1990 durch einen Erdrutsch zerstört und 1996 neu aufgebaut. Ein Werk von Adolphe Fraisse ist die 1897 geweihte, neuromanische *Pfarrkirche St. Gratian.* Unterhalb der Kirche ein 1725 ursprünglich für Leutnant Antoine Jordan erbautes Holzhaus im Chaletstil. In der über die Fassade verteilten Inschrift taucht der Name dieses frühen Besitzers auf.

Poya-Malerei: Da und dort an Fassaden von Bauernhäusern und Scheunen zu sehen sind *Poya-Gemälde:* Diese grossformatige, im 19. Jahrhundert entwickelte bäuerliche Malerei erinnert an ein Grossereignis innerhalb des Bauernkalenders: den Alpaufzug.

Der Weg als Kulturgut

Historische Verkehrswege und ein Blick nach vorn

Alte Verkehrswege – darin steckt ein Potential für die Zukunft: in sanft-touristischer wie in ökologischer Hinsicht. Im Auftrag des Amtes für Strassen entsteht an der Universität Bern ein Inventar der historischen Verkehrswege der Schweiz (IVS). Für Bundesbehörden stellt es ein verbindliches Instrument dar und steht Kantonen und Gemeinden als Entscheidungshilfe bei Planungsfragen zur Verfügung. Es umfasst eine Bestandesaufnahme von schützenswerten historischen Verkehrswegen und wegbegleitenden Einrichtungen, dazu gehören Distanzsteine, Wegkreuze, Kapellen und Gasthäuser. Das IVS liefert Vorschläge für die Nutzung der alten Wege und vermittelt Einblicke in die Verkehrsgeschichte der Schweiz. IVS-Leiter Hanspeter Schneider erläutert einige Details.

Hanspeter Schneider, den Col de Jaman bezeichnen Sie als historischen Verkehrsweg. Was charakterisiert einen historischen Verkehrsweg?

Es gibt zwei Ansätze, nach denen wir historische Verkehrswege beurteilen: einerseits nach der geschichtlichen Bedeutung einer Verbindung und andererseits nach der im Gelände noch feststellbaren traditionellen Wegsubstanz. Der Idealfall eines historischen Verkehrswegs ist ein Verbindungsweg, der über eine lange Zeitspanne intensiv genutzt wurde, dessen Gebrauch dokumentiert ist und der reich ist an Substanzelementen – dazu gehören Wegpflästerung, Böschungen, Trockenmauern und Kunstbauten wie Brücken, Galerien und dergleichen. Von diesen Vorgaben ausgehend nehmen wir eine Wertung vor. Entsprechend gibt es historische Verkehrswege von nationaler, regionaler und lokaler Bedeutung.

Wie sieht es aus, wenn geschichtliche Belege fehlen?

Manchmal erhalten wir durch Erkenntnisse von Nachbarwissenschaften Unterstützung, vorab von der Archäologie. Tatsächlich werden im IVS auch Wege aufgeführt, über die kaum historische Belege vorliegen. Dazu zählen – um ein aussergewöhnliches Beispiel zu zitieren – einige Verbindungen, die während des Zweiten Weltkriegs von französischen, polnischen und russischen Internierten gebaut wurden; auffallend viele davon in Obwalden. Zu erwähnen sind eine Verbindung zwischen Grossem und Kleinem Schlierental, jene über den Ächerlipass, die Panoramastrasse oder ein Wegstück zwischen Sarnen und dem Flüeli.

Heisst das, dass auch ein vor 50 Jahren gebauter Weg als historischer Verkehrsweg bezeichnet werden kann?

Ja. Gerade der Umstand, dass noch in der Mitte des 20. Jahrhunderts nach traditioneller Art gepflästert oder trocken gemauert wurde, kann einen Weg als Denkmal besonders wertvoll machen; schliesslich ist die Zeit der Internierten in der Schweiz Teil unserer Geschichte. In Schulbüchern hat diese kaum Niederschlag gefunden, draussen in der Landschaft indes schon. Wer sich mit Wegforschung beschäftigt, muss von der Kurzformel «Je älter, desto wertvoller» Abschied nehmen. Aus diesem Denken dürfte auch die Vorstellung entstanden sein, dass es sich bei jedem kunstvoll gebauten alten Weg um einen Römerweg handeln müsse. Tatsächlich haben wir festgestellt, dass die meisten in der Schweiz

Unterhalb Les Avants.
Auf dem Col de Jaman.
Weiter auf historischem Verkehrsweg.
Pont du Pontet: Rekonstruktion 1993.

bekannten Schulbeispiele römischer Strassenbaukunst, wie etwa die charakteristischen Karrgeleise, grösstenteils im 18. oder 19. Jahrhundert entstanden sind.

Konkret zum Col de Jaman: Seit wann wird dieser Pass als Verkehrsweg benutzt?

Absolute Antworten gibt es in der Wegforschung selten. Zwar liegen meist verschiedene Anhaltspunkte vor, etwa durch archäologische Funde oder durch historische Belege von Etappen- und Zielorten – doch daraus wissenschaftlich gesicherte Wegverläufe in einer bestimmten Zeitepoche festzumachen, wäre eine zu grobe Vereinfachung. Was den Jaman betrifft: Das älteste Dokument, das den Passübergang eindeutig belegt, stammt aus den Burgunderkriegen im Jahre 1476. Damals drängten Freiburger und Greyerzer Truppen die Savoyer nach Vevey zurück.

Der Jaman als Verkehrsweg: Ist heute von Verkehrswegen die Rede, geht es um 40-Tönner, Alptransit, Frachtflugzeuge und dergleichen. Wie war das am Jaman?

Gewiss, trotz der militärisch-strategischen Bedeutung in den Burgunderkriegen stand am Jaman der Warentransport im Vordergrund. Insbesondere der Käseexport an den Genfersee. Von dort gelangte er weiter nach Frankreich, wichtiger Ausfuhrhafen war Vevey. Wasserwege wurden seit jeher genutzt. Je schneller mit der Ware auf dem Wasser, je günstiger der Weitertransport. Was den Warentransport am Jaman betrifft: Die Route über den Pass war keine Fahrstrasse, sondern allein ein Saumweg. Zu einem Einsatz von Fahrzeugen ist es am

Jaman daher nicht gekommen. Dies galt auch für andere Passübergänge. Der Ausbau der alpinen Saumwege zu Fahrstrassen setzte grösstenteils erst im 19. Jahrhundert ein.

Der Kulturweg quert die Schweiz vom Genfersee ins Münstertal. Wo verläuft die Kulturweg-Route auf historischen Verkehrswegen?

Der Kulturweg folgt diversen historischen Wegabschnitten. Dem wohl spektakulärsten begegnen wir über den Surenenpass. Auf der Urnerseite finden wir bei Mettlen oberhalb Attinghausen eine der schönsten alten Gassen des Alpenraumes. Nicht zu vergessen die Tremola – sie nimmt im IVS als wichtiges Zeugnis der Fahrstrassenepoche einen hohen Stellenwert ein.

Ein landesweites Inventar der historischen Verkehrswege: Mit welchen Strategien gehen Sie vor?

Vorab geht es um den besseren Schutz historischer Verkehrswege. Es ist eine Binsenwahrheit: Was wir nicht kennen, schätzen wir nicht. Das trifft auch bei Kulturgütern zu. Also ist uns Öffentlichkeitsarbeit ein wichtiges Anliegen. Andererseits arbeiten wir eng zusammen mit den Anwendern unserer Grundlagen, vorab mit der Raumplanung. Unsere historischen Wege sind dann am besten geschützt, wenn die Erkenntnisse darüber in Ortsplanungen, in Waldwirtschaftsentwicklungskonzepten oder Waldplänen aufgenommen werden. Hohen Stellenwert geniesst zudem die touristische Umsetzung der Grundlagen – und im Zuge der grossen Umwälzungen auch die Partnerschaft mit der Landwirtschaft.

Alte Wegverläufe und Meliorationen, die beissen sich doch?

Gewiss, Meliorationen waren in der Vergangenheit oft Hauptverursacher für weiträumige negative Landschaftsveränderungen. Doch durch die Umwälzungen in der Landwirtschaft bietet sich heute eine Ausgangslage, die vermehrt auch den Schutz und Erhalt historischer Verkehrswege ermöglicht.

Landwirtschaft und Chancen für die alten Wege, woran denken Sie konkret?

Historische Verkehrswege mit ihren natürlichen Wegoberflächen, Böschungen und Trockenmauern bilden häufig eigentliche Rückzugsräume für seltene Tier- und Pflanzenarten. Als lineare Elemente bilden sie – zusammen mit Bächen und Flüssen – gerade in intensiv genutztem Ackerland wichtige Korridore für Flora und Fauna. Damit nehmen historische Verkehrswege die Funktion von ökologischen Ausgleichsflächen und Vernetzungsräumen wahr. Leider wird diese Funktion sowohl von Landwirtschafts- wie auch von Naturschutzkreisen noch zu wenig zur Kenntnis genommen.

Gleichwohl, es sind Hoffnungsschimmer am Horizont. Sehen sie weitere derartige Entwicklungen?

Ganz allgemein zeichnet sich eine Auflösung der Polarisierung mit den Natur- und Landschaftsschützern auf der einen und den Landschaftszerstörern auf der andern Seite ab. Die Zeiten, in denen wir uns auf Kosten der Landschaft Grabenkämpfe leisten konnten, werden bald der Vergangenheit angehören. Wir werden in Zukunft noch mehr gefordert sein, gemeinsam landschaftsverträgliche Lösungen zu finden. Unter diesem Blickwinkel ist auch zu verstehen, weshalb als Auftraggeber des IVS anstelle des Bundesamtes für Umwelt, Wald und Landschaft (BUWAL) künftig neu das Amt für Strassen (ASTRA) zuständig sein wird.

Das IVS wird Ende 2003 abgeschlossen sein.
Wo steht das IVS im Jahre 2009?

Als wichtigste Aufgabe werden wir nach Inventarabschluss dafür sorgen müssen, dass sowohl dem Kulturlandschaftselement «Weg» als auch der Verkehrsgeschichte jener zentrale Stellenwert zukommt, den sie verdienen. Vielleicht wird dannzumal aus dem Inventar historischer Verkehrswege der Schweiz (IVS) das Institut für Verkehrsgeschichte der Schweiz (IVS) entstanden sein.

Herbert Gruber

Lesen:

Schweizerische Verkehrszentrale: Säumergenoss, Von Saumpfaden und Fernhandelsstrassen. Wiese Verlag, Basel 1994.
Inventar historischer Verkehrswege der Schweiz: Wanderungen auf historischen Wegen. Ott Verlag, Thun 1990.

3 MONTBOVON– SAANEN

Montbovon, Bahnhof (797 m) – Château-d'Oex, Bahnhof (960 m)

L	3 h 30 ➔ 13,0 km ↗ 583 m ↘ 420 m
Route	Ab Bahnhof Montbovon Richtung La Tine–Château–d'Oex. Nach 30 Min. links abzweigen und steil hoch zum Übergang der Petite Chia. Absteigen nach La Tine und über die Saanebrücke auf die andere Talseite. Ab hier Richtung Rossinière. Beim Lac du Vernex über das Stauwehr wieder auf die rechte Talseite wechseln und nach Rossinière aufsteigen. Beim Dorfbrunnen hoch zur reformierten Kirche und auf Fahr- und Fusswegen nach Château-d'Oex.
Abkürzen	La Tine/Rossinière–Château-d'Oex mit Bahn (120)
Anreise	Bahn Bulle (256)/Montreux/Zweisimmen (120)–Montbovon
Rückreise	Bahn Château-d'Oex–Montreux/Zweisimmen (120)
Service	Restaurants in La Tine, Rossinière und Château-d'Oex; Lebensmittelläden, Post, Bank in Rossinière und Château-d'Oex
Schlafen	«Hôtel de Ville», Rossinière, Tel. 026 924 65 40 «Hôtel de Ville»***, Château-d'Oex, Tel. 026 924 74 77

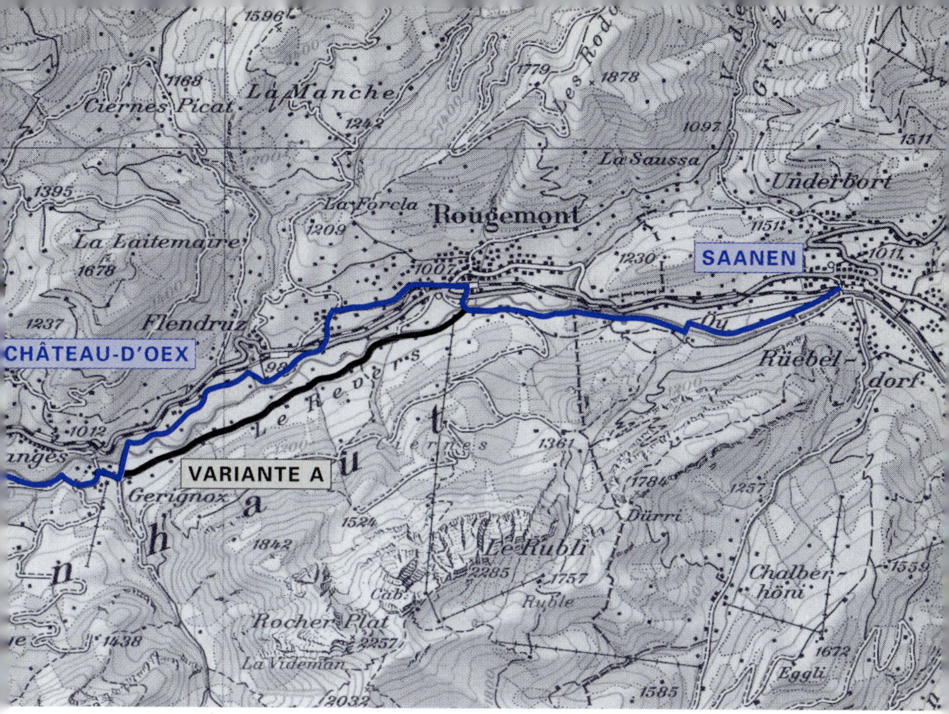

«Hôtel de l'Ours», Château-d'Oex, Tel. 026 924 22 79
Hotel «La Printanière»*, Château-d'Oex, Tel. 026 924 61 13
Jugendherberge, Château-d'Oex, Tel. 026 924 64 04

Jahreszeit — Mai–November

Karten — 262 (T) Rochers-de-Naye; 1245 Château-d'Oex

Château-d'Oex, Bahnhof (960 m)–Saanen, Bahnhof (1011 m)

L — 🕓 3 h 10 → 13,3 km ↗ 329 m ↘ 278 m

Route — Ab Bahnhof Château-d'Oex zur Hauptstrasse und zum Dorfplatz. Ab hier Richtung Rossinière. Umfahrungsstrasse überqueren und zum Pont Turrian absteigen. Auf anderer Seite der Hängebrücke Saane aufwärts bis Gérignoz. Hier links abzweigen, Saane überqueren und nach Les Combes. Auf rechter Talseite Richtung Rougemont zur Hauptstrasse. Strasse und Bahnlinie überschreiten und nach Le Crêt hochsteigen. Auf Fahrstrasse nach Rougemont. Ab Bahnhofseinfahrt Seite Saanen Richtung Saanen zur Saanebrücke absteigen und auf linker bzw. rechter Flussseite nach Saanen.

Variante A	Ab Gérignoz bis Rougemont auf linker Talseite mit viel Hartbelag, aber weniger Wanderzeit (1 h 10).
Abkürzen	Les Combes/Flendruz/Rougemont–Saanen mit Bahn (120)
Anreise	Bahn Montreux/Zweisimmen–Château-d'Oex (120)
Rückreise	Bahn Saanen–Montreux/Zweisimmen (120)
Service	Restaurants, Lebensmittelläden, Post, Bank in Rougemont und Saanen
Schlafen	«Hôtel du Cheval Blanc», Rougemont, Tel. 026 925 81 09 Hotel «Landhaus»***, Saanen, Tel. 033 748 40 40 Hotel «Boo»***, Saanen, Tel. 033 748 88 33 Hotel «Bahnhof», Saanen, Tel. 033 744 14 22 Jugendherberge «Chalet Rüeblihorn», Saanen, Tel. 033 744 13 43
Jahreszeit	Mai–November
Karten	262 (T) Rochers-de-Naye, 263 (T) Wildstrubel; 1245 Château-d'Oex, 1246 Zweisimmen

unterwegs...

La Sarine Bei Rossinière wird die Sarine durch eine 30 m hohe und 35 m breite Mauer zum Lac du Vernex gestaut. Kraftwerk in Montbovon; jährliche Stromproduktion um 79 Mio kWh. Nördlich von Montbovon ist die Sarine erneut gestaut und bildet den *Lac de la Gruyère.* In Fribourg/Freiburg lässt sie ihren welschen Namen zurück und nimmt den ursprünglichen Namen Saane an. Bei Laupen verstärkt sie sich mit den Wassern der Sense; ergiesst sich später in die Aare, diese in den Rhein.

Ihren Anfang nimmt die Saane nahe dem Bern und Wallis verbindenden Sanetschpass. Aus früheren Jahrhunderten überliefert sind die Flussnamen Seroye und Serona. Diese werden in Verbindung gebracht mit der keltischen Wassergöttin Seganona, was mit «die Mächtige» übersetzt wird. Entsprechend erhebt der Dorfname Saanen Anspruch auf keltische Vorfahren.

Rossinière, Grand Chalet, 1754 erbaut.

Rossinière ist die kleinste der drei Gemeinden des Pays d'Enhaut. Grosse Schäden durch Dorfbrand von 1855. Herausragend das *Maison de la Place:* erbaut 1664 durch den Notar Adam Martin. Das Chalet mit seinem weitgespannten Dach (im Stil des Saanenlandes) ist reich mit Rosetten und Hausinschriften verziert. *Grand Chalet:* 1754 erbaut durch den Notar Jean-David Henchoz. Das am Ostrand des Dorfes gelegene Haus mit seinen vier nordseitigen und fünf südseitigen Geschossen ist eines der grössten seiner Art in der Schweiz; es weist 113 Fenster auf, deren 40 sind es allein an der Hauptfassade. Zeitweise diente das Grand Chalet als Hotel – der französische Dichter Victor Hugo (1802–1885) stieg hier ab. Heute ist es Privathaus. *Ref. Pfarrkirche:* Auf einer Anhöhe gelegen, 1316 erstmals erwähnt, 1645 neu aufgebaut. Inschriften im Innern erinnern an die Auseinandersetzungen zur Reformationszeit zwischen den Anhängern neuen und alten Glaubens.

Château-d'Oex Hauptort des Pays d'Enhaut, mit 11 376 Hektaren grösste Gemeinde des Kantons Waadt. Den Ortsnamen (deutsch Oesch) in die Welt hinaus getragen hat der Romand Bertrand Piccard, der am 1. März 1999 von hier zu seiner Weltumrundung im Heissluftballon aufbrach. Die Stellung von Château-d'Oex als Mekka der Ballonflieger wurde damit zusätzlich untermauert.
Scherenschnitte: Das Pays d'Enhaut und das Saanenland bilden das Herzland des Schweizer Scherenschnitts. Einblicke ermöglicht das Musée du Vieux Pays d'Enhaut, u.a. mit Arbeiten von Louis Saugy und dem 1809 geborenen und 1871 vereinsamt verstorbenen Johann Jakob Hauswirth. Dieser Taglöhner gilt als Vater des Schweizer Scherenschnitts. Seine wichtigsten Nachfolger: Louis Saugy (Gérignoz/Rougemont), Christian Schwizgebel (Gstaad), David Regez (Diemtigen). Früh entwickelte sich die Scherenschnittkunst zur Souvenirindustrie. Seit 20 Jahren hat der Scherenschnitt wieder Aufwind. Stark gemacht für den Oberländer Scherenschnitt hat sich die Galerie von Claude Allegri in Flendruz, Exponate zeigt auch das Antiquariat von Anne Rosat in Les Moulins.

Scherenschnitt von Johann Jakob Hauswirth.

Treicheln: In einem von Viehwirtschaft geprägten Land wie dem Pays d'Enhaut haben sich nebst hervorragenden Käsereibetrieben auch Treichelschmiede etabliert. Eine der ältesten in der Schweiz hergestellten Treicheln ist im Dorfmuseum zu sehen. Neue Weid- und Zügeltreicheln werden in der Chaudronnerie von Pierre Turrian produziert.

Le Tempel: Wo einst die Burg der Grafen von Greyerz Machtanspruch markierte, thront die mit einer Mauer aus dem 14. Jahrhundert umfriedete Dorfkirche. Sie wurde beim Dorfbrand von 1800 verheert. Chor und Turm der Kirche – man nennt sie Tempel – weisen ins 15. Jahrhundert. *Le Châlet:* Unweit der Kirche das Châlet mit darin untergebrachter Schaukäserei. *Infos: Office du Tourisme, 1837 Château-d'Oex, Tel. 026 924 25 25.*

Gérignoz Geburtsort des Scherenschneiders Louis David Saugy (1871–1953), weit über die Landesgrenzen hinaus bekannt geworden ist er unter dem Namen Louis

Scherenschneider Louis David Saugy.

à Jules. In Rougemont, dem Ursprungsort des Geschlechts Saugy, tragen derart viele Einwohner denselben Namen, dass man sie durch Anfügen des väterlichen Vornamens voneinander unterscheidet: Louis, Sohn des Jules. Arbeiten von Saugy zeigt die Galerie Allegri in Flendruz. *Öffnungszeiten: 10–12 Uhr und 14–17 Uhr, So und Feiertage geschlossen. Anmeldung: Tel. 026 925 82 78.*

Rougemont Auch Rougemont hat einen Vogel. Man trifft auf den Kranich an Häuserfassaden, Wirtshausschildern, Geländern und – wie überall im Pays d'Enhaut und Saanenland – im Gemeindewappen. Der Kranich *(franz. la grue)* reicht zurück in die Zeit, als die Gegend unter Herrschaft der Grafschaft Greyerz (Gruyère) stand. *Dorfkern:* Holzhäuser aus dem 17. und 18. Jahrhundert. Dem Typ nach ähneln sie jenen des Simmentals: gemauertes Erdgeschoss, Eingänge über seitlich angebrachte Treppen, verzierte Schaufronten, weit über die Seitenwände gezogenes Dach. Ein Beispiel kunsthandwerklicher Schönheit: der 1688 erstellte Speicher vis-à-vis der Wirtschaft «Cheval Blanc».
Pfarrkirche und Schloss: Die durch Mönche des Ordens von Cluny erbaute Kirche weist ins 11. Jahrhundert. Ihren Grundriss bildet ein lateinisches Kreuz. Neben Payerne und Romainmôtier gilt die Kirche (ehem. Nikolaus von Myra, dem Schutzpatron der Kinder, geweiht) als bestes Beispiel der cluniazenischen, romanisch geprägten Architektur in der Westschweiz. Die Reformation (1555) zog bauliche Veränderungen nach sich: Anstelle der drei Apsiden entstand ein erweiterter Chor, und der Glockenturm (mit heute vier Glocken) erhielt den fürs Oberland typischen spitzen Hut. Im Chor ein Gemälde mit ungewohnter Perspektive: Frauen und Männer starren auf etwas über ihnen; es ist der am Kreuz hängende Jesus. Von diesem sieht der Betrachter des Bildes allein die Füsse. *Musée minéralogique:* Im Office du Tourisme eine Mineralienausstellung mit über 2000 Exponaten aus der Schweiz und Frankreich. *Nähere Infos: Office du Tourisme, 1838 Rougemont, Tel. 026 925 83 33.*

Saanen, Mauritiuskirche: wichtiger Aufführungsort klassischer Konzerte.

Saanen (franz. Gessenay) ist Bezirkshauptort des Saanenlandes. Die Gemeinde umfasst zehn weitere Siedlungen, Bäuerten genannt. Dazu zählen Abländschen, Schönried und Gstaad. Letzteres lockt eine internationale Gästeschar an, wobei viele dieser Gäste mittels Privatjet anreisen. Dies ermöglicht Abstecher in verwandte Orte wie St. Moritz; so gelten im Saanenland und im Oberengadin dieselben Ski-Abokarten. Älteren Einwohnern von Saanen ist der Ausdruck *Parfum-Dörfli* noch geläufig. Damit gemeint war Gstaad. In Gstaad wiederum sprach man von Saanen als *Negerdorf.*

Am 12. März 1999 verlor Saanen seinen wichtigsten Botschafter: Lord Menuhin. Der 1916 in New York als Sohn russisch-jüdischer Eltern geborene Violinist Yehudi Menuhin gründete 1956 in Saanen das Menuhin-Festival. 1970 erklärte die Gemeinde ihn zum Ehrenbürger. Wichtiger Aufführungsort klassischer Konzerte ist die nach einer Feuersbrunst 1942 wieder aufgebaute *Mauritiuskirche.* Die Orgel (1823 Pfeifen) stammt aus dem Jahr 1740, sie wurde für die Stadtkirche Lenzburg gebaut. 1984 gelangte sie nach Saanen. Dass Kirchengemälde nie l'art pour l'art waren, ist eine Binsenwahrheit. In der Kirche von Saanen sei auf das Bild der Veronika mit dem Schweisstuch verwiesen. Das Auge der durch das «Frauentor» Eintretenden fällt als erstes auf dieses Bild – mit dem Zweck, die Gewissensfrage zu stellen: Habe ich heute Gott gedient, wie es Veronika hier vorlebt?

Autos tragen zum Erholungswert des Dorfes wenig bei. Staatliche Wohnbauten wie das «Rote Haus» (16. Jh.) können daher oft nicht in Ruhe betrachtet werden. Um so angenehmer ist ein Spaziergang durch die Hintergasse.

Ob dütsch, ob wälsch, c'est bien égal, le même soleil schynt überall

Ein Nebeneinander, das zum Miteinander werden könnte: Saanenland und Pays d'Enhaut

Ganz oben auf der Felswand sass einst eine Festung und markierte die Grenze zwischen dem Saanenland und dem Pays d'Enhaut. Der Ort, zwischen Rougemont und Saanen gelegen, heisst Le Vanel. Das Wort bezeichnet im alten Patois der Region eine «felsige Wand». Dort, wo zu ihren Füssen die Saane zur Sarine wird, ruht seit 1991 ein merkwürdiger Felsbrocken. Er ist in der Mitte gespalten, doch die klaffende Lücke wurde mit Steinen und Mörtel säuberlich wieder aufgefüllt. «Röstigraben Adieu!» steht auf einer in den Fels eingelassenen Tafel: ein Denkmal. Drückt es einen Wunschtraum aus, bezeichnet es die Wirklichkeit? Sind die beiden aneinandergrenzenden Gebiete wirklich über die Sprachgrenze hinaus verbunden? Gestiftet wurde das Denkmal von der «Kulturszene Saanenland, Obersimmental, Pays d'Enhaut», die, mit Unterstützung der Kantone Bern und Waadt, seit 20 Jahren in der ganzen Region kulturelle Veranstaltungen organisiert.

Herrschaften Doch nicht davon kommt es, dass sich die Bewohner auf beiden Seiten des Vanel trotz der unterschiedlichen Sprache verwandt fühlen. Hier wie dort prägen Fremdenverkehr, Vieh- und Milchwirtschaft Leben und Handwerk. Und auf den Fassaden der Chalets, auf den Wappen von Saanen und Rougemont lebt in der stilisierten Form des weissen Kranichs unübersehbar eine gemeinsame Vergangenheit weiter. Die «Kyren uff dem Bergen» – die französische Form *la grue* findet sich

Hôtel
BON LOGIS A PIED & A CHEVAL
1833

im Namen Gruyère wieder – war Siegel und Wappen der Grafen von Greyerz, denen sowohl das Saanenland als auch das Pays d'Enhaut jahrhundertelang gehörten. 1555 musste ihr letzter Vertreter, Michael, Graf von Greyerz, die Ländereien seinen Gläubigern überlassen. So wurden das deutsche und das welsche Saanenland zum bernischen Untertanengebiet und bildeten von da eine eigene Landvogtei.

Pays d'Enhaut: seit 1798 Teil der Waadt. Gruyère, Greyerz und la grue: im Pays d'Enhaut ist der Kranich allgegenwärtig.

Nach dem Untergang des Alten Bern, 1798, wurde das Saanenland zum bernischen Amtsbezirk, das Pays d'Enhaut kam zur Waadt, war aber eingeklemmt zwischen Bern und Freiburg und topographisch abgeschnitten vom eigenen Kanton. Das nährt die Nostalgie nach der gemeinsamen Zeit und den heimlichen Wunsch nach Änderung: «Eigentlich sollten wir zu einem anderen Kanton gehören», sagen viele Menschen in Rougemont und Château-d'Oex. Die Fahrt über den Col des Mosses nach Aigle, der nächsten grösseren Stadt im Waadtland, ist umständlich. Und so erstaunt es nicht, dass Handwerker und Angestellte der Tourismusbranche aus dem Pays d'Enhaut viel eher im Bernischen oder im Freiburgischen arbeiten als in der Waadt. Liebevoll nennen die ältern Bewohner von Rougemont und Château-d'Oex das Saanenland noch immer «Le Gessenay». Doch es besteht ein Unterschied zwischen dem sehnsuchtsvollen Traumbild einer schon recht weit zurückliegenden Vergangenheit und einer Gegenwart, in der man sich zwar gegenseitig zu lieben erklärt, im Grunde aber eher wenig Kontakt hat. Wenig und manchmal nur, wenn es anders gar nicht mehr geht. So arbeiten die Spitäler von Saanen und Château-d'Oex heute zusammen, weil sie nur gemeinsam die zum Überleben nötige kritische Grösse erreichen.

Die Sprachgrenze befand sich schon im Mittelalter beim Vanel, sie hat sich weder zugunsten der einen noch zum Verlust der andern verschoben. Weil sie mit der Kantonsgrenze zusammenfällt, gibt es hier auch keine offiziell zweisprachigen Gemeinden: im Pays d'Enhaut ist die Sprache in Verwaltung, Gemeinderat, Schule und Kirche Französisch. Die Schule folgt dem Waadtländer Lehrplan. In den Cafés findet man wie in der übrigen

Westschweiz die Cagnottes – eine Art Sparkasse für Stammkunden – und das gleiche Boulevard-Blatt, das auch in Aigle und Lausanne gelesen wird. Eine Metzgersfrau aus Saanen weiss zu berichten, dass im Welschland die Leute mehr Braten und Poulet kauften, dafür viel weniger Aufschnitt. Dass sie den schnell zubereiteten «steaks minute» den Vorzug gäben und im allgemeinen nicht so aufs Portemonnaie schauten wie die Deutschschweizer. Und so könnte man sagen: Die Chalets, die Scherenschnitte, der Käse und die Kühe, die schlicht-schönen protestantischen Kirchen und die Speisekarten in den Gaststätten auf beiden Seiten der Sprachgrenze mögen sich gleichen. Aber westlich vom Vanel fängt nun einmal die Romandie an.

Sprachen Ganz so einfach ist es allerdings nicht. Eine Sprachgrenze ist keine messerscharfe Trennlinie. Sprachen und die kulturellen Werte, die sie transportieren, strahlen aus, beeinflussen einander. Das zeigt sich beispielsweise in den Flurnamen, getreuen Hütern der Siedlungsgeschichte. Westlich vom Vanel liegt, Richtung Rougemont, der Weiler «Les Allamans»: vielleicht nach deutschsprachigen Einwanderern benannt, vielleicht Zeuge davon, dass hier eine «Allmend» nicht unter der Fuchtel der Burgherren vom Vanel stand. Nicht weit davon heisst ein Weiler «Les Bodemoz» – sein einst moosiger Boden lebt im Französischen weiter. Besonders im Patois tauchen Germanismen auf. So droht man einem frechen Buben: «Tu vas te prendre une schlaguée!» – Schläge bekommst du, wenn du so weitermachst. Das gleiche gilt auch umgekehrt. Mancher Berner Oberländer sagt noch «ds Guntäri» statt «Gegenteil». An den Kontakten, dank denen solche Lehnwörter in beiden Sprachen Einzug halten, fehlt es nicht: Von den 940 Einwohnern in Rougemont sind inzwischen gut ein Drittel deutschsprachig. Es sind meist Personen, die in Gstaad arbeiten, aber im preisgünstigeren Rougemont wohnen. Während sie am Leben der Gemeinde wenig teilnehmen, passen sich ihre schulpflichtigen Kinder an und werden zweisprachig. Die Tendenz bereitet im Pays d'Enhaut dennoch Sorgen: «Wenn der Druck der Saa-

Alpkultur: Verbunden mit Boden und Tier, Inbegriff auch von Heimat.

nenländer talabwärts weiter anhält, dann verschiebt sich die Sprachgrenze bald bis nach Flendruz», fürchten manche.

Solchen Befürchtungen auf welscher Seite entsprechen jenseits des Vanel durchwegs positive Pauschalurteile: «Die Welschen sind einfach ein anderer Schlag», heisst es, «lustig sind sie und legère.» Die Angst ebenso wie die wenig reflektierten Verallgemeinerungen gehen auf dieselbe Ursache zurück: Man kennt sich im Grunde nicht richtig. Daran ist nicht zuletzt das unterschiedliche Schicksal der Mundarten in den beiden Regionen schuld. Während sich im Saanenland der Dialekt bester Gesundheit erfreut, ist das Patois beinahe ausgestorben. Beinahe: Als Randregion hat sich das Pays d'Enhaut ein Stück weit der Normorientierung auf Paris entziehen können, die in der ganzen Frankophonie zu Geringschätzung und Aufgabe der sprachlichen Lokaltraditionen führte. Ein berühmtes Beispiel für das alte Regionalfranzösisch der Gegend ist der Kuhreihen aus dem Greyerzerland: «Lioba, lioba por ario», lockt der Senn sein Vieh alpwärts: «Vinidé toté, biantsé, nère, rodzè ...» Mancher Schweizer Söldner desertierte, kam ihm das sehnsuchtsvolle Lied zu Ohren. Und so wurde es, wie Jean-Jacques Rousseau 1767 notierte, bei Todesstrafe untersagt. Das ist lange her: Für die meisten Westschweizer ist Mundart heute eine degenerierte Form der Standardsprache, und sie verstehen nicht recht, warum die Deutschschweizer sich ihr so ganz und gar verschrieben haben. Ein Grund, vom Saanenländer zu erwarten, dass er sich sprachlich anpasst: «Schliesslich kann er mit uns die Fremdsprache reden, die er in der Schule gelernt hat. Wir hingegen haben Hochdeutsch gebüffelt. Nicht Dialekt.» Der Saanenländer lässt sich nicht lange bitten: Mit den welschen Arbeitskollegen, in der Blasmusik, auf dem Viehmarkt in Saanen ist die Kommunikationssprache meist Französisch.

Verwaltungsräte In vielen wirtschaftlichen Bereichen bilden Saanenland und Pays d'Enhaut über die Kantonsgrenze eine Region: Es gibt gemeinsame Angebote für die Touristen, ein einziges Abonnement für die Bergbahnen. Gemeinsam wird für den Ausbau der Montreux-Oberland-Bernois-Bahn (MOB) lobbyiert. Die französischsprachigen Gemeinden zahlen einen Beitrag an den Unterhalt des von allen rege benutzten Hallenbades und hoffen, das Saanenland werde sich dafür an der in Château-d'Oex geplanten Kegelbahn beteiligen. Man sömmert auf benachbarten Alpen, bringt die Milch in die gleiche Milchzentrale in Gstaad und ist schon zusammen an Ausstellungen wie der «Käse 98» in Zürich aufgetreten. Allerdings trüben ein paar Wolken das heitere Bild: Saanen ist stärker bevölkert und wirtschaftlich solider: «Wir sind am kürzern Hebel, wenn wir mit den Bernern diskutieren», klagen die Waadtländer, «die Zusammenarbeit fällt meist zu ihren Gunsten aus, dazu kommt die Sprachbarriere.» Denn offenbar verlieren die Saanenländer, sobald es um in Verwaltungsräten und anderen wichtigen Gremien zu fällende wirtschaftliche Entscheide geht, ihre gutmütige Bereitschaft, französisch zu parlieren.

So dokumentiert das Röstigrabendenkmal beim Vanel die Situation ziemlich genau: Es gibt den Graben und das Bemühen, ihn zu überwinden, gleichzeitig. Das letztere tut auch seit kurzem die Initiative einer Gruppe von Lehrern aus Rougemont und Saanen. Sie sehen in der Sprachgrenze, in der unmittelbaren Nähe anderssprachiger Nachbarn eine Chance, die es endlich auszunützen gilt. Ihr Ziel ist die Eröffnung einer zweisprachigen Klasse. Um Schulbehörden und Politiker nicht kopfscheu zu machen, nehmen sie sich vor, ganz behutsam vorzugehen. Etwa zuerst mit Schülern aus Saanen und Rougemont gemeinsame Ausflüge zu unternehmen, sich beim Skifahren, im Hallenbad kennenzulernen. Später dann vielleicht Lehrer auszutauschen. Einmal hier, einmal dort eine Stunde Geographie, Singen oder Naturkunde in der andern Sprache abzuhalten. Kurz: zu beweisen, dass es ohne viel Aufwand und Kosten zu erreichen ist, dass Kinder in zwei Sprachwelten heimisch werden. Richtige Nachbarn.

Christine D'Anna-Huber

Lesen:
Schwander Marcel: Deutsch & Welsch. Zytglogge Verlag, Bern 1991.

4 SAANEN – JAUN

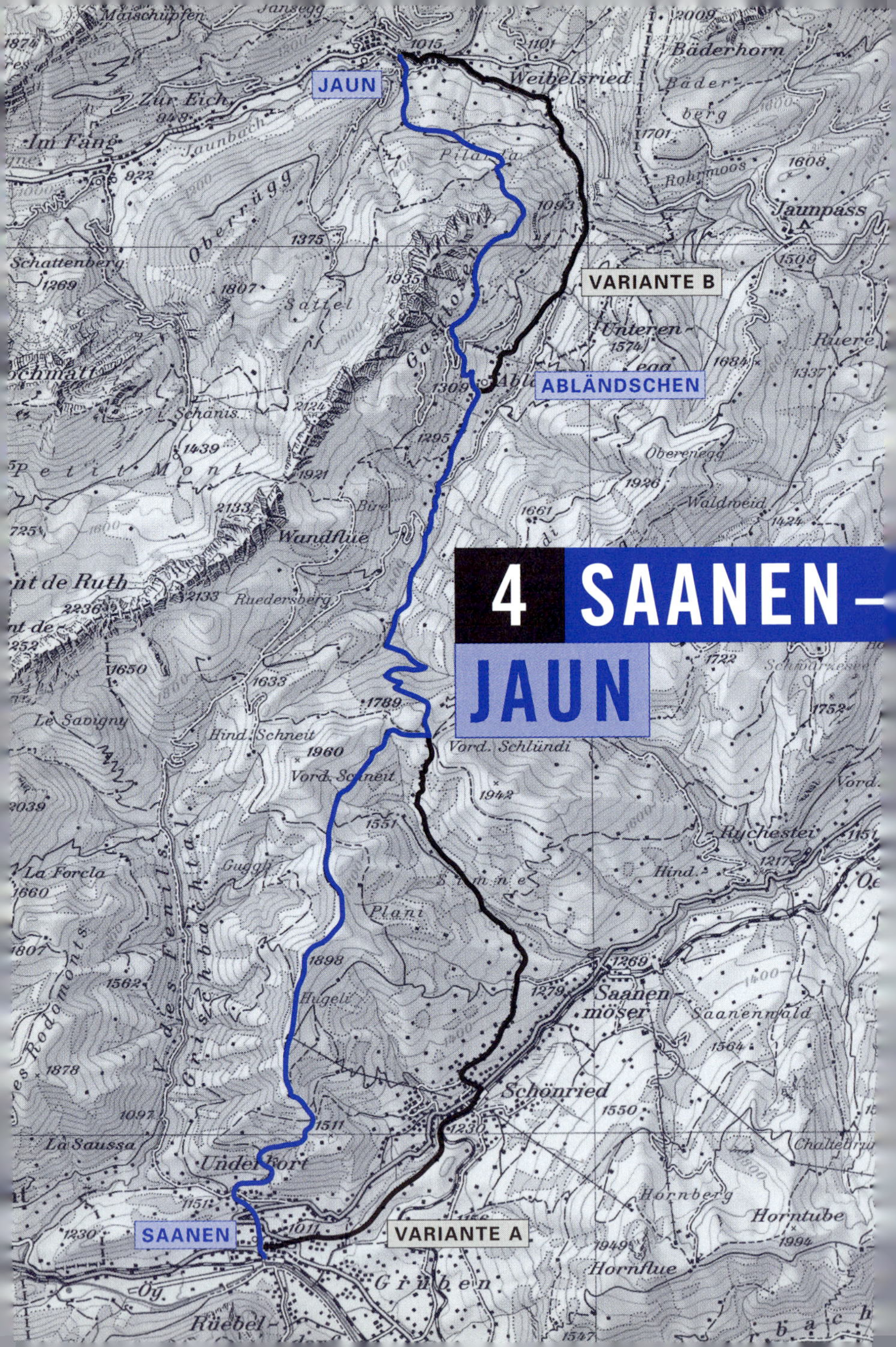

Saanen, Bahnhof (1011 m)–Rellerligrat (1831 m)–Abländschen, Post (1296 m)

L	5 h 10 → 14,7 km ↗ 971 m ↘ 686 m
Route	Ab Bahnhof Saanen den Markierungen Richtung Rellerligrat folgen. Oberhalb Unterbort Weg über Grüebli-Gspan wählen. Vom Rellerligrat auf angenehmem Höhenweg zur markanten Hütte der Alp Bire. Erst im offenen Gelände, dann im Wald nach Abländschen absteigen. Vorsicht bei Nässe im oberen Teil des Abstieges ab Bire.
Variante A	Ab Bahnhof Saanen über Schönried auf durchgehend markierter Route hoch zur Bire. Bedeutend weniger Aussicht, aber bei schlechtem Wetter sinnvoller (3 h 00).
Abkürzen	Saanen–Schönried mit Bahn (120.2) Schönried–Rellerligrat mit Gondelbahn (2389)
Anreise	Bahn Montreux/Zweisimmen–Saanen (120)
Rückreise	Postauto Abländschen–Jaun (254.30) Bus Jaun–Fribourg (250.55)
Service	Restaurant auf Rellerligrat und in Abländschen; Post in Abländschen, kein Lebensmittelladen
Schlafen	Berghaus «Rellerli», Tel. 033 748 87 22 (Matratzenlager) «Hotel Weisses Kreuz»***, Abländschen, Tel. 026 929 85 50 (auch Matratzenlager)
Jahreszeit	Juni–Oktober
Karten	253(T) Gantrisch, 263(T) Wildstrubel; 1226 Boltigen, 1246 Zweisimmen

Abländschen, Post (1296 m)–Jaun, Post (1014 m)

L (MS)*	2 h 40 → 6,9 km ↗ 360 m ↘ 642 m
Route	Ab Post Abländschen auf Fahrstrasse Richtung Grat–Jaun. Der steile Fussweg meidet zu Beginn die Fahrstrasse. Weiter oben auf dieser zur Alp Grat. Vorerst recht steiler Abstieg* auf schmalem Fussweg nach Jaun. Vorsicht bei Nässe, sonst Variante B wählen.
Variante B	Ab Post Abländschen auf Fahrstrasse über Weibelsried nach Jaun (1 h 40).
Abkürzen	Abländschen–Jaun mit Postauto (254.30)
Anreise	Bus Fribourg–Jaun (250.55) Postauto Jaun–Abländschen (254.30)
Rückreise	Bus Jaun–Fribourg (250.55)
Service	Restaurants auf Grat (nur Getränke), in Jaun und Kappelboden; Lebensmittelläden, Post, Bank in Jaun

Schlafen	Bergrestaurant (Buvette), «Chalet Grat», Alp Grat, Tel. 026 929 81 78/026 929 82 93 (Strohlager), nur für Selbstkochende (Reservation empfohlen) Hotel «Wasserfall», Jaun, Tel. 026 929 82 06 Restaurant «Chez Maxime», Jaun (Kappelboden), Tel. 026 929 82 25 (Matratzenlager)
Jahreszeit	Juni–Oktober
Karten	253 (T) Gantrisch, 263 (T) Wildstrubel; 1226 Boltigen, 1246 Zweisimmen

unterwegs...

Aussichtspunkt über Saanen: Rellerligrat.

Rellerligrat Der Rellerligrat (1831 m) bietet Weitblicke auch nach Gstaad und über den Röstigraben: den Welschen ist das westlich unter einem liegende Tal das Vallée des Fenils, den Deutschschweizern das Grischbachtal.

Abländschen Gelegentlich wurde der Ortsname auf *Abländisch* abgewandelt, was die abgelegene Lage der Talschaft zum Ausdruck bringt: das Tal zwischen Gastlosen und Hundsrück öffnet sich gegen das freiburgische Jaun hin, gehört aber zur Gemeinde Saanen. 1952 Anschluss der Siedlung ans Stromnetz. Im Winter ist der Übergang nach Saanen oft unpassierbar. Erstmals erwähnt wird die Siedlung 1324 als Avenenchy. Aufgeführt auch l'Avanchye oder Monte de Avenenchy, was mit Weide am Bach gedeutet wird. Im 17. Jahrhundert geläufig Anflentschen, später Ablentschen. Diese verweisen auf den Wasserreichtum des Tals.
Kirche aus der Zeit vor der Reformation (hier um 1556 eingeführt). Ab 1704 war Abländschen eigene Pfarrei und Kirchgemeinde, im Januar 1999 schloss sie sich Saanen an. Im Dorf eine Gesamtschule (1. bis 9. Stufe); Schülerzahl unter einem Dutzend. Wenige Schritte nach der Kirche eine politisch-konfessionelle Grenze: reformierter Kanton Bern, katholischer Kanton Freiburg.

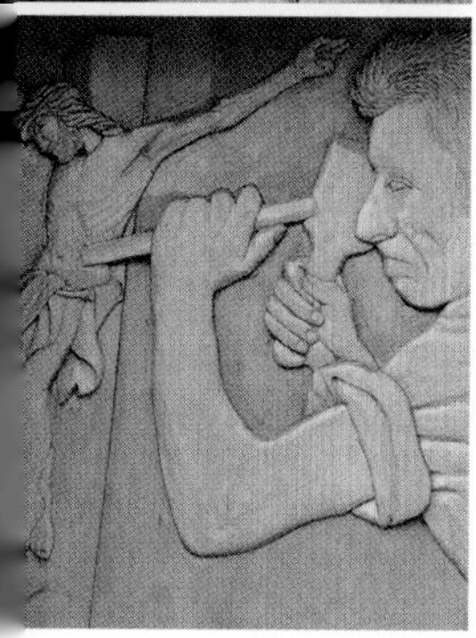

Gastlosen: El Dorado der Kletterer. Jaun, Friedhof: Typisch die hölzernen Grabmähler als Porträts der Verstorbenen.

Gastlosen Kalkfelsen, reich an Höhlen, zudem gelten die Felsen mit ihren Türmen und Spitzen als hochklassige Klettergebiete (über 500 Routen). Hinter den Routennamen (Dinosaure, Aoued oued, Djougga) stecken Geschichten: Die Route «Toto le Héro» erinnert an den beim Fallschirmspringen tödlich verunfallten Berner Extrem-Alpinisten Xavier Bongard. Ein Deutschschweizer gilt im Welschland als *toto*. Bis ein *toto* zum Helden wird, muss er einiges leisten.

Jaun (franz. Bellegarde) ist die einzige deutschsprachige Gemeinde des freiburgischen Greyerzbezirks. Mit ihren 120 Alpweiden und Vorsassen ist sie zweitgrösste Alpwirtschaftsgemeinde des Kantons Freiburg. *Neue Kirche:* Erbaut 1910, geweiht dem hl. Stephan. Verbindung von Neugotik und Heimatstil. Der Friedhof besticht durch einheitlich geschnitzte Grabkreuze. Ein Grossteil davon stammt vom verstorbenen *Schnitzer Walter Cottier*, jene neueren Datums von ebenfalls einheimischen Zimmerleuten.
Alte Kirche: 13. Jh. Sie beherbergt das *Cantorama*, Begegnungsstätte der SängerInnen. Das Cantorama würdigt mit einer Dauerausstellung das freiburgische Liederschaffen. Im Jahresverlauf zahlreiche Konzerte. Eines der bestbekannten Schweizer Volkslieder stammt aus der Feder eines Freiburgers: «Là-haut sur la montagne» von Abbé Joseph Bovet.
Wasserfall: Unweit der Alten Kirche. Er quillt direkt aus dem Fels. Nach der Schneeschmelze können es bis zu 6000 Liter pro Sekunde sein. Über die unterirdischen Gänge wurde lange gerätselt. Entsprechend die Fülle von Sagen. Mittlerweile haben Forscher eine Verbindung zwischen der Höhle Binocle unterhalb des Vanil Noir und dem Jauner Wasserfall nachgewiesen.

Der Blut in Wallung versetzt

Luchs – oder wem steht das Recht auf Leben zu

Es war am Uni-Fest, bei dem Ada die Aufmerksamkeit auf sich zog. Wir traten uns in einem der alten Schulräume die Beine in den Bauch; die für die Fete frei bekommenen Zimmer hatte man mit Girlanden, Tüchern, Bändern und weiss der Geier was für Requisiten ausgeschmückt. Es wurde gequatscht und gequalmt, und was leer war, liess sich an der Bar nachfüllen. Die Getränke waren gelb, grün, violett, rot, blau. Junge Gesichter. Studierende beim Fest. Musik ab Konserve. Und Ada beteuerte erneut: «Wir haben ihn gesehen, ganz deutlich. Seine Augen funkelten. Und die erinnerten mich an einen Stern.»

Ada ist Studentin. Sieben Millionen Menschen leben in der Schweiz, und sie ist eine der wenigen, die je einen frei herumstreifenden Luchs zu Gesicht bekommen hat. Eine Woche lang hatte sie sich mit anderen in einer Alphütte im Saanenland einquartiert, die Alpsömmerung des Viehs und der Schafe war abgeschlossen. Und da sei es passiert, an einem verregneten Morgen, nachdem sie die Hütte verlassen hatten: Plötzlich hätten sie vor sich das Tier gesehen; es sei bloss dagestanden, habe sie angeschaut. Direkt in die Augen hätten sie einander geschaut. Sie hier, dort der Luchs. Die an den Spitzen buschigen Ohren habe sie genau gesehen, und das Fell sei rötlich, nein, braun-gräulich gewesen. Sie hätten hingestarrt, und Augenblicke lang habe niemand sich bewegt, wie angewurzelt seien sie einander gegenüber gestanden, die Distanz von ihnen zum Tier 20, 25 Meter, mehr nicht. Sie habe einen Moment lang daran gedacht, den auf ihrer Brust ruhenden Feldstecher langsam, ganz langsam hochzuziehen, dies dann gleichwohl sein lassen. Aus Angst, damit, mit dieser Bewegung, die sie äusserst behutsam hätte vornehmen wollen, das Tier vor ihnen zum Rückzug zu bewegen. Gefürchtet, nein, gefürchtet habe sie sich nicht. Das habe sie gewusst,

Luchs – Lynx lynx.

Luchse, die greifen Menschen nicht an, darauf könne man Gift nehmen. Links und rechts des Tieres habe es Gebüsch gehabt, niedrige Sträucher, es könnten Alpenrosen gewesen sein, das wisse sie nicht mehr, das sei ja nicht von Belang, Hauptsache sei dieser Luchs und ja, ja die Augen, diese Luchsaugen, die werde sie nie mehr vergessen, nie.
Und wie denn, so wollten wir wissen, wie denn war die Farbe dieser Augen? Die Farbe der Augen, das könne sie nicht mit Bestimmtheit sagen. Grau? Grün? Gelb? Ada wusste es nicht, ja, vielleicht, dass sie grau-gelb waren.

Luchs – Lynx lynx Eigenartig, wie dieses Tier, das kaum einer von uns ausserhalb von Tierparks je mit eigenen Augen gesehen hat, eigenartig, wie dieses Tier unsere Aufmerksamkeit auf sich zieht. Man kann hingehen, wo man will, jede und jeder weiss dazu was zu sagen.
Woran denkst du, wenn vom Luchs die Rede ist? Denkst du an braunes, an einem Stachelzaun hängengebliebenes Katzenhaar? An ein 20-Kilogramm-Tier? Denkst du daran, dass ein männlicher Luchs etwa jeden achten angepeilten Hasen erwischt, ein trächtiges Weibchen aber jeden zweiten? Oder denkst du an jene Zahlen, wonach im Jahr 1997 in der Schweiz 10 421 Rehe durch Verkehrsunfälle, Landwirtschaftsmaschinen, Hunde, Pestizide usw. getötet und 42 534 durch Jäger erlegt wurden – und dass ein Luchs pro Jahr zwischen 50 und 60 Rehe oder Gemsen erbeutet? Der Luchs: verfolgt und ausgerottet, 1971 in der Schweiz erstmals wieder ausgesetzt. Seither ist er im Visier. Viele Namen gibt's für ihn: Lynx lynx, Nordluchs, eurasischer Luchs, Pinselohr, Funkler, Wilddieb, Raubtier, Grossraubtier, Schaftöter, Wiederholungstäter. Er, der Blut in Wallung versetzt. Gesetzlich geschützt. Gleichwohl wird ihm nachgestellt. Laut WWF Schweiz sind zwischen 1971 und 1999 in der Schweiz über 40 Luchse erschossen, ertränkt oder erschlagen worden.

Geschwister und Cousins Luchse führen ein risikoreiches Leben. Der an der Universität Bern tätige Wildbiologe Urs Breitenmoser berichtet von einem männli-

Sprung ins Ungewisse: Offizielle Aussetzung in den Waadtländer Alpen, 1976.

chen, mit einem Sender ausgerüsteten Luchs, der sowohl im Berner Diemtigtal, im Gebiet Kandersteg, am Sustenpass wie bei Alpnach auftauchte; alles in allem hat dieses Tier dabei eine Fläche von 1860 km^2 bestrichen. Und überall auf diesen Wanderschaften lauern Gefahren: Autos, Eisenbahnen, Krankheiten, Gift, Gewehre. Den Tücken besonders ausgesetzt sind junge, unerfahrene Tiere auf der Suche nach einem eigenen Revier. Die Sterberate ist entsprechend. Hoch ist diese allerdings bereits zuvor: von 41 Luchsjungen, die in den letzten Jahren im Jura geboren wurden, überlebten keine 20 den ersten Winter.

Angaben zum Luchsbestand beruhen auf Schätzungen. Jäger und Schafhalter bringen in der Regel andere Zahlen in Umlauf als Forscher. Letztere gehen von 40 bis 50 Luchsen im Schweizer Alpenraum und 20 bis 25 im Jura aus. Im Simmental und Saanenland dürften es 1998 14 Tiere gewesen sein.

Der ansehnlichen Luchspopulation in den Nordwestalpen steht die Stagnation der Bestände in der übrigen Schweiz und in den Nachbarländern gegenüber. Der

Luchs geschossen

Am 1. September 1998 meldete die Associated Press (ap): «Wildhüter haben am Dent de Bourgo (Kanton Freiburg) einen Luchs abgeschossen. In dieser Region war die Zahl der gerissenen Schafe und Ziegen in den letzten Jahren angestiegen. Es handelt sich um den zweiten Luchs, der im Kanton Freiburg mit Bewilligung des Bundesamtes für Umwelt, Wald und Landschaft erlegt wurde. Eine solche Bewilligung kann erteilt werden, wenn in einer Saison in einem Umkreis von 5 Kilometern 15 oder, falls im Vorjahr schon Schäden auftraten, 12 Tiere gerissen wurden.»

Luchsbestand, so die Erkenntnis, ist nicht über den Berg. Als 1993 im Waadtland ein Jungluchs mit verkrümmten Vorderbeinen gefunden wurde, trübte sich die Stimmung zusätzlich: Ist diese Missbildung ein Geburtsfehler? Drücken sich Folgen von Inzucht aus? Ist die Durchmischung zu gering, die Isolation unüberwindbar? Urs Breitenmoser: «Die im Schweizer Jura ausgesetzten Luchse stammen aus derselben Gegend. Da viele Männchen jung sterben, sind die Jungtiere einer Region zumeist Halbgeschwister oder Cousins.»

Hin zur Akzeptanz Das Siedlungsgebiet des Luchses erstreckte sich einst über ganz Europa und Nordasien (mit Ausnahme von Steppen- und Wüstengebieten). In der Schweiz vermochten sich bis Ende des letzten Jahrhunderts Restpopulationen im Jura und in den Alpen zu halten. Aus dem Mittelland verdrängt wurde der Luchs bereits im 17. Jahrhundert. Eine letzte Luchsbeobachtung wurde 1909 im Simplongebiet registriert. Danach war Schluss. Bis 1971 im Melchtal im Kanton Obwalden erstmals wieder Luchse legal ausgesetzt wurden.

Soll die Verbreitung eines gesunden Luchsbestandes heute eine Chance erhalten, gilt es vorab, dem Tier ein Umfeld, ein Terrain, ja das Recht auf Existenz zuzugestehen. Es geht um die Akzeptanz für dieses Raubtier, die gestärkt werden muss. Nur damit wird es möglich sein, den nötigen genetischen Austausch zu gewährleisten resp. die Vernetzung der Populationen zu ermögli-

chen. Für Urs Breitenmoser heisst dies: 1. die zuständigen Behörden der Alpenländer einigen sich auf das Ziel, die Luchspopulation sich ausdehnen zu lassen, und 2. diese Population wird regelmässig beobachtet; bei Erreichen von Teilzielen kann der gesetzliche Schutz für den Luchs aufgehoben werden.
Hier einen Konsens zu finden, so Breitenmoser, sei nur mit Einbezug aller «betroffenen Kreise» möglich. Dies verlangt, dass Kleintierzüchter, Schafhalter, Gemeindepräsidenten, Touristiker, Naturschützer und Jäger Schritte nach vorne tun.

Herbert Gruber

Sehen:
Nicht jede/r hat das Glück, einem Luchs in freier Wildbahn zu begegnen. Hingegen sind Luchse in Tierparks anzutreffen, so in Arth-Goldau, im Dählhölzli in Bern, im Tierpark Biel, im Zoo Servion (nähe Lausanne), im Wildpark Langenberg a. Albis, im Wildpark St. Gallen, im Tierpark Winterthur und im Zürcher Zoo.

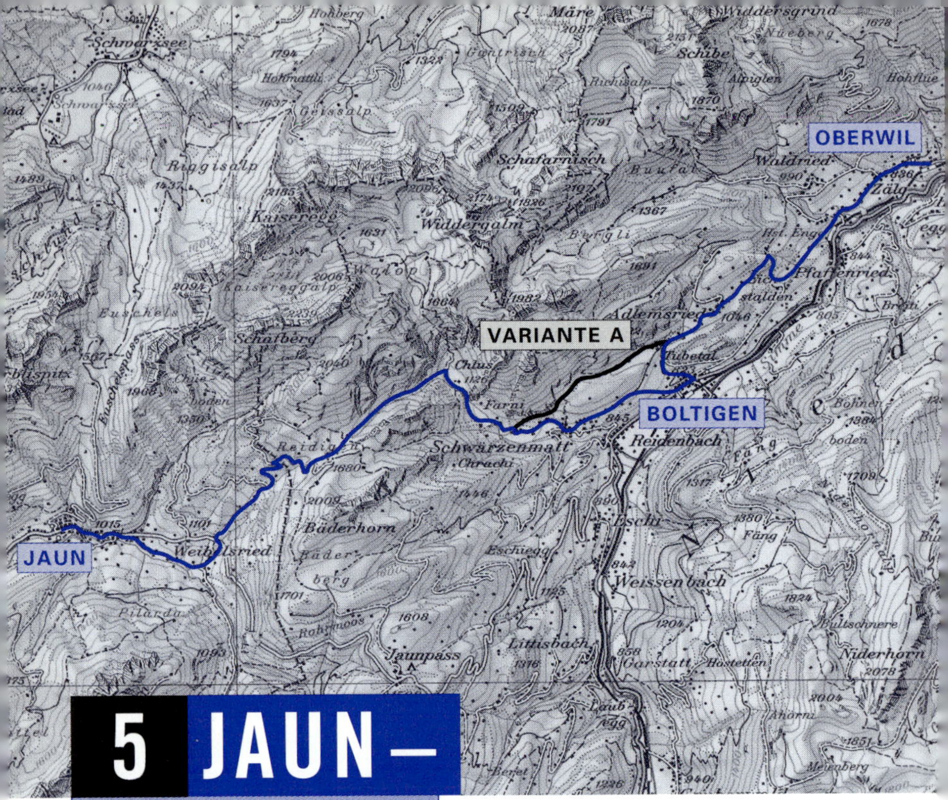

5 JAUN–OBERWIL

Jaun, Post (1014 m)–Reidigen (1616 m)–Boltigen, Bahnhof (818 m)

L	◷ 4 h 20 → 13,5 km ↗ 623 m ↘ 819 m
Route	Ab Post Jaun Richtung Kappelboden–Weibelsried. Bei Kapelle in Weibelsried links abzweigen und auf zum Teil recht steilem Weg nach Selti–Rieneschli. Ab Reidigenpass den Wegweisern über Chlus nach Schwarzenmatt folgen. In Schwarzenmatt Weg nicht über Reidenbach, sondern direkt nach Boltigen (Tubetal–Oberwil) wählen. Der Schlussabstieg nach Boltigen verläuft auf dem «Simmentaler Hausweg».
Variante A	Wer nicht nach Boltigen absteigen will, wählt in Farni kurz vor Schwarzenmatt die direkte Route über Tubetal–Adlemsried nach Oberwil (2 h 00)

Anreise	Bus Fribourg–Jaun (250.55)/Bahn Spiez–Boltigen (320) Bus Boltigen–Jaun (254.21)
Rückreise	Bahn Boltigen–Spiez/Zweisimmen (320)
Service	Restaurants, Lebensmittelläden, Post in Boltigen
Schlafen	Hotel «Bergmann», Reidenbach, Tel. 033 773 60 15 (ab Schwarzenmatt Richtung Reidenbach) Hotel «Simmental», Boltigen, Tel. 033 773 60 51 Hotel «Bären», Boltigen, Tel. 033 773 73 70
Jahreszeit	Juni–Oktober
Karten	253(T) Gantrisch, 1226 Boltigen

Boltigen, Bahnhof (818 m)–Oberwil, Bahnhof (836 m)

L	◷ 1 h 45 → 7,3 km ↗ 280 m ↘ 262 m
Route	Ab Bahnhof Boltigen stets den Beschilderungen des «Simmentaler Hauswegs» folgen. Beim Hotel «Bären» in Boltigen Hauptstrasse überqueren und nach Tubental–Adlemsried aufsteigen. Später rechts abbiegen und nach Eichstalden absteigen, von wo es auf Fahrwegen und Strassen über Wüestenbach nach Oberwil geht.
Abkürzen	Boltigen–Oberwil mit Bahn (320)
Anreise	Bahn Spiez/Zweisimmen–Boltigen (320)
Rückreise	Bahn Oberwil–Spiez/Zweisimmen (320)
Service	Restaurants, Lebensmittelladen, Post, Bank in Oberwil
Schlafen	Restaurant «Hirschen», Oberwil, Tel. 033 783 12 39 Privatzimmer, Lydia Wyssmüller, Oberwil (nähe Bahnhof), Tel. 033 783 11 88
Jahreszeit	April–November
Karten	253 (T) Gantrisch, 1226 Boltigen
Spezielles	Faltprospekt zum Hausweg am Bahnhof Boltigen erhältlich.

unterwegs...

Weibelsried *Antonius-Kapelle:* 17. Jh. Im Innern Statue des Apostels Jakobus (mit Muschel und Pilgerstab). Der Legende nach wurde Jakobus' Grab 825 in Spanien entdeckt. Seither pilgerten Millionen von Menschen nach Galizien. Die Antonius-Kapelle soll von einem aus Santiago de Compostela zurückgekehrten Pilger gestiftet worden sein.

Am Reidigenpass.

Reidigenpass Historischer Verkehrsweg. Mit der Eroberung der Waadt erschloss sich Bern 1536 eine Kornkammer. Danach Getreidetransporte via Broc, Jaun und Reidigenpass ins Simmental. Zudem gelangte Wein vom Genfersee über den Reidigenpass ins Land. In umgekehrter Richtung wurde Vieh exportiert und auf den Märkten von Vevey bis Lyon und Paris verkauft. Die Reise nach Paris dauerte einen Monat. Mit dem Bau der Eisenbahnen (1897 von Spiez nach Erlenbach, 1902 von Erlenbach bis Zweisimmen) kam das Ende dieser Viehtriebe. Die Strasse über den Jaunpass entstand 1878. Frühe Säumer mieden diesen Übergang, er war länger, zu sumpfig und stark bewaldet.

Schwarzenmatt In der Chlus-Schlucht zwischen 1764 und 1860 Kohleabbau, jährlich bis zu 500 Tonnen. Die Ware gelangte auf Schlitten nach Boltigen, wurde auf Karren umgeladen und nach Thun transportiert, von dort auf Aareschiffen weiter nach Bern. Mit dem Kohlenimport (Eisenbahnbau) kam der Abbau in der Chlus zum Erliegen. Wiederaufnahme der Förderung während der beiden Weltkriege, seit 1948 Betrieb eingestellt.
Brunnenhaus: Um 1786, Bauherr ist der Unternehmer Johannes Zabel. Die Fassadenmalerei (Blumen, Vasen) stellt einen Höhepunkt der «Saanen-Schule» dar. Zabels Handelsbeziehungen reichten weit nach Westen, daher der eher ungewohnte Baustil des Hauses.

Simmentaler Häuser: Zeugen landwirtschaftlicher Blüte. Oberwil: Genaues Hinschauen lohnt sich.

Simmentaler Hausweg Von Boltigen über Erlenbach bis Spiez führt der signalisierte Simmentaler Hausweg. Ein Prospekt des Berner Heimatschutzes, der Berner Wanderwege und der Simmentalbahn liefert Angaben zu 39 ausgewählten Häusern. Die an den Häusern angebrachten Nummern korrespondieren mit jenen in der Wegleitung. An den Häusern selbst liefern Schilder zusätzliche Infos. Der bebilderte und mit Situationsplan versehene Prospekt liegt auf in den Bahnhöfen des Tals.
Das Simmental dürfte bereits vor über 40 000 Jahren von Jägern und Sammlern aufgesucht worden sein. Funde von Steingeräten und Höhlenbärenreste wurden im *Schnurrenloch* (auf 1230 m, Gemeinde Oberwil), in der *Chilchli-Höhle* (Gemeinde Erlenbach) und im Ranggiloch (Gemeinde Boltigen) entdeckt. Näheres dazu im Talmuseum Agensteinhaus in Erlenbach.

Boltigen Der Name verweist auf eine ursprünglich germanisch-alemannische Gründung. Besiedelt seit dem Frühmittelalter. Eine der grössten Gemeinden des Kantons Bern. Setzt sich zusammen aus acht Bäuerten, u.a. Schwarzenmatt, Adlemsried, Simmenegg und Weissenbach. *Kirche:* Der heutige Bau entstand nach dem Totalbrand vom Sommer 1840. Erstmals erwähnt wurde das dem heiligen Mauritius geweihte Gotteshaus bereits 1240. Bis zum Brand von 1840 wurde die Kirche mehrmals erweitert. 1968 erhielt sie ihren ursprünglichen Turm (Kupferstich überliefert aus dem Jahr 1822) mit dem spitzen Helm. Die heutige Orgel, auf welcher das Jahr durch Konzerte gegeben werden, stammt aus dem Jahr 1973. Im Dorf Holzhäuser im traditionellen Simmentaler Stil, u.a. Hotel «Simmental», 1758 erbaut, und der Gasthof-Riegelbau «Bären».

Oberwil «Die Gemeinde Oberwil hat eine malerisch schöne Lage; unstreitig die schönste im Simmental.» Dies stellte David Gampeler 1904 in seiner «Heimatkunde des Simmentales» fest. Mittlerweile ist Oberwils Ortskern aufgeführt im Inventar der schützenswerten Ortsbilder der Schweiz (ISOS).

Oberwil, reformierte Pfarrkirche.

Vier gedeckte Holzbrücken überqueren die Simme auf Oberwiler Gemeindegebiet: die Pfaffenriedbrücke (mit Inschrift «ZM 1899 P?»), die 1956 neu erstellte Heidenweidbrücke, die Bunschenbrücke (keine Datierung) und die ebenfalls nicht datierte Weissenburgbrücke (gehört zur Hälfte zur Gemeinde Därstetten). Die Heidenweidbrücke, die unterhalb des Dorfs Oberwil von der Sonn- zur Schattseite führt, erinnert nicht an Heiden, sondern an Adelheid, Gemahlin Kaiser Ottos I. und Tochter König Rudolfs II. von Hochburgund. Es war dieser König Rudolf, welcher der Legende gemäss den Bau der *12 Tausendjährigen Thunerseekirchen* initiiert haben soll (siehe unter Wimmis und Spiez). Oberwils fünfte gedeckte Holzbrücke (1985 neu erstellt) führt über den Wüstenbach und liegt damit am Simmentaler Hausweg. Auch hier war erst eine Betonbrücke in Diskussion. Wüstenbach ist herzuleiten von *z'Wüstenbach* (zwischen den Bächen). *Pfarrkirche:* 1228 erstmals erwähnt. Wie jene von Saanen war die Oberwiler Kirche vor der Reformation dem im Wallis verehrten Mauritius geweiht. Trotz barocker Veränderungen ist der spätgotische Ursprung auszumachen; Taufstein aus dem Jahr 1520.

Alpfest: Jeweils im August feiern die Oberwiler auf der Alp Nässli die Bärg-Dorfet. Solche Feste finden auch in anderen Ortschaften des Oberlands statt. Sie beginnen jeweils mit Predigt unter freiem Himmel und gehen über in Tanz und gemütliches Beisammensein. *Nähere Infos: Verkehrsverein Oberwil, Tel. 033 783 10 90.*

Die Kraft der Kräuter

Eine Begegnung mit Susanna Krebs

Ein Blick neben den Wanderweg genügt. Susanna Krebs bückt sich, pflückt ein Blatt des Breitwegerichs. Eine Handbreit daneben wächst ein Spitzwegerich, ebenfalls schleimlösend. Der ideale Hustentee liegt zu unseren Füssen, am Wegrand, unterwegs von Jaun zum Reidigenpass. Und nicht weit entfernt leuchten weisse Blüten: Schafgarbe, ein Wunderkraut, eines der wichtigsten Hausmittel, zur Entgiftung des Körpers.
Susanna hat ein riesengrosses Wissen über unsere Pflanzen und ihre Heilwirkungen. Und sie geizt nicht damit. Wann immer ein Leiden oder «Bobochen» zur Sprache kommt, hat sie zwei, drei Tips bereit. Nicht belehrend, nicht missionierend. Einer Denksportaufgabe folgend, versucht sie den Symptomen auf den Grund zu gehen. Laut denkend sucht sie nach jener Pflanze, die das System stärkt, entlastet oder der Krankheit zum Ausbruch verhilft.
Die Heilkunde der Kräuter ist altes Wissen, häufig weitergegeben von Frau zu Frau. Nachdem unsere Gesellschaft ihr Vertrauen vor allem der Schulmedizin zu schenken begann, ging das alte Wissen vergessen. Susanna hat sich vor Jahren auf den Weg gemacht, der alten Heilkunde nachzuspüren. Dazu gehört auch das Erfahren: ausprobieren, zuhören, beobachten, nachfragen, kombinieren. Viel gelernt habe sie mit und durch ihre drei Kinder.

Krankheit als Chance Susannas Beziehung zu Krankheit und Gesundheit unterscheidet sich grundsätzlich von jener der Schulmedizin: Wir sind nicht auf der Welt, um möglichst schnell gesund zu werden, sondern um uns mit den Krankheiten auseinanderzusetzen. Eine Krankheit ist für Susanna in erster Linie eine Chance zu «wachsen». Kinder – aber auch Erwachsene – müssen Krankheiten durchleben können, werden diese durch Medikamente unterdrückt, wird der Körper geschwächt.

Silbermantel – Alchemilla alpina. Kurzhelmiger Eisenhut – Aconitum napellus, geläufig sind auch die Bezeichnungen Fuchswurz, Giftkraut, Kapuzinerkäppli, Mönchskappe und Wolfskraut.

Besonders schwächend für den Körper sind Antibiotika. Susanna greift auch nicht zu Antibiotika, als Julian mit Scharlach von der Schule nach Hause kommt.
Ihr Vertrauen in die Natur ist gross – aber nicht blind. So ist es für die Kräuterfrau eine Selbstverständlichkeit, mit Ärzten – auch Schulmedizinern – zusammenzuarbeiten. Sie weiss, wo ihre Grenzen sind: Diagnose zu stellen, ist Sache des Arztes, dies liege nicht in ihrer Kompetenz, wohl aber die Wahl der Behandlung. Mit Tee, Wickeln, Kompressen, Frischauflagen, Öleinreibungen – und vor allem: mit viel, viel Ruhe.
Susannas Hausapotheke ist im Küchenschrank. Nebst Teekräutern gehören auch die meisten Gewürzkräuter zu den Heilpflanzen. Damit nicht genug: Fast alle Gemüse, Getreidearten und Früchte haben heilende Wirkungen. Sei es durch die Vitamine, Mineralstoffe, Spurenelemente – oder aber auch durch ihre Eigenschaften wie Kühlen, Wärmen, Entschlacken, und und und. Als Ernährungsbegleiterin unterstützt Susanna seit Jahren – in Zusammenarbeit mit einem Mediziner in Langnau – kranke Menschen in ihrer Genesung. Ein Teil dieser Begleitung besteht darin, gemeinsam mit der Patientin, dem Patienten herauszufinden, was gut tut und was nicht, was es zu meiden gilt – und nach Alternativen zu suchen.

Kräuter als Medium Wo wir hinschauen, erblickt die Kräuterfrau Heilpflanzen. Doch sei sie weder Botanikerin, die die Pflanzen nach ihren Familien bestimme, noch Kräuterärztin, die sämtliche Heilkräuter und ihre Wirkungen kenne. Diese Aussage ist keine Tiefstapelei, sondern ein Versuch, ihre Arbeitsweise zu umschreiben. Susannas Grundprinzip lautet: Jede Pflanze kann in einer bestimmten Situation ein Heilkraut sein, die Bäume eingeschlossen. Eher als den Namen erkenne sie deren Heilwirkung. Genaugenommen ist sie Geistheilerin, die mit Kräutern arbeitet – diese dienen als Medium.
Wenn Susanna zu einem kranken Menschen kommt, braucht sie vorerst eine medizinische Diagnose. Anschliessend stellt sie sich meditativ auf diesen Menschen und dessen Krankheit ein, um auf einer anderen Ebene

a
b
c

herauszufinden, was ihm fehlt. Mit dieser Sensibilisierung geht sie dann hinaus, das Kraut, das diesem Menschen helfen kann, zu finden. In der Regel wächst dieses Heilkraut im Umkreis von 50 Metern. In ihrer meditativen Arbeit sieht sie die Farben ihres Patienten und kann so feststellen, welche Farbe fehlt. Sie kann auch die Farben der Pflanzen sehen und findet so die fehlende Farbe respektive das individuelle Heilkraut. Dabei geht es nicht darum, Symptome zu bekämpfen, sondern die Lebenskraft eines Menschen zu stärken, damit dieser selber mit den Symptomen fertig wird.
Susanna versteht sich nicht als das Medium, das alle heilen kann, sondern macht ihre Therapien begleitend, unterstützend und empfiehlt deshalb auch ihren Patientinnen und Patienten, bei ihrem Arzt oder ihrer Homöopathin zu bleiben. Oft wirken Susannas Heilkräuter und Behandlungen so stark, dass die ärztliche Hilfe bald nicht mehr gebraucht wird. Doch über den Zeitpunkt entscheide nicht sie, das sei Sache der Kranken.

Juristischer Balanceakt Im Kanton Bern darf nur medizinische Diagnosen stellen, wer eine staatlich anerkannte medizinische Ausbildung hat. Doch ist dies nur ein Grund, warum sie keine Diagnosen stellt. Jeder Mensch ist für seine Heilung selber verantwortlich, diese Gewissheit nimmt ihr auch die Angst, Fehler zu machen. Susanna hat Verständnis, wenn jemand denkt, sie mache sich die Sache etwas sehr einfach. Es sei eben schwierig, die Leute davon zu überzeugen, dass sie für ihre Heilung selber verantwortlich seien, man habe sich daran gewöhnt, Heilung und Verantwortung an den Arzt zu delegieren. Und weil Susanna dies ablehnt, würde sie auch nie auf Fernbehandlungen einsteigen.
Susanna hat eine Ausbildung als Geistheilerin bei George Paul Huber, Zentrum Livitra in Hendschiken, abgeschlossen. Diese Ausbildung ist anerkannt von der Schweizerischen Vereinigung für natürliches Heilen, SVNH. Trotzdem bezeichnet sich Susanna nicht als Geistheilerin, sondern nennt ihre Arbeit «ganzheitliche, spirituelle Lebenshilfe». Sie beschränke sich nicht aufs Heilen, sondern möchte auch mit offenen, gesunden

Menschen präventiv arbeiten. Zudem dürfen Geistheiler im Kanton Bern nicht arbeiten, ausser sie haben eine medizinische Grundausbildung. Und genau diese Grundausbildung ist der nächste Schritt auf ihrem Weg. Begonnen hat sie als Hauswirtschaftslehrerin, und als solche hat sie Zeichen gesetzt in der Öko- und Vollwertküche. Gleichzeitig war sie umwelt- und sozialpolitisch engagiert. Jahrelang gab sie Kochkurse, schrieb Rezepte und Bücher. Sie setzte auf Selbstversorgung, verkaufte Gemüse aus ihrem biologisch-dynamischen Gartenbau und begann sich für die Heilkraft unserer Nahrung zu interessieren. Während einer sechsjährigen Ausbildung in «abendländischem Wissen» erarbeitete sie sich eine Basis für ihre heutige Arbeit.

Arnika –
Arnica montana.

Sammeln mit Mass Thymian, Silber- und Frauenmänteli, Augentrost, Eisenhut und vieles mehr. Soll ich auf Wanderungen gar keine Heilkräuter mehr sammeln? Laut Susanna ist mein Heilkraut ja bei mir zu Hause, im Umkreis von 50 Metern, zu finden. Nein, so rigoros sei diese Theorie nicht aufzufassen. Für ihre «Notfallapotheke» sammelt auch Susanna Kräuter, aber nur so viel, wie sie in einem Jahr verbraucht, und das sind keine Riesenmengen. In der Regel wird viel zu viel Teekraut verwendet, in der Annahme, je mehr, um so gesünder. Dies ist nicht der Fall. Im Gegenteil: Es zeigt sich, dass die Kamille ihre Wirkung praktisch verloren hat, weil sie zu oft und in zu grossen Mengen gebraucht wurde. Übrigens: Nach einem Jahr haben Kräuter ihre Wirkung verloren. Mit den Kräutern kann noch sparsamer umgegangen werden, wenn diese potenziert werden – also wenn wir aus den Kräutern ein homöopathisches Mittel herstellen. Durch das Potenzieren kann eine kleine Menge in ein Vielfaches vermehrt werden, das erst noch eine stärkere Wirkung hat.

Anne-Marie Haller

Lesen:
Vogel Alfred: Der kleine Doktor. Verlag A.Vogel, Teufen 1952.
Reinhard Jürg: Sanfte Heilpraxis. Hallwag Verlag, Bern 1995.

6 OBERWIL–SPIEZ

Oberwil, Bahnhof (836 m)–Erlenbach, Bahnhof (681 m)

L	🕓 2 h 30 → 10,4 km ↗ 95 m ↘ 250 m
Route	Ab Oberwil bis Erlenbach als «Simmentaler Hausweg» ausgeschildert. Ab Bahnhof Oberwil Richtung Buusche. Am Eingang des Weilers Buusche verlässt unsere Route den Hausweg («Terrassenweg»). Rechts haltend Richtung Weissenburg absteigen, wo der «Talweg» des Hauswegs beginnt. Nach Überqueren der Talstrasse und Simme stets den braunen Wegweisern Richtung Ringoldingen–Erlenbach folgen. Der gesamte Abschnitt weist mehrheitlich Hartbelag auf.
Variante A	Ab Buusche bis Erlenbach auf linker Talseite über den «Terrassenweg» (3 h 00).
Abkürzen	Weissenburg/Därstetten/Ringoldingen–Erlenbach mit Bahn (320)
Anreise	Bahn Spiez/Zweisimmen–Oberwil (320)
Rückreise	Bahn Erlenbach–Spiez/Zweisimmen (320)
Service	Restaurants in Oberwil, Weissenburg, Ringoldingen und Erlenbach; Post, Bank, Lebensmittelläden in Oberwil und Erlenbach
Schlafen	Hotel «Jäger», Ringoldingen, Tel. 033 681 13 73 Hotel «Stöckli», Erlenbach, Tel. 033 681 21 26

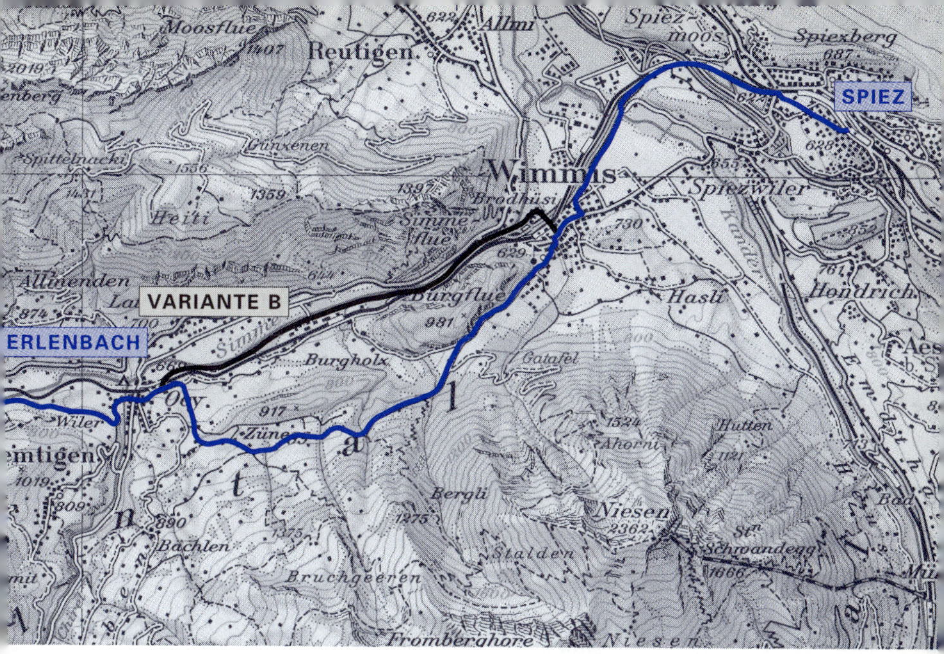

	Naturfreundehaus «Feldmöser», Wegweiser ab Steinibrücke vor Erlenbach (1 h 10), Tel. 033 222 83 67 (Reservation obligatorisch)
Jahreszeit	April–Oktober
Karten	253(T) Gantrisch, 1226 Boltigen, 1227 Niesen
Spezielles	Faltprospekt zum Hausweg im Verkehrsverein und Bahnhof Oberwil erhältlich.

Erlenbach, Bahnhof (681 m)–Spiez, Bahnhof (628 m)

L	◷ 3 h 30 → 15,7 km ↗ 377 m ↘ 430 m
Route	Ab Erlenbach bis Wimmis mit braunen Wegweisern als «Simmentaler Hausweg» ausgeschildert. Vom Bahnhof Erlenbach durch das Gelände der Sägefabrik und über die Simme nach Oey. In Oey Bahngeleise nicht überqueren, sondern hoch Richtung Zünegg. Weiter bis zum Bergrestaurant der Alp Chessel, von wo der Weg nach Wimmis absteigt. Auch in Wimmis dem Hausweg folgen. Beim Haus Nr. 2 (Haus «Sury») statt links zum Bahnhof, nach rechts Richtung Spiez. Kander wird unter der Autobahnbrücke überquert. Später der Bahnlinie entlang und auf Quartierwegen und Strässchen zum Bahnhof Spiez.

Variante B	Ab Bahnhof Oey-Diemtigen über Burgholz bis Bahnhof Wimmis ohne Steigung der Simme entlang (1 h 10).
Abkürzen	Oey-Diemtigen/Burgholz/Wimmis/Eyfeld/Lattigen/Spiezmoos Süd-Spiez mit Bahn (320)
Anreise	Bahn Spiez/Zweisimmen–Erlenbach i.S. (320)
Rückreise	Bahn Spiez–Bern/Interlaken (300/310)
Service	Restaurants, Lebensmittelläden, Post, Bank in Oey, Wimmis und Spiez
Schlafen	Hotel-Motel «Löwen», Wimmis, Tel. 033 657 12 45 Hotel «Des Alpes»***, Spiez, Tel. 033 654 33 54 Hotel «Bellevue»**, Spiez, Tel. 033 654 23 14 Hotel «Lötschberg», Spiez, Tel. 033 654 22 51 Jugendherberge «La Nichée», Leissigen, mit der Bahn von Spiez nach Leissigen (310), Tel. 033 847 12 14
Jahreszeit	April–Oktober
Karten	253(T) Gantrisch; 1207 Thun, 1227 Niesen
Spezielles	Faltprospekt zum Hausweg am Bahnhof Erlenbach erhältlich.

unterwegs...

Stets präsent: Fragen zu Perspektiven in der Landwirtschaft.

Weissenburg Bloss Ruinen erinnern an jene Zeiten, als gar die Königin von Holland nach Weissenburg reiste: ins Heilbad, das noch um 1800 über 100 Betten verfügte. Das Weissenburger Wasser als Tafelgetränk vermochte sich bis in die 1970er Jahre zu halten. Mayoran, Thymian, Oregano oder Basilikum: Biokräuteranbau ist im Simmental willkommener Zusatzverdienst. Getrocknet werden die Pflanzen in jenen Hallen, wo früher «Weissenburger Citro» abgefüllt wurde. In den ausländischen Verkaufsregalen tauchen sie wieder auf als «Swiss Alpine Herbs».

Därstetten *Knuttihaus:* Der Simmentaler Hausweg führt zum 1756 durch Hans Messerli errichteten Knuttihaus, einem der schönsten Bauernhäuser der Schweiz.

Därstetten, Knuttihaus, erbaut 1756.

Hans Messerli (1720–1806) hat mit rund 300 Bauten die regionale Zimmermannskunst geprägt. Ebenfalls zu Messerlis Hauptwerken zählen das Agensteinhaus in Erlenbach (heute Talmuseum) und das Haus Trogmatte in Diemtigen. Ein Beispiel eines anderen grossen Zimmermeisters – Stäfen Bärgmann – lockt bei Wiler, östlich von Därstetten. Das Haus wurde um 1655 erstellt. Bauernhausforscher setzen Stäfen Bärgmanns Kunst – er arbeitete v.a. zwischen Boltigen und Diemtigen – an das Ende einer grossen Epoche; sie markiere deren glänzenden Abschluss.

Erlenbach *Agensteinhaus*: Anfang der 1970er Jahre hätte das Gebäude abgebrochen und zur Privatnutzung gezügelt werden sollen; heute beherbergt es das Talmuseum. Das Agensteinhaus wurde 1766 durch Hans Messerli erbaut. In seinem Zustand ist es weitgehend erhalten geblieben. Küche mit Feuerstelle und Bretterkamin. In Stuben und Kammern bieten Exponate und Schautafeln Einblicke in die Siedlungsgeschichte des Tals, die Zimmermannskunst, in Pferde- und Viehzucht, Alpwirtschaft und weitere Gewerbezweige. *Öffnungszeiten: Mai bis Oktober, Mi und Sa 14–17 Uhr; Anmeldung: 033 657 21 27 (Max Bratschi).*
Zur *Kirche* (älteste Teile aus dem 11. oder 12 Jh.) führt eine 1816 erstellte, 20 m lange gedeckte Holztreppe. Das Christophorusbild neben dem Eingang dürfte um 1300

entstanden sein. Im Chorbogen die Evangelisten-Symbole: Matthäusengel, Lukasstier, Johannesadler, Markuslöwe. Kirchenbilder sind Richtung Chor zu «lesen»; der Chor ist Zentrum, er barg das Allerheiligste. Drei Glocken hängen im Turm, die kleinste (1897 gegossen) trägt die Inschrift: «Alles, was Odem hat, lobe den Herrn».
Die meisten Holzbauten entlang der Dorfstrasse entstanden nach dem Dorfbrand von 1765. Neben Häusern mit Satteldächern fallen *Ründihäuser* auf; sie gehören zu den ersten in diesem Stil im Bernbiet erbauten Grosshäusern. Beim Bahnhof breitet sich das nach einem Grossbrand (1991) vollständig erneuerte Sägewerk Reinhardt aus. Es gilt weitum als eines der modernst eingerichteten.

Oey-Diemtigen Bei Oey zweigt mit dem Diemtigtal das grösste Seitental (130 km^2) des Simmentals ab. *Oey-Diemtigen* ist kein Dorfname, sondern die Bezeichnung der Eisenbahnstation. Oey-Diemtigen ist ein Beispiel, wie sich durch das Aufkommen der Bahnen neue Wort-Kombinationen einprägten; ähnliche Beispiele sind Arth-Goldau, Ambri-Piotta, Scuol-Tarasp, Pampigny-Sévery.

Wimmis Zurückgeführt wird der Ortsname auf die Bezeichnung *vindemias* (Weinberg), das Schloss Wimmis aber auf die Freiherren von Weissenburg (ums Jahr 1100). An der Talsperre zwischen Niesen und Simmenfluh dürfte bereits vorher eine Burg gethront haben. Ihr

Därstetten: Fassadenmalerei am Haus Nidfluh und am Knuttihaus. Bei Wimmis: Alte Panzersperre. Schloss Wimmis.

heutiges Gepräge erhielt die Anlage durch die im 17. Jahrhundert durchgeführten Um- und Neubauten. Nach wie vor tagt hier das Berner Amtsgericht. *Besichtigung: Nur auf Anfrage, sich wenden an Pfarramt Wimmis, Tel. 033 657 12 87.*
Unterhalb des Schlosses die ins 10. Jahrhundert zurückreichende *Kirche (ehem. St. Martin).* Sie wird zur Gruppe der *12 Tausendjährigen Thunerseekirchen* gezählt, dazu gehören u.a. jene von Amsoldingen, Spiez und Scherzligen. Die Malereien im Innern der Dreiapsiden Kirche stammen aus dem 15. Jahrhundert.
In den Felsen der Simmenfluh arbeitet seit 1962 ein Wasserkraftwerk. Zugeleitet werden die Wasser der Simme und des Diemtigtals.
Jeweils am Neujahrstag steigen Wimmiser die Simmenfluh hoch. Der 1913 in Brienz geborene *Albert Eggler*, Leiter der Schweizer Everest- und Lhotse-Expedition (1956), verunfallte im Herbst 1998 an der Simmenfluh tödlich.

Spiez Niesen, Schloss und Rebberge sind Wahrzeichen des Verkehrsknotenpunkts Spiez. Die Burganlage am See (11. Jh.) beherbergt ein Wohnmuseum: Möblierte Wohn- und Repräsentationsräume des 13.–18. Jh., darunter Gerichtshalle des 15. Jh., Renaissance-Täferstube und frühbarocker Festsaal. *Öffnungszeiten: Ostern bis Mitte Oktober 10–17 Uhr, Mo nur nachmittags; Tel. 033 654 15 06.*
Die zur Burg gehörende, nach Osten gerichtete *Schloss-*

Ferdinand Hodler, Niesen vom Heustrich aus, 1909.

kirche – der Osten mit dem Sonnenaufgang galt als Symbolrichtung der Auferstehung – ist neben Amsoldingen die bedeutendste der *12 Tausendjährigen Thunerseekirchen.* Ein Traum soll König Rudolf von Burgund dazu bewogen haben, diese als Filialen der Wallfahrtskirche von Einigen zu stiften. Daran und an die Bande zwischen dem damaligen Burgund und Italien erinnert die lombardische Prägung dieser Kirchen. Ursprünglich Eigenkirche des Schlossherren, diente diese bis 1907 der Gemeinde Spiez als Pfarrkirche (damals Neubau der Dorfkirche am Spiezberg). *Heimat- und Rebbaumuseum*: Untergebracht in 1728 erbautem Simmentalerhaus. Präsentiert bäuerlichen Haushalt mit Küche, vollständige Küferwerkstatt, Wechselausstellungen zu Rebbau und heimatkundlichen Themen. *Öffnungszeiten: Mai bis Mitte Oktober, Sa und So 14–17 Uhr.*

Unterwegs mit einem Hölzigen

Brave Tannen braucht das Land

«Ein Baubestand ist die Antwort auf einen spezifischen Baubedarf, spiegelt volkstümliche Tradition und ist dem Kräftespiel zwischen Bewahren und Erneuern unterworfen.» (Heinrich Christoph Affolter)

Rohmaterial für Simmentaler Häuser.

Sich ausdrücken, zieren, Status markieren – ein menschliches Bedürfnis; die Simmentaler Fassadenmalerei zeugt davon. Im 17. und 18. Jahrhundert hat diese einen Höhepunkt erreicht. Weit gebracht darin hat es der Notar Jakob Hutzli; im Oberland sind seine Spuren unübersehbar: Man beachte das Innere der Kirche von Zweisimmen, die Fassade des 1705 von Michel Bühler bei Weissenbach erbauten Gebäudes oder jene am 1713 bei Nidflue (Därstetten) errichteten Holzhaus. Ein leichtes wäre es, Hutzlis (Kalligraphen-)Kunst auf den Fersen zu bleiben, er hatte seine Hände weitum im Spiel, und nicht wenige waren es, die es ihm gleichzutun versuchten. Verfolgte man diesen Weg, begegnete man dem Werk von Stefan Allenbach und Maler Amrein (am 1757 erbauten «Vennerhaus» im Büel/Oberwil), würde auf Anthoni Schwaller stossen (im 1759 erbauten Haus «Argel» bei Därstetten) und auf solche, deren Namen der Vergessenheit anheim gefallen sind, und man wüsste: Diese Zier- und Gestaltungsfreude hat auch mit Ruhm und Rang zu tun. Hier zeigt ein Bauherr, was er hat: tolle Fassade, gute Leitsätze, edle Gesinnung. Da markiert einer soziale Stellung – oder doch zumindest den Anspruch darauf. Indes, die beteiligten Künstler gehen nicht leer aus. Auf der Front des erwähnten Vennerhauses (Baumeister: Hans Messerli) ist's nachzulesen: «Dem Mahler Allenbach als ein Arme Tropf, der meister Amrein Als ein Listiger Kopff wohl behilflich war mit mahlen und Farb Reiben, so er endlich soll die Meisterschaft woll haben.»

60 brave Tannen für ein Haus. Därstetten, Haus Argel: Malerei als Teil der Hausbau-Kultur.

Schauen können Mein Freund Jonas ist Zimmermann. Vor 25 Jahren Lehrling, heute Meister. Jonas stellt vorab klar: Baue er ein Haus, beginne er nicht mit Tisch und Stühlen. Am Anfang ist die Vorgabe der Grösse. Kleines oder grosses Haus. Der Rest ist Logik.

Klar müsste man an oben Gesagtem anknüpfen: dass grosses oder kleines Haus etwas mit Reichtum zu tun hat; ich lass es. Will vielmehr den Weg zur Schönheit der Logik einschlagen.

Von der Strasse her blicken wir auf einen Neubau. Unten aufgemauert, oben Holz, rotes Ziegeldach. Die Holzfassade noch hell, sie leuchtet. Das Baumaterial das gleiche wie vor zwei-, dreihundert Jahren: Fichten.

Wieviel Holz ist für so einen Hausbau nötig?

«Etwa 50 Kubikmeter», sagt Jonas.

Und was braucht es dazu an Bäumen?

«Eine brave Tanne macht etwa drei Kubik.»

Ich rechne: 20 Bäume x 3 $m^3 = 60$ m^3.

Jonas winkt ab, so eins zu eins gehe das nicht, das komme auf vieles drauf an. Auch auf das Rüsten in der Sägerei. Ich denke an Holzschwarten, derweil Jonas eine weitere Zahl vorlegt: «60 brave Tannen für ein Simmentalerhaus.»

Erneut nachfragen: Was ist eine brave Tanne? «So eine ist schön gewachsen, nicht auf alle Seiten verdreht, gesund und zwischen 80 und 120 Jahre alt.»

Vor uns also der ziegelbedeckte Neubau. Bauvorschriften und örtlichen Reglementen gemäss im Stil der umliegenden Häuser erstellt. Zweigeschossig und der Zeit entsprechend mit Garage versehen. Die Schaufront nach Süden gerichtet; Gesicht zur Sonne. «Dieses Haus hat kein Hölziger gebaut.»

Was hör' ich? Jonas hilft nach, verweist auf die zu hohe Brüstung, auf die Fenster der zweiten Etage, die ebenfalls zu hoch oben angebracht sind, und auf tragende Balken direkt über den Fensterrahmen. Nicht total hässlich, aber unlogisch. Da sei einer von Tischen und Stühlen ausgegangen; ein Hölziger hätte die Sache von einer anderen Seite her angepackt.

Erklärung: Hölziger, das ist ein Fachbegriff und meint Zimmermann. Im Simmental kennen sie für so einen

auch den Ausdruck Holzgueg. Für Freund Jonas ist ein (guter) Hölziger einer, der was von Holz versteht, um dessen Verwendungsmöglichkeiten weiss (die sind enorm, man beachte neuere Markthallen und Sportstadien mit deren riesigen Decken, die ganz ohne Säulen auskommen); ein Hölziger ist Unternehmer, Architekt und Ausführender in einem. Hans Messerli war so ein praktisch denkender Hölziger, der hat vor bald 250 Jahren das «Knuttihaus» im Moos (bei Därstetten) gebaut, das «Agensteinhaus» in Erlenbach, die «Trogmatte» in Diemtigen und über 250 weitere Häuser, und der hat – wie Stäfen Bärgmann und all die anderen Zimmermeister seiner Zeit – das Handwerk an Ort und Stelle erlernt, hat seinen Vater, seine Verwandten und Kollegen auf die Bauplätze begleitet, genau hingeschaut, die Konstruktion studiert, Wissen aufgenommen und weiterentwickelt. – Damit zur Logik, die Jonas angesprochen hat. Sie ist es, die die Bauwerke dieser Meister auszeichnet. Diese Häuser – so abgegriffen der Ausdruck auch tönen mag, diese Häuser «stimmen», die ruhen im Gleichgewicht, sind ein Fest der Proportionen. Hausforscher betonen, dass die dafür verantwortlichen Zimmermeister nicht Theorie in die Praxis umgesetzt haben, sondern aus angeeigneter Erfahrung geschöpft hätten, aus Tradition und Intuition: Dass diese längst verstorbenen Hölzigen es demnach im Blut hatten, wie ein Teil, wie ein Bauteil im Verhältnis zum Ganzen wirken würde. Jonas' bestätigender Kommentar: «Wo die Konstruktion stimmt, findet das Auge seine Freude.»

Zeit haben Wir bestaunen Simmentaler Häuser. An einigen lärmt der Verkehr vorbei. An Sonntagabenden schlängelt sich mitunter eine kilometerlange Blechschlange durchs Tal. Ausflügler auf der Heimreise, vorbei an den 230jährigen Ründihäusern von Erlenbach. Der Autobahneinfahrt bei Wimmis zu.
Weiter oben, in Boltigen, sind sie an einem 1820 erbauten Grosshaus mit über 30 Zimmern vorbeigerauscht. Auch dieses ein Ründihaus; die Rundungen umrahmen das Gesicht des Hauses, und dieses schaut auf die Strasse. Viele Fensterläden aber sind zugezogen. Vielleicht hat's mit dem Verkehr zu tun. Der Eingang zum

Ründihaus,
Dorfstrasse Erlenbach.
Erbaut 1766.

Haus geht von der Strasse aus, das ist eine Besonderheit und verweist auf den ursprünglich vorgesehenen Zweck des Hauses: Es hätte als Gasthof dienen sollen. Tat es aber nicht. Es ist Wohnhaus, und dort, wo einst der Dorfladen war, hat sich eine Autofahrschule eingerichtet.
Wie lange würde man heute an so einem Haus bauen? Jonas relativiert und sagt, dass in dieser Konstruktionsweise heute kaum mehr gebaut werde, das sei vereinfacht worden, und man habe es oft mit Imitationen zu tun. Trotzdem, wie lange so ein Hausbau dauere? Etwa fünf, sechs Monate. Und damals? Dreimal so lang.
Hausbau damals: Jonas beginnt beim Holzschlag. Dieser erfolgte bei abnehmendem Mond, im Winter. Weil das Holz etwa 20 Prozent weniger Feuchtigkeit aufweist als im Frühjahr – und weniger anfällig auf Schädlingsbefall ist. Beim anschliessenden Lufttrocknen geht nochmals Saft weg – es bleibt ein Feuchtigkeitsgehalt von 12 bis 15 Prozent. Das grosse Ding damals war der Transport. Es gab keine Traktoren und Laster und vom Bund subventionierte Walderschliessungsstrassen. Also galt es, Rundholz auf sechs Meter zu kürzen, längeres liess sich kaum transportieren. Im Gegensatz zu heute wurde der grösste Teil des Materials auf der Baustelle zubereitet. Auch Mörtel und Verputz. Darum da und dort Ruinen von Kalkbrennöfen.
Und wie viele haben an so einem Hausbau mitgearbeitet? Auf einem Foto aus den 20er Jahren sind 18 Personen und 2 Pferde auszumachen, erstellt hatten die «bloss» eine Sennhütte. Also waren es bei einem Grosshaus einige mehr? Jonas sagt's trocken: Nein, bloss zwei seien's gewesen. Was? Ein Missverständnis, er meint, es waren «zwei Berufsgattungen» am Werk: Zimmerleute und Maurer. Die haben das Hauptwerk geleistet. Und heute? Zwischen 15 und 25, vom Traxführer bis zum Stromer.

Herbert Gruber

Lesen:
Affolter Heinrich Christoph: Die Bauernhäuser des Kantons Bern, Band 1, Das Berner Oberland. Schweizerische Gesellschaft für Volkskunde, Basel 1990.
Gesellschaft für Schweizerische Kunstgeschichte: Kunstführer durch die Schweiz, Band 3. Benteli Verlag, Wabern 1982.

7 SPIEZ – INNERERIZ

Spiez, Bahnhof (628 m)–Spiez, Schiffstation (558 m)–Merligen, Bushalt (568 m)

L	⏲ 0 h 20 ➔ 1,3 km ↗ 10 m ↘ 70 m
Route	Ab Spiez Bahnhofunterführung auf einer der beiden ausgeschilderten Routen zur Schiffstation in der Spiezer Bucht. Die Thunersee-Überfahrt nach Merligen dauert 30 Minuten. Merligen kann ab Spiez auch mit Bahn/Bus über Thun bzw. Interlaken erreicht werden.
Anreise	Bahn Bern/Interlaken–Spiez (310)
Rückreise	Bus/Schiff Merligen–Interlaken/Thun (300.70/3310)
Service	Restaurants, Lebensmittelläden, Post, Bank in Merligen
Schlafen	Seehotel «Du Lac», Merligen, Tel. 033 251 37 31 Gasthof «Traube», Merligen, Tel. 033 251 15 34 Motel-Restaurant «Mon Abri», Merligen, Tel. 033 251 13 80 Naturfreundehaus «Beatenberg», Beatenberg, Tel. 033 243 42 91 (Reservation obligatorisch) Siehe nächster Abschnitt, unter Variante A bzw. Abkürzen
Jahreszeit	April–Oktober
Karten	253(T) Gantrisch, 254(T) Interlaken; 1207 Thun, 1208 Beatenberg
Spezielles	Diesen Tag als Ruhetag benützen und sich im öffentlich zugänglichen Solbad im Hotel «Beatus» in Merligen erholen oder eines der zahlreichen Museen rund um den Thunersee besichtigen.

Merligen, Bushalt (568 m)–Sichle (1679 m)–Innereriz, Säge (1040 m)

L (MS)*	⏲ 5 h 30 ➔ 14,5 km ↗ 1111 m ↘ 639 m
Route	Ab Bushaltestelle «Merligen» in Merligen auf Saum- und Forstwegen nach Justistal–Grön aufsteigen. Ab Grön auf Fahrstrasse bis Hinterstberg und auf Fussweg über die Sichle nach Innereriz. Kurz vor der Passhöhe ist der Weg ein wenig ausgesetzt *(MS). Auf der Nordostseite der Sichle kann bis im Juni noch Schnee liegen.
Variante A	Von der Bergstation der Standseilbahn Beatenbucht–Beatenberg auf Fahrstrasse ohne grosse Steigung nach Grön (1 h 00 und 560 m weniger Steigung).
Abkürzen	Merligen–Beatenbucht–Beatenberg mit Bus (300.70) und Standseilbahn (2355). Weiter gemäss Variante A.

Anreise	Bus Thun/Interlaken–Merligen (300.70)
Rückreise	Bus Innereriz–Thun (300.60)
	Bahn Thun–Bern/Interlaken (310)
Service	Restaurants, Lebensmittelladen, Post in Innereriz
Schlafen	Restaurant «Schneehas», Innereriz, Tel. 033 453 18 38 (auch Matratzenlager)
	Restaurant «Säge», Innereriz, Tel. 033 453 13 21 (auch Matratzenlager)
Jahreszeit	Juni–Oktober
Karten	254 (T) Interlaken; 1208 Beatenberg

unterwegs...

Paradepferd der Thunerseeflotte: Dampfschiff «Blüemlisalp».

Thunersee Der von der Aare durchflossene Thunersee ist 18 km lang und zwischen Spiez und Gunten 3 km breit. Der Wasserspiegel liegt bei 558 m (6 m tiefer als der Brienzersee), die grösste Tiefe erreicht der See mit 215 m. Aushängeschild der Thunerseeflotte ist das Dampfschiff «Blüemlisalp» (Baujahr 1906, 63 m lang, 13 m breit). Es strahlt das um die beiden Seen herrschende Erbe der Belle Époque besonders stark aus. Erstmals aufgenommen wurde die Dampfschiffahrt auf dem Thunersee im Jahr 1835, auf dem Brienzersee 1839. Zwischen Ende Mai und Ende September gilt Sommerfahrplan; winters ist der fahrplanmässige Schiffsverkehr (von den BLS betrieben) eingeschränkt.

Merligen Das einstige Fischerdorf (heute ein einziger Berufsfischer) gehört zu den Perlen der Thunersee-Tourismusorte. Nebst dem am See gelegenen Bad- und Kurhotel «Beatus» (mit Sonnenterrasse) verfügt das Dorf über nahezu jede Art von Unterkünften.
Dorfbrand 1898. Beim 1937 realisierten Bau der an Tessiner Gotteshäuser erinnernden Kirche Verwendung von Bruchsteinen aus dem Steinbruch Balmholz. Kieselkalk aus Balmholz wird vor allem als Bahnschotter eingesetzt. Grosse Mengen gelangen auf Barken nach Thun.

Merliger sind schlau. Einmal, so die Geschichte – es war eiskalter Winter –, kam ein reicher Texaner ins Dorf und wollte unten am See Land kaufen. Man schritt ein überraschend topfebenes Stück mit ihm ab und markierte es. Der Mann war zufrieden und sagte, er komme im Frühling zurück. Bis dann aber war das Eis über dem See geschmolzen und damit das topfebene Stück Land verschwunden. Einem, der gescheiter ist als erlaubt, sagt man, er sei «von Merligen» resp. er sei «gmerliget».
Von Merligen führt der Jakobspilgerweg – den der Kulturweg Alpen hier kreuzt – via Balmholz zu den Beatushöhlen. Etwa 1000 Meter des Höhlen-Systems (Gesamtlänge ca. 130 km) sind ausgeleuchtet und zu begehen (ab Palmsonntag bis 3. Sonntag im Oktober). Der Legende nach diente die Karsthöhle dem im 6. Jahrhundert aus Irland zugewanderten Beatus als Wohnstätte. Nach der Reformation (1528) verfügten die Berner Behörden den Abbruch von Wallfahrtskirche und Pilgerherberge. Beatus soll im Justistal einen Gefährten gehabt haben; jener hiess Justus.

Justistal: Blick Richtung Sichle.

Justistal Die Besitzverhältnisse ums Justistal änderten mehrmals. 1253 gelangte das Tal (ausgenommen das Grön) von den Freiherren von Oberhofen ans Kloster Interlaken, dann in die Hand von Konrad von Teuffenthal und 1627 an die Gemeinde Sigriswil. Früh bildeten sich die noch bestehenden Alpgenossenschaften: jene von Gross Mittelberg und Hinterstberg werden erstmals 1693 genannt. Die Jahrzahl des ersten *Chästeilet* liegt im dunkeln. Der von der Genossenschaft Gross Mittelberg erbaute Speicher auf dem *Spicherberg,* dem Chästeilet-Platz, trägt die Jahrzahl 1739; ein Indiz, dass der im Tal produzierte Käse an jenem Ort seit 1739 durch Losentscheid geteilt wird. Heute verfügen alle neun Berge (Alpen) über einen eigenen Käsespeicher, jener auf Gross Mittelberg stammt aus dem Jahr 1860. Früher trugen die Sennen den aus dem Salzbad

genommenen Käse sofort hin zum Spicherberg. Jeweils am ersten Freitag nach dem Bettag führen die Genossenschaften auf dem Spicherberg (das Grön teilt selbständig) den Chästeilet durch. Anschliessend Alpabzug. Liberalisierung und Öffnung des Marktes wirken hinein ins Justistal. Die Preise für landwirtschaftliche Rohprodukte und Erzeugnisse fallen, und dies führt zu weiteren Rationalisierungsmassnahmen, andererseits verlangt der Tourismus nach «intakter Kulturlandschaft». Noch ist das Tal nicht ans Stromnetz angeschlossen, für 2,5 Millionen Franken könnte eine Leitung bis ins Grön gezogen werden. Während der *Gross Mittelberg* Strom mittels Wasserturbine erzeugt, arbeiten die übrigen Berge mit Diesel-Generatoren.
Alpenreduit: Unter dem Gipfel des Sigriswiler Rothorns die Schafloch-Höhle. Sie war Teil des Verteidigungssystems Alpenreduit der Schweizer Armee. Diese durchstiess die Schafloch-Höhle und schuf damit für Soldaten einen Zugang von der Westseite des Rothorns her (oberhalb Zettenalp).

Sieben Hengste Für in- und ausländische Höhlenforscher ist das Gebiet Sieben Hengste–Hohgant–Schrattenfluh das Land der kühnen Träume. Durch Faltung der Erdoberfläche haben sich mehrere hundert Meter dicke Kalkschichten aufeinandergelegt. Während an deren Oberflächen Karstlandschaften (Seefeld, Schrattenfluh usw.) entstanden, wäscht das Wasser im Erdinnern kilometerlange Höhlen aus.

Justistaler Chästeilet: Abschluss und Höhepunkt des Alpsommers.

Eriz Sankt Beatus hatte bei der Entstehung des Eriz seine Hände mit im Spiel. Der Legende nach soll er die Flucht von sieben Hengsten (aus dem Justistal) vereitelt und dabei derart laut gedonnert haben, dass in der Umgebung *e Ritz* entstand. Darob erstarrten auch die sieben Pferde und sind seither als das Felsmassiv Sieben Hengste ortsgebunden geblieben.

In der zwischen Berner Oberland und Emmental gelegenen Gemeinde Eriz hat die Täuferbewegung früh schon Anhänger gefunden. Im 17. Jahrhundert kam es zu Spannungen zwischen religiösen und weltlichen Kräften. Diese führten zu Verfolgung, Ausstoss von Familien und Hinrichtungen. Einige der entrechteten und ihrer Habe beraubten Täuferfamilien fanden im Welschland (u.a. in der Ajoie und den Franches Montagnes) eine neue Heimat, andere zogen nach Deutschland und Holland oder weiter nach Nordamerika. Der Bau der 1693 für das Eriz in Schwarzenegg realisierten Kirche wurde mit Geldern finanziert, die der Staat den Täufern zuvor abgenommen hatte.

110 Tage, 250 Kühe, 40 Schweine, 20 Geissen, 30 Tonnen Käse

Justistal 1998

Im Sommer gelten für das zur Gemeinde Sigriswil gehörende Justistal neun Anschriften. Weil es im Tal neun Alpen – oder – wie die Einheimischen sagen – neun «Berge» gibt. Vom Taleingang, hoch über Merligen, bis zum nördlichen Talausgang bei der Sichel (von dort geht's hinunter ins Eriz) heissen diese: Grön, Spicherberg, Püfel, Flüelaui, Chli Mittelberg, Rossschatte, Gross Mittelberg, Hinterstberg (oder Sigriswilerberg), Oberhofnerberg.
Im Winter ruht das Justistal. Im Frühjahr bleibt der Schnee lange liegen. Das Tal ist eng wie eine Badewanne; rechts und links begrenzt durch die Bergketten des Niederhorns und des Sigriswiler Rothorns. Eher als der Grund der Wanne apern die Abhänge aus; Gemsen und andere Wildtiere nutzen diese Stellen.

Fest und Los Der wichtigste Tag im Justistal, der Höhepunkt der Alpsaison, fällt in den Monat September. Früher noch war es mit diesem Tag eine variable Sache. Man richtete das Datum damals stärker nach den natürlichen Gegebenheiten; Wetterverhältnisse und damit der Stand der Vegetation wurden höher gewichtet. Mittlerweile – als Konzession an die auswärtigen Besucher – ist dieses Datum fix. Es fällt auf den ersten Freitag nach dem Eidgenössischen Bettag. So ist es den Touristikern unten am Thunersee möglich, das lokale Ereignis des Jahres frühzeitig der Welt zu verkünden. Heute erfahren es auch amerikanische Gäste: der Justistaler Chästeilet fällt 1999 auf den 24. September. Es wird im 1999 jener Tag sein, an dem bei den Holzhütten um den

Schweine auf der Alp:
Sensibel und neugierig.

Spicherberg – auf der einen ist die Jahrzahl 1739 eingekerbt – und vor der Grönhütte rund 30 Tonnen Bergkäse anteilsmässig verlost werden. Wie dabei vorgegangen wird, hat sich über die letzten 250 Jahre hin kaum verändert. Wer es begreifen will, muss sich mit andernorts unbekannten Gewichtseinheiten und Mengenmassen anfreunden. Im Justistal gilt: ein Los entspricht 1600 Pfund (800 kg) Milch. Ein Los sind sechs bis sieben Käselaibe à ca. 23 Pfund. Ein Los sind 140 bis 150 Pfund Käse. Ein Los hat vier Säume. Ein Saum entspricht 400 Pfund Milch.

Die Milchleistung jeder Bergkuh wird fortlaufend im Alpjournal vermerkt. Daraus ergibt sich die mir zustehende Käsemenge. Liefert meine Kuh über die gesamte Alpsaison hin 3000 Pfund Milch, so habe ich beim Chästeilet als Besitzer eben dieser Kuh 7,5 Säume Käse zugute. Das sind ein Los plus 3,5 Säume. Die für den Chästeilet vor den Hütten aufgeschichteten und zugelosten je sechs bis sieben Käselaibe entsprechen einem Los. Dieses sieht aus wie ein Käseturm. Darin enthalten sind junge und alte Käse. Auf jedem Käselaib ist in der Rinde vermerkt, in welchem Monat er geformt wurde. Käse mit dem Vermerk «Herbstmonat» ist noch nicht ausgereift; der muss im Tal noch nachgelagert und x-mal gewendet werden.

Justistal: Noch käsen die einzelnen Alpen individuell.

Einer, der sich damit auskennt, ist der Sigriswiler Bauer Ernst Kämpf. Ernst hat über 20 Sommer hintereinander im Justistal als Senn gearbeitet. Das Tal – es war einst dem Kloster Interlaken zugehörig – ist seine zweite Heimat. Zwischen 100 und 110 Tage dauert im Justistal die Alpsaison. Diese Tage verbringt Kämpf Ernst im Tal; er sagt, dann lebe er «innen». Ist er innen, geht er selten raus. Um sich diese Möglichkeit zum Hinausgehen gleichwohl offen zu halten – ein Weggang ist für ihn als selbständiger Landwirt mitunter dringend –, übernimmt er auf dem Gross Mittelberg (hier ist er Genossenschafter, und hier war er 26 Jahre lang zuständiger Bergvogt) das Amt des Salzners. Der Salzner ist jener, der den Käse pflegt. Es ist der Salzner, der die im Spycher gelagerten Käselaibe wendet, sie trocken reibt, erneut wendet, wieder abreibt – anfänglich bis zu siebenmal pro Tag, später dann noch zwei-, dreimal. Käselaib für Käselaib, jeder um die 13, 14 Kilo schwer.

Nebst dem Salzner gibt es auf dem Gross Mittelberg das Amt und die damit deklarierten Aufgaben des Hüttners und des Käsers. Morgendliches und abendliches Melken aber ist auf diesem Berg der Job eines jeden der drei. Bei Notfällen, wenn eine Kuh von Fieber geschüttelt wird oder auf der Weide verunfallt, benutzt Aschi – so nennen ihn viele seiner Nächsten – ein Handy und ruft den Tierarzt im Tal. Einmal stürzte eine Kuh ab und blieb schwerverletzt liegen. Der Käser schoss ihr mit dem Gewehr in den Kopf. Ernst Kämpf ist kein Jäger. Er sieht Tiere lieber lebendig als tot. Der Käser (ein hauptberuflicher Metzger) gab der Kuh die Kugel, damit sie nicht länger zu leiden hatte. Zum Transport des Kadavers wird eine Art Schlitten herangezogen. Oder je nach Lage des Unfallorts kommt man mit dem Suzuki oder dem Aebi (Firmennamen für geländegängige Fahrzeuge) hin. Einmal war auch dies nicht möglich, und man forderte den Heli an.

Ein andermal ging es um eine Geiss. Die hatte einen Lauf gebrochen. Ernst schiente ihr das Bein an Ort und Stelle ... – und alles kam gut.

Ernst Kämpf besitzt drei Kuhrechte für das Justistal. Diese Rechte sind im Grundbuch eingetragen, grondbuechet, sagt Ernst. Justistaler Kuhrechte gelten viel. Noch nicht lange her, da hat ein Mann für so ein Kuhrecht 30 000 Franken bezahlt. Es berechtigt den Besitzer, eine Kuh im Tal zu sömmern. Und es verpflichtet ihn, pro Alpsommer fünf Tagwerke zu leisten. Was dabei zu tun ist, bestimmt der gewählte Bergvogt. Als Ernst Kämpf dieses Amt noch innehatte, schritt er die Alp jeweils nach der Schneeschmelze ab und notierte sich die festgestellten Schäden (Folgen von Lawinen, Erdrutschen usw.). Danach koordinierte er die Einsätze der einzelnen Genossenschafter. Hätte einer zehn Kuhrechte, müsste er pro Saison 50 Tage ihm auferlegte Alparbeiten ausführen – ohne finanzielle Abgeltung. Zehn Kuhrechte – das ist blosse Theorie. Auf Gross Mittelberg sind die 55 Kuhrechte in den Händen von 43 Bauern. Die Tierbestände auf den anderen Bergen sind um die Hälfte kleiner: Im Grön übersommern 28 Kühe, auf der Alp Spicherberg 25, im Püfel 23 und zuhinterst, auf der Alp der Gemeinde Oberhofen – dem Oberhofner –, deren 27. Alles in allem 250 Kühe und neun Stiere.

Zu steil für Kühe, ideal für Geissen. Plakat für den Film «Bauernkrieg», 1998.

Kuhhorn «Bauernkrieg» nennt Erich Langjahr seinen im Herbst 1998 uraufgeführten, 84minütigen Dokumentarfilm zum Stand des Bauern in der Schweiz. Es geht darin um enthornte Kühe, künstliche Befruchtung, Embryotransfer und weitere zum Teil heftig kritisierte Mittel zur Effizienzsteigerung in der Kuhhaltung. Selten zuvor war die Milch im Handel günstiger zu haben als heute. Hochleistungskühe bekommen Pflanzenprodukte vorgesetzt, die aus der EU, aus Amerika, Afrika und Asien herbeigeschifft werden. Man sagt: der Markt diktiert. Daraus ergibt sich u.a. die Bauvorschrift, Kuhläger in den Ställen fortlaufend zu erweitern. Die Durchschnitts-CH-Kuh-99 ist gewichtiger als jene aus den 1970er Jahren und diese wiederum grösser als jene aus den 60ern. In aktuellen Karikaturen ist ihr Euter prall gefüllt und hängt bis auf den Boden. Bald wird die Kuh ihr Euter (oder wird sie deren zwei haben?) nachschleifen.

Das europäische Hausrind stammt vom Auerochsen ab. Man zählt es zu den Paarhufern und der Familie der Hohlhörner. Heute leben auf dem Erdball etwa 1278 Millionen Hausrinder. Auf den über 10 000 Alpweiden der Schweiz werden eine halbe Million Kühe, Rinder und Kälber gesömmert. Eine Kuh gibt pro Jahr etwa 3000 kg Milch ab. Auch das ist ein Durchschnittswert. Innerhalb der Laktations-Periode variiert die Milchleistung. Wichtig zudem die Frage des Futters. Eine 600 kg schwere Milchkuh frisst pro Tag etwa 60 kg Weidegras (das ergibt eine Trockensubstanz von ca. 15 kg). Zusammen mit der Phase des Wiederkäuens führt dies pro Tag zu 30 000 Kaubewegungen. Beim Wiederkäuen wirken Kühe wie Wesen aus einer anderen Welt. Sie kauen und kauen, täglich vier bis sechs Stunden. Manchmal halten sie beim Kauen die Augen geschlossen. Taucht man in so einem Moment vor ihnen auf, drehen sie einem den Kopf zu, schauen einen lange an und unterbrechen die Kaubewegungen. Lässt man sie in Ruhe, beginnen sie wieder mit dem Kauen. Es ist ein gründliches Mahlen. Das wirkt selbstvergessen, irgendwie in-sich-gekehrt, so, als wäre die Kuh mit ihrem Dasein zufrieden.

Man kann die Gemütsregungen eines Rindes erkennen. Sennen tun dies. Die Alp Gross Mittelberg im Justistal umfasst ca. 30 ha Weideland und 12 ha Alpwald. Hinzu kommen 15 ha felsendurchsetztes Land. Auf der Alp sömmern 55 Kühe, 1 Stier, 20 Geissen und 40 Schweine. Im Frühling 1996 feierten die 160 Mitbesitzer der Alp Gross Mittelberg die Eröffnung der neuen Sennhütte. Den Charme der Vorgängerhütte (dort können sich Wanderer verpflegen lassen und mit Kuh- und Geissenkäse versorgen) sucht man in der neuen Hütte vergebens. Ihr Ausbaustandard erlaubt effizienteres Arbeiten, und sie ist so ausgestattet, dass die Nachbaralpen ihre Milch hier abliefern und verkäsen lassen könnten. Wenn sie dies wollten. Das wäre weniger personalintensiv. Veränderungen, Anpassung an den freien Markt, Tradition – das sind Themen im Justistal. Es sind auch heisse Eisen im Gemeinderat von Sigriswil. Noch ist das vom Grönbach durchflossene Tal nicht ans elektrische Netz angeschlossen. Mittlerweile asphaltiert ist die Talstrasse. Und hinauf zu den Oberstafeln wurde gestrasst.

Auch der Gross Mittelberg wirtschaftet auf zwei Stafeln. Man wechselt von der unteren zur oberen Hütte, ent-

Justistal: Alpabzug, jeweils am ersten Freitag nach dem Eidgenössichen Bettag.

lastet die Weiden hier und lässt weiter oben grasen. Von den rund 100 Tagen einer Alpsaison verbringen die auf dem Mittelberg gesömmerten Tiere mehr Zeit auf dem oberen als auf dem unteren Stafel. Oben ist die Hütteneinrichtung noch wie zu Ernst Kämpfs Jugendzeit. Wenn's darum geht, vom unteren zum oberen Stafel zu wechseln, hängen die Sennen der Leitkuh (1998 war dies eine von Aschis behornten Kühen) und allenfalls noch einer zweiten, ebenfalls «ziehenden» Kuh die ihr zustehende, handgefertigte Zügeltreichel um. Dies bestärkt das ausgewählte Tier. Ernst Kämpf sagt: Die Kuh spürt dann, worum es geht. Das vereinfache das Zügeln. Eine schreitet voraus, die anderen folgen.
Was einem angewachsen ist, was einem von Geburt aus mitgegeben wurde, das hat seine Berechtigung und seinen Zweck. Davon ist Ernst felsenfest überzeugt. Darum ist er gegen das Enthornen des Viehs. Kühe sind Herdentiere. Sie legen untereinander eine Rangordnung fest. Eine Kuh kennt ihren Platz. Eine erfahrene Bergkuh tritt im Alpstall genau an jenen Platz, den sie während der letzten Saison eingenommen hat. Von solchen Dingen zu sprechen wird einem mitunter als Schwärmerei ausgelegt.
Es gibt Menschen, die beim Anblick der von der Alp ziehenden Tiere Tränen vergiessen. Im Justistal war dies auch nach der Chästeilet 1998 zu beobachten. Beim Alpabzug gehen flotte Sennen und Senninnen voran (auf einer der neun Berge des Tals alpen zwei Frauen). Strahlende, zufriedene Gesichter. Einer führt den Stier. Dann folgen sauber herausgeputzte, mit Treicheln, Schellen und Maien geschmückte Kühe. Neben ihnen gehen Kinder und Hunde. Dann wieder Sennen und ein zweiter Teil der Herde. Am Schluss nochmals Älpler.
Der Sigriswiler Lehrer Hans Adolf Schaer (1889–1962) hat dem Chästeilet einen Jodel gewidmet. Dieser ist auch Bestandteil des Repertoires der «Bärgjodler Sigriswil». Das Stück heisst «Chästeilet-Lied».

Herbert Gruber

Lesen:

Hösli Giorgio, Schuler Kaspar: Handbuch Alp. Octopus Verlag, Chur 1998.

8 INNERERIZ – MARBACH

Innereriz, Säge (1040 m)–Schangnau, Post (930 m)

L	4 h 10 → 12,5 km ↗ 547 m ↘ 657 m
Route	Ab Innereriz Säge (Bus-Endstation) Richtung Rotmoos. Nach Steg über den Chaltbach (Infotafel des Naturschutzgebietes) nach Bürkeliahorn–Honegg abzweigen. Oberhalb Bürkeliahorn Richtung Sattelteufi, kurz vor Sattelteufi Richtung Schangnau und später Richtung Räbloch abzweigen. Nach Überqueren der Hauptstrasse am Naturschutzgebiet von Steinmösli vorbei. Drahtzaungesicherter Abstieg zur Natursteinbrücke des Räblochs. Von hier direkt nach Schangnau. Insgesamt wenig asphaltierte Wege.
Variante A	Ab Abzweigung im Rotmoos direkt nach Schangnau. Wesentlich kürzer, aber mehrheitlich auf Fahrstrasse (1 h 30).
Variante B	Ab Scheidbach kurz vor Schangnau direkt auf den Wachthubel und nach Marbach (nächster Abschnitt), ohne Schangnau zu besuchen (2 h 15).
Anreise	Bahn Bern/Interlaken–Thun (310) Bus Thun–Innereriz (300.60)
Rückreise	Postauto Schangnau–Wiggen (460.50) Bahn Wiggen–Bern/Luzern (460)
Service	Restaurants, Lebensmittelladen, Post, Bank in Schangnau
Schlafen	Gasthof «Zum Löwen», Schangnau, Tel. 034 493 32 01 Restaurant «Alpenrose», Bumbach (Postauto 460.50 ab Schangnau), Tel. 034 493 31 33 (auch Matratzenlager)
Jahreszeit	Mai–November
Karten	244 (T) Escholzmatt, 254 (T) Interlaken; 1188 Eggiwil, 1208 Beatenberg

Schangnau, Post (930 m)–Wachthubel (1415 m)–Marbach, Post (871 m)

L	2 h 30 → 7,7 km ↗ 495 m ↘ 554 m
Route	Vom Viehschauplatz nahe Schangnau Post Richtung Wachthubel. Zu Beginn recht steiler Aufstieg. Ab Wachthubel Richtung Buschachenegg–Marbach. Vorsicht bei Nässe im oberen, bewaldeten Teil des Abstieges zur Buschachenegg. Ab hier (Bauernhaus auf Grat) auf Fahrstrasse zur ersten Linkskurve, Strasse verlassen, dem Waldrand entlang und später über Fahrwege zum oberen Dorfteil von Marbach absteigen.

Abkürzen	Schangnau–Marbach mit Postauto (460.50)
Anreise	Bahn Bern/Luzern–Wiggen (460) Postauto Wiggen–Schangnau (460.50)
Rückreise	Postauto Marbach–Wiggen (460.50) Bahn Wiggen–Bern/Luzern (460)
Service	Restaurants, Lebensmittelladen, Post, Bank in Marbach
Schlafen	Hotel «Kreuz», Marbach, Tel. 034 493 33 01 (auch Matratzenlager) Hotel «Sporting», Marbach, Tel. 034 493 36 86 «Schlaf im Stroh», Familie Lötscher, Marbach, Tel. 034 493 38 61
Jahreszeit	Mai–November
Karten	244(T) Escholzmatt; 1188 Eggiwil

unterwegs...

Innereriz: Blick zurück auf die Sichle.

Rotmoos Teil der ausgedehnten Moorregion zwischen Thunersee und Pilatuskette. In den nassen Böden gedeihen Fichten- und Bergföhrenwälder. Der kurze Wuchs der Bäume täuscht über das hohe Alter dieser Bäume. Zu den Tieren, die in Hochmooren leben, gehört die Wald- oder Mooreidechse. In den Alpen kommt sie bis auf 1900 m vor. Die Hälfte des Jahres hält sie Winterruhe. Um die kurze Zeit der Sommermonate zu nutzen, bringt sie ihre Jungen lebend zur Welt. Das Rotmoos gilt als Moorlandschaft von nationaler Bedeutung. Im Moorgebiet Tafeln mit weiteren Infos.

Honegg Der Schriftsteller Albert Bitzius – besser bekannt als Jeremias Gotthelf (1797–1854) – setzte dem Emmental ein literarisches Denkmal. Zu Gotthelfs Zeiten waren die Abhänge der Honegg kahlgeschlagen. Holz wurde exportiert oder vor Ort verwendet. Der Holzbedarf der in der Gegend betriebenen Glashütten, Kalkbrennereien und Kohlenmeiler war enorm. Die Folgen dieses Wirtschaftens liessen nicht auf sich warten: Bei Regengüssen vermochten die entwaldeten Hänge das

Naturschutzgebiet Steinmösli.
Viehmarkt in Schangnau.

Wasser nicht zurückzuhalten, die Bäche schwollen an, die Emme verursachte Überschwemmungen. Gotthelf hat dieses Thema mehrfach aufgegriffen.
Zuoberst auf der Honegg wurde damals ein einzelner Ahornbaum vom Kahlschlag verschont: Es ist der heute unter Naturschutz stehende, über 20 Meter hohe und etwa 600 Jahre alte *Bürkeliahorn*.

Räbloch Einst war die Räbloch-Schlucht ein See. Der vom Hohgant her fliessende Emmengletscher transportierte Schutt heran und verstopfte die Talenge. Mit der Zeit wurde dieses Material wieder fortgeschwemmt, und der See lief aus. In der Landschaft auszumachen sind Moränenreste und Findlinge. Der Flussname Emme ist keltischen Ursprungs: Emme (von *Ambis*) verweist auf starke Strömung, Bergbach.

Schangnau Ob zur Taufe, Beerdigung oder zum Sonntagsgottesdienst: Die alten Schangnauer waren aufs Kloster Trub ausgerichtet, und dies bedeutete für den Kirchenbesuch jeweils einen vierstündigen Fussmarsch. Erst 1530 entstand in Schangnau eine eigene Kirche. Der heutige Bau wurde 1618 errichtet. 1996 erhielt das Gotteshaus ein neues Dach mit Holzschindeln. Das Handwerk des Schindelmachens reicht weit zurück, in Schangnau wird es heute in der fünften Generation weitergeführt. Rohmaterial für Schindeln ist Fichtenholz. Bemerkenswerte Bauten im Dorf, darunter das Pfarrhaus (erbaut 1780), der Gasthof «Löwen» (1820), das Krämerhaus (1775), die Neumühle (genannt «Stock») und die Schmiede.
Schangnaus Wirtschaft ist geprägt von der Landwirtschaft. Früher von Bedeutung waren Glasbrennerei (1720 bis 1768), Köhlerei und Salpeterherstellung. Nebst der Vieh- wird die Pferdezucht gepflegt. Höhepunkte im Bauernjahr sind die herbstlichen Viehschauen und Versteigerungen in Schangnau und Kemmeriboden. Ein Volksmagnet ist der vom Schwingklub Schangnau-Siehen durchgeführte Kemmeriboden Schwinget. Der prominenteste Schangnauer Bürger ist der Sänger Peter Reber.

Wachthubel: Grenze zwischen den Kantonen Bern und Luzern. Marbach, Lourdesgrotte: Erster Halt im katholisch geprägten Kanton Luzern.

Wachthubel Grenze zwischen protestantischem Kanton Bern und katholisch geprägtem Kanton Luzern. Im Norden des Wachthubels verläuft diese über Höhenzüge, südostwärts indes schnurgerade von Punkt zu Punkt. Der Legende nach soll es den Delegationen der Städte Bern und Luzern auf ihrer gemeinsamen Tour zwecks Grenzziehung auf dem Wachthubel verleidet sein, diese weiterhin im Feld abzuschreiten – darum die Grenzziehung direkt ab Karte. Aspekte dieser Grenze macht der 1998 eröffnete Grenzpfad Napfbergland (von St. Urban bis Brienzer Rothorn) erlebbar. Infotafeln dazu auf dem Wachthubel. Mittels Höhenfeuer wurden auf diesem Aussichtspunkt früher Warnsignale weitergeleitet. Über den Wachthubel führte der historische Weg von Schangnau ins einstige Kloster Trub.
Im Umfeld der im Emmental verankerten Glaubensgemeinde der Wiedertäufer angesiedelt ist der Roman «Die Furgge» von Katharina Zimmermann.

Marbach Drei Fischköpfe zieren Marbachs Gemeindewappen. Auf Wasser verweist auch der aus March und Bach zusammengesetzte Ortsname.
1808 wurde Marbach durch Brand zerstört. Entgegen obrigkeitlicher Weisung bauten die Bewohner ihre Häuser auf den alten Grundmauern wieder auf; das entsprechend geschlossene Dorfbild gilt heute als Ortskern von nationaler Bedeutung. Trotz gespannter Finanzlage vermochte die Bauerngemeinde (1350 Einw.) diverse Gebäude zu restaurieren (altes Pfarrhaus, Sigristenhaus, Gasthof «Kreuz»). 1992 abgeschlossen wurde die Restauration der Kirche St. Nikolaus. In den 1920er Jahren erfuhr diese Kirche eine Erweiterung in der Breite; der Turm stammt aus dem Jahr 1524. Ab der Kirche führt ein Stationenweg zur Lourdesgrotte, 1917 geweiht. Verehrt werden die Gottesmutter Maria und die 1933 durch Papst Pius XI. heilig gesprochene Ordensfrau Bernadette von Nevers.
Zu den bekanntesten Marbachern zählt der Musiker Albert Benz (1927–1988). Geburtshaus dieses Dirigenten und Komponisten auch moderner Blasmusik ist die Casa Terracotta an der Dorfstrasse.

Treicheln singen

Diese Alpen und diese Kühe, und keine ist ohne Treichel

Zierde und Stolz: Schellen und Treicheln.

Priester und Ministranten verwenden kleine Glocken. Mittags um zwölf Uhr läuten Glocken in unseren Kirchtürmen. Jene im Tessin anders als die im Luzernbiet. Glocken und Schellen rund um den Erdball. In Tibet und China, beim Schellen-Ursli und beim Neujahreinläuten. Glocken sind Künder und Warner. Sie bimmeln bei Hochzeiten und Beerdigungen. Es gibt Feuerwehrglocken, Wetterglocken, Glocken im Gerichtssaal und jene im Orchester, Glocken am Tram und im Parlament, Pausenglocken und Friedensglocken. Die einen läuten Sturm, andere läuten den Sonntag ein.

Die Glocke mit ihrem offenen Mund und dem darin bimmelnden Klöppel. Dazu die Geschichte jener jungen Frau, die, nachdem alle anderen Mittel nicht geholfen haben, eine Glocke unter ihrem Ehebett deponiert hatte. Sie möge, so der Rat der Weisen, diese Glocke dort eine Weile lang liegen lassen, dann werde sich das Kinderglück einstellen. Die Frau tat wie geheissen, und es vergingen keine zehn Monate, und sie schritt als Mutter mit ihrem Neugeborenen vor den Taufstein.

Um die grösste Glocke der Welt zu sehen, müsste man nach Moskau reisen. Die «Zar Kolokol» wurde 1732 gegossen, wiegt 195 000 Kilo und ist 6,6 Meter hoch. Im Laufe der Jahrhunderte sind zahlreiche Glocken gegossen – und während Kriegen wieder eingeschmolzen worden. «Wer mich berührt, den Krieg verliert, zweimal schon ausprobiert», sagt eine deutsche Glockeninschrift, angebracht nach dem Zweiten Weltkrieg.

Jeder die ihre Für den Sigriswiler Treichelschmied Hans Kämpf ist die (Berner) 13 die grösste Zügeltreichel, die einer Kuh umgehängt werden sollte. Was grösser als 13 ist, wäre für das Tier zu schwer und würde sie beim Gehen hindern. Eine Berner 13 wiegt um die zehn Kilo. Eine solche Treichel bekommt nicht jede Kuh zu tragen. Damit behängt der Bauer allein die stärksten Tiere.

Einmal liess ein Sigriswiler Bauer seine Kuh ohne deren Treichel aus dem Stall davonziehen. Das Tier verstand die Welt nicht mehr. Was war los? Ging's ums Zügeln oder zum Sterben, auf die Weide oder ins Schlachthaus? Die Kuh zauderte. Endlich besann sich der Bauer und legte dem Tier die ihm gebührende Zügeltreichel um. Da war der Kuh augenblicklich klar, was gemeint war: Alpaufzug. Sie riss sich los vom Strick, an dem sie von der Bäuerin geführt wurde, streckte den Kopf nach vorn, zog aus, überholte Artgenossen und traf als erste vor dem Stall auf der Alp ein.

Das Geheimnis Treichelschmiede lassen sich nicht in die Karten schauen. Sie wissen voneinander, kennen sich – aber nie würden sie einander erzählen, woraus und wie sie diese oder jene Treichel fabriziert haben. Wenn einer sich entschliesst, in diesem Handwerk selbst mitzutun, ist er auf sich selbst gestellt. Er wird ein Autodidakt sein müssen.

Hans Kämpf, Treichelschmied mit langjähriger Erfahrung, erzählt von seinen Anfängen in diesem Metier: Er habe damals einmal einem Treichelschmied in Obwalden telefoniert und diesem erzählt, er interessiere sich für Treicheln; er habe als Bauer ja selbst welche und möchte gerne Näheres über deren Herstellung in Erfahrung bringen. Dass er beabsichtigte, selbst ins Geschäft einzusteigen, behielt er für sich. Der andere meinte, nun, er könne wohl vorbeikommen, er habe im übrigen auch ein Ausstellungsatelier und so. In die Werkstatt lasse er aber keinen.

Ein andermal zog Kämpf Hans – nebst Treichelschmied und Bauer ist er Schiffer auf dem Thunersee –, zog er also mit seinem damals neun- oder zehnjährigen Sohn

Treichelschmied
Hans Kämpf, Sigriswil.

ins Freiburgische. Er wollte sich die Sache vor Ort anschauen. Mit seinem Sohn vereinbarte er, dieser solle in der anvisierten Schmiede von der Schule erzählen, wo sie im Handwerken eine kleine Ziegentreichel schmieden sollten. Dazu müsste er – so die Abmachung zwischen Vater und Sohn – ein in der Schmiede herumstehendes, nicht allzu grosses Stück Blech dem Meisterschmied vor die Nase halten und fragen: Darf ich das mitnehmen? Nun, der Clou glückte; Vater und Sohn kehrten mit einem Stück Blech ins heimatliche Sigriswil zurück.
Kaum zu Hause, begann er mit der Analyse des im Freiburgischen gewonnenen Jagdstücks. Was ihn vorab interessierte, war die Beschaffenheit dieses Materials. Danach ging's um Fragen der Herkunft, Dicke und Bearbeitung. Und damit sind wir mitten drin im Mysterium der Treichelschmiede; dieses lautet: In jeder Treichel steckt ein Geheimnis.

1000 Hammerschläge Bis zum heutigen Tag hat Kämpf Hans Dutzende von Treicheln vom Typ Morier hergestellt; danebst auch einige Innerschweizer Chlepfe. Letztere verlangen anderes Material, das Blech ist in der Regel dicker, gemäss Fachmann um etwa einen halben Millimeter. Im weiteren sei das für die Innerschweizer Treicheln verwendete Material eher weicher, und der in die Treichel gehängte Klöppel (Challe) sei dort aus Bronze, im Bernbiet aber aus Eisen. All dies und selbstverständlich die anschliessende Bearbeitung des Blechs führe dazu, dass Innerschweizer Chlepfe eher kurz und mit wenig Hall klingen; eben chlepfen – so wie es deren Bezeichnung antönt. Hans Kämpf sagt es so: «Innerschweizer singen nicht aus.» Dieses «Aussingen» aber ist für ein Berner Ohr Musik in den schönsten Tönen.
Wo immer festliche Zügeltreicheln an fremden Kühen, Alphütten, Bauernhäusern oder auf Gabentischen zu sehen sind – Hans Kämpf erkennt darunter die aus seiner Werkstatt sofort. Und zwar ohne dass er nach seinem in die Treichel eingehämmerten Stempel zu schielen hat. Eine Treichel – sei es eine Appenzeller, eine Tessiner, eine Waadtländer aus Château-d'Oex, eine Walliser Bummela oder eine Berner 9, 10 oder 13 –, so eine Trei-

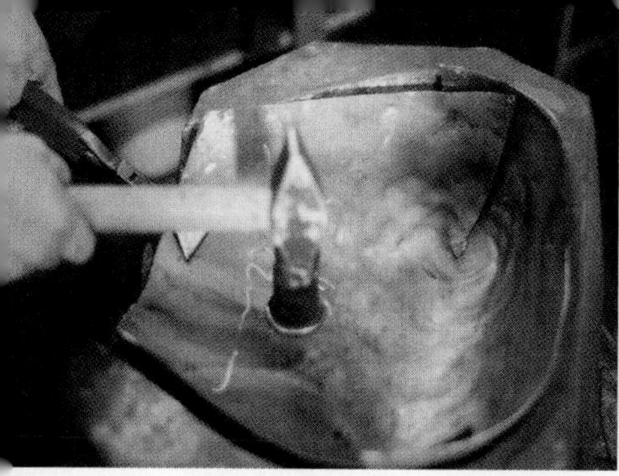

Blech erhitzen und aushämmern – um die 1000 Hammerschläge für eine Treichel.

chel ist Handarbeit, von A bis Z. Vom Moment an, wo der Schmied aus den Blechplatten (Hans Kämpfs Stahlblech wird aus Skandinavien importiert) die zwei für eine Treichel erforderlichen Stücke herausgeschnitten hat (dazu verwendet er eine Art Schnittmuster), nimmt er diese beiden Seiten bis zur Fertigstellung der Treichel ungezählte Male an die Hand. Er erhitzt das Blech – «bis es kirschenrot ist» –, bearbeitet es mit dem Hammer, erhitzt es wieder und wieder, passt es ein ins Treichelgesenk (dieses gibt die Form vor), erhitzt es erneut (insgesamt vielleicht an die 70 Mal), schwingt seinen Hammer, und dieser ist lang und schwer. Da braucht's was in den Armen. 1000 Hammerschläge für eine Treichel – damit dürfte man nicht weit fehlliegen.

Sind die beiden Hälften geformt und ausgehämmert, werden sie zusammengefügt, an den Seitenwänden geschweisst und allein im unteren Teil (über der Öffnung resp. dem Maul) übereinandergelegt, vernietet und verlötet. Zum Anbringen des Tragriemens wird über der Treichel der Sattel angefügt, schliesslich der Klöppel eingehängt. Bis zu diesem Zeitpunkt dürfte der Schmied an die 20 Stunden Handarbeit investiert haben. Damit aber ist die Arbeit nicht beendet. Die weiteren Schritte führen meist aus der eigenen Werkstatt hinaus: die Treichel wird – sozusagen zur Reinigung – sandgestrahlt und je nachdem anschliessend patiniert. Dies ist dann der Fall, wenn die Treichel zusätzlich beschriftet werden soll. Ein Anspruch, der immer häufiger geäussert wird. Verlangt wird dies vor allem bei Treicheln, die als Geschenk bestimmt sind – etwa zur Konfirmation, zum Geburtstag, zur Vermählung oder als Trophäe für den

Ein weitum gepflegtes Ritual: Treichlergruppen verabschieden das alte und heissen das neue Jahr willkommen. Im Bild: Treichlergruppe in Meiringen.

Schwingerkönig. Heute dürften um die 70 bis 80 Prozent der handgefertigten Treicheln an solche Liebhaber gehen; zu diesen gehören auch die wie Pilze aus dem Boden schiessenden Treichelgruppen. Übrigens: Eidgenössische Trychlertreffen finden seit 1981 alle drei Jahre statt, jenes von 1999 im Kanton St. Gallen.
Beim Beschriften der Treicheln sind wir hängengeblieben. Im Fall von Hans Kämpf übernimmt diese Arbeit der 80jährige Schriftenmaler Steffen im emmentalischen Ramsei. Ist diese abgeschlossen – und das ist Freihand-Arbeit, ohne Schablone und dergleichen –, geht die Reise weiter zum Sattler. Hier ist vorab die Entscheidung zu fällen, ob der ausgewählte Lederriemen für das Halsband bestickt oder ob die gewünschten Verzierungen ins Leder geschnitzt werden sollen; letzteres kommt etwas günstiger zu stehen. Gleichwohl, liegt einmal eine derartige Treichel (etwa eine Berner 13) fixfertig vor, wird sie kaum unter 1200 bis 1300 Franken zu haben sein. Aber, so der Treichelschmied, «an so einer Treichel freut sich einer ein Leben lang».

Es stimmt Glocken resp. Schellen (die sind aus Bronze gegossen und erklingen im Herdengeläut als Obertöne) sind heute beim weidenden Vieh zunehmend seltener

anzutreffen. Die Weidetreicheln machen ihnen den Platz streitig. Diese robusten Alltagstreicheln werden mittlerweile meist maschinell und in Serie hergestellt. Aber auch sie zeigen an, wo sich das Vieh aufhält, ob es ruhig ist, ob die Herde beieinander geblieben ist oder sich zerstreut hat. Für den Bauern, für den Alphirten wichtige Mitteilungen. Akustische Zeichensprache – bei Nacht und Nebel die ideale Übermittlungsform von Botschaften.
Ein weiteres Gesetz bleibt bestehen: «C'est le ton qui fait la musique.» Sei es bei einem der acht in der Schweiz noch tätigen Glockengiesser oder bei einem Treichelschmied – es ist stets auch der Ton, der hier zählt. Ein geübter Schmied oder Giesser wird sein Produkt – falls dies verlangt wird – in ein bestehendes Geläut einzupassen wissen. «Damit es stimmt, das Herdengeläut.»

Herbert Gruber

Lesen und Hören:
Schwaller Robert: Treicheln, Schellen, Glocken – Sonnailles et Cloches. Vertrieb Glockenbuch, 3185 Schmitten.
Bieri Ernst: Kuhglocken und Giessereien in der Schweiz. Eigenverlag, 4103 Bottmingen.
Schläpfer Cyrill: S'Glüüt – und Veh, wo grasid, mit em Glüüt, Viehglockengeläut auf CD. Verlag True Tone, Luzern 1998.

9 MARBACH–FLÜHLI

Marbach, Post (871 m)–Hilferenpass (1290 m)–Flühli, Post (883 m)

L	4 h 10 → 14,0 km ↗ 469 m ↘ 457 m
Route	Ab Post Marbach Richtung Neugaden–Hilferenpass/Hilferental–Flühli. Vorerst auf Feld- und Fahrwegen rund 2 km talauswärts. Vom Campingplatz Neugaden zur Fahrstrasse aufsteigen, die ins Hilferental führt. Rund 20 Min. oberhalb Naturfreundehaus «Schrattenblick» links abzweigen und auf zum Teil sumpfigem Alpweg zu den Oberen Mueshütten aufsteigen. Von hier durch weiterhin sumpfiges Gelände zum Hilferenpass und mehrheitlich auf Fusswegen zur Waldemme absteigen. Dieser die letzten Meter bis Flühli folgen.

Abkürzen	Marbach–Neugaden mit Postauto (460.50)
Anreise	Bahn Bern/Luzern–Wiggen (460) Postauto Wiggen–Marbach (460.50)
Rückreise	Postauto Flühli–Schüpfheim (460.60) Bahn Schüpfheim–Bern/Luzern (460)
Service	Restaurants in Neugaden, Hilferental (Hilferenhüttli) und Flühli; Lebensmittelläden, Post, Bank in Flühli
Schlafen	Naturfreundehaus «Schrattenblick», Hilferental (2 h 00 ab Marbach, direkt am Weg), Tel. 034 496 79 01 (Reservation obligatorisch) Hotel «Kurhaus», Flühli, Tel. 041 488 11 66 Gasthaus «Stutz», Flühli, Tel. 041 488 11 52 Hotel «Sonne», Flühli, Tel. 041 488 11 10
Jahreszeit	Mai–November
Karten	244 (T) Escholzmatt; 1188 Eggiwil, 1189 Sörenberg

unterwegs...

Neugaden Bis zur Abzweigung ins Hilferental (bei Postautohaltestelle Neugaden) entspricht der Wanderweg einem Slalom durch Bauernbetriebe. Prägend ist die Landwirtschaft für das gesamte Entlebuch, sie stellt 30 % aller Arbeitsplätze. Die Zahl der Betriebe ist allerdings rückläufig.

Karrenfelder auf der Schrattenfluh.

Schrattenblick Auf halbem Weg zum Hilferenpass eine Herberge der Naturfreunde: das Haus Schrattenblick. *Schratten* ist ein aus der Marbacher Mundart entlehntes Wort und bedeutet *Karren.* Karren sind Auslaugungsformen an der Oberfläche von Kalksteinen. Die Schrattenfluh – vor allem die Südseite – mit ihren weiten, weiss leuchtenden Karrenfeldern und unterirdischen Gängen hat die Phantasie der Menschen seit jeher erregt und zu einer grossen Anzahl Sagen geführt. Die Höhlen sind Teil eines Systems, das bis an den Thunersee (Beatushöhlen) reicht.

Hilferenpass *Moorlandschaft Hilferen:* Teil der grössten zusammenhängenden Moorregion der Schweiz, vom Thunersee bis zum Pilatus. Moore sind je nach Bodenart und Lage unterschiedlich ausgeprägt. Zu deren Entstehung braucht es viel Niederschlag auf nasse, nährstoffarme Böden. Typische Moorpflanze ist der Sonnentau. Da der Boden ihren Bedarf an Stickstoff nicht zu decken vermag, hat sie eine andere Technik entwickelt: In ihren drüsenbewehrten Blättern bleiben Insekten hängen, welche in der ausgeschiedenen Flüssigkeit sterben und anschliessend von der Pflanze verdaut werden.
Moorlandschaften sind ein Produkt jahrhundertelanger landwirtschaftlicher Nutzung. Werden sie nicht gemäht, erobert der Wald das Land zurück. Werden sie übernutzt (Entwässerung, Düngung), droht ebenfalls das Aus. Mit der 1987 gutgeheissenen Rothenthurm-Initiative verpflichtet sich die Schweiz zum Schutz von Moorlandschaften.

Flühli-Glas: Zwischen 1723 und 1869 wurden auf Gemeindegebiet Flühli fünf Glashütten betrieben.

Flühli Die Geschichte von Flühli ist eng verknüpft mit dem Kirchenbau von 1782. Das Gotteshaus St. Josef entstand auf einem Felsvorsprung der Waldfluh, dem *Flüeli.* Die zentrale Rolle der Kirche gelangt auch im Gemeindewappen zum Ausdruck: In Blau, auf grünem Dreiberg thront eine silberne Kirche mit rotem Dach und schwarzen Fenstern. Jeweils am 19. März ruht im Dorf das Geschäftsleben: Die Gemeinde feiert *Sankt Josef,* den Namenstag des Kirchenpatrons.
Allianz: Flühli ist beteiligt am internationalen Netzwerk *Allianz in den Alpen.* Dieses zeigt Möglichkeiten auf, wie die Umsetzung der Alpenkonvention auf kommunaler Ebene aussehen kann. Zusammen mit anderen Entlebucher Gemeinden arbeitet Flühli an der Schaffung des ersten Biosphärenreservats der Schweiz.
Flühli-Glas: Auf Gemeindegebiet von Flühli wurden zwischen 1723 und 1869 fünf Glashütten betrieben: Südel-Hirsegg, Sörenbergli, Egglenen, Chragen, Thorbach. Südwestlich des Dorfes zwei Mehrfamilienhäuser (Gläserhäuser) aus dem Jahr 1835; sie wurden für die Glasbläser erbaut. Im Gemeindehaus zudem eine kleine Ausstellung zum Thema. Allgemeine Infos bietet die

Glashütte Thorbach: Glasproduktion von 1837 bis 1869.

zwölfseitige Broschüre «Glaserei in Flühli» (Verkehrsverein). Von Heinz Horat zudem das Buch «Flühli-Glas» (Haupt Verlag). Gläsiges auch am Haus Sonnenmatte 3, an der Hauptstrasse: Ein aus Tausenden von farbigen Steinen und Glasteilchen zusammengefügtes Mosaik. Realisiert wurde es vom 1948 in Dalmatien geborenen und heute in Kalifornien lebenden Ante Marinovic. *Windtrüeb:* An den Entlebucher Helden Windtrüeb resp. an die kriegerischen Auseinandersetzungen zwischen Entlebuchern und Obwaldnern erinnert das 1980 errichtete Denkmal bei der Strassenbrücke über die Waldemme. Einen blutigen Höhepunkt erreichte dieser Streit um Alpen bei Sörenberg mit dem Kampf von 1380 in der Gegend um die Alp Schlacht.

Naturschutz soll sich auszahlen

Das Entlebuch auf dem Weg zur Modellandschaft

Hochmoorlandschaft Hagleren: Könnte Teil werden des Unesco-Biosphärenreservats Entlebuch.

Dr. Engelbert Ruoss hat ein Handy und einen randvollen Terminkalender. Beides hat mit seinem Job zu tun. Von Haus aus ist er Biologe; was er zurzeit verrichtet, hat indes mehr mit der Arbeit eines Managers zu tun. Das ehrgeizige Ziel seines Tuns: Bis ins Jahr 2001 soll das Entlebuch ein von der Unesco anerkanntes Biosphärenreservat sein. Biosphärenreservat? Das hat mit Umwelt und Nachhaltigkeit, mit Wirtschaft, internationalen Beziehungen, mit Forschung und Bildung, mit Naturbeobachtung, mit Geld und mit Hoffnung zu tun.

Die Entdeckung Zum Entlebuch mit seinen 395 Quadratkilometern Fläche gehören Gebiete der grössten zusammenhängenden Moorlandschaft der Schweiz; diese erstreckt sich vom Mittaggüpfi in der Pilatuskette bis zum Hohgant im Kanton Bern. Für mehr als die Hälfte

des Entlebucher Bodens kommen heute rechtliche Schutzbestimmungen für Landschaften und Biotope zur Anwendung: Mit der Annahme der Rothenthurm-Volksinitiative von 1987 stehen vier Moorlandschaften mit über 100 km^2 sowie 45 Hoch- und 61 Flachmoore unter besonderem Schutz. Vier Landschaften gelten zudem als Objekte von nationaler Bedeutung (BLN-Gebiete).
Anfang der 90er Jahre, bei der Ausscheidung dieser zu schützenden Landschaften, gingen die Wogen im Amt Entlebuch da und dort hoch. Die Befürworter des Moorschutzes verwiesen auf den ökologischen Wert dieser noch verbliebenen Oasen, derweil die Gegner um wirtschaftliche Entwicklungsmöglichkeiten bangten. Bodenveränderungen (z.B. Entwässerungen) und der Bau weiterer Anlagen, so brachten sie ins Spiel, würden in Schutzgebieten nicht mehr oder nur noch mit Einschränkungen möglich sein. Bauern befürchteten real sinkende Erträge. In der Gemeinde Flühli, mit 108 km^2 die grösste der 107 Luzerner Gemeinden, sah man sich besonders betroffen; zwei Drittel des Gemeindebodens liegen in Moorlandschaften. Der Tenor hier: von Naturschönheit allein haben wir nicht gelebt.
Mittlerweile ist viel Wasser die Kleine Emme hinunter geflossen. Allgemeine Lebensverhältnisse haben sich tiefgreifend verändert. Arbeitslosigkeit, soziale Verunsicherung, Globalisierung der (Land-)Wirtschaft sind entsprechende Stichworte. Diese Entwicklung machte auch vor dem Entlebuch, wo 1995 noch rund 40 Prozent aller Arbeitsplätze im primären Sektor auszumachen waren, nicht halt. Betriebsschliessungen und Versteigerungen von bäuerlichem Gut sind Folgen dieser Entwicklung. Was tun? Alternativen sind im Entlebuch dünn gesät. Wie also weiter? Der Biologe Engelbert Ruoss: «Es wurde Zeit, sich auf die eigenen Stärken zu besinnen.»
Dieser Einsicht folgten Taten. Es war der Regionalplanungsverband Entlebuch, der Entscheidendes in die Wege leitete. «Aus der Krise heraus hat sich das Projekt Biosphärenreservat entwickelt», hielt dazu die mittlerweile verstummte Zeitung «Luzern heute» am 5. Juli 1997 fest. Einen Monat später bestätigte dies auch der

Zürcher «Tages-Anzeiger»: «Die Moorschutzgegner haben sich bekehrt.» Was geschehen war, fasste Hans Weiss vom Fonds Landschaft Schweiz im FLS-Bulletin 2/97 zusammen: «Die Verantwortlichen haben entdeckt, dass ihr Reichtum an Moorlandschaften nicht ein Entwicklungshindernis, sondern eine Chance ist.»

Das Projekt Diese Chance in Konkretes umzusetzen, das ist seither Aufgabe und Ziel des von Engelbert Ruoss geleiteten Regionalmanagements. Erste Schritte sind getan und geglückt. Im Mai 1998 hielt das Bundesamt für Wirtschaft und Arbeit (BWA) fest, dass das Projekt Biosphärenreservat die Bedingungen einer Finanzhilfe erfülle.

Nun, und was genau ist ein Biosphärenreservat? Für seine Antwort holt Ruoss etwas aus. Das Konzept der Biosphärenreservate betrifft eine der wichtigsten Fragen, mit denen sich die Welt zur Jahrtausendwende konfrontiert sieht: Wie kann der Schutz der biologischen Vielfalt und der natürlichen Ressourcen mit einer wirtschaftlichen Entwicklung und Nutzung in Einklang gebracht werden? Dazu sollen in Biosphärenreservaten beispielhafte Konzepte erarbeitet und umgesetzt werden. Biosphärenreservate dienen, so Engelbert Ruoss, der Erforschung von Mensch-Umwelt-Beziehungen, der Umweltbeobachtung und -bildung. In der Schweiz könnte hier das Entlebuch eine Vorreiterrolle übernehmen. 1999 existierten in 90 Ländern 360 solche durch die Unesco anerkannte Gebiete. Angestrebt wird ein weltumspannendes Netz von Biosphärenreservaten, das die verschiedenen Naturräume der Erde umfasst. Ein Biosphärenreservat hat vorab drei Funktionen zu erfüllen: 1. eine Schutzfunktion für die Genressourcen sowie der Tier- und Pflanzenarten, Ökosysteme und Landschaften; 2. eine Entwicklungsfunktion, um eine nachhaltige wirtschaftliche Entwicklung zu fördern; 3. eine logistische Funktion, um Demonstrationsprojekte, Umweltbildung, Forschung und Umweltbeobachtung zu unterstützen. Entsprechend werden Biosphärenreservate in drei Zonen eingeteilt. Im Entlebuch sind dafür die folgenden Ökosysteme vorgesehen:

Im Entlebuch ein gewichtiges Thema: Die «Agrarpolitik 2002».

1. die Kernzone (mindestens 3% der Gesamtfläche) mit Moorbiotopen, Teilen der Karrenfelder an der Schrattenfluh, Felsfluren sowie Schlucht- und Auenwäldern 2. die Pflegezone (mind. 10% der Gesamtfläche) mit Moorlandschaften, Wäldern und extensiv bewirtschafteten Alpgebieten (dazu gehören auch Teile des durch den Kulturweg berührten Hilferentals) 3. die Entwicklungszone mit den bestehenden Siedlungs- und Landwirtschaftsgebieten.

Die Hoffnung Soviel müsste bislang klar geworden sein: Das Konzept Biosphärenreservat Entlebuch ist weder ein Schutzprogramm einzelner isolierter Landschaften noch ein Förderungsprogramm für ideologische Gedankenakrobaten. Vielmehr wird eine möglichst nachhaltige Entwicklung der gesamten, acht Gemeinden umfassenden Region angestrebt. Dabei wird der natürliche Reichtum der Gegend, sie ist das Kapital, besonders hervorgehoben. Und daraus eine Wertschöpfung zu erzielen, ist eines der Hauptargumente, das Engelbert Ruoss ins Feld führt.
Damit sind Tourismus und Landwirtschaft gleichermassen angesprochen. Entsprechend sind Vertreter dieser Wirtschaftsbereiche von Anfang an in die Projektarbeit einbezogen. Auch wenn, dies räumt Engelbert Ruoss unumwunden ein, die Zustimmung (jede Gemeinde wird über das Projekt einzeln abstimmen) nicht zu 100 Prozent erfolgen wird, konnte das fünfköpfige Regionalmanagement bislang zahlreiche ermutigende Noten entgegennehmen. «Als Bauer finde ich, dass die Landwirtschaft hier eine Chance hat; entscheidend wird die Innovationsfreudigkeit des einzelnen Landwirts sein», liess sich der Sprecher der Arbeitsgemeinschaft Luzerner Bergbevölkerung vernehmen. Vom Institut für Tourismuswirtschaft liegt das Statement vor, wonach mit dem Biosphärenreservat ein «erstes wichtiges Zeichen für eine neue Qualität im touristischen Angebot der Schweiz gesetzt» werde. Und von Martin Boesch vom Institut für Wirtschaftsgeografie der Universität St. Gallen schliesslich die Schmeicheleinheit: «... das Entlebucher Projekt ist ein begeisterndes, zukunftsgerichtetes Projekt.»

Das in Schüpfheim in den Gebäuden des Landwirtschaftlichen Bildungs- und Beratungszentrums (LBBZ) untergebrachte Regionalmanagement wird gleichwohl noch einiges an Arbeit zu verrichten haben. Die Stichworte dazu hat es geliefert: Einbezug der Bevölkerung in eine dauerhafte ökologische, wirtschaftliche und soziale Entwicklung des Entlebuchs; Pflege der vielfältigen Kulturlandschaft; Entwicklung von Nischenprodukten; Nutzung erneuerbarer Energien; Aufbau der Tourismusdestination Entlebuch als Modellregion; Ansiedlung nachhaltig wirtschaftender Unternehmen; standortgerechte Waldverjüngung und schonende Holzgewinnung. Die Vorteile, die dem Entlebuch daraus erwachsen sollen, muten vorderhand noch als Äusserungen der Hoffnung an: internationale Bekanntheit, internationales Zertifikat für Entlebucher Produkte und Dienstleistungen und direkte finanzielle Unterstützung durch Bund und Kanton. Von seiten der Unesco, die das Projekt im Jahr 2001 als erstes Biosphärenreservat der Schweiz anerkennen sollte, traf im Frühjahr 1999 ein E-Mail ein: «... war beeindruckt von der Professionalität, mit der die Ausweisung angegangen wird. Ich wünsche weiterhin viel Erfolg.»

Herbert Gruber

Lesen:

Gotthelf Jeremias: Die Käserei in der Vehfreude. 1843, Diogenes Verlag, Zürich 1997.
Epstein Eugene: Lend me your Alphorn. Benteli Verlag, Wabern 1977.
Keller Gottfried: Martin Salander. Rowohlt Taschenbuch Verlag, Hamburg 1990.

10 FLÜHLI – GISWIL

Flühli, Post (883 m) – Sattelpass (1584 m) – Giswil, Bahnhof (485 m)

L — 5 h 25 → 19,4 km ↗ 731 m ↘ 1129 m

Route — Ab Post Flühli auf dem «Glasereipfad» der Waldemme entlang Richtung Sattelpass – Giswil. Nach ca. 20 Min. Talstrasse überqueren und auf hier abzweigender Fahrstrasse nach Chragen. Auf Fussweg an Schwefelquelle (kurzer Abstecher) vorbei zum Chessimätteli (hier kurzer, aber lohnenswerter Abstecher zum Wasserfall des Chessilochs). Weiter hoch zum Bauernhof Holzhack. Hier «Glasereipfad» verlassen und zum Sattelpass aufsteigen. Abstieg nach Giswil erfolgt auf einem Fahrweg. 30 Min. unterhalb der Passhöhe Brunnen mit Trinkwasser. Nach Erreichen der Fahrstrasse rechts abzweigen und zu den obersten Bauernhäusern absteigen. Nach Überschreitung des zweiten

Seitenbaches Fahrstrasse rechter Hand verlassen und auf breitem Schutzdamm dem Lauibach entlang und später auf überwachsenen Schutzdämmen ins kleine Gewerbegebiet von Giswil. Auf dieser oder jener Seite des Dreiwässerkanals bis wenige Meter vor den Bahnhof.

Abkürzen	Sattelpass–Giswil mit Taxi, Tel. 041 675 11 79 (in Flühli organisieren)
Anreise	Bahn Bern/Luzern–Schüpfheim (460) Postauto Schüpfheim–Flühli (460.60)
Rückreise	Bahn Giswi–Luzern/Interlaken (470)
Service	Restaurants, Lebensmittelläden, Post, Bank in Giswil
Schlafen	Hotel «Krone»***, Giswil, Tel. 041 675 24 24 Hotel «Bahnhof», Giswil, Tel. 041 675 11 61 Naturfreundehaus «Brünig», Brünigpass (mit Bahn ab Giswil, 470), Tel. 041 678 12 33 (Reservation obligatorisch)
Jahreszeit	Mai–November
Karten	244 (T) Escholzmatt, 245 (T) Stans; 1189 Sörenberg, 1190 Melchtal

unterwegs...

Chragen Im Rotbachtal zwischen 1781 und 1837 Betrieb der grössten Glashütte des Entlebuchs. Produziert wurden Fensterglas, Trinkgläser, Karaffen, Vasen, Labor- und Apothekergefässe. Industrie siedelte sich dort an, wo Rohmaterial und Holz zur Verfügung standen. Waren die Quellen erschöpft, zog man weiter.
In der damaligen Glasersiedlung Egglenen wurden jährlich 800 Bergklafter (4800 Ster oder 3600 m^3) Holz verbrannt. Von der Glasersiedlung übriggeblieben ist das Wirtshaus. Bis 1848 hatte es zudem als Zollstation gedient. Via Sattelpass gelangten Glasprodukte nach Obwalden. *Kalkbrennerei:* Ebenfalls auf Feuerholz angewiesen war das Kalkbrennen. Im Rotbachtal erlebte dieses zwischen 1860 und 1880 eine Blüte. Kalk diente für die Zubereitung von Mörtel. Mit dem Aufkommen des Zements verlor gelöschter Kalk an Bedeutung. Bis

in die 1950er Jahre wurde in der Gegend Düngerkalk produziert. An die einstmals hier ebenfalls gepflegte Badekultur erinnern noch ein tropfender Wasserhahn und die Schwefelquelle (Abzweigung ist signalisiert). Ab Eggli Abstecher zum Chessiloch: Aus 50 Metern stürzen die Wasser des Seebenbachs in einen Felsenkessel.

Sattelpass Einst wichtiger Handelsweg zwischen den Kantonen Luzern und Obwalden. Rege benutzt von den Glasträgern. Von Bedeutung war der Übergang (1584 m) auch für Pilger auf dem Weg zu Bruder Klaus nach Sachseln und Flüeli-Ranft. In Passnähe die Alpwirtschaft Sattel, bestossen von Juli bis September.

Laui-Damm Weidegang in den Wäldern und übermässige Holznutzungen schwächten im letzten Jahrhundert auch den Obwaldner Wald. Überschwemmungen und Erosionen waren die Folge. In den 1890er Jahren begannen Arbeiten zur Stabilisierung der Bachbette und Hänge. Eines dieser Projekte ist der Laui-Damm im Grundwald. Im Jahr 1874 setzte der Wildbach Gross Laui Giswil unter Wasser. Anfang 1990 startete der Kanton ein Sanierungsprojekt des Gebietes westlich des Sarnersees. Auf einer Fläche von 28 km^2 (6% der Kantonsfläche) sollen Bäche für 40 Millionen Franken verbaut werden. Im Kanton befinden sich rund 90% des Waldes in öffentlicher Hand.

Giswiler Laui: Im Hintergrund Giswilerstock.
Giswil, katholische Pfarrkirche St. Laurentius.
Giswil, beim Bahnhof.

Giswil Aus Schutz vor den Wildbächen steht die 1635 geweihte Pfarrkirche St. Laurentius auf dem Burghügel Hunwil. Die Vorgängerkirche im Talboden wurde 1629 durch Überschwemmung zerstört.
Als wichtiger Ort am Brünigpass wurde Giswil im Mittelalter durch drei Burgen geschützt; erhalten geblieben sind die Turmruinen von Rudenz und Rosenberg. 1888 Eröffnung der Eisenbahnlinie über den Brünig. Ab Bahnhof Giswil Wechsel auf Zahnradbetrieb.
Giswil mit seinen Siedlungen Kleinteil und Grossteil unterhält ein reges Kulturleben. Fasnacht, Theater und Konzerte sind Volksfeste. Grossereignisse zudem der Alpschwinget auf der Alp Jänzimatt und die Alpabfahrten im Herbst. Land- und Forstwirtschaft prägen Wirtschaft und Kultur Giswils, es bestehen die Älplergesellschaft und die Geissälplergesellschaft Giswil, dazu der Älpeliclub, ein Obstbauverein, ein Trinklerclub und nicht weniger als acht Betriebe, die in der Holzverarbeitung tätig sind. 1988 wurde Giswil mit dem Binding-Preis für vorbildliche Waldpflege ausgezeichnet.
Aaried: Das Sarnertal war bis vor 120 Jahren schwer begehbar. Die Ebenen waren sumpfig, Seitenbäche und Schuttkegel wirkten als Schranken, und Seen beeinträchtigten die Durchgängigkeit zusätzlich. Noch Mitte des 18. Jahrhunderts breitete sich am Fuss des Brünigs der Rudenzersee aus. Als er 1761 zum Auslaufen gebracht wurde, blieb das Aaried zurück. Im Laufe der letzten 100 Jahre brachten Flusskorrekturen – so auch der Dreiwässerkanal – grundlegende Änderungen.

Zio, Lobä, zio, Lobä!

Der Betruf ertönt immer leiser

Betrufer mit Volle.

Huoo!

Zio, Lobä, zio, Lobä! Nemet all Tritt, in Gotts Namä!
Zio, Lobä, zio, Lobä! I iisä liäbä Frouwä Namä!
Zio, Lobä, zio, Lobä! I iisä liäbä Häiligä Namä!

Der häilig Sant Antoni und häilig Sant Wendel,
und der liäb häilig Brioder Chlois
wäind disi Nacht uf diser Alp iri Härbrig haltä.
Das ischt das Wort, das wäiss Gott wool.

Hiä um disi Alp gaad ä goldigä Ring.
Darin sitzt Maria mid irem allerhärzliäbschdä Chind.
Hiä um disi Alp gaad ä goldigä Troon.
Druif sitzt Maria mid irem allerhärzliäbschdä Soon.
Hiä um disi Alp gaad ä goldigä Grabä.
Darin sind drii häiligi Chnabä:
Das erschd ischt Gott Vatter, das ander ischt Gott
der Soon, das dritt ischt Gott der Häilig Gäischt.
Sii wäind iis a Seel und Liib, a Eer und Giot
bihiätän und biwaarä.

Ave! Ave! Ave, Maria!

Jesu! O mii liäber Herr Jesus Chrischt!
Bhiät Gott Vee, Seel, Liib, Eer und Giod
und alles, was uf diser Alp ischt und gheerä tiod.
So mengs Hoid Vee uf diser Alp ischt,
so mengä goltän Engel siig oi derbii.
So sell das Vee und diä Alp dem Schutz
Gottes empfolä sii.
Im Namä der Hochhäiligschtä Drifaltigkäit:
Gott Vatter, Soon und Häilig Gäischt. Amä.

Juu-hu-hu-huu!

(Betruf von Lungern, Obwalden)

Es ist einige Jahre her, seitdem ich den letzten Betruf hörte. Es war Abend. Die Berge standen in blauem Zwielicht. Die Kühe waren nur noch schattenhaft zu sehen. Doch ihr Geläut verriet, wo sie grasten. Der Älpler war auf eine kleine Anhöhe hinaufgestiegen und stand dort mit der Volle (grosser hölzerner Milchtrichter), rief den Segen. Es war fast ein Singen, eine Art Sprechgesang, der durch den Trichter verstärkt wurde. Es berührte mich, liess mir eine Gänsehaut über den Rücken laufen. Sonst hatte ich eher Mühe mit religiösen Bräuchen. Doch hier wurde etwas spürbar, das uralt war, zu einer langsameren Zeit gehörte, in der auch die unsichtbaren Dinge ihren Platz hatten.
Karl Imfeld, der frühere Pfarrer von Kerns, erzählte mir mehrmals von einem geschlossenen Weltbild, das bis in die 1950er Jahre das Leben in der Dorfgemeinschaft prägte. Es war stark religiös ausgerichtet und liess auch Platz für Dinge, die nicht erklärt werden konnten. Manche Verhaltensweisen, wie das Einzäunen von privatem Grund, führt Karl Imfeld noch auf die Alemannenzeit zurück. Gemeindeeigentum wie Allmenden und Alpen durften nicht eingezäunt werden und brauchten nach dieser Vorstellung höheren, göttlichen Schutz. Gerade auf den Alpen waren die Gefahren durch Unwetter und die wilde Umgebung recht gross für das Vieh. Zusätzlich glaubte man an die Macht der «Armen Seelen» oder anderer unsichtbarer Kräfte, die Schaden anrichten konnten. Der Betruf, der abends kurz vor der Nacht gerufen wurde, sollte diese bösen Kräfte bannen und die Alp mit der Hilfe Gottes und der Heiligen beschützen. Die Macht des Betrufs ging so weit, wie die Stimme des Älplers trug. Deshalb verstärkte er die Stimme mit der Volle und ging auf einen hoch gelegenen Platz, um den Segen möglichst weit über die Alp auszubreiten. Der Betruf war nicht nötig, wenn eine Kapelle auf der Alp stand. Ihre Glocke, die abends geläutet wurde, hatte die gleiche segnende Kraft.

Arzner Hans Heute geht dieser Brauch mehr und mehr verloren. Das geschlossene Weltbild, von dem Karl Imfeld mir erzählt hat und das ich als Kind noch erlebte, ist längst aufgebrochen. Doch es gibt immer noch Älpler, die in dieser Tradition aufgewachsen sind und mir gerne davon erzählen. Alle drei, die ich dazu befrage, heissen Hans. Als ich den dritten Hans daraufhin anspreche, nickt er bedächtig und sagt: «Ja, ja, da waren viele. Dieses Jahr sind einige gestorben, die noch Hans hiessen.» Den Arzner Hans treffe ich zusammen mit seinem Bruder Walter. Sie sind beide schon krumm von der lebenslangen Arbeit auf dem Hof. Doch sie können nicht aufhören, müssen sich immer noch um ihr «Vehli» kümmern. Was sollten sie denn sonst tun? Hans erinnert sich an seine Alpzeit als junger Bub, der vor jedem Alpsommer der Mutter versprechen musste, ja den Betruf nicht zu vergessen. Da er das versprochen hatte, hielt er es auch. Sonst hätte er sich ja schämen müssen. Nur manchmal, wenn es gar zu stark regnete, habe er es lockerer genommen und den Segen unter dem schützenden Hüttendach hervor gerufen. Das sei eigentlich nicht erlaubt. Er habe nie irgend etwas Übersinnliches erlebt, obwohl die anderen erzählt hätten, dass es auf seiner Alp nicht ganz geheuer sei. Die scheinbaren Geister hätten immer eine erklärbare Ursache gehabt. Ihre Volle sei uralt gewesen, ein Erbstück von den Gross- oder sogar Urgrossvätern, durch das mancher Liter Milch gesiebt worden sei. Zum Sieben habe man Tannenreisig in die schmale Öffnung gesteckt und die Milch hindurchgeschüttet. Abends sei die gleiche Milchvolle dann als Lautverstärker für den Betruf gebraucht worden. Dieselben Vollen brauchen die Lungerer Bauern noch heute, um die Würfel durch sie zu werfen. Alle vier Jahre werden die Alpen so neu unter den Mitgliedern der Teilsame ausgelost.

Bürgi Hans Danach frage ich den Bürgi Hans, den letzten Älpler auf der Alp Breitenfeld, der noch den ganzen Sommer oben bleibt. Er ist über siebzig Jahre alt und weiss eine Unzahl von Geschichten, die man sich früher am Feuer erzählte. Hans erinnert sich an einen Alpsommer zusammen mit zwei anderen Älplern, die auch Hans hiessen. Der eine war der Charwiesel Hans und der andere der Chriesler Hans. Der Chriesler Hans hatte eine

Beda Durrer,
Betruf, 1992.

gute Stimme und war derjenige, der abends für den Betruf zuständig war. Eines Abends verpasste er jedoch den Segen zu rufen, weil es gewaltig gewitterte. Er wagte sich nicht auf den Felskopf hinauf, wo das Kreuz stand. Am nächsten Morgen fehlte ein schönes Kalb. Der Charwiesel Hans schimpfte und bemerkte, dass der fehlende Segen am Unglück schuld sei. Hinterher wurde kein Betruf mehr versäumt. Doch eines Abends war der Chriesler Hans nicht da. Da sollte der Bürgi Hans das Amt des andern übernehmen. Doch er konnte den Text nicht auswendig. Der Charwiesel Hans kannte den Text, hatte aber keine gute Stimme. Er sagte nur: «Dui miosch, ich hilfä diär!» Er sagte den Text vor, und der Bürgi Hans rief ihn. Der Segen dauerte ein bisschen länger als sonst. Doch die Geister blieben gebannt. Am anderen Morgen waren alle Kühe da. Keine hatte sich verlaufen oder verletzt.

Er wusste noch von einem Vorfall, der sich auf der anderen Dorfseite, auf der Alp Chrummelbach, zugetragen hatte. Ein alter Älpler bestand dort auf seinem abendlichen Betruf, obwohl die meisten anderen damit aufgehört hatten. Er versuchte, seinen Neffen ebenfalls dazu anzuhalten. Doch der war mitten in seinen wildesten Sturm-und-Drang-Jahren und wehrte sich. Der Alte liess nicht locker. Eines Abends wurde es dem Buben zu dumm. Er konnte den frommen Onkel nicht länger ertragen. Voller Wut griff er in einen Haufen Schweinedreck und beschmiss den Alten damit. Der Onkel erstarrte mitten im Segen, stand fassungslos mit der dreckverschmierten Volle in der Hand. Er wusch sie stumm am Brunnen, trug sie in die Hütte und rührte sie nie wieder an.

Bellä Hans Der Bellä Hans ist gerade bei seinem Vieh auf dem Berggut, als ich ihn nach seinen Erinnerungen an den Betruf frage. Auch bei ihm gehörte er selbstverständlich zum Älplerleben. Er berichtet mir, wie an ruhigen Abenden von einer Alp zur anderen die Betrufe hörbar waren. Man wusste genau, wer da rief. Einer der Älpler hatte die Gewohnheit, ganz am Schluss des Segens laut zu jauchzen, wenn ihm das Brot ausgegangen war. Seine Familie wusste dann, was sie ihm am nächsten Tag bringen sollte, damit er den gebratenen Käse nicht ohne Brot essen musste.

Alp Glaubenbielen.

Betruf 1976 uf der Alp Glaubenbielen

Zuä grabä, zuä grabä,
am Atom z lieb wemmer grabä,
zuä grabä, zuä grabä,
am Gäld z lieb wemmer grabä,
zuä grabä, zuä grabä,
de Herrä z lieb wemmer grabä!

Angschd und Noot, Gysel und Atomabfäll
welid ab jetz uf diser Alp iri lieb Herbrig haltä
und ys Nutz und Gmeinwool erhaltä.

Das isch es Word und d Herrä wissid das wool.

Hiä um disi Alp da gaad e goldigä Ring,
drin sitzt der Profit, das härzallerliäbschti Chind.

Hiä um disi Alp um gaad e goldigä Troon
us luiter unbruichbarem Atom
und isch mit tuisig Gfaarä ubergossä.

Hiä um disi Alp da gaad e dräckigä Grabä,
drin sitzid dri gspässigi Knabä,
der erschd isch der Profit, der zweit d Machd
und der dritt isch d Ricksichtslosigkeit.

Und diä wend ys vor Ungfell und Schaadä biwaarä.

AVE, AVE, AVE NAGRIA!

Julian Dillier, Dialektdichter und früherer Redaktor beim Radio DRS, löste mit seiner Neufassung des Betrufes 1976 eine böse Kontroverse aus. Er wollte mit seinem Text gegen ein geplantes Atommüllager auf der Alp Glaubenbielen kämpfen. Um die ganze Ungeheuerlichkeit des Vorhabens spürbar zu machen, wählte er den Obwaldner Betruf und setzte an Stelle der Heiligen die Namen der neuen Götter ein, die jetzt die Macht über die Alp übernehmen wollten. Die Schweizer Presse schrie auf. Der Text wurde als böser Affront empfunden. Mit

Letztes
Beda

religiösen Texten durfte man keinen derartigen Unfug treiben. Julian Dillier sagt, dass er deswegen beinahe aus Obwalden vertrieben worden sei. Zum Glück arbeitete und wohnte er bereits in Basel. Keiner habe sich mit dem politischen Inhalt des Gedichts auseinandergesetzt. Der Jodlerverband versammelte sich deswegen sogar auf einer Alp am Fuss des Pilatus. Dort riefen mehrere den Betruf, um sich so von der Beleidigung zu distanzieren, die diesem ehrwürdigen Brauch widerfahren war. Julian Dillier war nicht dazu eingeladen worden. Er bedauert noch heute, dass er nicht dabei war und bei dieser Gelegenheit hätte erklären können, dass er nichts gegen den Betruf habe. Es ging ihm um eine heile Alp ohne tödliche Gefahr im Boden, gegen die kein Segen mehr helfen kann.
Mittlerweile ist es still geworden um den Betruf. Eine neue Zeit hat auf den Alpen Einzug gehalten, eine, die atemlos geworden ist. Die alten Älpler, die noch Hans heissen, kommen nicht dagegen an. Ihre Stimmen sind brüchig geworden. Zum Glück habe ich noch eine CD daheim, auf der ein Betruf aufgenommen ist. Manchmal an ruhigen Abenden höre ich ihn, mache die Augen zu und die Fenster auf. Segen ist Segen, auch wenn er bei mir auf eine belebte Strasse mitten in der Stadt fällt.

Heidy Gasser

Lesen:
Dillier Julian: Landsgmeindsgred. J. v. Acken Verlag 1988.
Imfeld Karl: Markusevangeeli obwaldnerdytsch. Nussbaumverlag, Sarnen 1979.
Imfeld Karl: Vertraht churzi Gschichtli. Nussbaumverlag, Sarnen 1982.

Beda Durrer,
Beda vogdfrei, 1987.

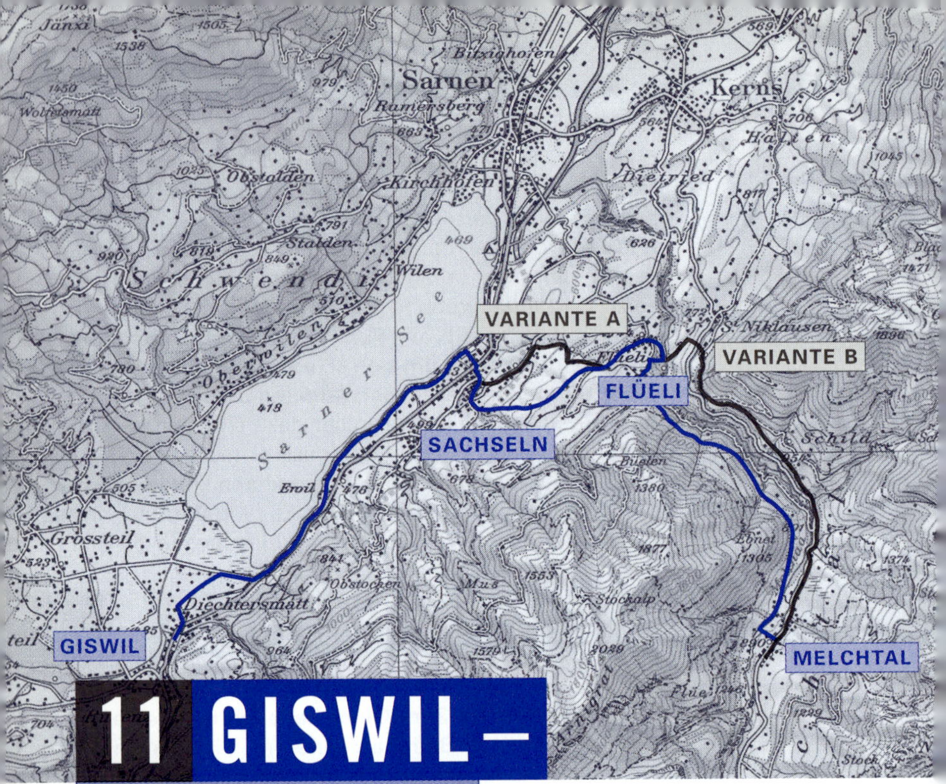

11 GISWIL – MELCHTAL

Giswil, Bahnhof (485 m)–Sachseln, Bahnhof (472 m)

L	1 h 20 → 6,1 km ↗ 0 m ↘ 13 m
Route	Ab Bahnhof Giswil auf Hauptstrasse Richtung Sachseln. Vor Bahnübergang links und wenige Meter danach rechts abzweigen. An Bauernhöfen vorbei zur Fahrstrasse vor dem Sarner See. Hier rechts zum Zollhaus und auf bequemem Weg dem See entlang direkt zum Bahnhof Sachseln.
Abkürzen	Giswil Zollhaus–Sachseln mit Schiff vom Juni bis August, Tel. 041 660 63 68/079 642 95 68
Anreise	Bahn Luzern/Interlaken–Giswil (470)
Rückreise	Bahn Sachseln–Luzern/Interlaken (470)
Service	Restaurants, Lebensmittelläden, Post, Bank in Sachseln
Schlafen	Hotel «Löwen», Sachseln, Tel. 041 660 14 48 Gasthaus «Bahnhof», Sachseln, Tel. 041 660 14 08

Jahreszeit	April–November
Karten	245 (T) Stans; 1190 Melchtal
Spezielles	Strandbad am Seeweg kurz vor Sachseln!

Sachseln, Bahnhof (472 m)–Flüeli-Ranft, Post (728 m)

L	◷ 1 h 10 ➔ 3,4 km ↗ 284 m ↘ 28 m
Route:	Ab Bahnhof Sachseln die Dorfstrasse hoch zur Pfarrkirche und auf der als «Bruder-Klausen-Weg» bezeichneten Route nach Flüeli-Ranft aufsteigen.
Variante A	Ab Pfarrkirche Sachseln «Pilgerweg» via Lourdes-Kapelle bis Flüeli-Ranft (1 h 00).
Anreise	Bahn Luzern/Interlaken–Sachseln (470)
Rückreise	Postauto Flüeli-Ranft–Sachseln (470.40) Bahn Luzern/Interlaken (470)
Service	Restaurants, Lebensmittelladen, Post in Flüeli-Ranft
Schlafen	Hotel «Paxmontana», Flüeli-Ranft, Tel. 041 660 22 33 Hotel «Kurhaus», Flüeli-Ranft, Tel. 041 660 12 84 Jugendunterkunft, Flüeli-Ranft, Tel. 041 660 85 50 (Matratzenlager)
Jahreszeit	April–November
Karten	245 (T) Stans; 1190 Melchtal

Flüeli-Ranft, Post (728 m)–Ranft, Einsiedelei (650 m)–Melchtal, Post (890 m)

L	◷ 2 h 00 ➔ 6,5 km ↗ 400 m ↘ 238 m
Route	Ab Post Flüeli-Ranft zu den Kapellen der Einsiedelei Ranft absteigen. Auf steilem Weg zurück nach Flüeli-Ranft und weiter bis Unterholz. Auf der als «Alter Melchtalerweg» bezeichneten Route nach Melchtal.
Variante B	Ab Einsiedelei Ranft via Kapelle St. Niklausen nach Melchtal mit viel Hartbelag und z.T. auf Hauptstrasse (1 h 50)
Anreise	Bahn Luzern/Interlaken–Sachseln (470) Postauto Sachseln–Flüeli-Ranft (470.40)
Rückreise	Postauto Melchtal–Sarnen (470.25) Bahn Sarnen–Luzern/Interlaken (470)
Service	Restaurants, Lebensmittelladen, Post in Melchtal
Schlafen	Hotel «Alpenhof», Melchtal, Tel. 041 669 12 37 Hotel-Restaurant «Nünalp», Melchtal, Tel. 041 669 12 24 (auch Matratzenlager)
Jahreszeit	April–Oktober
Karten	245 (T) Stans; 1190 Melchtal

unterwegs...

Ried Im Ried, nordwestlich des Dreiwässerkanals, das Naturschutzgebiet *Usser Allmend.* In der Schutzzone am Sarnersee brüten über 80 Vogelarten, es gedeihen 30 Strauch- und Baumarten. Das Feuchtgebiet gilt als Amphibienlaichgebiet von nationaler Bedeutung.

Sachseln: Unwetterkatastrophe, Sommer 1997. Votivtafel, um 1700, Museum Bruder Klaus, Sachseln.

Sachseln Pilgerort. Zahlreiche barocke Herrenhäuser. Ein Unwetter im August 1997 liess den Dorfbach über die Ufer treten, es entstanden Schäden in der Höhe von 120 Millionen Franken. In der Diskussion um den künftigen Verlauf des Dorfbachs sind im Frühling 1999 die Würfel noch nicht gefallen.
Die vom Sachsler Bildhauer Alois Spichtig gestaltete Ausstellung im Museum Bruder Klaus (im 1784 erbauten Peter-Ignaz-von-Flüe-Haus) vermittelt einen Einblick in Leben und Botschaft des 1947 heilig gesprochenen Niklaus von Flüe (1417–1487; siehe Seite 133 ff.). Sie präsentiert Verehrungszeugnisse aus fünf Jahrhunderten: Literatur, Malerei, Votivgaben, Münzen, Medaillen. Filme und Tonbilder zu Bruder Klaus.
Geehrt wird im Haus zudem der in Sachseln aufgewachsene Schriftsteller Heinrich Federer (1866–1928). Zu dessen Hauptwerken zählen «Pilatus» und «Papst und Kaiser im Dorf».
In den Kellerräumen Wechselausstellungen zeitgenössischer KünstlerInnen. *Öffnungszeiten: Palmsonntag bis Allerheiligen 9.30–12 und 14–17 Uhr.*
«Vom Turm zum Brunnen» heisst die Ausstellung im Garten des Museums; die von Karl Imfeld, Eugen Bollin, Alois Spichtig, Kurt Sigrist und weiteren Obwaldner Künstlern geschaffenen Skulpturen reagieren auf Visionen Niklaus von Flües; entstanden sind die in Holz gearbeiteten Werke 1987 im Kloster Engelberg. *Pfarr- und Wallfahrtskirche St. Theodul:* 1684 geweiht, frühes Beispiel barocker Kirchenarchitektur. Der schwarze Marmor stammt aus dem Melchtal. Unter dem Chorbogen im Bruder-Klausen-Altar die 1934 von Meinrad Burch-Kor-

Flüeli, Geburtshaus von Niklaus von Flüe: Ältester Holzbau der Schweiz.
Flüeli: Einst Kurhotel Nünalphorn, 1896 eröffnet, heute Pilgerhotel Paxmontana.

rodi geschaffene, silbergetriebene Figur, in der die Reliquien Niklaus von Flües verwahrt sind. Im rechten Querschiff die Kutte des Eremiten; ein zweites Kleidungsstück des Waldbruders wird in der Jesuitenkirche Luzern aufbewahrt. Zwischen den Altären im linken Querschiff das Meditationsbild des Heiligen.
An den Turm der Kirche angebaut die Grabkapelle; im Chor eine steinerne Liegefigur des Heiligen; gotisches Kreuz aus dem 14. Jahrhundert.

Bruder-Klausen-Weg Von der Grabstätte (Pfarrkirche Sachseln) zum Geburtshaus Niklaus von Flües (Flüeli) führt der Bruder-Klausen-Weg; er führt an sechs Plastiken des Genfer Künstlers André Bucher vorbei; diese nehmen Bezug auf Visionen im Leben von Bruder Klaus. Im Wallfahrts-Sekretariat ist dazu die Broschüre «Weg der Visionen» erhältlich.

Flüeli Ursprünglicher Wohnort Niklaus von Flües. Das Geburtshaus des Heiligen gilt als ältestes Holzhaus der Schweiz, Teile des 1925 restaurierten Gebäudes stammen aus dem 14. Jahrhundert.
Das Wohnhaus des Heiligen entspricht dem Typus eines alten Obwaldner Bauernhauses, 1946 restauriert. Geburts- und Wohnhaus können besichtigt werden.
Öffnungszeiten: Mai–Sept. 9.00–11.45, 13.30–17.30 Uhr. April und Oktober 10.00–11.45 ,14.00–16.00 Uhr. Sonn- und Feiertage 10.00–11.45 ,13.30–16 Uhr.
Borromäuskapelle: 1618 geweiht. Nach der Legende auf jenem Fels errichtet, von dem Bruder Klaus den Brand von Sarnen gelöscht hat. Im Inneren Renaissancetäfer sowie Bilderzyklus über Bruder Klaus und Karl Borromäus.

Untere Ranft-Kapelle, Bruder-Klausen-Zyklus: Turmvision.

Paxmontana: Das 1896 als Kurhaus Nünalphorn eröffnete Jugendstil-Hotel gilt als bedeutendes Architektur-Denkmal aus der Anfangsphase des Nobeltourismus in Obwalden.

Ranft *Obere Ranft-Kapelle:* 1469 geweiht, nach Erdbeben 1693 neu erstellt. An die Kapelle angebaut die Eremitenklause. Diese Zelle (280 x 310 cm) bewohnte Bruder Klaus bis zu seinem Tod (21. März 1487).
Untere Ranft-Kapelle, unmittelbar an der Melchaa, 1504 geweiht. Im Innern Bilderzyklus zum Leben des Heiligen.
Mösli-Kapelle: 1484 für Bruder Ulrich erbaut, einen Schüler von Bruder Klaus; die Kapelle (geschnitzte, spätgotische Decke) ruht am Abhang jenseits der Melchaa.

Melchtal Der *Alte Melchtalerweg* vom Flüeli nach Melchtal wird in Erinnerung seiner Erbauer auch als Polen- und HD-Weg bezeichnet. Bis ins 17. Jahrhundert wurde im Tal das auf Melchsee-Frutt abgebaute Eisenerz verhüttet. Auf der Alp Klisterli markiert eine Kapelle jenen Ort, an den sich Bruder Klaus nach seiner abgebrochenen Elsass-Pilgerreise zurückzog.
Benediktinerinnen-Kloster: Erbaut 1896; bekannt für Handweberei, beherbergt ein Mädcheninstitut. Das Kloster als ein Ort der Stille bietet Einzelpersonen Aufnahme für einige Tage. *Anmeldung: Tel. 041 669 11 40.*
Wallfahrtskirche: 1926 erbaut, Neurokoko; im Innern das Gnadenbild Marias, verehrt als «Madonna von Bruder Klaus».
«Melchtal» nennt der Obwaldner Rocksänger Luke Gasser seine 1998 vorgelegte CD; darauf der Titel «Winkelried» und eine Version des unter Ländlermusik-Freunden bestbekannten «Schacher Sepp».
Luchs: Am 23. April 1971 wurde im Melchtal ein aus Tschechien stammendes Luchspaar offiziell ausgesetzt. Zuvor lebten in der Schweiz keine Luchse mehr, der letzte wurde 1894 im Wallis erlegt. 1972 folgte eine weitere Luchsaussetzung im Schlierental oberhalb Alpnach.

Bruder Klaus – Botschafter des Verzichts

Der Heilige, der zum Brotkorb einer Talschaft wurde

Abstieg in den Ranft: Melchaaschlucht.

«Man sagt jetzt von einem in der Schweiz, der Bruder Klaus geheissen wird, dass dieser seit vielen Jahren nichts gegessen hat. Ist es so, muss er ein lebender Heiliger oder ein Teufel sein. Entweder oder, ein Mittelding ist nicht möglich.» Diese Worte werden Kaplan Mathias von Kemnat zugeschrieben, datiert 1475.

Niklaus von Flüe (Bruder Klaus) lebte vor 500 Jahren. Vor 50 Jahren wurde er in Rom heiliggesprochen. Zu den Stätten seines Wirkens in Obwalden pilgern jährlich an die 120 000 Menschen. Bruder Klaus war verheiratet und Vater von zehn Kindern. Als 50jähriger verliess er seine Familie und lebte fortan im Ranft: fastend, betend, meditierend. Privatleute und Politiker wandten sich an ihn auf der Suche nach Rat. Schweizer Geschichtsbücher führen ihn als Friedensstifter auf; vielen gilt er als Nationalheiliger. Die Eckdaten zum Leben Bruder Klaus' sind hundertfach aufgelistet. Über keinen anderen Obwaldner wurde mehr geschrieben als über diesen Niklaus von Flüe. Das für die Forschung nach wie vor wichtigste Werk liess die Obwaldner Regierung Anfang dieses Jahrhunderts erarbeiten: Robert Durrers «Bruder Klaus – Die ältesten Quellen über den seligen Nikolaus von Flüe, sein Leben und seinen Einfluss»; erschienen sind die zwei Bände (1300 Seiten) 1917 und 1921. Sie enthalten Material aus dem 1488 in Angriff genommenen «Kirchenbuch von Sachseln» – einer Sammlung von Aussagen über Bruder Klaus. Diese stammen unter anderen von Familienangehörigen und Nachbarn des Verstorbenen. Ein nicht minder wichtiges Werk erschien 1987 – ebenfalls via Staatskanzlei Obwalden; es ist der von Pater Rupert Amschwand erarbeitete «Ergänzungsband zum Quellen-

werk von Robert Durrer» (450 Seiten). Wer über Klaus von Flüe publiziert, kommt an diesen Sammelwerken nicht vorbei.
Niklaus von Flüe lebte von 1417 bis 1487. Als 14jähriger erlangte er das Stimmrecht. In diese Zeit fallen seine ersten Kriegszüge. Als 30jähriger baute er auf dem Flüeli ein Wohnhaus und heiratete die 14jährige, von der Schwendi ob Sarnen stammende Dorothea Wyss. Die beiden werden Eltern von fünf Knaben und fünf Mädchen. Niklaus ist Bauer und Ratsmitglied, zudem amtet er als Richter. Unter anderen führt er einen Prozess gegen den Pfarrer von Sachseln. Die an ihn herangetragene Kandidatur für das Landammannamt, das höchste in Unterwalden zu vergebende Amt, lehnt er ab. Am 16. Oktober 1467 verlässt er Frau und Kinder, Haus und Hof. Was alles er besass, er liess es zurück.

Geheime Nachforschungen Ab 1467/68 lebte Klaus von Flüe, bis zu seinem Tod, in der Schlucht der Melchaa, im Ranft. 20 Jahre lang. In dieser Zeit, heisst es, habe er nichts gegessen. Ist dies möglich? Die Frage füllt Bücher. Wie wird sie beantwortet? Die entsprechende Palette ist enorm. Für die einen geht es hier um ein Wunder, ein Fastenwunder. Andere nähern sich dem Phänomen mit Erklärungen: Ein naturverbundener Mann wie Niklaus – so focht der Autor Hans Rudolf Hilty 1981 – habe seine Umgebung gut genug gekannt, um sich ohne fremde Hilfe (aus Wurzeln, Beeren usw.) ernähren zu können. Hilty setzte sich damit heftiger Kritik aus. Auf manch einer Liste sucht man sein Buch «Bruder Klaus oder zwei Männer im Wald» vergebens.
Das Fasten von Bruder Klaus beschäftigt seit jeher. Scharlatanerie? Verführung? Der Bischof von Konstanz ordnete damals «geheime Nachforschungen» an. Wachen hatten zu überprüfen, ob dem Eremiten nicht heimlich Nahrungsmittel zugetragen wurden. Einer, der diese Frage damals ebenfalls erörterte, war Hans von Waldheim, Kaufmann aus Sachsen, Norddeutschland. Um Bruder Klaus rankten schon damals Geschichten, Klatsch- und Sensationslust spielten mit. Man redete über den Mann vom Ranft; das war eine ungewöhnli-

Älteste Darstellung von Bruder Klaus, 1492, Museum Bruder Klaus, Sachseln.

che, eine besondere Figur – irgendwie auch fremdartig, unheimlich. Und es waren nicht wenige, die sagten, dieser Niklaus sei ein «lebender Heiliger».
Als Waldheim bei Bruder Klaus im Ranft vorsprach, lebte jener bereits sieben Jahre getrennt von Familie und Hof. Waldheim hatte über die Reise nach Obwalden Tagebuch geführt, insbesondere über die Begegnung mit Klaus. Bei diesem Treffen sprach Waldheim auch mit Dorothea Wyss, der Gattin des «lebenden Heiligen». Das war im Mai 1474. Waldheims Notizen liegen uns vor. Der Bruder-Klausen-Forscher Roland Gröbli bezeichnet dieses Tagebuch-Material als «sehr präzis». Demnach wirkte der Eremit gelöst, die Hände beim Gruss natürlich warm, das Angesicht lächelnd, das Haar braun und nicht grau. Und nie, so Waldheim, nie habe man feststellen können, dass Bruder Klaus esse.

Büsser und Mystiker Für die Rechtsanwältin und ehemalige Luzerner National- und Ständerätin Josi J. Meier ist Bruder Klaus «eine Figur mit grosser Klammerwirkung», sozusagen «unser letzter gemeinsamer schweizerischer Heiliger». Es wundert denn auch nicht, dass eines der leidenschaftlichsten Kurzporträts über Bruder Klaus aus der Feder eines reformierten Theologen stammt. In seinem Buch «Der verborgene Glanz oder die paradoxe Lobpreisung» zeichnet Walter Nigg die Lebenslinien Klaus von Flües nach. Über dessen Entscheid, die Familie zu verlassen, schreibt Nigg: «Der Entschluss barg ein erschütterndes Drama in sich. (...) Darin liegt eine Tragödie von shakespearischem Ausmass verborgen, ein Drama, das jenseits von Lob und Tadel ist.»
Nigg zählt Klaus von Flüe, der weder lesen noch schreiben konnte, zu den grossen Mystikern der Schweiz, ja zu den grossen Büssergestalten der Christenheit. In seinem Text «Bruder Klaus – Hinter dem Rücken bleibt die Wahrheit da» (als Anspielung auf Niklaus' «Pilatusvision») bezeichnet Nigg den Mann vom Ranft als «von Gott erfasst». Diese Figur, dem spätgotischen Zeitalter angehörend, weise «archaische Dimensionen» auf. Von archaischen Dimensionen spricht auch der bei Sachseln

Album Benefactoru Eccle-
siæ Saxlensis, Pagi Vnder-
ualdiæ Superioris: Oder/
Der Saxlenischen
Kilchen Stiffteren Jar-
zyt Rodel: Darinn auch ein
Memento momenti
ex quo pendet æternitas.

Kirchenbuch von Sachseln, 1488: Enthält die frühesten Aussagen über Bruder Klaus.

geborene, mit dem Innerschweizer Kulturpreis ausgezeichnete Bildhauer Kurt Sigrist, der sich in früheren Jahren intensiv mit Bruder Klaus beschäftigt hatte. Im Lebensweg Klaus von Flües sieht er ein fortwährendes «Häuten und Schälen». Sigrist zieht dazu als Vergleich eine Figur Alberto Giacomettis heran: schlank und reduziert, Schicht um Schicht abgetragen, bis nicht mehr der Mensch, sondern allein noch die Idee des Menschen dasteht. Zum 500. Gedenkjahr des Stanser Verkommnisses leitete Sigrist die Ausstellung «Niklaus von Flüe 1981», u.a. mit André Thomkins, Paul Stöckli, Ferdinand Gehr.
Ein anderer, der sich seit 20 Jahren intensiv mit dem Mann vom Ranft beschäftigt, ist der aus dem Wallis stammende Jesuitenpater und Zen-Lehrer Niklaus Brantschen. Als Leiter des Lassalle-Bildungszentrums Bad Schönbrunn im Kanton Zug ist es Niklaus Brantschen ein Anliegen, dass persönliche Selbstfindung und Weltfindung zusammengehen. Genau dafür habe Bruder Klaus ein Zeichen gesetzt. Damit angesprochen ist die Wirkung, die der Meditierende vom Ranft auf seine Zeitgenossen hatte: auf das einfache Volk wie auf politische Entscheidungsträger.

Gemachter Mann? Im Museum Bruder Klaus sind auf einer Landkarte die im 15. Jahrhundert in den Ranft reichenden Kontaktwege aufgezeichnet. Es ist ein dichtes Netz, reicht hinaus nach Deutschland, Österreich und südwärts nach Venedig und Mailand. «Friede ist stets in Gott, denn Gott ist der Friede, und Frieden kann nicht zerstört werden, Unfrieden aber wird zerstört.» Dies ist Teil eines überlieferten Briefzitates, das 1482 aus dem Ranft an den Rat von Bern ging.
Zu jener Zeit galten die Schweizer im Ausland als Haudegen. Eidgenossen schlugen sich als Söldner durch. Es lockten Verdienst und Prestige. Im Dienst fremder Herren stehend, bekriegten sie sich mitunter gegenseitig. Krass trat die Uneinigkeit unter den damaligen Schweizern nach dem Burgunderkrieg zutage. Das Teilen der Beute drohte in Krieg auszuarten. Als der Bund daran zu zerbrechen drohte, hat aus dem Ranft geholter Rat Einigung ermöglicht. In die Geschichte eingegangen ist die-

ses Ereignis – es war im Dezember 1481 – als «Stanser Verkommnis». Die Kraft des abseits lebenden Mannes durchdrang Politik und Gesellschaft.
Ungezählt die Menschen aus dem Volk, die Klaus um Rat fragten. Die eine und andere Figur findet in der Literatur Erwähnung: ein Jüngling aus Burgdorf, eine um die Treue ihres Mannes bangende Ehefrau, ein die Lauterkeit seiner Frau anzweifelnder Bauer. Überliefert hiezu der Vermerk, wonach Wachleute oben an der Ranftkante dafür zu sorgen hatten, dass unten vor der Klause der Andrang nicht zu gross wurde.
Bruder Klaus starb am 21. März 1487. Die Todesnachricht verbreitete sich in Windeseile. Im September 1488 wird die Schreibarbeit am «Sachsler Kirchenbuch» aufgenommen; es enthält die gesammelten Erinnerungen über den Mann vom Ranft; diese Protokolle sollten zu einer baldigen Heiligsprechung des Verstorbenen führen. Bald auch kursierten Berichte über die von der Grabstätte in Sachseln ausgehende Heil- und Wunderkraft. Damit war das Pilgerwesen nach Obwalden lanciert.
Dieses Pilgern hat im Lauf der Jahrhunderte verschiedene Flut- und Ebbezeiten durchlebt. Kriege, Krankheiten, Epidemien und wirtschaftliche Umstände bestimmten einen Teil der Rahmenbedingungen. Andere Beweggründe für eine Pilgerreise (gleich ob nach Santiago, Lourdes oder Sachseln) geben weltanschauliche, religiöse Wertmassstäbe vor. Hinzu kommt die – es mag unangenehm tönen – Geschäftstüchtigkeit eines Pilgerorts: Ein Pilgerort muss etwas darstellen, etwas bieten – vor allem Hoffnung, am allerbesten ein Wunder.
Es war am 15. Mai 1947 – dem Fest Christi Himmelfahrt –, als Papst Pius XII. den Waldbruder aus Obwalden heiligsprach. Sachseln, Flüeli und der Ranft gelangten ins internationale Rampenlicht. Darob schwoll der Besucherstrom erneut an. Autos und Cars gab's noch wenige. Dafür expandierte die schmalspurige Brünigbahn: Sie baute in Sachseln ein drittes Geleise. Die von «draussen», von Luzern einfahrenden Pilgerzüge liessen sich hier tagsüber abstellen, abends rollten sie bis auf den letzten Platz besetzt wieder zurück.

Votivtafel, Tod von Bruder Klaus, 1487.
Nächste Doppelseite: Melchaaschlucht.

Der Kernser Karl Imfeld, Autor und Pfarrer im Ruhestand, hat dieses Hin und Her jahrelang beobachtet. Bruder Klaus ist und war Brotkorb vieler Obwaldner. Ohne Klaus von Flüe keine Pilger, keine Ranft-Postkarten, keine Pilgermenüs, keine Jugendunterkunft, keine Rosenkränze, keine Kerzen. Bruder Klaus ist – man wagt es kaum zu sagen – Aushängeschild, willkommene Möglichkeit, den eigenen Ort von einer anderen «Destination» abzugrenzen. In diesem Sinne verweist Karl Imfeld auf Bruder Klaus als «gemachten Mann». Man benutzt die Figur, biegt sie zurecht. Oft geschehen in der Politik. Wenig gerne wird man daran erinnert, dass Bruder Klaus auch im Abstimmungskampf zur EWR-Abstimmung auftauchte: der Heilige als Stimmungsmacher für resp. gegen Europa.
Bruder Klaus und die historischen Stätten. Starke Gestalt, reizvolle Kulisse. Figur und Ort als Projektionsflächen. Darauf auch Auswüchse nach rechts. Karl Imfeld hat es einmal so ausgedrückt: auch im Flüeli gedeiht Unkraut. Trotzdem, Bruder Klaus und die Feststellung: die Deutung dieses Phänomens ist nicht abgeschlossen. Die Beschäftigung damit weist in die Tiefe.

Herbert Gruber

Lesen:
Federer Heinrich: Niklaus von Flüe. Rex Verlag, Luzern 1986.
Obermüller Klara: Ganz nah und weit weg. Rex Verlag, Luzern 1982.
Züfle Manfred: Ranft. Erzählung und Erzählung der Erzählungen. NZN Verlag, Zürich 1999.

12 MELCHTAL – ENGELBERG

Melchtal, Post (890 m) – Storeggpass (1742 m) – Engelberg, Bahnhof (1000 m)

MS	🕔 5 h 50 ➔ 14.2 km ➚ 1055 m ➘ 945 m
Route	Ab Post Melchtal auf Hauptstrasse talauswärts an Pfarrkirche vorbei Richtung Weidli–Riedgarten–Storeggpass. Nach 400 Metern rechts und über Weideland auf nicht immer gut sichtbarem Fussweg hoch zum Fahrweg, der die Alpen unterhalb des Storeggpasses mit Melchtal verbindet. Auf dieser Alpstrasse bis Vorder Stalden und über Denalp hoch zum Storeggpass. Abstieg mit Gegenanstieg zum Lutersee. Hier zur Alp Zingel absteigen und auf schönem Alpweg Richtung Bräch–Eggli zum Staubecken von Engelberg. Dem Uferweg entlang zur Talstation der Gerschnialpbahn und in wenigen Minuten zum Bahnhof von Engelberg.
Abkürzen	Melchtal–Rütialp mit Luftseilbahn, von hier auf markierter Fahrstrasse Richtung Vorder Stalden–Storeggpass

Anreise	Bahn Luzern/Interlaken–Sarnen (470) Postauto Sarnen–Melchtal (470.25)
Rückreise	Bahn Engelberg–Luzern (480)
Service	Restaurants auf Rütialp, Denalp, Alp Zingel und in Engelberg; Lebensmittelläden, Post, Bank in Engelberg
Schlafen	Bergrestaurant «Zingel», Alp Zingel, Tel. 041 637 41 73 (auch Matratzenlager) Hotel «Schweizerhof»***, Engelberg, Tel. 041 637 11 05 Hotel «Bellevue»**, Engelberg, Tel. 041 637 12 13 Hotel Garni «Alpenclub»**, Engelberg, Tel. 041 637 12 43 Jugendherberge «Berghaus», Engelberg, Tel. 041 637 12 92
Jahreszeit	Juni–Oktober
Karten	245(T) Stans; 1190 Melchtal, 1191 Engelberg

unterwegs...

Banngebiet Huetstock Der südöstlich von Melchtal aufragende Huetstock (2676 m) war namengebend für das eidgenössische Jagdbanngebiet zwischen Melchtal und Engelberg. Das Schutzgebiet – auf Nid- und Obwaldner Boden – ist geprägt durch ein Gemisch von Wald, Weiden und Gebüschen. Darüber schliesst sich ein Gürtel von subalpinen und alpinen Weiden, Felslandschaften und Geröllfeldern an. Das Gebiet umfasst eine Fläche von 16 km^2.

Huetstock: Rückkehr der Steinböcke.

Wie in den meisten Gebirgskantonen entstand auch das Banngebiet Huetstock zum Schutz des Hochwildes (Schalenwild). Diese Bestände haben sich mittlerweile erholt. Die Schätzungen per 1997 ergaben: 245 Gemsen, 56 Rehe, 31 Steinböcke. Zur Regulierung ordnet der Kanton inzwischen gezielt Abschüsse an.
Angestrebt wird eine ausgewogene Geschlechtsklassenstruktur. Die natürliche Verjüngung der Wälder muss gewährleistet sein.
Die Zielsetzung des Jagdbanngebiets Huetstock hat sich nicht geändert: Schutz der Tiere vor menschlich verur-

sachten Störungen. Hervorgehoben werden die Rauhfusshuhnbestände. Gesamtschweizerisch sind 41 Jagdbanngebiete ausgeschieden. In Obwalden nebst dem Huetstock das nordöstlich von Engelberg gelegene Banngebiet Hahnen. Vom Kulturweg Alpen berührt werden die Jagdbanngebiete Fellital UR und Greina TI. Darin gelten besondere Schutzbestimmungen (keine Autos, kein Camping, Hunde an der Leine usw.). Die Kantone sind befugt, Ausnahmen zu gewähren.

Bergbauern-Alltag: Mitunter zwischen verklärter Idylle und Zukunftsbange.

Storegg Über den Storeggpass, von Melchtal nach Grafenort, unterhielt die Armee während des Zweiten Weltkriegs eine durchgehende Materialseilbahn. Daran erinnern die Ruinen auf der Storegg.

Lutersee Oberhalb des Lutersees ein Bild typischer Karstverwitterung. Die Kombination von Regenwasser und Kohlendioxid aus der Luft führt in Verbindung mit Kalk zu wasserlöslichem Kalziumhydrogenkarbonat. 100 Liter Wasser vermögen rund 30 Gramm Kalk zu lösen. Diese Kohlensäureverwitterung hinterlässt die scharfkantigen Kalkfelsen, auch Karren genannt, und Landschaften mit meist unterirdischen Wasserläufen. Auch der Lutersee hat einen unterirdischen Abfluss.

Alp Zingel Dankgottesdienste sind auf Alpen in der Zentralschweiz keine Seltenheit. Termine in den Veranstaltungskalendern der Zentrumsgemeinden. Auf der Alp Zingel (auch Arnizingel genannt) wird die traditionelle Bergmesse jeweils am dritten Sonntag im Juli abgehalten. Die Alp verfügt über Zimmer und Matratzenlager (13 Plätze). *Reservation: Tel. 041 637 41 73.*

Engelberg Bis 1798 war Engelberg selbständiger, dem Abt des Klosters unterstellter Staat. Die Wende brachte der Anschluss des Gebiets Waldstätte an die Helvetische Republik. Seit 1815 ist Engelberg eine Exklave des Kantons Obwalden. Heute ist Engelberg international bekannter Tourismusort. Der Titlis ist das höchstgelegene Ausflugsziel der Zentralschweiz, Bergstation der Seilbahn auf 3028 m.

Engelberg, Klosterkirche, 1737 neu geweiht.

Kirche und Kloster: Benediktinerabtei gegründet 1120. Die von Abt Frowin (1143–1178) gegründete Schreib- und Malschule – weitergeführt von den Äbten Berchtold und Heinrich – führte um das Jahr 1200 zu einer geistigen Blütezeit, eindrücklich belegt durch die Arbeiten der Engelberger Zeichner und Buchmacher. Einblick in diese mit skurrilsten Figuren und Fabelwesen ausgeschmückten Schriften bietet die 1999 im Diopter-Verlag vorgelegte Publikation «Die Bilderwelt des Klosters Engelberg» (mit 96 Farbtafeln). Von entsprechend unschätzbarem Wert ist die Bibliothek des Klosters.

Im Jahr 1729 Kloster durch Brand zerstört. Klosterkirche und Konventgebäude 1730–1737 von Johannes Rueff neu erbaut. Als Folge der Französischen Revolution Verzicht auf klösterliche Herrschaftsrechte im Tal; Rückzug ins Klosterleben und Aufbau der Klosterschule. Heute leben zwischen 40 und 50 Priestermönche sowie weitere, auswärts tätige Laien im Kloster.

Besonderheiten: Stiftskirche; spätbarocker Festsaal mit Stukkaturen, kunsthandwerkliche Ausstattung verschiedener Räume durch den Mönch und Intarsienmeister Bruder Columban Louis (1887–1966).

Eugen Bollin: Zeichnen, Ästhetik und Kunstgeschichte sind täglich behandelte Themen im Kloster, unterrichtet an der Klosterschule durch den seit 30 Jahren hinter diesen Mauern lebenden Eugen Bollin. Er ist Lehrer, Benediktinermönch, Künstler, Prior. Bekannt geworden ist er durch seine expressionistischen Engelgemälde.

Klosterrundgang (ca. 1 Std.) durch die Räumlichkeiten ausserhalb der Klausur werktags 10 und 16 Uhr, *Anmeldung: Tel. 041 639 63 80.*

Talmuseum: Exponate zu Wohnkultur und zur Tourismus- und Sportgeschichte; Sonderausstellungen. Führungen auf Anfrage. Mai–Okt., 14–18 Uhr; *Anmeldung: Tel. 041 637 04 14.*

Das Wesentliche ist dem Auge unsichtbar

Stiftskirche Engelberg – ein alternativer Besuch

Benediktinerkloster Engelberg.

Als die Menschen zu Beginn des 12. Jahrhunderts inmitten der rauhen Alpenwelt mit dem Bau eines Klosters begannen, da sollen auf den Bergen ringsum die Engel gar lieblich gesungen haben. Sie wollten den Erbauern anzeigen, dass der gewählte Standort gut sei. Dies, so erzählt die Legende, sei der Ursprung des Namens Engelberg.
Ob wir auf unserem Weg über die Storegg die Engel auch singen hören, hängt wohl von unserem Vorleben und vielleicht auch von unserer Kondition ab. Dass die Klostergründer am Fusse von Titlis und Hahnen einen guten Standort gewählt haben, wird jedoch während unseres Abstiegs auch ohne Engelszungen klar. Die Stiftskirche Engelberg liegt eingebettet im weiten Gebirgskessel und zählt zusammen mit dem Benediktinerkloster zu den grossen Kulturgütern auf dem Weg quer durch die Schweiz.

Äusseres Es gibt viele Wege nach Engelberg, auch wenn das bekannte Dorf den Talabschluss bildet. Und es gibt verschiedene Möglichkeiten, sich einem Kulturgut zu nähern.
So kann man das Engelberger Benediktinerstift aus rein kunsthistorischem oder gesellschaftlichem Interesse betrachten: Kirche und Kloster wurden 1120 gegründet und in den ersten 100 Jahren zu einem Doppelkloster (Mönchs- und Nonnenkonvent) und einem eigentlichen Klosterstaat ausgebaut. Über Jahrhunderte hinweg war das Benediktinerstift ein Ort der Einkehr, aber auch der regionalen Macht und Einflussnahme. Mehrere Brände zogen bauliche Erneuerungen nach sich. Nach dem letzten Brand von 1729 – einige Klosterschüler sollen gar deftig gefeiert haben, während alle Mönche in den Ber-

gen unterwegs waren – wurde die Kirche im Stil der frühen Barockzeit wieder erbaut und unter Einfluss des verspielten Rokoko mit zierlichen Stukkaturen versehen. Wer zum ersten Mal in die Kirche tritt, ist überrascht von der Grösse des Innenraumes. Der Haupt- und die acht Seitenaltäre sind in farbigem Kunstmarmor gehalten, die Wandpfeiler stirnseitig mit flachen Pilastern und mit korinthisierenden Kapitellen versehen, darüber entdeckt man ein weit vorladendes und reich verziertes Gebälk, sieben Gemälde erzählen das Leben Mariä, der Seitenzyklus ist dem heiligen Benedikt gewidmet.

Inneres Nebst der kulturhistorischen Sicht kann man zusätzlich versuchen, sich dem Kirchenraum von anderer Seite her zu öffnen: Nicht mit den Augen sehen, sondern sich einlassen auf Botschaften einer verborgenen, inneren Welt. Wohl setzt dies voraus, diese innere Welt als Möglichkeit zu akzeptieren. Und freilich lässt sich die innere Welt mit naturwissenschaftlichen Methoden nicht beweisen – aber sie kann die Seele berühren.
Nichts wollen. Nichts tun. Die Kirche wirkt aus sich heraus. Assoziationen. Der tunnelartige Innenraum zieht den Blick vorerst nach vorn, sozusagen zum ewigen Licht am Ende des Tunnels. – Schläft ein Lied in allen Dingen, die da träumen fort und fort, und die Welt hebt an zu singen, triffst du nur das ... «Gewächshaus!» Die Kirche als Gewächshaus eines botanischen Gartens? Die Säulen erscheinen wie Baumstämme, und am Gewölbe ranken sich Grünpflanzen, Zweige und Blätter, üppig wie im Urwald und verflochten in Girlanden. Gedankenspiel: Das Urbild von Gottes Wohnort ist das Paradies. Das verzweigte Laubwerk und die wuchernde Üppigkeit könnten das Paradies symbolisieren, den Garten Gottes. – Seltsam nur, das Paradies ist im unteren Bereich der Wände sehr kahl. Der Blick geht hinauf, die Aufmerksamkeit, das Interesse, alles ist fortwährend nach oben gerichtet. Gedankenblitz: Himmelfahrt! Zufall? Auch das Gemälde des Hauptaltars zeigt die Aufnahme Mariä in den Himmel.
Die Kirchenerbauer scheinen alles – bewusst oder unbewusst – auf Himmelfahrt ausgerichtet zu haben: die

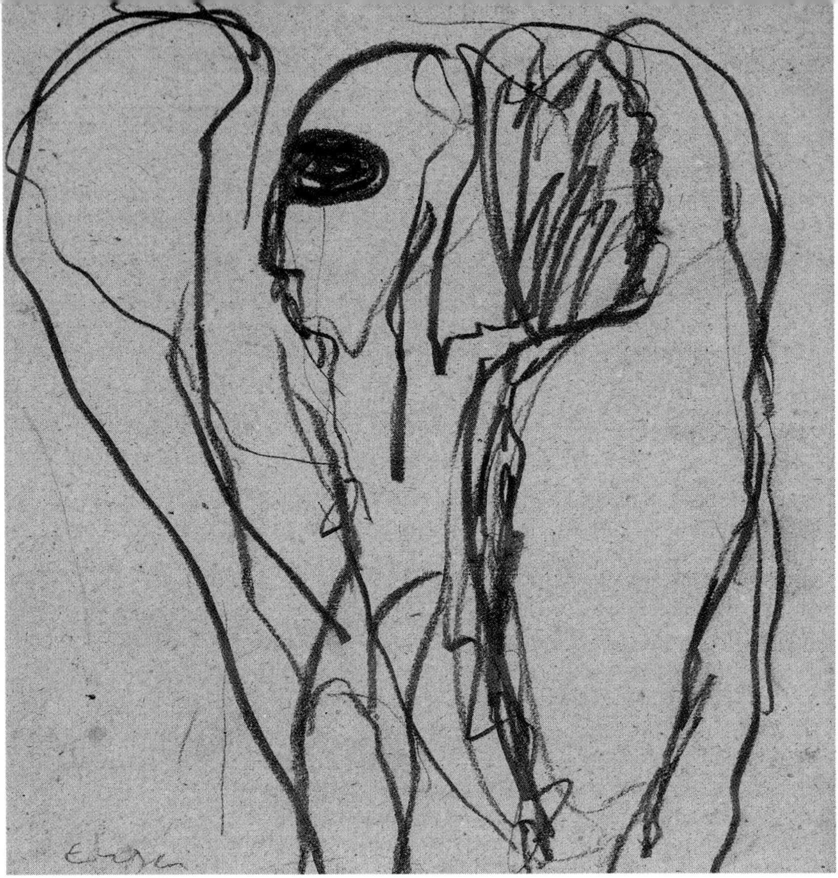

Eugen Bollin, Engel, 1998.

reiche Verzierung und Bemalung des (himmlischen) Gewölbes – im Gegensatz zum einfach gestalteten (irdischen) Fussboden; die starke Beleuchtung des oberen Kirchenraumes – die obere der beiden Fensterreihen ist deutlich grösser als die untere, oben himmlisches Licht, unten irdische Dunkelheit. Dann die Säulen: ihre Verzierung beginnt erst auf Kopfhöhe und wird nach oben reicher. Die Kapitelle treten stark vor und scheinen den unteren, eckig gestalteten irdischen Bereich vom oberen, mit runden Formen verzierten himmlischen Bereich zu trennen. Alles Eckige symbolisiert das Materielle, alles Runde steht für das Göttliche. Wir Menschen bewegen uns im irdischen Teil des Paradieses. Unten und Oben, zwei polare Gegensätze, gehören im geschlossenen Kirchenraum aber zusammen.

Nicht allein das Lichtspiel und die Formenvielfalt scheinen symbolisch gestaltet zu sein, auch Anordnung und Anzahl einzelner Elemente fügen sich zum Gesamtbild. Auffällig: die Zahl 7. 7 Fenster hat die Kirche in einer Reihe, 7 Pfeiler zählt man pro Seite, 7 Engels- oder Heiligenstatuen zieren den Hauptaltar. Hinter dem Altar scheint ein Tuch aufgespannt zu sein, zentral befestigt und mit je 7 Klammern links und rechts, die seitlichen Wandgalerien enthalten jeweils 7 Geländerpfeiler pro Einheit, 7 Gewölbefresken erzählen das Leben der Maria, 2 mal 7 Bilder illustrieren das Wirken des heiligen Benedikt, 2 mal 7 Engel kommentieren das Leben des Benediktus, 2 mal 7 Stationen erinnern an das Leiden Christi, und 14 Nothelfer sind in den hinteren Seitenaltären abgebildet. Ist die 7 eine Zufallszahl?
In 7 Tagen erschuf Gott die Welt, 7 Tage hat die Woche, man zählte früher 7 Planeten, die Kirche verweist auf 7 Sakramente, aber auch 7 Todsünden, geht man auf Reisen, so packt man seine 7-Sachen, und wenn einer meint, alles zu wissen, ist er ein 7-gescheit. 7 ist die Zahl unserer geschaffenen Welt, und gleichzeitig zeigt sie an, dass etwas vollständig und abgeschlossen ist. Nach der 7 beginnt ein neuer Zyklus. Die 7 gilt deshalb als die Zahl der irdischen Vollendung.
Damit ergibt sich wiederum eine Querverbindung zum Thema der Maria Himmelfahrt: sie hat das irdische Dasein vollendet. Diese Vollendung und ihre Aufnahme in den Himmel ist sinnbildlich dargestellt im Bau und in der Ausstattung der Stiftskirche.
Bilder und Symbole weisen auf das Verborgene. Seltsam mutet die Rückwand des Chores an, diese Illusion eines aufgespannten Vorhangs. Es scheint, als würde dahinter ein weiterer Raum liegen. Könnte es sein, dass der Vorhang etwas verbirgt?... am Ende gar das Wesentliche?

Thomas Bachmann

Lesen:
Bollin Eugen: Tagzeiten. Cantina Verlag, Goldau 1984.
Eggenberger Christoph: Die Bilderwelt des Klosters Engelberg. Diopter-Verlag, Luzern 1999.
Benediktinerstift Engelberg. Verlag Schnell, München 1993.

13 ENGELBERG – ALTDORF

Engelberg, Bahnhof (1000 m) – Blackenalp, Alphütte (1778 m)

L	4 h 00 → 12,9 km ↗ 788 m ↘ 10 m
Route	Ab Bahnhof Engelberg via Bahnhof- und Dorfstrasse zum Hauptportal des Klosters. Das Gebäude bergseitig (Friedhof) umgehen und Richtung Herrenrüti – Alpenrösli – Surenenpass. So lange wie möglich auf dem am nächsten am Berg verlaufenden Fuss- und Fahrweg bleiben. Dann sanft ansteigend auf Fahrstrasse und Fahrweg zum Stäfeli. Ab hier Fussweg, der kurz vor Stalden («Stäuber») steiler wird. Von da auf angenehmem Weg zur Blackenalp.
Abkürzen	Engelberg – Alpenrösli mit Taxi, Tel. 041 637 21 21/079 422 61 61 Hindrist Eien (1 h 00 ab Bahnhof Engelberg) – Fürenalp

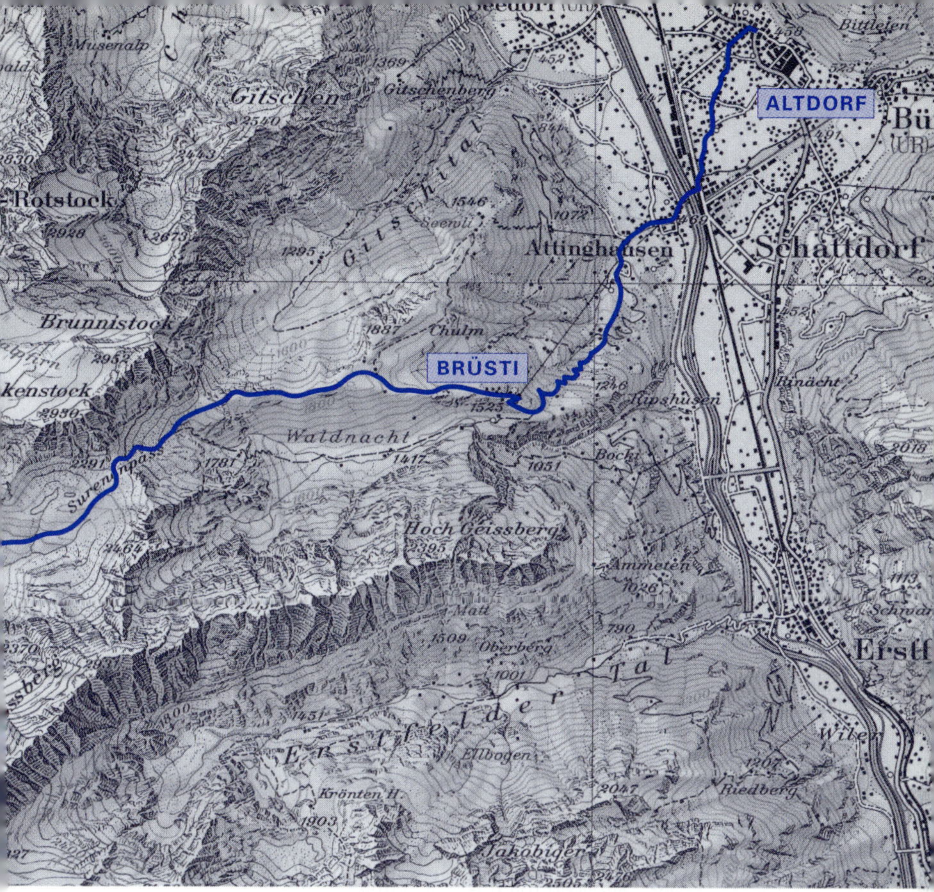

mit Luftseilbahn (2531), von hier auf markiertem Weg Richtung Stalden–Blackenalp

Anreise	Bahn Luzern–Engelberg (480)
Rückreise	keine Möglichkeit
Service	Restaurants auf Alpenrösli, Stäfeli und Blackenalp
Schlafen	Restaurant «Alpenrösli», Alpenrösli, Tel. 041 637 44 24 (Matratzenlager) Restaurant «Stäfeli», Tel. 077 42 38 05/041 871 20 01 (Matratzenlager) Alphütte «Blackenalp», Blackenalp, Tel. 077 43 08 82 (Matratzenlager)
Jahreszeit	Juni–September
Karten	245(T) Stans; 1191 Engelberg

Blackenalp (1778 m)–Surenenpass (2291 m)–Brüsti, Luftseilbahn (1525 m)

MS	🕓 3 h 15 → 8,6 km ↗ 579 m ↘ 832 m
Route	Ab Blackenalp Richtung Surenenpass – Brüsti – Attinghausen. Auf der Nordostseite des Passes kann bis im Juli Schnee liegen. Abstieg in gerölligem Gelände bis Punkt 2004 (Hangtraversierung auf Geröllweg etwas oberhalb ebenfalls möglich). Gegenanstieg auf den Grat. Auf diesem Richtung Brüsti absteigen. Vor Brüsti kurze, ausgesetzte Stelle.
Anreise	keine Möglichkeit
Rückreise	Luftseilbahn Brüsti–Attinghausen (2591) Bus Attinghausen–Altdorf (600.36) Bus Altdorf–Flüelen/Göschenen (600.32) Bahn Flüelen/Göschenen–Arth-Goldau/Bellinzona (600)
Service	Restaurant in Brüsti
Schlafen	Berggasthaus «Brüsti», Brüsti, Tel. 041 870 14 61 (auch Matratzenlager)
Jahreszeit	Juli–September
Karten	245(T) Stans; 1191 Engelberg

Brüsti, Luftseilbahn (1525 m)–Altdorf, Telldenkmal (458 m)

L	🕓 2 h 50 → 7,4 km ↗ 10 m ↘ 1077 m
Route	Ab Bergstation der Luftseilbahn in Brüsti Richtung Höchiberg. Durch Wald und offenes Gelände auf altem Alpweg nach Attinghausen absteigen. Von der Talstation der Seilbahn Richtung Altdorf. Über Reuss und unter Auto- bzw. Eisenbahn durch, die Hauptstrasse überqueren und in Attinghausenstrasse einmünden. Auf dieser via Bahnhofstrasse zur Tellsgasse im Zentrum von Altdorf.
Abkürzen	Brüsti–Attinghausen mit Luftseilbahn (2591) Attinghausen–Altdorf mit Bus (600.36)
Anreise	Bahn Arth-Goldau/Bellinzona–Flüelen (600) Bus Flüelen–Altdorf (600.32) Bus Altdorf–Attinghausen (600.36) Luftseilbahn Attinghausen–Brüsti (2591)
Rückreise	Bus Altdorf–Flüelen/Göschenen (600.32) Bahn Flüelen/Göschenen–Arth-Goldau/Bellinzona (600)
Service	Restaurants, Lebensmittelläden, Post in Attinghausen und Altdorf; Bank in Altdorf

Schlafen	Hotel «Krone», Attinghausen, Tel. 041 870 10 55 Hotel «Reiser», Altdorf, Tel. 041 870 10 66 Hotel «Höfli», Altdorf, Tel. 041 875 02 75 Hotel «Bahnhof», Altdorf, Tel. 041 870 10 32
Jahreszeit	Juni–Oktober
Karten	245 (T) Stans, 246 (T) Klausenpass; 1191 Engelberg, 1192 Schächental

unterwegs...

Blackenalp: Seit Jahrhunderten als Sommerweidegebiet genutzt. Wegstück von nationaler Bedeutung: Die Alpgasse bei Mettlen.

Surenenpass Passverbindung von regionaler Bedeutung, vorab für die Alpwirtschaft; im 17. Jh. für den Käse- und Viehhandel des Klosters Engelberg Richtung Lombardoi. Im Landbuch des Kantons Uri aus dem Jahr 1892 erscheint der Surenenpassweg als Kantonsstrasse. Bevölkerungswachstum und Intensivierung der Alpbestossung – die zunehmend mit Grossvieh erfolgte – brachten die Urner ab dem 12. Jh. dazu, ihre Weidegebiete über ihre Landesgrenzen hinaus auszudehnen. In der Folge gewalttätige Auseinandersetzungen zwischen Uri und Kloster Engelberg. Die Expansionspolitik der Urner zahlte sich aus: die Kantonsgrenze liegt beim Alpenrösli ob Engelberg.
Blackenalp und Äbnet: Über Jahrhunderte Bestossung von Uri her via Surenenpass. Äbnet ist Kuhalp mit eigener Gemeinschaftskäserei, auf der Blackenalp weiden etwa 650 Rinder, 50 Kälber und in höheren Lagen um die 400 Schafe. Auf Blackenalp die Kapelle St. Antonius und Wendelin, erbaut 1596. Wendelin gilt den Bauern als Schutzpatron.

Mettlen Hohlweg unterhalb Brüsti, versehen mit Stützmauern aus unbehauenen Steinen. Erbaut um die Jahrhundertwende. Der in seiner Art einzigartige Weg weist eine Breite von 1,5 bis 2 m auf und ist um 1 bis 1,5 m ins Gelände eingetieft. Damit wird er zu einer eigentlichen Alpgasse. Das Inventar historischer Verkehrswege der Schweiz (IVS) würdigt diesen Weg als eine der schönsten jüngeren Weganlagen der Innerschweiz. Verwiesen

wird auf die Länge des Wegstücks, das fachmännisch gebaute Mauerwerk, die sorgfältig gesetzte Pflästerung und den ausserordentlich guten Zustand des Weges.
Kapelle St. Onophrius: Am Chummetbach, erbaut 1737. Heute schützen Verbauungen vor den Gefahren des Wildwassers, frühere Generationen riefen Gottes Hilfe und jene der Heiligen an. Eine dieser wichtigen Schutzpatrone war Onophrius. Die ihm geweihte Kapelle am Chummetbach war daher ein einst vielbesuchter Wallfahrtsort.

Ehemalige Burg der Freiherren von Attinghausen: Deren Blüte reicht ins Jahr 1291 zurück.

Attinghausen Siedlung auf dem Geschiebefächer des Chummetbachs. Mit Schweinen hat der elf Meter hohe *Turm Schweinsberg* wenig, mit einem Wohnhaus viel zu tun. Als das weist er zurück auf die Freiherren von Attinghausen-Schweinsberg, die massgeblich beteiligt waren an der Gründung der Eidgenossenschaft (1291). Gleichzeitig diente der Schweinsberg als Wachturm für den Gotthardweg, der unterhalb des Gebäudes vorbeiführte. Der Turm wird privat bewohnt und kann nicht besucht werden.
Von der Burg der Freiherren von Attinghausen sind Ruinen geblieben. Das Mauerwerk wird gesichert, die Anlage ihrer Art zählt zu den grössten der Zentralschweiz.
Kapelle St. Ottilien: In der um 1895 erbauten Kapelle bildstarke Ausstattung des Historismus (Flügelaltäre, Malereien). Auch die Pfarrkirche St. Andreas wurde 1895 im später vielgeschmähten Stil des Historismus ausgestattet. Davon ist nach einer Renovation zurück zum Barock allerdings kaum mehr etwas sichtbar.

Altdorf Politisches, wirtschaftliches und kulturelles Zentrum des Kantons Uri. 8200 Einwohner. Erste urkundliche Erwähnung Altdorfs reicht zurück ins Jahr 1223. Ausgrabungen bei der Pfarrkirche St. Martin belegen romanische und karolingische Vorgängerkirchen.
Die Erschliessung des Gotthardpasses um 1230 förderte Altdorfs Aufstieg. Von Bedeutung die Reisläuferei, das über Jahrhunderte betriebene Söldnertum verhalf einigen aristokratischen Familien zu Reichtum. 1798 wurde Altdorf von den Franzosen besetzt und 1799 – zum drit-

Altdorf: Telldenkmal vor mittelalterlichem Wohnturm.
Altdorf, Klostergasse: Observatorium von Vincenzo Baviera, 1995.

ten Mal in seiner Geschichte – eingeäschert, von den rund 250 Wohnhäusern blieben nur wenige verschont.
Telldenkmal: Wilhelm Tell und Sohn Walterli, tausendfach fotografiert, 1895 von Richard Kissling geschaffen. Dahinter der mittelalterliche Wohnturm mit Malereien zur Freiheitsgeschichte. Die Tellbegeisterung führte zum Bau eines speziellen Festspielhauses: 1899 stieg darin die erste Aufführung von Schillers Wilhelm Tell. 1915 wurde dieses Tellspielhaus abgetragen und 1925 durch das heute noch bestehende ersetzt.
Kath. Pfarrkirche St. Martin: Nach dem Dorfbrand (1799) von Josef Rey neu erbaut. Klassizistisch geprägt. Deckenmalereien von Giovanni Bagutti, marmorner Hochaltar von Andrea Galetti. Reicher Kirchenschatz mit Monstranz von 1511, Altarkreuzen, Bronzekandelaber, Kelchen. Angegliedert die spätgotische Beinhauskapelle St. Anna. Im Chor hölzernes Kruzifix (16. Jh.), zudem frühes Bruder-Klausen-Bild. Auf dem Friedhof mehrere Grabmäler des 1953 verstorbenen Urner Künstlers Heinrich Danioth.
Historisches Museum Uri: Nach Umbau Wiedereröffnung an Pfingsten 2000. Zeigt kirchliche Kunst (15.–18. Jh.), Trachten, Waffen, Holzplastiken, Dokumente zu Volkskunde und Volksfrömmigkeit.
Wegweiser in die Stille: Einkehrmöglichkeiten in Ordenshäuser (für zwei, drei und mehrere Tage) bieten in der Schweiz diverse Klöster. In Altdorf stehen die Türen des Klosters Allerheiligen (für Männer) und die des Klosters St. Karl (für Frauen) offen. Es werden in der Regel nur Einzelpersonen aufgenommen.

Lieber die Schonegg als Schissplanggenbödmer

Flurnamen beim sauren Wasser

Eines wird schnell klar: Die Flurbezeichnungen sind weniger zufällig entstanden als unsere eigenen Namen. Ein Lukas könnte auch Tobias heissen, ein Geissrüggen aber nie Ochsenboden und der Wissberg niemals Rot Gitschen. Warum aber heisst der Stierenbach, von der Surenen her Richtung Obwalden fliessend, nach der Kantonsgrenze plötzlich Engelbergeraa? Mögen die Obwaldner etwa die Stiere nicht? Der Namenforscher Felix Aschwanden hat die Flurnamen des Kantons Uri und insbesondere auch des Surenenpasses untersucht. Er zeigt dabei, dass die Namen zur Kulturlandschaft gehören wie die Wege und Matten, die Ställe und Bildstöckli. In einer Zeit, als praktisch jeder Winkel kleinräumig genutzt wurde und eine präzise Abgrenzung unter Nachbarn nötig war, wurde jede Landschaftskammer und nahezu jedes Objekt darin benannt. Solche Namen haben eine lange Lebensdauer. So findet man mitten in den Städten noch heute eine Riedmattstrasse, einen Weidweg oder eine Rebgasse. Das freut natürlich die Namenforscher, denn einerseits weisen die Flurnamen auf frühere Nutzungsformen hin, andererseits erhalten sich Sprachausdrücke, die sonst verschwunden sind.

Versucht man den bunten Strauss an Flurbezeichnungen zu gliedern, so kann man am Surenen sieben Bereiche unterscheiden, die zur Namengebung beigetragen haben und die oft miteinander kombiniert werden:

- *Landschafts- und Geländeformen: Egg, Grätli, Hang, Boden und viele weitere, sowie deren Anhäufungen, zum Beispiel Gibelstockhöreli*
- *Farben und Lichtverhältnisse: Rot Gitschen, Grüen Biel, Wissberg, Schinplatten*

Alp Usser Äbnet. Aus dem Stierenbach wird auf Obwaldner Boden die Engelbergeraa.

- *Hinweise auf Rodungen: Rüteli, Schwandental*
- *Hinweise auf landwirtschaftliche Nutzung: Hostet, Chäserli, Hirtihütte*
- *Hinweise auf Rechtsverhältnisse: Martis Grund, Chlösterli*
- *Pflanzen- und Tiernamen: Farenegg, Fuchsstein*
- *Wasser: Uf den Seewen, Brunnifurggi oder auch das wichtigste Wort auf unserer Tour: Surenen, vermutlich vom keltischen sura herstammend und mit dem indogermanischen suros verwandt, was soviel wie salzhaltiges, saures Wasser bedeutet.*

Vom Gold- zum Schatzboden Haben wir den Surenenpass schon in den Beinen, so bietet sich nun eine gemütliche Wiederholung der Tour an: mit dem Zeigefinger auf der Landkarte 1:25 000.

Gestartet wird in Engelberg. Ausgangs des Dorfes streifen wir durch den Oberberg, obwohl wir weder oben noch auf einem Berg sind. «Berg» bezeichnet im allgemeinen nicht eine mächtige Geländeerhebung, sondern eine alpine Region, die von einer Bauernfamilie mit ihrem Vieh zeitweilig genutzt wird. In dieser Gegend finden wir auch die Begriffe Bann und Bannwald – ein Hinweis darauf, dass diese Flächen die Wildwasser zurückhalten sollten und deshalb nicht frei genutzt oder gerodet werden durften.

Am rechten Talhang klebt der *Hof Lüssli,* ein gar seltsames Wort! Die Bezeichnung erinnert daran, dass dieses Gebiet einst durch das Los zugewiesen wurde. Im Kanton Obwalden werden vereinzelt noch Alpverlosungen durchgeführt – während zehn Jahren zum Beispiel kann dann eine Familie ein Gebiet nutzen, dann wird es neu verlost. Alle haben so die Chance, auch einmal ein gutes Stück Land zu erhalten. Wir wandern weiter durchs Tal der Engelbergeraa. Aa ist ein altes Wort für Wasser und taucht unter anderem bei der Aare oder im aargauischen Aabach wieder auf.

Von der Herrenrüti schweben wir mit der Seilbahn zur Fürenalp. Dabei fällt der Blick in die Tiefe zum Goldboden, wo nur die sagenhaften Venediger einst Gold gefunden haben dürften, die Bauern aber vermutlich ihr

1
2
3
4
5
6
7
8
9
10

Galtvieh, das Jungvieh, weiden liessen. Wir wandern Richtung Äbnet, der Name sagt hier schon alles, und entdecken in einer Mulde am Wissberg die Gumm. Dieses Wort mag auf das gallische cumba für «Tal, Schlucht» zurückgehen. Ähnliche Fluren heissen auch Chummet, Chummenalp oder französisch Combe. Unterhalb des Weges müssen die Hänge einst dicht bewaldet gewesen sein. Wie sonst hätten die Älpler das Gebiet Waldegg und Gross Wald genannt!

Vorbei am stiebenden Fall des Stierenbachs, dem Stäuber, gelangt man ins Gebiet Uf der Lauwi und zur Lauwisiten. Die Lauwi-Namen sind weitverbreitet, nicht nur in der Zentralschweiz, denn sie verweisen auf die gefürchteten Lawinen. Die Blackenalp hingegen dürfte mit den «Blacken» in Zusammenhang stehen, den zähen grossblättrigen Alpensauerampfern, die sich vor allem auf jenen Flächen ansiedeln, wo das Vieh lagert. Besonders geschätzt wird wohl die Schonegg, die günstig gelegene schöne Egg, im Gegensatz zum Schissplanggenbödmer auf über 2100 m Höhe. Eine Plangge ist ein steiler, meist hochgelegener Grashang, wobei der Zusatz «Schiss» in diesem Fall die ungefähre Wertschätzung durch die Älpler zum Ausdruck bringen mag.

Oberhalb der Blackenalp finden sich die Mannssiten und der Mannsboden. Wer auf der Suche ist nach einem hübschen Mannsbild, kann sich den Aufstieg allerdings ersparen. Das Wort «Manns» kommt vom lateinischen mansuetus, was soviel wie Rind bedeutet. Der Flurname verweist lediglich auf eine Rinderalp.

Menschen geben den Bergen Namen. Ein Blick auf den Spannort:
1. Egg/Ruggä/Schulterä.
2. Glään, Gness.
3. Na(a)tlä/Zand/Zaggä/Zinggä.
4. Wand.
5. Turm.
6. Po(o)rt/Satz/Simsä/Zingel.
7. Gand/Gröllhaldä/Guf(f)erhaldä.
8. Plangg(ä).
9. Chäälä/Rinnä/Runsä.
10. Chängel/Läiffi/Laissä/Läiti/Zug.

Eine hübsche Bezeichnung ist das nördlich gelegene Munggenbälmli unterhalb des Wissigstockes. Das weitverbreitete schweizerdeutsche Wort «Mungg» steht für Marmota marmota, zu deutsch: Murmeltier, und eine Balm bezeichnet immer einen höhlenartigen Felsüberhang. Günstig gelegene Balmen dienten schon im Mittelalter als Unterstände für Mensch und Vieh. Gelegentlich wurden sie zu Sennhütten eingerichtet und zum Teil bis ins 20. Jahrhundert genutzt. Die ersten Alpinisten bedienten sich ebenfalls solcher Balmen als Unterkunft.

Folgen wir dem Surenenweg, so durchqueren wir den Unteren und den Oberen Schatzboden. Wie man sich aufgrund von «Gold» und «Mann» mittlerweile denken kann, ist auch da oben höchstwahrscheinlich kein wie auch immer gearteter Schatz abzuholen. Vermutlich wurde hier einfach das Alpvieh zusammengetrieben und danach geschätzt.

Vom Nossfruttli zur Schächenmatt Wir überqueren den Surenenpass und denken an nussreiches Tuttifrutti im Rucksack: Wir nähern uns dem Nossfruttli. Aber wiederum liegen die Ursprünge ganz woanders. Nuss stammt wahrscheinlich von Noos. So nannte man eine Ziege, die noch nicht geworfen hat. Und Frutt dürfte keltoromanischen Ursprungs sein. Froda bezeichnet einen Bach, der eine Geländestufe hinabsprudelt. In unserem Fall wäre das der Angibach. Über den Geissrüggen und das Chräiehöreli, die beide ihre Namen der Tierwelt verdanken, gelangen wir ins Rüteli, zur Brüsti und weiter talabwärts zum Schwandenberg. Alle drei Namen haben mit dem Roden, dem Ausreuten oder schweizerdeutsch usrüüte von Wald zu tun. Brüsti weist wahrscheinlich auf Feuers-Brunst und damit auf Brandrodung hin. Schwand-Namen weisen auf jene Art von Waldrodung hin, bei der man die Baumstämme entrindet hat. Befreit man Wiesen und Waldränder von überwuchernden Stauden, so spricht man heute noch von schwänte.
Im Flurnamen Tafleten ist hingegen wieder die Alpwirtschaft versteckt. Das romanische Wort tavladu bedeutet soviel wie Heustall oder Scheune. Zwischen zwei Wäldern steigen wir talwärts. Dieses Mitten-drin-Sein hat den Namen Mettlen begründet.
Wir nähern uns Attinghausen, den Häusern jener Leute, die zu einem gewissen Atto gehörten. Das Gäntli oberhalb des Dorfes lässt ahnen, dass diese Matten einst steinreich waren, im Sinne von viel Stein und wenig reich. Der Chummetbach mag für ständigen Nachschub gesorgt haben. Eine Gant, auch im Wort Vergandung versteckt, weist auf steinübersäte, wenig ertragreiche Matten. Auf der andern Seite des Baches belegt der Flurname Chlösterli, wo das einstige Frauenkloster zu Attinghausen seinen Standort oder mindestens seine Besitzungen

hatte. Schliesslich überquert man die Reuss und gelangt durch die Schächenmatt nach Altdorf. Wer die Hochwasser von 1987 erlebt hat, der weiss, dass der Name Schächen auch in unserer Zeit noch aktuell ist: Schachen oder Schächen sind flussnahe und stets überschwemmungsgefährdete Gebiete. Die Altdorfer wussten, warum sie ihre Häuser etwas erhöht am Talrand und am Fuss des Bannwaldes errichteten.
Im Gegensatz zur wirklichen Wanderung lässt sich die «Zeigfingertour» auf der Landkarte beliebig lang und spekulativ ausdehnen. Der Beispielsammlung zum Trotz bleibt aber die Frage, warum nun eigentlich der Stierenbach Stierenbach heisst. – Da hatte eben das Greiss auf Surenen seine wüste Hand im Spiel, sagt man. Aber das ist wieder eine ganz andere Geschichte...

Thomas Bachmann

Lesen:
Aschwanden Felix: Landschaft zwischen Wildi und Zäämi. Uri und seine Mundart, Kulturgeschichtliches Sachwörter-Buch, Band 1. Altdorf 1994.
Arnold Walter Sigi: Urner Sagen. Nach Josef Müller. Quadrat Verlag, Altdorf 1994.
Renner Eduard: Goldener Ring über Uri. Ammann Verlag, 3. Aufl. 1991. Ursprüngl. Metz Verlag, Zürich 1941.

14 ALTDORF – GURTNELLEN

Altdorf, Telldenkmal (458 m)–Amsteg, Post (526 m)

L	◷ 3 h 30 ➔ 15,3 km ↗ 195 m ↘ 127 m
Route	Ab Bushaltestelle «Telldenkmal» in Altdorf 100 Meter Richtung Flüelen, in die Bahnhofstrasse einbiegen und zur Abzweigung Attinghausenstrasse. Auf dieser zur Bahnunterführung und ins Zentrum von Attinghausen. Auf der linken Seite der Reuss auf Fuss- und Fahrwegen sowie Fahrstrassen bis Erstfeld. Nach der Pfarrkirche die Reuss überqueren und zur Jagdmattkapelle. Ab hier dem rechten Reussufer folgen. Vor Tägerlohn Fluss verlassen und zur Gotthardstrasse aufsteigen. Am südlichen Ende des Dorfes Gotthardbahn unterqueren und hoch zur Pfarrkirche. In sanftem Auf und Ab zur Gotthardstrasse und auf dieser bis Amsteg.
Abkürzen	Altdorf–Attinghausen mit Bus (600.36) Erstfeld–Amsteg mit Bus (600.32)
Anreise	Bahn Arth-Goldau/Bellinzona–Flüelen (600) Bus Flüelen–Altdorf (600.32)
Rückreise	Bus Amsteg–Flüelen (600.32) Bahn Flüelen–Arth-Goldau/Bellinzona (600)
Service	Restaurants, Lebensmittelläden, Post in Attinghausen, Erstfeld, Tägerlohn und Amsteg; Bank in Erstfeld, Tägerlohn und Amsteg
Schlafen	Hotel «Stern und Post»***, Amsteg, Tel. 041 883 14 40
Jahreszeit	April–November
Karten	246 (T) Klausenpass, 256 (T) Disentis/Mustér 1192 Schächental, 1212 Amsteg

Amsteg, Post (526 m)–Gurtnellen-Wiler, Gotthardstrasse (745 m)

L	◷ 2 h 30 ➔ 7,9 km ↗ 464 m ↘ 245 m
Route	Ab Post Amsteg entlang der Gotthardstrasse Richtung Gotthard. Nach dem Kraftwerkgebäude die Strasse links verlassen und auf Fahrweg über Vorder- und Hinter-Ried bis Meitschligen. Sanfter Abstieg zur Meitschligenbrücke. Diese überqueren und Gegenanstieg auf schönem Saumweg über Waldi nach Gurtnellen-Dorf. Auf Fahrstrasse hinunter bis Gurtnellen-Wiler, die zweite grosse Kurve auf Fussweg abkürzen.
Variante A	In Meitschligen nicht zur Talsohle absteigen, sondern direkt zur Treschhütte im Fellital. Vorerst Richtung Felli-

	brücke, dann steil hinauf zum Felliberg auf die Route des Abschnitts Gurtnellen-Wiler–Treschhütte (2 h 40).
Abkürzen	Meitschligen–Gurtnellen-Wiler mit Bus (600.32) Gurtnellen-Dorf–Gurtnellen-Wiler mit Bus (600.39)
Anreise	Bahn Arth-Goldau/Bellinzona–Erstfeld (600) Bus Erstfeld–Amsteg (600.32)
Rückreise	Bus Gurtnellen-Wiler–Flüelen/Göschenen (600.32) Bahn Flüelen/Göschenen–Arth-Goldau/Bellinzona (600)
Service	Restaurants, Lebensmittelladen, Post, Bank in Gurtnellen-Wiler; Restaurants, Lebensmittelladen in Gurtnellen-Dorf
Schlafen	Gasthaus «Bergheim», Gurtnellen-Dorf, Tel. 041 885 16 28 Gasthaus «Feld», Gurtnellen-Dorf, Tel. 041 885 19 09 Hotel «St. Gotthard»**, Gurtnellen-Wiler, Tel. 041 885 03 10 Hotel «Sternen», Gurtnellen-Wiler, Tel. 041 885 12 14
Jahreszeit	Mai–Oktober
Karten	256(T) Disentis/Mustér; 1212 Amsteg

unterwegs...

Erstfeld, Jagdmatt-kapelle, erbaut 1638.

Erstfeld Ausserhalb des Dorfes, an Reuss und Gotthardweg die Jagdmattkapelle, 1339 erstmals erwähnt. Der heutige Bau entstand 1638. Gotik-, Renaissance- und Frühbarockelemente (Tessiner aus dem Maggiatal als Baufachleute). Der Legende nach – an der Giebelwand dargestellt – geht der Bau auf die Bekehrung eines Jägers zum Christentum zurück. In einem Hirschgeweih sah dieser das Schweisstuch Christi.
Jeweils am 25. April kamen hier Pilger aus ganz Uri zusammen. Nach dem Gottesdienst wurde die Bezirksgemeinde abgehalten und die Traktanden vorbesprochen, die eine Woche später an der Landsgemeinde in Bötzligen/Schattdorf verhandelt wurden. Im Mittelalter trafen sich bei der Kapelle die Männer, die in fremde Kriegsdienste zogen. Neben der Kapelle erinnert eine Gedenkstätte an die Aktivdienst-Veteranen des Zweiten Weltkriegs.

Erstfelder Goldschatz: 1962 wurden während Arbeiten an der Ribitäler-Verbauung oberhalb Erstfeld sieben keltische Goldringe mit Ornamenten gefunden. Sie stammen aus der Zeit von 400 v. Chr. Die Originale liegen im Landesmuseum in Zürich, Reproduktionen im Historischen Museum Uri.
Scheidnössli: Naturdenkmal von nationaler Bedeutung. Geologischer Aufschluss, der 300 Millionen Jahre Erdgeschichte offenlegt. Das Scheidnössli liegt am nördlichen Dorfausgang, zehn steile Gehminuten von der Hauptstrasse entfernt. Nirgendwo im zentralen Alpengebiet lässt sich der Kontakt der Triasschichten mit dem kristallinen Grundgebirge so gut studieren.

Silenen Zu Silenen gehören die Kreise Amsteg und Bristen. Im Weiler *Dörfli* beim Bahnhof eine historisch wertvolle Baugruppe, sie umfasst den Wohnturm der Edlen von Silenen (12. Jh.), die Nothelferkapelle (die darin dargestellten 14 Heiligen stehen für je eine Gefahr oder Krankheit), die alte Sust, das einstige Gasthaus zum Sternen und weitere, typische Urner Häuser.
Pfarrkirche St. Albin: 1756 erbaut, thront über dem Reusstal. Architekt war der Tiroler Jakob Singer, an dessen Herkunft der Turm mit der Zwiebelhaube erinnert. Deckengemälde von Josef Ignaz Weiss, Hochaltar von Jodok Ritz.

Amsteg Auf dem Flüeli Burgruine der Zwing Uri. Der Turmsockel ist der einzige noch verbliebene Rest dieser aus dem 13. Jahrhundert stammenden Festungsanlage. Neben der Ruine wurde eine prähistorische Siedlung (um 1500 v. Chr.) ausgegraben, welche die bisher älteste Spur von sesshaften Menschen in Uri zum Vorschein gebracht hat.
Bristlaui: Entlang des Gotthardwegs stehen Reste von zwei Gewölben, die im 16. Jahrhundert als Lawinenfluchtnischen dienten (Bristlaui). Auch ihre Nachfahren – moderne Beton-Unterstände – sind anzutreffen.
Eulogiuskapelle: Diese Kapelle im Vorder-Ried – 1661 geweiht – entstand als Anruf an den Schutzpatron der Säumer und Schmiede.

SBB-Kavernenkraftwerk: Für 460 Millionen Franken haben die SBB das Kraftwerk Amsteg erneuert. Die 1998 in Betrieb genommene, vollständig in den Bristenstock hineingebaute Anlage sichert – zusammen mit den Kraftwerken Wassen und Göschenen – die Bahnstromversorgung der Gotthard-Nordrampe. 45 000 Liter Wasser pro Sekunde betreiben drei Turbinen, deren Generatoren leisten bis zu 120 Megawatt. Das Werk ist speziell auf hohe Leistungsspitzen ausgelegt, wie sie beim gleichzeitigen Anfahren mehrerer Züge auftreten.

Gurtnellen Als am 1.6.1882 die Gotthardbahn den Verkehr aufnahm, geriet das auf einer Terrasse am Saumpfad gelegene Dorf Gurtnellen ins Abseits. Die 1785 erbaute Kirche St. Michael enthält Wand- und Altarbilder von Karl Meinrad und Franz Triner.
Wichtige Erwerbszweige Gurtnellens sind Landwirtschaft, Baugewerbe, Metall- und Stromindustrie. Seit Eröffnung der Gotthardautobahn Rückgang der Einnahmen in der Gastronomie um mehr als die Hälfte. Zur Gemeinde gehören Wiler, Gurtnellen-Dorf, Intschi, Butzen, Platti, Buchen und Männigen. Von 1990 bis 1996 ging die Bevölkerungszahl von 747 auf 683 zurück.

«Ferroviadukt» über den Chärstlenbach bei Amsteg, 1882: Holzstich nach J. Nieriker. Gurtnellen, Unwetterkatastrophe: Sommer 1987.

Gurtnellen-Wiler: Kapelle St. Anna, erbaut 1661, mit Barockaltar des Schattdorfers Lukas Regli. Der historische Verkehrsweg Richtung Gotthard führte direkt unter dem Vordach durch. Dieses Gotteshaus diente auch als Totenkapelle: Selbst die Toten von der Göscheneralp wurden früher über Nacht bei Sankt Anna aufgebahrt, bevor die Reise anderntags zur Bestattung in die Kirche Silenen weiterging.

Die Unwetterkatastrophe vom August 1987 zog Gurtnellen stark in Mitleidenschaft. Die Reuss riss das Pfarrhaus und Teile des Friedhofs vor der 1926 erbauten Kirche St. Josef weg. Zwischen Gurtnellen und Wassen wurden Bahntrassee und die Autobahn an verschiedenen Stellen zerstört. Vor dem Dorf baumelten die Geleise in der Luft. 19 Tage lang blieb die Nord-Süd-Verbindung unterbrochen. Insgesamt entstanden Sachschäden in der Höhe von rund 500 Millionen Franken.

Italienischer Einfluss: Für den Bau der Gotthard-Eisenbahn wurden rund 18,4 Millionen Arbeitstage aufgewendet, im Schnitt arbeiteten 5472 Mann auf den Baustellen. Hunderte davon kamen aus Italien. Einige wurden im Tal sesshaft und gründeten Familien. In den Dörfern im Urner Reusstal ist italienischer Einfluss überall spürbar. Auch ein Blick auf die im Telefonbuch unter Gurtnellen aufgeführten Namen erinnert an Bahnbauer aus dem Süden.

So fährt die Bahn – und so geht die Zeit

Ein Leben für die Bahn

Robert Furrer, Lokführer im Ruhestand.

Von der Laube seines Hauses sieht Robert Furrer bis zum Schlossberggletscher, weit hinten im Erstfelder Tal. Näher liegt ein anderer Anblick: Knapp 100 Meter weiter zieht die Eisenbahn-Gotthardlinie vorbei und beginnen die Geleiseanlagen von Erstfeld. Robert Furrer, Lokomotivführer im Ruhestand, hat ein Leben mit der Bahn verbracht. Wie zuvor schon Vater und Grossvater. Drei Generationen, vom Russ der Anfänge bis zu den Hochgeschwindigkeitszügen der Gegenwart.
Zahlreich sind Robert Furrers Artikel über das Eisenbahnerdorf. Dazu die Sammlung an Dokumenten, Bildern und Fotos aus der Frühzeit der Gotthardbahn. Niemand, der etwas über Erstfeld und seinen bahnbedingten Entwicklungsschub wissen will, kommt an ihm vorbei. Ohne Eisenbahn wäre Erstfeld vielleicht noch immer – ja, was wäre aus Erstfeld geworden?

Der eiserne Pfad Als Franz Furrer, der Grossvater, geboren 1864, in Erstfeld aufwuchs, lag die Siedlung mit der Kirche noch auf der linken Seite der Reuss – ein unbedeutendes Bauerndorf. Die Bevölkerung lebte von Ackerbau, Viehzucht und Alpwirtschaft. Getreide, Gemüse, Hanf und Obst wurden angebaut. Die Einheimischen konnten es weder sozial mit den «Herrengeschlechtern» in Altdorf aufnehmen, noch hatten sie je gross Anteil am Säumer- und Kutschenverkehr auf der Gotthardroute. Erstfeld war kein wichtiger Etappenort. Es gab einige Handwerker-Kleinbetriebe, die Reparaturen für durchziehende Pferdegespanne ausführten. Berühmt geworden ist Alois Zgraggen, beheimatet gewesen in der Klus von Erstfeld, der am 31. Mai 1882 die

SBB-Plakat von Ernst Morgenthaler, 1947.

letzte Postkutsche Flüelen-Camerlata ausfuhr. Ihm galt das Lied «Ich bin vom Gotthard der letzte Postillion». Denn schon pfiff ein anderes Zeitalter. Pfiff?
Nach Eröffnung der Gotthardbahn 1882 notierte die Lokalzeitung: «Dort, wo einst Grillen zirpten, pfeifen jetzt 20 gluterfüllte Lokomotiven; wo einst ein munterer Fink sein Liedchen sang, läutet die Stationsglocke fast Tag und Nacht in einem fort, als wäre dies die Himmelstüre.» Damals verkehrten täglich nicht mehr als 15 Züge. Franz Furrer, der Grossvater, hatte beim Bau des Trassees noch tatkräftig mitgeholfen. Später wurde er Bremser. Als 1930 die automatische Luftbremse eingeführt wurde, verschwand nach und nach auch diese Berufsgattung. Tausende von (Fremd-)Arbeitern waren von 1872 bis 1882 mit dem Bau der Bahn beschäftigt. Sie schliefen in Baracken und verpflegten sich in Kosthäusern. Mit den Arbeiten für die Station Erstfeld wurde im Juli 1879 im Steinbruch ob der Klus begonnen. «An arbeitssuchenden Italienern schien es auch hier nicht mangeln zu wollen. Scharenweise trafen solche ein, die um Arbeit und ein Stück Brot anhielten», notierte Robert Furrer im Gemeindebuch. Als im Mai 1882 die Gotthardbahn eröffnet wurde, war auch die Station Erstfeld festlich geschmückt. Josef Wipfli, Pfarrhelfer und Dorfpoet, hatte am Bahnhofsgebäude eine Inschrift anbringen lassen: «Frei ist der eiserne Pfad/Eile, geflügeltes Rad!/Rings um den Erdenrund/knüpfe den Völkerbund!»

Überrumpelt Erstfeld wurde zu einer Kernstation auf der Linie Basel–Chiasso. Hier wurden die Lokomotiven und das Dienstpersonal ausgewechselt. Hier entstand die Reparaturwerkstätte der Nordseite und wurden in der Folge weitere Dienstbetriebe angesiedelt. Das Tempo von Neuerungen war für ein Bauerndorf, das 1860 noch 945 Einwohner gezählt hatte, erheblich. Auf einen Schlag kamen nach 1880 gegen 300 Zuzüger nach Erstfeld, die alle bei der Bahn arbeiteten, die Bevölkerung verdoppelte sich innert 20 Jahren. Zwar wurde in den Verhandlungen mit der Gotthardbahn vertraglich festgehalten, dass Urner Arbeitskräfte bevorzugt werden sollten. Doch

35 cts * No 2
XIIme année

7 janvier 1932

L'Illustré

SIÈGE SOCIAL
27 rue de Bourg, Lausanne

Revue hebdomadaire suisse

BUREAUX DU JOURNAL
Imprimerie Ringier & Cie, Zofingue

La plus puissante locomotive électrique du monde

Les C. F. F. viennent de mettre en service sur la ligne du Gothard une locomotive électrique de 7000 CV, pesant 244 tonnes et mesurant 34 mètres de longueur. Ce monstre est de construction entièrement suisse (Winterthour etBaden) et coûte environ un million de francs. C'est, à l'heure actuelle, la plus puissante locomotive électrique du monde. En haut, d'une simple pression sur un bouton, le mécanicien met en marche 7000 CV.

Photos Kettel, Genève.

zu dieser Zeit gab es im Reusstal kaum ausgebildete Maschinenschlosser, geschweige denn Lokführer, Sous-Chefs oder Stellwerkbeamte. So rekrutierten sich die Eisenbahner, die in Erstfeld arbeiteten und dort wohnen mussten, aus der gesamten Deutschschweiz.
Es waren vor allem Vertreter des Lokpersonals, die durch ihre Forderungen die infrastrukturelle Entwicklung Erstfelds beschleunigten. Bereits im ersten Jahr beklagten sie sich bei der Direktion über die ungenügenden Schulverhältnisse. Severin Stoffel, damaliger Vizepräsident der Direktion Gotthardbahn, hatte von 1874 bis 1879 als Thurgauer Regierungsrat das Erziehungsdepartement geführt. Seine Affinität für Bildungsfragen erwies sich als Glücksfall. «Ohne Dr. Stoffel hätte Erstfeld kaum so viele Wohlfahrtseinrichtungen bekommen», betont Furrer. 1889 entstand die private Sekundarschule der Gotthardbahn mit der ersten Turnhalle der Zentralschweiz. Bald schon bekundete auch die protestantische Fraktion der Eisenbahner ihr Bedürfnis nach Betreuung. Dank Unterstützung der protestantischen Hilfsvereine von Bern und Zürich konnte in Erstfeld 1889 die erste protestantische Kirche in Uri eröffnet werden. 1882 lebten sechs Protestanten in Erstfeld, acht Jahre später waren es 200. 1907 wurde, wiederum auf Drängen des Eisenbahnerpersonals, das Post- und Gesellschaftshaus mit Casino gebaut, in dem die Post, eine Bibliothek, ein Kindergarten, ein Krankenmagazin und ein Saal für Theater- und Musikaufführungen eingerichtet wurden. Durch den enormen Wasserbedarf für die Lokomotiven wurde Erstfeld zur ersten Urner Gemeinde, die über ein Kanalisationssystem verfügte.

«Mohrenkopf» Mit dem Bahnbau begann sich Erstfeld auf der rechten Reussseite zu entwickeln. Zwar drohten dort Steinschlag, Rüfen und Wildwassergefahr, aber der Zuzug von Hunderten von Eisenbahnern erforderte neue Wohneinheiten. In Göschenen und Wassen wurden um 1881 zwei sogenannte Sektionshäuser demontiert, nach Erstfeld transportiert und dort wieder aufgebaut. Sie boten Platz für je neun Familien. Innert Kürze wurden ein weiteres Sektionshaus für acht Familien

Robert Furrer-Püntener 1932 in «L'Illustré»: Ein Leben mit der Bahn.

sowie fünf Zweifamilienhäuser erstellt. Ein Quartier heisst heute noch «Mohrenkopf»: Neben einfachsten Unterkünften und Pintenwirtschaften der Italiener befand sich in der Nähe der Umschlagplatz für Kohle. Tag und Nacht schaufelten die Kohlenmänner und holten sich dabei russverschmierte Hände und Gesichter.
Russige Gesichter und Körper wollten gewaschen werden. Also wurde für bestimmte Kategorien des Personals eine Badeanstalt gebaut, vorerst mit drei Kabinen. Laut Reglement hatte eine der Kabinen für den Depotchef und für den Bahnhofvorstand zur Verfügung zu stehen. Die andern rund 200 Anspruchsberechtigten konnten sich die restlichen zwei Kabinen teilen. 1906 wurde die Badeanstalt auf zehn Kabinen vergrössert.
Die Eisenbahner machten bei der Gründung neuer Vereine rege mit. Sie initiierten 1881 die Musikgesellschaft, 1884 den Männerchor und den Turnverein, 1887 die Schützengesellschaft, 1914 den Veloklub und den Kegelklub. Danebst formierten sich Tanzmusik-Gruppen. Einer jener Musiker war Vater Robert Furrer. Er spielte Bassgeige, auch mit dem legendären Kasi Geisser.
1916 entstand in Erstfeld die erste «Milchküche», eine alkoholfreie Verpflegungsstätte für das Personal, die entsprechend den Arbeitszeiten praktisch rund um die Uhr geöffnet war. Auch ein Lebensmitteldepot wurde eröffnet, in dem die Eisenbahner ihren Bedarf bestellen und abholen konnten. Der Druck der Erstfelder Eisenbahner machte auch andernorts Schule. Furrer blickt nicht ohne Stolz zurück: «Wir waren immer die ersten. Was hier verwirklicht werden konnte, nahmen sich später auch andere Stationen zum Beispiel.»

Ein Roter? Ein anderer Wohnungsschub wurde 1910 mit dem Bau der «Kolonie» eingeleitet: Die Eisenbahnerbaugenossenschaft erstellte 40 Reiheneinfamilien- und später fünf Mehrfamilienhäuser. Eines davon, ein langgestrecktes, trägt noch heute den Namen «Güterzug». In dessen Umgebung hatten sich beim Bahnbau viele Fremdarbeiter und auswärtige Eisenbahner angesiedelt. Auch dieses Quartier hat seinen Übernamen behalten: «Barcelona». Gab es damals Spannungen zwi-

Erstfeld, Bahnhof: Das Werkstattpersonal stellt sich dem Fotografen, 1912. Elektrifizierung der Gotthardlinie: Versuchszug mit Lok Be 4/6, um 1920.

schen Einheimischen und Zugezogenen? «Wir haben den Fremdenhass nicht gekannt», sagt Robert Furrer. Natürlich habe man hier und dort von «fremdä Fetzlä» gesprochen, aber so ernst gemeint sei das nie gewesen. «Wir mussten miteinander arbeiten. Dadurch haben wir einander respektieren gelernt.»
Mit den Eisenbahnern kam auch das Gewerkschaftsdenken nach Erstfeld. Sowohl das Lokpersonal wie die Zugführer, das Stations- und Rangierpersonal hatten ihren eigenen Verband und waren gesamtschweizerisch organisiert. Er sei damals Mitglied der Katholisch-Konservativen Partei gewesen, erzählt Robert Furrer. «Man warf mir vor, ich sei ein Roter, weil ich im Verband der Lokomotivführer war. Ich sagte ihnen: Dieser Verband ist beruflich orientiert, und um diese Belange kümmert sich die Partei nicht. Überhaupt: wir haben diese Organisationen gebraucht. Zur Sicherheit, zum Selbstschutz. Ich habe in meiner Zeit als Lokführer drei Suizide auf den Schienen erlebt. Das gibt stets gerichtliche Untersuchungen. Aber auch sonst haben wir ja nie gewusst, ob wir wieder heil nach Hause zurückkehrten.»

Ohne Halt bis ... Drei Generationen Furrer in Erstfeld haben auf der Nord-Süd-Strecke ihr Auskommen gefunden. Grossvater Franz Furrer (1864–1933), der anfänglich am Trassee pickelte und später Bremser wurde, stand 43 Jahre in den Diensten der Gotthardbahn. Sohn Robert (1891–1951) arbeitete 42 Jahre lang als Lokführer. Und dessen Sohn, der heutige Robert Furrer, war ebenfalls während 40 Jahren Lokomotivführer. Inzwischen ist er 77. So fährt die Bahn. So geht die Zeit. Robert Furrer war einst angefressener Eisenbahner. Heute ist er ernüchtert – weil es zu oft ums Sparen gehe, obwohl man doch wisse: «Bei der Eisenbahn darf das Finanzielle nie primär sein.»
Robert Furrer weiss nicht, wie es mit dem Eisenbahnerdorf weitergehen wird. Wer weiss das heute schon, nach jahrelangem Geplänkel? Die Neat? «Die Neat gehört in den Berg. Und der Transit-Schwerverkehr muss auf die Schiene, sonst werden bei diesen 40-Tönnern auch drei Autobahnen nicht ausreichen.» Erstfeld werde

Arbeit für die Bahn: Im SBB-Kraftwerk Amsteg.

mit der Neat wohl eine Einbusse an Arbeitskräften und an Bedeutung in Kauf nehmen müssen, doch: «Der Name Eisenbahnerdorf wird seine Berechtigung behalten. Hier ist das Nordportal des Basistunnels geplant. Zubringerverkehr, Depots, Reparaturen und Equipen für den Tunnelunterhalt werden in Erstfeld eine wichtige Rolle spielen.»
Geradeaus liegt der Bahndamm. Ohne Halt bis Erstfeld. Der Schnellzug von Göschenen her bremst ab und fährt in den Bahnhof ein. Später klopfen Güterzüge über die Schwellen. Die internationalen High-Tech-Züge rauschen fast tonlos durch. Von der Laube aus, wo Robert Furrer sitzt, lassen sich die Bahnbewegungen mitverfolgen. Hier hat er den Überblick. Von der Laube aus geht das Eisenbahnerleben weiter. Jener Lokomotivführer, der das Haus 1904 gebaut hatte, liess im Grundbuch verankern, was auch dem heutigen Besitzer nicht ungelegen kommt: Zwischen dem Haus und dem Bahndamm darf nicht gebaut werden. Warum? Der Lokführer wollte die Aussicht auf die Eisenbahnlinie freihalten, damit er seiner Frau zuwinken konnte, wenn er mit dem Zug vorbeifuhr. Und natürlich winkte später auch Robert Furrer.
So fuhr die Bahn, so ging die Zeit. Es war noch ein anderes Leben. Nicht ein schlechteres.

Pirmin Bossart

Lesen:

Treichler Hans Peter: Bahn Saga Schweiz, 150 Jahre Schweizer Bahnen. AS Verlag, Zürich 1996.
Rieger Hans Jörg: Bahnhofbuffets der Schweiz. Ein kulturhistorischer Führer, Rotpunktverlag, Zürich 1992.

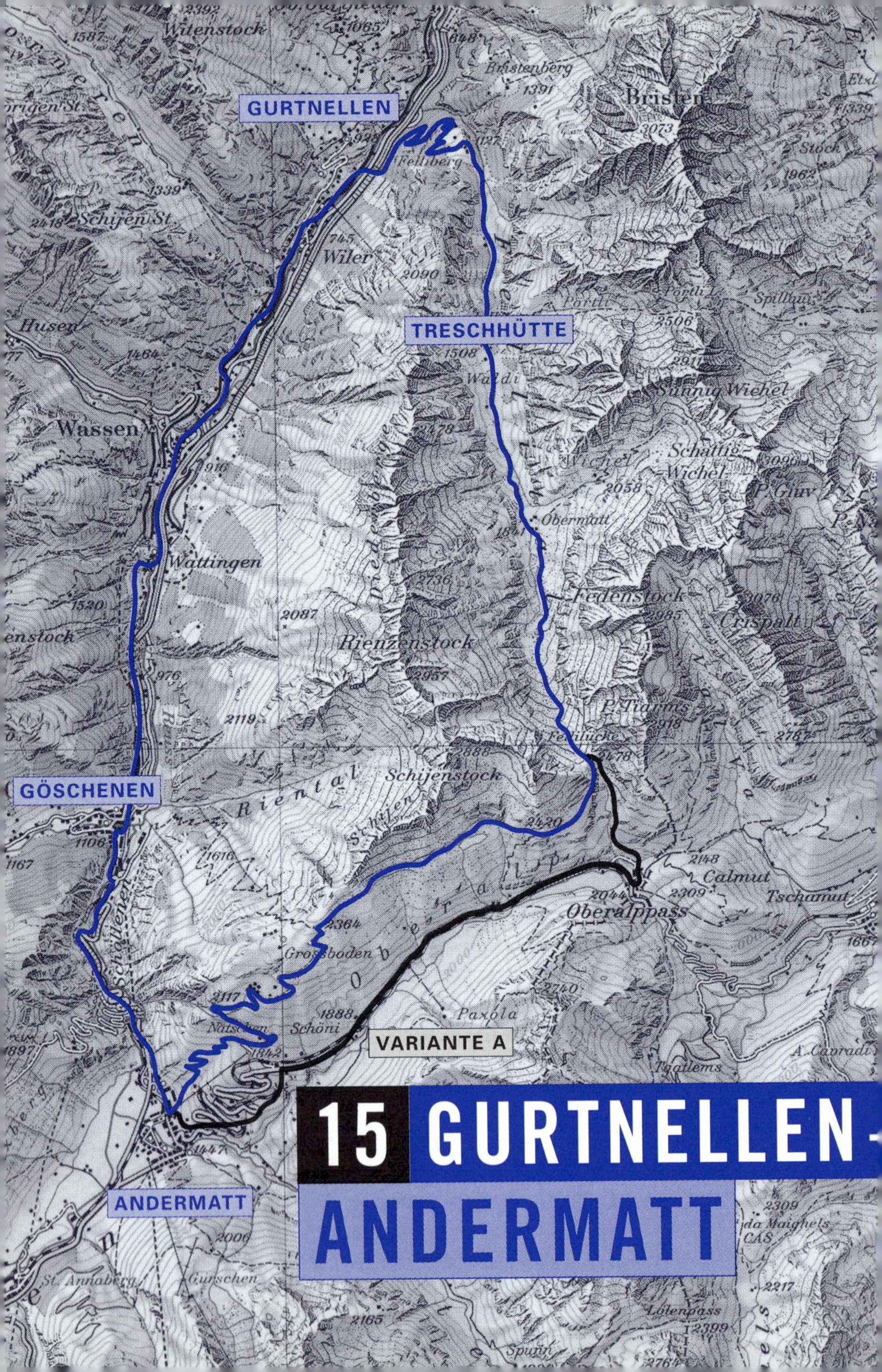

15 GURTNELLEN-ANDERMATT

Gurtnellen-Wiler, Gotthardstrasse (745 m)–Treschhütte SAC (1475 m)

L	◷ 2 h 50 ➔ 7,5 km ↗ 760 m ↘ 30 m
Route	Ab Bushaltestelle Gurtnellen-Wiler zur Reussbrücke und am linken Reussufer Richtung Fellital. Nach 15 Min. Reuss überqueren und hoch zur Gotthardstrasse. Auf derselben talwärts, dann rechter Hand die Autobahn unterqueren und auf Fahrweg hoch Richtung Treschhütte. Ab Felliberg auf Fussweg den Fellibach einige Male überquerend zur Treschhütte.
Abkürzen	Gurtnellen-Wiler–Felliberg mit Taxi, Tel. 041 870 00 22/079 208 73 73
Anreise	Bahn Arth-Goldau/Bellinzona–Erstfeld/Göschenen (600) Bus Erstfeld/Göschenen–Gurtnellen-Wiler (600.32)
Rückreise	keine Möglichkeit
Service	Verpflegungsmöglichkeit in der Treschhütte
Schlafen	Treschhütte SAC, Tel. 041 887 14 07 (Reservation obligatorisch), bewartet von Juni bis September, übrige Zeit geöffnet
Jahreszeit	Juni–Oktober
Karten	256(T) Disentis/Mustér; 1212 Amsteg

Treschhütte SAC (1475 m)–Fellilücke (2478 m)–Andermatt, Bahnhof (1436 m)

MS	◷ 6 h 30 ➔ 19,5 km ↗ 1033 m ↘ 1072 m
Route	Ab Treschhütte talaufwärts Richtung Fellilücke–Oberalp. Erst durch Alpgebiet zu den Hütten von Obermatt, danach mehrheitlich durch Geröllgelände bis Fellilücke. Vorsicht bei Nebel! Im Juli kann auf der Nordseite des Passes noch Schnee liegen. Ab Fellilücke vorerst rechts haltend und leicht absteigend Richtung Andermatt. Kurz vor Lutersee geht der Fussweg in einen Fahrweg über. Auf diesem zu den Bergstationen der Liftanlagen von Nätschen. Ab hier auf Fahrweg zur letzten Kurve vor Nätschen, von wo ein angenehmer Fussweg abzweigt, der durch Schutzwald direkt nach Andermatt hinunter führt.
Variante A	Ab Fellilücke zum Oberalppass absteigen (1 h 00), ab hier entweder mit Bahn (612) oder zu Fuss (2 h 45) nach Andermatt.
Abkürzen	Oberalppass–Andermatt mit Bahn (612) bei Begehung der Variante A
Anreise	keine Möglichkeit

Rückreise	Bahn Andermatt–Göschenen (610) Bahn Göschenen–Arth-Goldau/Bellinzona (600) Bahn Andermatt–Brig/Chur (610/612)
Service	Restaurants, Lebensmittelläden, Post, Bank in Andermatt
Schlafen	Gasthaus «Piz Calmot» Oberalppass, Tel. 041 887 12 33 (nur für Variante A) Hotel «Sonne»***, Andermatt, Tel. 041 887 12 26 Hotel «Schweizerhof», Andermatt, Tel. 041 887 11 89 Hotel «Löwen», Andermatt, Tel. 041 887 12 23 «Im altä Stall», Andermatt, Tel. 041 887 16 27 (Matratzenlager)
Jahreszeit	Juli–Oktober
Karten	255(T) Sustenpass, 256(T) Disentis/Mustér; 1212 Amsteg, 1231 Urseren, 1232 Oberalppass

Gurtnellen-Wiler, Gotthardstrasse (745 m)–Göschenen, Bahnhof (1106 m)

L	◷ 2 h 30 → 8,6 km ↗ 494 m ↘ 133 m
Route	Ab Bushaltestelle Gurtnellen-Wiler zur Reussbrücke und auf linker Talseite Richtung Hägrigen–Wassen. Nach Erreichen der Gotthardstrasse talaufwärts (Trottoir) zur Meienreussbrücke und auf Fussweg bis Wassen. Von Wassen entlang der Gotthardstrasse Richtung Wattingen–Göschenen. Bei Reussbrücke rechts abzweigen. 100 m vor der Wattinger Kapelle nach rechts hoch und später zum Teil direkt neben den Bahngeleisen nach Göschenen.
Abkürzen	Wassen–Göschenen mit Bus (600.32)
Anreise	Bahn Arth-Goldau/Bellinzona–Erstfeld/Göschenen (600) Bus Erstfeld/Göschenen–Gurtnellen-Wiler (600.32)
Rückreise	Bahn Göschenen–Arth-Goldau/Bellinzona (600)
Service	Restaurants, Lebensmittelläden, Post, Bank in Wassen und Göschenen
Schlafen	Hotel «Krone», Wassen, Tel. 041 885 19 55 Hotel «St. Gotthard»*, Göschenen, Tel. 041 885 12 63 Hotel «Krone», Göschenen, Tel. 041 885 12 80 Herberge «Tresch», Göschenen, Tel. 041 885 11 69 (Matratzenlager)
Jahreszeit	Juni–Oktober
Karten	255(T) Sustenpass, 256(T) Disentis/Mustér; 1211 Meiental, 1212 Amsteg, 1231 Urseren

Göschenen, Bahnhof (1106 m)–Andermatt, Bahnhof (1436 m)

L	1 h 30 → 4,9 km ↗ 370 m ↘ 40 m
Route	Ab Bahnhof Göschenen hoch zur Gotthardstrasse und auf derselben (Trottoir) Richtung Schöllenen–Teufelsbrücke. Nach den ersten drei Kurven rechts zur Häderlisbrücke. Später auf Fahrweg ab und zu die Gotthardstrasse vorsichtig überqueren und durch die Schöllenenschlucht bis Teufelsbrücke. Ab hier auf der Gotthardstrasse durch eine Galerie bis Andermatt.
Abkürzen	Göschenen–Andermatt mit Bahn (610)
Anreise	Bahn Arth-Goldau/Bellinzona–Göschenen (600)
Rückreise	Bahn Andermatt–Göschenen (610) Bahn Göschenen–Arth-Goldau/Bellinzona (600) Bahn Andermatt–Brig/Chur (610/612)
Service	Restaurants in der Schöllenenschlucht und Andermatt; Lebensmittelläden, Post, Bank in Andermatt
Schlafen	Hotel «Sonne»***, Andermatt, Tel. 041 887 12 26 Hotel «Schweizerhof», Andermatt, Tel. 041 887 11 89 Hotel «Löwen», Andermatt, Tel. 041 887 12 23 «Im altä Stall», Andermatt, Tel. 041 887 16 27 (Matratzenlager)
Jahreszeit	Juni–Oktober
Karten	255 (T) Sustenpass; 1231 Urseren

unterwegs...

Pfaffensprung.

Pfaffensprung Durch Nutzung der Wasserkraft gewinnt Uri Wasserzinsen von rund elf Millionen Franken (ca. zehn Prozent des Steuervolumens). Auch die Reuss wird mehrmals gefasst. Beim Pfaffensprung (Wasserfall) entstand durch eine 32 m hohe Mauer ein Ausgleichbecken. Von hier gelangt das Wasser in einem 7,5 km langen Stollen ins Wasserschloss oberhalb von Amsteg.

Wassen *Kirche St. Gallus:* 1734 erbaut. Wahrzeichen für Zugsreisende. Durch die bei Wassen angelegten Kehrtunnels ist sie vom Zugsfenster aus in drei Ansichten zu

sehen. Weniger bekannt ihr vom Barock geprägtes Inneres, darunter drei Schnitzaltäre des Wallisers Johann Jodok Ritz.
Die 1984 oberhalb Wassen errichtete *Rohrbachtobel-Brücke* ist ein Unikat: Sie steckt in einem Betonkasten; als Kastenbrücke vermag sie einen Lawinendruck von 2000 Tonnen (längs gerechnet) auszuhalten. Zwischen Luzern und Chiasso überquert die Bahn über 500 Brücken.
Wattingen: Kapelle St. Joseph, geweiht 1676. Der historische Verkehrsweg führt auch hier unter dem Vordach der Kapelle durch. Der Barockaltar in der Kapelle wird dem Schattdorfer Lukas Regli zugeschrieben.

Wattingen, Kapelle St. Joseph, 1676 geweiht. Ernst Zahn, Göschener Bahnhofwirt und Schriftsteller.

Göschenen Geprägt vom Transitverkehr. Im Eröffnungsjahr 1981 fuhren 2,9 Millionen Autos durch den 17 km langen Gotthardstrassentunnel, 1988 waren es 5,1, zehn Jahre später 6,5 Millionen. Der sagenumwobene Teufelsstein stand den Autobahnplanern im Weg. Er wurde mit einem Kostenaufwand von 300 000 Franken um 130 Meter verschoben.
Steinbogenbrücke: Die bei der alten Dorfkirche über die Göschener Reuss führende Brücke war bis ins 18. Jahrhundert Zollstation.
Literatur: Der Göschener Bahnhofwirt Ernst Zahn war vor dem Ersten Weltkrieg einer der meistgelesenen Schriftsteller des deutschsprachigen Raums. Seine Bücher erreichten Auflagen von einigen 100 000 Exemplaren und wurden in mehrere Sprachen übersetzt. Zu dieser Zeit schalteten die Gotthardzüge in Göschenen jeweils einen Mittagshalt von 20 Minuten ein, damit im Buffet gegessen werden konnte. Auch der Schriftsteller-Wirt schenkte jeweils die Suppe aus. Ernst Zahn starb 1952 in Zürich.
Kraftwerk Göschenen: 1963 eingeweiht. Es nutzt die Wasser der Reuss, der Göscheneralp und des Urserentals, Speicher ist der Stausee auf Göscheneralp. Die Bauarbeiten (155 m Mauer, 540 m langer Erddamm) dauerten sieben Jahre. Dabei wurde das Dorf samt Kirche überflutet, sieben Bauernfamilien mussten wegziehen. Die jährliche Energieproduktion des Kraftwerks liegt bei über 400 Millionen kWh.

Schöllenenschlucht: 1991 neu erstellte Häderlisbrücke.

Schöllenen Die heutige, in einem Steinbogen von 25 m Länge über die Reuss führende Häderlisbrücke ist die originalgetreue Nachbildung eines aus dem Jahr 1701 stammenden Stegs; jener wurde durch die Unwetterkatastrophe vom August 1987 zerstört. 120 Maurerlehrlinge aus der ganzen Schweiz beteiligten sich am Wiederaufbau.

Teufelsbrücke: Die erste Teufelsbrücke wurde im frühen 13. Jahrhundert gebaut. Übergang mehrmals erneuert. Die Brücke von 1595 stürzte 1888 in einer Sturmnacht ein. Sie war zwei Meter breit und ohne Geländer. Bereits 1830 hatte der Urner Karl Emmanuel Müller eine Brücke gebaut und ermöglichte damit den durchgehenden Fahrverkehr auf der Gotthardroute. 1850 dauerte die Reise von Basel nach Mailand 50 Stunden. Bis 1956 wickelte sich der Autoverkehr über diese Brücke ab. Heute dient sie den Wandernden. Durch die Wassernutzung im Kraftwerk Göschenen hat die Reuss in der Schöllenen an Kraft verloren. Felswandbild neben der Teufelsbrücke, 1950 angebracht. Es stammt vom 1953 verstorbenen Urner Künstler Heinrich Danioth.

1925 ist die russische Mozartsängerin Zinaida Jurewskaja unter mysteriösen Umständen aus Berlin verschwunden. Etwas später fand man auf einem Felsvorsprung bei der Teufelsbrücke ihren Pelzmantel, Blutspuren, ein Rasiermesser und Morphium, die Leiche selbst blieb unauffindbar. Die Urner Polizei schloss auf Selbstmord, die Teufelsbrücke sei bekannt, dass sie Menschen in Not anziehe.

Suworow-Denkmal: 12 Meter hohes, in den Felsen gemeisseltes orthodoxes Kreuz. Realisiert 1899, zum 100-Jahr-Gedenktag an den Kampf der russischen Armee unter General Alexander Suworow (1729–1800) gegen die Franzosen.

Urnerloch: Dieser Verbindungstunnel zwischen dem letzten Stück der Schöllenenstrasse und dem Urserental wurde 1707 vom Tessiner Baumeister Pietro Morettini durchbrochen. Das Urnerloch war 60 Meter lang und 2,5 Meter hoch und ersetzte die Twärrenbrücke. Diese dürfte von Walsern errichtet worden sein; in der Bauweise erinnerte die Twärrenbrücke an Suonen aus dem Wallis.

Alpen-Initiative: 1989 in der Schöllenen lanciert. Ein Jahr später 107 570 Unterschriften. 1994 wurde die Initiative von Volk und Ständen angenommen. Sie verlangt die Verlagerung des alpenquerenden Transitgüterverkehrs von der Strasse auf die Schiene. 1998 erhielt der Verein Alpen-Initiative den Grossen Binding-Preis für Natur- und Umweltschutz, gemeinsam mit der Bürgerbewegung Transitforum Austria-Tirol.

Alternativ-Route Die Route via Treschhütte, Fellilücke und Lutersee nach Andermatt ist eine Alternative zum Aufstieg via Wassen, Göschenen, Schöllenenschlucht.

Im Fellital: Treschhütte. Fellital: Für Strahler eine Schatzkammer.

Treschhütte SAC-Hütte, 1947 erbaut, im Besitz der Sektion Affoltern am Albis. 1984 Um- und Ausbau. Die Hütte bietet 40 Schlafplätze.

Fellital/Fellilücke Fellital, Fellilücke – zu «Felli» vermerkt das «Urner Mundart Wörterbuch»: gefährliche Stelle im Gebirge. Das Fellital ist ein steiniges Tal. Für steinig setzt der Urner «gandig». Entsprechend verweist «Gand» auf eine Stein- oder Geröllhalde, und ein Stück Land voller Geschiebe ist eine «Ganderä». Das 1982 von der Bibliotheksgesellschaft Uri herausgebrachte Urner Mundart Wörterbuch umfasst rund 14 000 Wörter.
Mineralien: Unter Mineraliensammlern und professionellen Strahlern ist das Fellital mit ausgezeichnetem Vorkommen von Rauchquarz, Zeolithen, Eisenrosen und himbeerrotem Fluorit bestens bekannt. Fundorte sind die Berge im hinteren Teil des Tals: Bächistock, Schijenstock, Schneehühnerstock, Fedenstock und Schattig Wichel. In der Schweiz ist für Edelsteinsucher der Begriff «Strahler» geläufig.

Lutersee Vom Lutersee Blick auf Oberalppass (2044 m). Fellilücke, Platten und Lutersee gehören zum Kanton Uri, so auch der Oberalpsee. Die Grenze zwischen den Kantonen Uri und Graubünden verläuft am Oberalppass. Das Eisenbahnnetz der Furka–Oberalp-Bahn (FO) entstand zwischen 1913 und 1926, es verbindet das Wallis (ab Brig) mit Graubünden (Disentis). Mit der Elektrifi-

Wurde nie realisiert: Neu-Andermatt am Ufer des ebenfalls verhinderten Urserental-Stausees. Das Projekt-Bild entstand um 1920.

zierung um 1941 wurden die FO-Dampfloks – sie galten damals als die leistungsfähigsten der Schweiz – nach Indochina verkauft. 1982 Eröffnung des Furkatunnels (15,4 km) von Realp bis Oberwald. Für touristische Fahrten soll der Dampfbetrieb auf einigen FO-Strecken wieder aufgenommen werden. Zu diesem Zweck kaufte eine private Vereinigung 1990 in Vietnam eine alte FO-Dampflok zurück.

Andermatt *Kirche St. Kolumban:* Am nördlichen Dorfeingang, spätromanischer Bau, 1508 umgebaut. Erhalten hat sich das eingemauerte Sakramentshäuschen im Chor, Zeugnis gotischer Steinmetzkunst. 1597 erhielt der Turm den hölzernen Aufbau und den Spitzhelm. Infolge Lawinengefährdung wurde das Dorfzentrum verlegt und der Bau der Kirche St. Peter und Paul in Angriff genommen.
Pfarrkirche St. Peter und Paul: Erbaut 1609, 1696 barocker Umbau durch den Einheimischen Bartholomäus Schmid. Der dreistufige Hochaltar (von Johannes Ritz) zählt zu den Meisterwerken des Urner Barocks.
1889 Baubeginn der militärischen Festungswerke. Militär und Wintersport haben seitdem den Hauptort des Urserentals geprägt. Einer der Skipioniere war der Engländer Sir Arthur Conan Doyle, der Schöpfer von Sherlock Holmes.
Durch die Armeereform gingen in Uri seit 1990 über 400 Arbeitsplätze verloren. Der traditionsreiche Waffenplatz von Andermatt wurde zum ersten Armeesportzentrum der Schweiz (1998 eröffnet) und das ehemalige Militärspital zur modernen Unterkunft.
Talmuseum: Untergebracht in einem 1786 erstellten Haus. Es zählt zu den schönsten Wohnbauten des Urserentals. Kulturell und geschichtlich reiche Sammlung, darunter Säumerordnung aus dem Jahr 1363. Das Dokument orientiert über die exakte Entlöhnung der Fuhrleute. *Öffnungszeiten: Weihnachten–Ostern, Mi–So 16–18 Uhr; Fronleichnam–Oktober, Mi–Sa 16–18 Uhr. Gruppen auch nach Vereinbarung, Tel. 041 887 06 24.*

Lawinen und Verkehrslawinen

Nicht idyllisch, aber nachhaltig

Der Gang durch das obere Reusstal ist ein Gang durch die Transitgeschichte. Nach Jahrhunderten der Säumerei, abgewickelt auf schmalen Wegen, sind die Dimensionen von Transport und Durchreise inzwischen gigantisch gestiegen. Wandernde bekommen das mit allen Sinnen zu spüren. Sie werden im Zickzack zwischen Eisenbahn, Kantonsstrasse und Autobahn hindurchgezirkelt und auf Dämmen, entlang von Weiden, durch Dörfer, über Brücken, auf Strassenstücken, Feldwegen, Pfaden und wieder durch Tunnels und Unterführungen Richtung Gotthard geführt. Wiese und Beton, Fels und Hochspannungsmasten, Wald und Kunstbauten. Die Reuss ist stets in Sichtweite. Es rauscht das Wasser, und es rauscht der Verkehr. Wie viele von jenen, die auf glatter Unterlage Richtung Gotthard brausen, realisieren, dass sie von unberechenbarer Natur umgeben sind? Dass weit oben die Hänge auf Dutzenden von Hektaren verbaut sind, damit nicht nur Siedlungen, sondern vor allem auch die Verkehrsachsen geschützt werden? Ohne Lawinenverbauungen und die damit verbundenen Aufforstungen hätte sich auch der Verkehr nie zur heute vielbeschworenen Verkehrslawine entwickeln können. Im Kanton Uri wurden seit 1950 über 50 Millionen Franken allein in Lawinenverbauungen investiert. Die grössten Projekte liegen im Reusstal auf dem Abschnitt zwischen Gurtnellen und Wassen. Sie sorgen dafür, dass die Menschen möglichst gefahrlos leben können. Die Sesshaften und die Mobilen.

Ausserhalb von Amsteg, im Gebiet der Bristlaui am alten Gotthardweg, stehen noch heute die Gewölbe von zwei Lawinenfluchtnischen, deren Bau die Landsgemeinde 1607 beschlossen hatte. Sie zeugen davon, dass sich die

Urner schon lange mit Bauwerken vor Lawinen zu schützen versuchten. Karl Oechslin, der während Jahrzehnten als Forstmeister für die Lawinenverbauungen verantwortlich war und jede Ritze der Urner Berggebiete kennt, hat in seiner Lawinen-Chronik im ganzen Kantonsgebiet gegen 1000 Lawinen aufgelistet, die mehr oder weniger regelmässig niedergehen können.

Gesperrte Strassen im Urner Reusstal, Lawinenwinter 1999.

Verbautechniken Lawinenverbauungen im grösseren Stil begannen in Uri vor rund 120 Jahren, nachdem die Revision der Bundesverfassung von 1874 erstmals Beiträge ermöglichte. Noch heute stehen ob Andermatt Zeugen aus jener Zeit: Über zehn Kilometer Mauerterrassen, mit denen versucht wurde, den Schnee zu halten. Mauerterrassen sind die ursprüngliche Form des Stützverbaus, der im Anrissgebiet von Lawinen zur Anwendung gelangt. Ab 1920 begann die Ablösung von Mauerterrassen durch leichtere, gegliederte Werke. Seit 1956 werden nur noch Schneebrücken und Schneerechen aus Stahl eingebaut. Die Stützverbauungen werden, wo immer möglich, mit Aufforstungen begleitet, dies mit dem Ziel, dass der entstehende Wald die Bauwerke ersetzen kann. Je nach Gelände und klimatischen Bedingungen dauert es 20 bis 50 Jahre, bis eine Verbauung eingewachsen ist und damit ihren Zweck erfüllt hat. Problematischer erweisen sich jene Gebiete, in denen die Anrissgebiete von Lawinen oberhalb der Waldgrenze liegen: Hier sind Stützverbauungen gefordert, die auf «ewige» Zeiten und mit hohem Aufwand permanent unterhalten werden müssen.

In den mittleren Zonen von Lawinengebieten wird mit Ablenkdämmen, Spaltkeilen und dem sogenannten «Ebenhöch» (Haus mit Pultdach, bergseitig in den Hang hinein gebaut) und Strassengalerien versucht, die Lawine unschädlich zu machen: Sie wird an den zu schützenden Objekten vorbei oder darüber hinweggelenkt. In besonders gefährdeten Häusern werden einzelne Zimmer mit massiver Decke verstärkt. Wo ganze Weiler gefährdet stehen, wird auch schon einmal ein ganzes Gebäude als Lawinenschutz-Haus gebaut, in dem bei Lawinengefahr alle Bewohnerinnen und Bewohner vorübergehend Unterschlupf finden. In den untersten Zonen von Lawinengebieten kommen schliesslich Verbauungstechniken zur Anwendung, die eine Lawine abbremsen: Mit Bremshöckerfeldern, Fangdämmen und Fallböden wird darauf hingewirkt, die Auslaufstrecke einer Lawine zu verkürzen: Die Energie der Lawine verpufft an den versetzt im Gelände gebauten Höckern und kommt damit eher zum Stillstand.

Grossbaustelle Geissberg Mit einem grossen Urner Lawinenverbauungsprojekt der neueren Zeit wurde 1957 am Geissberg ob Gurtnellen begonnen, das die Siedlung, die Hochspannungsleitungen und die SBB-Linie schützt. Noch 1945 hatte die Gemeinde Gurtnellen ein damaliges 1,9-Millionen-Projekt abgelehnt mit der Begründung, dass es untragbar sei. Die Urner Bergbevölkerung hatte gelernt, mit den Gefahren zu leben. Eine Mischung aus Fatalismus und Gottvertrauen liess sie verwurzelt bleiben. Umsiedeln liessen sich die Einheimischen ohnehin nie. Vielleicht wirkten auch die Reste eines magisch-religiösen Weltbildes, wie es der Altdorfer Arzt Eduard Renner in seinem Werk «Der goldene Ring über Uri» beschrieben hatte, das sich in der Abgeschiedenheit ihres Lebensraumes viel länger erhalten konnte. Auch in Unterschächen wurde noch Ende der 50er Jahre ein Verbauungsprojekt abgelehnt. «Es sollen zuerst alle einmal an einer Prozession zu Ehren des heiligen Amadeus mitmachen, dann sind solche Verbauungen nicht nötig», hatte damals ein Bürger an der Gemeindeversammlung gesagt und damit ausgedrückt, was viele im Innersten dachten. Seit einem Jahrzehnt ist aber auch dort ein Verbauungsprojekt in der Höhe von über 10 Millionen Franken in Realisierung. Bauherrin ist die Gemeinde.
In Gurtnellen waren seit 1687 40 Tote durch Lawinen zu beklagen. Über 200 Stück Vieh wurden getötet und 110 Gebäude zerstört. Für die Gemeinde allein blieb jedoch eine Lawinenverbauung unerschwinglich. Als aber 1942 erneut sieben Familien neun Angehörige verloren und auch Güterwagen der SBB aus den Gleisen geworfen wurden, kam die Diskussion über eine Verbauung mit

Am Geissberg bei Gurtnellen: Lawinenschutz als millionenschweres Dauerthema.

Beteiligung Dritter in Gang. Trotzdem sollte es aber noch 14 Jahre dauern, bis ein für die Berggemeinde tragbarer Kostenteiler gesichert war. Seit 1957 wurden vier Bauetappen jeweils in einer kantonalen Volksabstimmung mit grossem Mehr bewilligt.
Weil sich die jährliche Bauperiode im Durchschnitt auf 100 Arbeitstage in der schneefreien Zeit beschränken musste, waren fast 40 Jahre notwendig, um am Geissberg zehn Kilometer Verbauungen anzulegen. Die Arbeit auf den Gebirgsbaustellen war äusserst hart. Die Bauequipen setzten sich zu einem Drittel aus Einheimischen und zu zwei Dritteln aus Saisonniers zusammen. Zur Erschliessung wurden eine 2231 Meter lange Seilbahn für sechs Personen oder 1,5 Tonnen Material sowie zahlreiche kürzere Stichbahnen erstellt. Bis 1993 wurde oben im Anrissgebiet der Lawinen in 34 Teilprojekten eine Fläche von 32 Hektaren verbaut. Unterhalb der Waldgrenze wurden weitere 27 Hektaren aufgeforstet. Unter anderem konnten rund 90 000 Fichten, 17 000 Bergföhren, 13 000 Lärchen und 19 000 Arven gepflanzt werden. Das Projekt kostete am Ende 16 Millionen Franken. Nach Abzügen von Bundes- und Kantonssubventionen sowie zahlreichen Spenden verblieben der Gemeinde Gurtnellen Restkosten von 656 000 Franken.
Ebenfalls in Gurtnellen, dem Geissberg gegenüber, steht die kleinere Lawinenverbauung Taghorn. Sie schützt Wohnhäuser und vor allem die Kantonsstrasse und die Autobahn. Die 22 Hektaren Verbauungswerke, die dort zwischen 1970 und 1980 erstellt wurden, sollen mit den Jahren voll aufgeforstet werden. Das Werk kostete weitere neun Millionen Franken und wurde von Bund und Kanton bezahlt.

Ochsen voraus Die frühen Reisenden, die vor dem Bau der Gotthardstrasse während des Winters durch das Reusstal zogen und mit Schlittengespannen den Pass überquerten, waren den Lawinen schutzlos ausgeliefert. Im Urserental schickten die Einheimischen bei Neuschnee jeweils Ochsen voraus, die den Schnee festtrampelten. Ohnehin brachten die Reisenden damals ein anderes Zeitverständnis mit. Tage des Wartens wur-

Gotthard-Reisepost um 1860, Holzstich nach H. Lüders.

den in Kauf genommen, wenn die Wege verschüttet waren. Es ging, oder es ging nicht. Manchmal kehrten sie um – oder gar nicht mehr zurück. Mit dem Bau der Gotthardbahn und später der Nationalstrasse veränderte sich die Situation schlagartig. Jetzt musste einem neuen Bedürfnis Genüge getan werden – dem Anspruch an die dauernde Mobilität. Das bedeutet: 365 Tage pro Jahr und 24 Stunden täglich durchfahren können. Das wiederum heisst: Noch mehr Lawinenverbauungen.
Wurden in früheren Zeiten die Wege derart im Gelände angelegt, dass sie den gröbsten Gefahrenherden wenn immer möglich ausweichen konnten, bevorzugten die späteren Transitachsen die direkte Linie. Das machte Schutzbauten unumgänglich. Die Gotthardbahn, 1872 bis 1882 erstellt, konnte sich im engen Korridor noch jene Talseiten auswählen, die eine möglichst sichere Linienführung garantierten. Damit wurden viele zusätzliche Kunstbauten vermieden. Um so stärker wurden diese für die Autobahn notwendig. Zwischen Gurtnellen und Wassen ist die vierspurige Autobahn praktisch durchgehend gedeckt. Ohne die drei langen Galerien wäre sie den Lawinenzügen schutzlos ausgeliefert. Die Kunstbauten für die Nationalstrasse durch den Kanton Uri verschlangen eine Riesensumme. Ein Laufmeter Galerie kostete je nach Bautyp 50 000 bis 100 000 Franken.

Des Teufels Rache? «Psychologisch gesehen ist der Reusstaler Bauer ein Tankstellenbesitzer», bringt es Karl Oechslin auf den Punkt. Was Oechslin damit sagen will: Die Reusstaler lernten schon früh, mit mobilen Menschen umzugehen und ihnen gegen Entgelt ihre Dienste

Autobahn A2 am Gotthard: Ein Volksentscheid verlangt die Umlagerung des Schwerverkehrs auf die Schiene. Lawinenniedergang Bristlaui: 27. Februar 1999. Nächste Doppelseite: Gotthardsaumpfad bei Brüggloch. Gotthardpasshöhe: Spuren urzeitlicher Gletscher.

anzubieten. Sie waren Säumer und Fuhrhalter, begleiteten Reisende, boten ihnen Essen und Unterkunft, fütterten die Pferde und arbeiteten als Hufschmiede. Die zuständigen Talschaften erhoben Zölle, um Weg und Steg instand zu halten. Wiederholt mussten sie sich im Lauf der Zeiten umstellen. Ganze Berufsbranchen verloren ihre Daseinsberechtigung, als der Saumpfad zur Strasse und die Strasse zur Transit-Unterlage wurde.
Begonnen hatte diese Entwicklung um 1200, als die unwegsame Schöllenenschlucht begehbar gemacht wurde. Seitdem ist der Verkehr zum Moloch geworden und hat nicht nur Millionen-Verbauungswerke gefordert, sondern auch Lärm und Schadstoffimmissionen ins Reusstal gebracht. Daran mag die Sage vom Teufel erinnern, der den Urnern die legendäre Brücke über die Schöllenen gebaut und dafür die Seele eines Menschen verlangt haben soll. Doch die Urner täuschten ihn und schickten ihm einen Geissbock über die Brücke. Die Sage wirkt mit ihrer Schattenseite bis heute. «Uri und das Automobil – Des Teufels späte Rache?» wurde noch 1994 eine Dissertation betitelt, in der die Auswirkungen des Automobilverkehrs in Uri unter die Lupe genommen werden.
Auf ganzjährig sicherer Nationalstrasse fahren mittlerweile täglich 20000 Fahrzeuge durch den Gotthardtunnel. Und schon bald dürften die 40-Tönner in stetig steigenden Frequenzen durchrollen. Des Teufels späte Rache scheint nachhaltig zu wirken. Selbst ein Lawinenwinter wie 1999 hat dem ungehinderten Mobilitätsstrom nur während ein paar Tagen Einhalt bieten können.

Pirmin Bossart

Lesen:
Nething Hans Peter: Der Gotthard. Eine Pass- und Verkehrsgeschichte. Ott Verlag, Thun 1995.
Alpen-Initiative: Appetit statt Transit. Limmat Verlag, Zürich 1997.

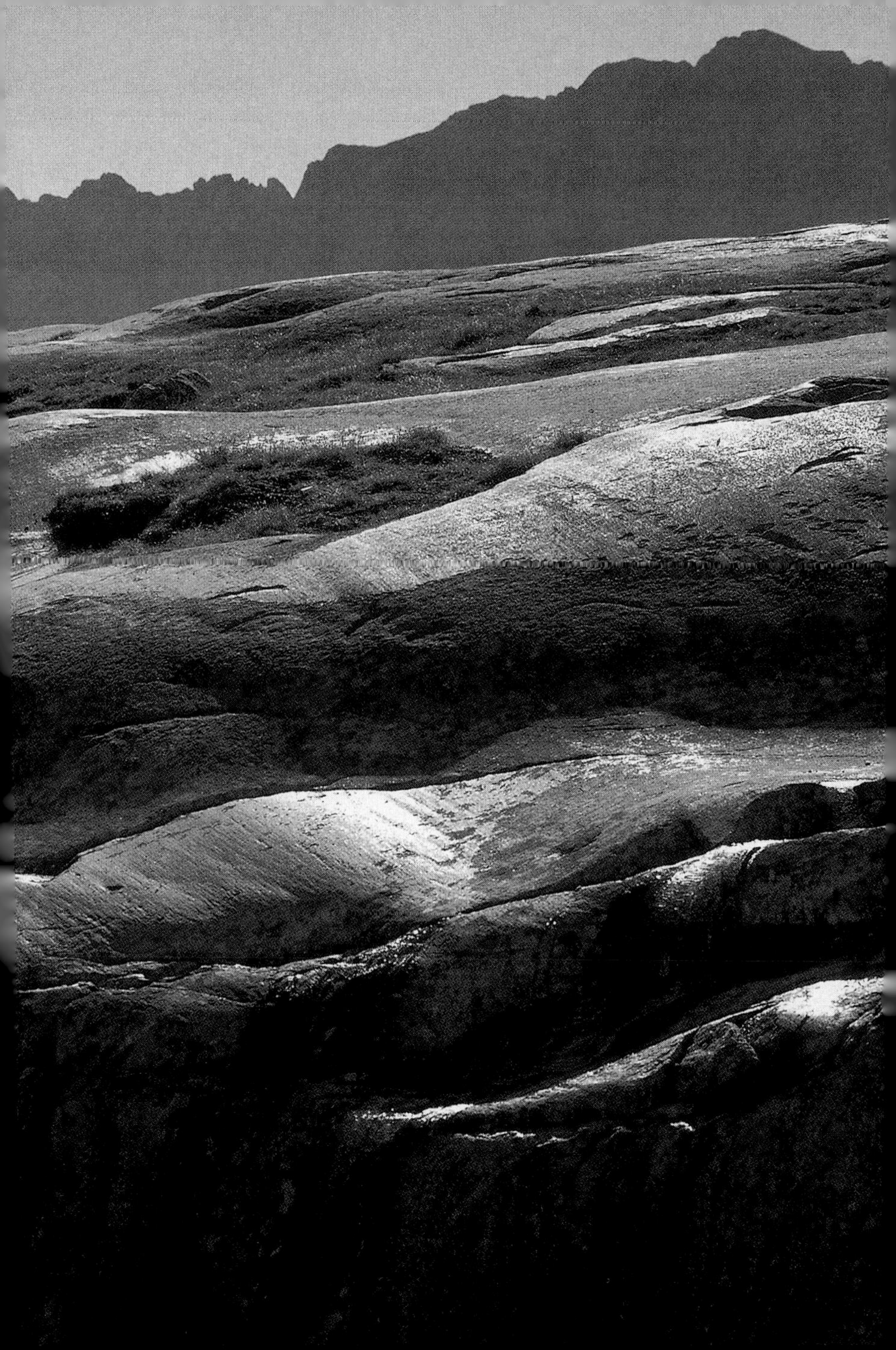

16 ANDERMATT–AIROLO

Andermatt, Bahnhof (1436 m)–Gotthardpass, Hospiz (2091 m)

L	4 h 00 → 12,1 km ↗ 705 m ↘ 50 m
Route	Vom Bahnhof Andermatt ins Dorfzentrum. Die Gotthardstrasse Richtung Hospental verlassen. Nach der Andermatter Umfahrungsstrasse die Reuss überqueren und nach Hospental. Der Fussweg Richtung Gotthardpass zweigt im Dorfkern von Hospental bei der alten Gotthardbrücke links ab. Beim Brüggloch Passstrasse überqueren und zur Passhöhe. Ab hier auf der alten Gotthardstrasse zum Gotthard Hospiz.
Abkürzen	Andermatt–Hospental mit Bahn (610); Andermatt/Hospental/Mätteli–Gotthardpass mit Postauto (600.50)
Anreise	Bahn Arth-Goldau/Bellinzona–Göschenen (600) Bahn Göschenen–Andermatt (610) Bahn Brig/Chur–Andermatt (610/612)
Rückreise	Postauto Gotthardpass–Andermatt/Airolo (600.50) Bahn Andermatt/Airolo–Arth-Goldau/Bellinzona (600)
Service	Restaurants in Hospental, Mätteli und Gotthard Hospiz; Lebensmittelladen, Post in Hospental
Schlafen	Jugendherberge, Hospental, Tel. 041 887 09 02 Albergo «San Gottardo», Gotthard Hospiz, Tel. 091 869 12 35 (auch Matratzenlager)
Jahreszeit	Juli–Oktober
Karten	255 (T) Sustenpass, 265 (T) Nufenenpass; 1231 Urseren, 1251 Val Bedretto

Gotthardpass, Hospiz (2091 m)–Airolo, Bahnhof (1141 m)

L	2 h 00 → 7,9 km ↗ 20 m ↘ 970 m
Route	Vom Gotthard Hospiz auf der alten Passstrasse talwärts Richtung Val Tremola–Motto Bartola. Auf dem Saumweg hinunter zu den Serpentinen der alten Strasse. Abwechselnd auf Fussweg und alter Passstrasse zur neuen Gotthardstrasse in Motto Bartola. Ab hier auf Wanderweg durch Strassenwirrwarr nach Airolo.
Variante A	Ab Motto Bartola über Stuei nach Airolo (1 h 00)
Abkürzen	Gotthardpass/Motto Bartola–Airolo mit Postauto (600.50)
Anreise	Bahn Arth-Goldau/Bellinzona–Göschenen (600) Bahn Göschenen–Andermatt (610) Postauto Andermatt–Gotthardpass (600.50) Bahn Arth-Goldau/Bellinzona–Airolo

	Postauto Airolo–Gotthardpass (600.50)
Rückreise	Bahn Airolo–Arth-Goldau/Bellinzona (600)
Service	Restaurants in Motto Bartola und Airolo; Lebensmittelläden, Post, Bank in Airolo
Schlafen	Albergo «Forni»***, Airolo, Tel. 091 869 12 70 Ristorante «Airolo», Airolo, Tel. 091 869 17 15 Ristorante «Ramelli», Airolo, Tel. 091 869 13 80 Ristorante «Cristallina», Airolo, Tel. 091 869 19 33 (Matratzenlager)
Jahreszeit	Juli–Oktober
Karten	265 (T) Nufenenpass; 1251 Val Bedretto

unterwegs...

Urserental Der Name des 20 km langen Tals verweist auf dessen romanische Vergangenheit. Noch 1234 hiess die Talschaft Val Ursaria (Bärental). Um 800 gelangte Urseren zum Benediktinerkloster Disentis. Ab 1170 Gründung erster Walserkolonien, darunter auch Andermatt. Bis heute haben die Urschner grosse Autonomie in inneren Angelegenheiten behalten, mit eigenem Talammann und eigener Gerichtsbarkeit.

Hospental Der Ortsname Ospital oder Hospital (von lat. *hospitaculum:* Herberge, Spital) ist bekannt seit 1285. Der weitum sichtbare Wehrturm – auch Langobardenturm genannt – stammt aus dem 13. Jahrhundert und war Stammsitz der Edlen von Hospental (1203–1400), die sich als Dienstleute des Klosters Disentis betätigten. In Hospental treffen die Passstrassen über Gotthard, Oberalp und Furka zusammen. Die Bedeutung dieser Wegscheide zwischen Sprach- und Kulturräumen würdigte Johann Wolfgang Goethe; an der 1719 errichteten Kapelle St. Karl dessen Worte: «Hier trennt der Weg,/ o Freund, wo gehst du hin?/Willst du zum ew'gen Rom/ hinunterziehn?/Hinab zum heil'gen Köln,/zum deutschen Rhein?/ Nach Westen weit/ins Frankenland hinein?»

Hospental, Postkarte um 1900.

Kirche Mariä Himmelfahrt: 1705 erbaut durch den Urschner Barockarchitekten Bartholomäus Schmid (1660 bis 1738). Die aus Kirche, Kapelle und Pfrundhaus bestehende Baugruppe repräsentiert den Höhepunkt in Schmids Schaffen. Die Altäre stammen von Jodok Ritz.

Mätteli/Brüggloch Alter Gotthardsaumpfad, restauriert, teilweise gepflästert. Im Inventar historischer Verkehrswege der Schweiz (IVS) als von nationaler Bedeutung eingestuft. Besonders malerisches Wegstück zwischen Mätteli und Brüggloch. Brüggloch markiert die Grenze zwischen den Kantonen Uri und Tessin, zwischen dem Deutschen und dem Italienischen.
Ponte di Lucendro: Ein weiteres, gepflästertes Saumpfad-Bijou; Restauration durch Lehrlinge aus dem Kanton Luzern.

Passo del San Gottardo Die 1331 erstmals erwähnte Kapelle auf dem Gotthardpass weihte der Mailänder Bischof Galdinus dem heiligen Godehardus. 1685 entstand im Hospiz ein Kloster, in dem Kapuziner mittellose Reisende beherbergten. Diese Tradition wurde auch von der Familie Lombardi aus Airolo weitergeführt, die ab 1848 die Leitung des Hospizes übernahm. Noch 1879 fanden über 18 000 Reisende unentgeltlich Aufnahme und wurden über 70 000 Speiserationen gratis verteilt.
Nationales Gotthard Museum: 1838 baute der Kanton Tessin Zollgebäude mit Stall- und Lagerräumen. Seit 1986 darin untergebracht das Nationale Gotthard Museum. Es bietet Einblicke in die Verkehrs-, Wirtschafts- und Kulturgeschichte des Gotthardpasses.
Geöffnet Juni–Oktober 9–18 Uhr. Auskunft/Reservation: Tel. 091 869 15 25.
Festungsmuseum: Eröffnet 1998. Das Hospizwerk bot einst Platz für 460 Soldaten. Ab Zweitem Weltkrieg für Verteidigungszwecke unbrauchbar, genutzt weiterhin als Truppenunterkunft. Durch Zusammenarbeit zwischen Militärdepartement und der Stiftung Pro St. Gotthard Erhalt der historischen Bausubstanz und Eröffnung des Festungsmuseums. *Öffnungszeiten: Juni–September, 9–18 Uhr. Tel. 091 869 15 25.*

Tremola Der Name Val Tremola drückt aus, was dieses Wegstück den Säumern war: gefährlich, ob Sommer oder Winter. Tremola wird zurückgeführt auf das italienische *tremare* (zittern), Val Tremola wird dadurch zum «Tal des Zitterns». *Alte Tremolastrasse:* 1828/30 gebaut. 4,5 Kilometer lang, 24 Kehren. Die imposante, gepflästerte Strasse gilt unter Radfahrenden als Delikatesse. 1967 Eröffnung der Tremola-Autostrasse.

Airolo Im Abstieg nach Airolo bei Fondo del Bosco das *Forte:* Ein imposantes Mauerwerk mit Granitüberdeckung in der Form eines Schildkrötenpanzers, umgeben von einem tiefen Graben. Das Forte Airolo entstand zwischen 1886 und 1890 und hatte insbesondere den Eingang in den 1882 eröffneten Gotthardtunnel zu schützen. Bis zum Ersten Weltkrieg galt das Forte Airolo als modernste Festung Europas. Seit 1989 ist die Anlage als Museum zugänglich. *Öffnungszeiten: Juli–September, tägliche Führungen jeweils 13.30, 14.30, 15.30 Uhr, Mo geschlossen. Tel. 091 873 71 11.*
Airolos Geschichte ist geprägt vom Gotthardtransitverkehr. Das Dorf wurde im Laufe der Geschichte mehrmals eingeäschert oder durch Lawinen zerstört. Bei der Feuersbrunst von 1877 blieb kaum ein Haus verschont. Zerstörungen und Tote im Lawinenwinter 1951. Einschnei-

Alte Gotthardstrasse: In 24 Kehren durch das Val Tremola.
Forte Airolo: Einst modernste Festung Europas.
Denkmal beim Bahnhof Airolo. 177 Männer starben beim Tunnelbau.

dende topografische Veränderungen verursachte der Autobahnbau (1980 Eröffnung Gotthard-Strassentunnel). *Denkmal:* Beim SBB-Bahnhof Airolo ein Denkmal des Tessiner Bildhauers Vincenzo Vela (1820–1891). Es erinnert an die 177 beim Tunnelbau durch den Gotthard umgekommenen Arbeiter. Das bronzene Flachrelief wurde 1882 entworfen, aber erst 1932, 50 Jahre nach Eröffnung der Gotthardlinie, eingeweiht. Es zeigt einen tödlich verunfallten Arbeiter, der von Kameraden aus dem Stollen getragen wird.

Pfarrkirche Santi Nazzario e Celso: 1224 erwähnt, 1877 abgebrannt und neu errichtet. Vom romanischen Bau stammt der schlanke Turm. Barockkapelle an der Nordseite aus der zweiten Hälfte 17. Jh., neoklassizistische Ausstattung.

Den Gotthard im Kopf

Wandel und Wahrnehmung eines Territoriums

Zentralmassiv der Alpen – Millionen Jahre altes Urgestein – Kontinentale Wasserscheide – Kürzeste Passverbindung zwischen Deutschland und Italien – Altes Säumerland – Töffpiste – Aussterbender Inbegriff schweizerischer Identität – Reduit – Steinernes Herz der Eidgenossenschaft. Good Heart. Gotthard.
Nur ein Gipfel ist er nicht, auch kein Berg. Schon eher ein Passgebiet mit granitenem Umschwung. Ein Territorium zum Ausschweifen und Einkehren: gleichzeitig Mittelpunkt, Grenzraum und Übergang. Und mit seiner mythischen und historischen Ausstrahlung auch eine Schnittstelle zum Imaginären: So erlebt es der Künstler Jean Odermatt. Er ist seit 15 Jahren in diesem Raum unterwegs. Er beobachtet «den Gotthard» und arbeitet mit ihm, wie dieser auch mit ihm. Aus diesem Austausch heraus entsteht das Gotthardprojekt: eine Annäherung an einen Gebirgsraum mit verschiedenen Mitteln der Einwirkung und des Ausdrucks. Das Gotthardprojekt ist vielgestaltig und unabsehbar.

Das Bildergedächtnis Was die frühesten Transitreisenden in dieser Gebirgswelt wahrnahmen und wie sie darüber nachdachten, darüber existiert nur spärlichstes Material. Eigentlich entgeht das unserer Kenntnis. Jean Odermatt aber lässt uns mit Fotos, Radierungen, Skizzen, Aufzeichnungen und szenischen Gestaltungen im Gelände ganz ausgeprägt an seinen Beobachtungen, Reflexionen und Emotionen teilhaben. Es sind Annäherungen, um der Energie dieses Territoriums auf die Spur zu kommen. Da sind beispielsweise die Fotoarbeiten, das Bildergedächtnis des Gebietes: Odermatt hat die Gotthard-Naturlandschaft auf rund 200 000 Fotos festgehalten, die über Jahre hinweg von rund 40 definierten Positionen aus zu jeder Tages- und Jahreszeit geschossen wurden. So entstanden Bildserien von Geländeformen, Dämmerungsbögen, Felsausschnitten,

Jean Odermatt, Gotthardprojekt, automatische Kamera am Gemsstock.

Topographien, Luft- und Wolkenräumen. Odermatt interessiert dabei nicht das einzelne Bild, sondern «der Raum, der zwischen zwei Bildern entsteht». Sein Gotthardprojekt ist ein Prozess. Ziel ist die Annäherung an eine Ganzheit, die diesem Raum und auch dem Innenraum des Beobachters innewohnt. Die Kulturzeitschrift «Du» bezeichnete Odermatts Auseinandersetzung mit dem Gotthard als ein «nachromantisches Kapitel in der Geschichte des Gesamtkunstwerks». Noch Jahrhunderte nach Julius Cäsar, auf den diese Vorstellung zurückgehen soll, galt der Gotthard als der grösste Berg der (bekannten) Welt. Später, etwa auf der Urner Karte von Gabriel Walser im Seutter-Atlas aus dem Jahr 1771, wurde er zum «Dach Europas», zum «königlichen Gebirge». Vier Flüsse entspringen im Umfeld des Passgebietes: Rhein, Rhone, Reuss und Ticino. Sie verweisen gleichzeitig auf vier verschiedene Sprach- und Kulturräume, die das Gotthardmassiv trennt. Ein Umstand, der in der Gotthardliteratur immer wieder hervorgehoben wurde. Die Symbolik der Wegscheide und des Kreuzungspunktes, die für damalige Vorstellungen imposante Höhe dieser Gebirgsregion sowie deren abenteuerliche Erreichbarkeit verliehen dem Gotthard eine geradezu mystische Bedeutung. «So wurde der Gotthard zum ‹Kosmischen Berg›, wo sich in den wolkenumschwebten Gipfeln Himmel und Erde trafen, wo sich Göttliches mit Irdischem verband», wie es der Urner Autor Karl Iten in seinem Werk «Adieu – Altes Uri» zusammenfasst.

Erosion und Entzauberung Das sind Charakterisierungen, die den Globetrotter von heute unwillkürlich an einen andern Berg denken lassen: den Kailash in Tibet. Der heilige Berg der Hindus und Buddhisten, Mittelpunkt der Weltenachse in ihrem kosmischen System, erhebt sich auf dem Dach der Welt und ist nur mit grossen Anstrengungen zu erreichen. In seiner weiteren Umgebung entspringen vier grosse Flüsse Asiens, die nach Westen, Süden und Osten abfliessen. Doch so leicht lassen sich westliche und östliche Wahrnehmung von Bergen nicht vergleichen. Es käme der tibetischen Bevölke-

rung nicht in den Sinn, den Kailash besteigen zu wollen. Den Berg zu umrunden ist die einzige Art, ihm näherzukommen – und damit auch den göttlichen Energien, die er symbolisiert. Der Drang nach oben, zum Gipfelsieg, wurde im Westen erfunden. Auch der Gotthard, das mythische Gebirge, ist überquert und durchlöchert worden, gleich mehrmals, um ihn dem internationalen Verkehr dienstbar zu machen. Stattliche Asphalt-Avenues wurden über den Pass gelegt, Hochspannungsleitungen gezogen, Staumauern und Hotels gebaut. Der Zivilisationsprozess hat den Gotthard weit stärker erodieren lassen, als es die Jahreszeiten mit ihren witterungsbedingten Sprengkräften vermögen. Es war eine Erosion der zunehmenden Entzauberung, wie sie im ganzen Alpenraum im Namen des technischen Fortschritts und seiner Bedürfnisse stattgefunden hat.
Jean Odermatt, ebenso technisch wie philosophisch interessiert, stören diese menschlich-technologischen Eingriffe nicht. Er nimmt sie als Realitäten. «Der Berg ist eine anschwellende Emotion.» Eine Emotion, zu der ebenso Staumauer und Strommasten wie Steine und Trümmer gehören. Jean Odermatts Eingriffe in den Gotthard geschehen unspektakulär und ohne Immissionen. Es sei denn, er macht eine «Scenografie», wie 1990, 1993 und 1994, bei denen die Teilnehmenden mit Musik, Texten und Feuerwerk auf immer wieder wechselnden Erfahrungs- und Reflexionswegen durch die Granitlandschaft geführt wurden. Bei der «Scenografie Lucendro Uno» (1993) blies Werner Lüdi auf seinem Saxophon durch die Echowelten in den sieben Kammern der Lucendro-Staumauer. Der Soundtrack ist auf CD dokumentiert. Ebenso hat Heinz Bütler über Jean Odermatts Gotthardprojekt einen Film gedreht und damit das Werk über einen Insiderkreis hinaus bekannter gemacht.
Langsam werden der Künstler und seine Arbeiten vermehrt wahrgenommen. Es bliebe zu fragen: Führt die zunehmende Mediatisierung die Entzauberung des Gebietes nicht auf neuer Ebene weiter?

Gotthardprojekt, «La Camera», 14.1.1989, 15.40 Uhr. «La Camera», 08.10.1997, 15.45 Uhr.

Schaudern und Begeisterung Ein erster Schritt in der Entzauberung des Gotthardgebietes setzte mit der

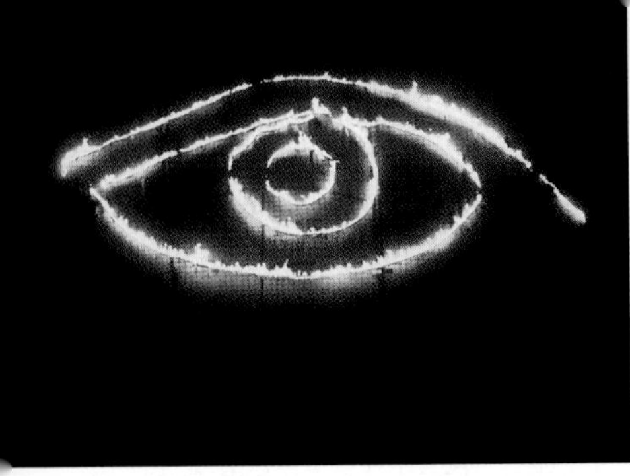

Begehbarmachung der Schöllenen im frühen 13. Jahrhundert ein. Mochten auch Furcht und Schrecken vor den Bergen vorerst weiterhin gelten: Mit diesem technischen Eingriff emanzipierte sich der Mensch ein kleines Stück mehr von einer als unabänderlich erlebten Natur, der man weitgehend ausgeliefert war. Die Pionierleistung dieses Brückenschlags, folgenschwer bis zur heutigen Verkehrslawine, legte einen unmittelbaren Konflikt mit dem magischen Verhältnis zur Natur offen. Als Kompensation musste die Sage von der Teufelsbrücke herhalten. So jedenfalls könnte man in Anlehnung an den Kunsthistoriker Beat Wyss und seine Auslegung der Pilatussage auch den «Schöllenen-Mythos» interpretieren: als ein regressives Schuldbekenntnis auf eine progressive, sprich technische Entwicklung. «In der Rückkehr zum animistischen Denken kann sich das Schuldgefühl einer Gesellschaft verraten, die soeben in aufgeklärter Weise die Naturkräfte durch technische Überlistung in Dienst nahm», stellt Wyss in einem Essay über den Pilatus fest. Ein weiterer Ingenieur-Akt, diesmal ohne ausgleichenden Mythos, war 1707 die Sprengung des «Urnerlochs» oberhalb der Teufelsbrücke. Dieser erste Alpentunnel liess den Gotthard-Verkehr beträchtlich anwachsen, der Weg war fortan befahrbar.
Seit Jahrhunderten waren Menschen über den Gotthard unterwegs: Pilger, Kaufleute, Soldaten und Säumer. Bis zu Beginn des 15. Jahrhunderts passierten jährlich rund 10 000 Personen und 9000 Saumtiere den Pass. Die Bergwelt wurde in der Frühzeit des Reisens noch als weitgehend schrecklich empfunden. Man wollte sie so rasch als

Jean Odermatt,
«Scenografie
Lucendro due», 1994.
«Flaggenstation IOSIS
der Siebenjäger», 1990.
«Scenografie
Lucendro uno», 1993,
in den Kammern des
Staudamms, mit dem
Saxofonisten
Werner Lüdi.
Staumauer des
Lago di Lucendro.

möglich hinter sich lassen. Der englische Chronist Adam de Usk liess sich 1401 auf seiner Reise nach Rom an den gefährlichsten Stellen des Gotthards noch die Augen verbinden, damit er das drohende Unheil der Passagen nicht sehen konnte. Die Reise von Flüelen nach Bellinzona dauerte damals 30 Stunden. Anfangs des 18. Jahrhunderts begann sich in der Wahrnehmung der Bergwelt ein Umschwung abzuzeichnen. «Von nun an wird der Anblick der Berge Schaudern und Begeisterung auslösen», bringt es Aurel Schmidt in seiner Bestandesaufnahme über die schleichende Zerstörung der Alpen auf den Punkt. Berge wurden nun zunehmend als etwas Erhabenes, Schönes, Romantisches erfahren. 1732 veröffentlichte Albrecht von Haller sein Lehrgedicht «Die Alpen», das einen neuen pädagogisch-patriotischen Unterton anschlug und zusammen mit den Schriften von Jean-Jacques Rousseau eine erste Welle der Alpenbegeisterung auslöste.

Im 19. Jahrhundert beginnt, nach ersten Entdeckerfreuden, die zunehmende Eroberung der Alpen. Es sind die Engländer, die ab 1850 den eigentlichen Alpinismus initiieren. In der Zeit um 1820 reisen jährlich gegen 16 000 Personen über den Gotthard, zu Fuss, zu Pferd oder in Sänften und Tragstühlen. Über 20 000 Saumlasten mit einem Gewicht von rund 3000 Tonnen werden über den Pass befördert. Gegen Ende des 19. Jahrhunderts treffen am Fuss des Gotthards, in Andermatt, die ersten Skiläufer ein. Jetzt breiten sich Tourismus und Wintersport aus. Das Gebirge, einstmals voller Geheimnisse, wird in Besitz genommen, mit Bahnen und anderen

Infrastrukturen belegt, die den Aufenthalt in der Natur so erträglich wie möglich machen sollen. «Der Mensch macht die Natur, er formt sie nach seinem Bild, das heisst nach seinen Interessen. (...) Die ursprüngliche Angst vor ihr, die in einem geistesgeschichtlichen Zusammenhang leicht auszumachen ist, hat er überwunden, indem er eine künstliche, von Menschen gemachte Welt an die Stelle der Natur setzte», folgert Aurel Schmidt.

Zeichensystem Kunst Auch Jean Odermatt generiert mit seiner Kunst letztlich eine künstliche, von Menschen gemachte Welt. Aber er setzt die Kunst nicht an die Stelle der Natur, sondern benutzt sie als Mittel, um sich mit ihr auseinanderzusetzen: mit der Natur der sichtbaren Morphologien und ihren Mutationen, aber auch mit der inneren Natur der «zehntausend Dinge». Sein Gotthardprojekt mag auch Abbild einer Faszination für das Mythische sein, insbesondere für die kollektiven Bilder des Mythos Berg. Odermatt schreibt: «Der aufgeklärte Mensch gibt sich zwar als von den Mythen befreit. Dennoch – worauf etwa Karl Jaspers verweist – denkt der Mensch neben seiner wissenschaftlich geprägten Logik weiterhin auch mythisch. Aber klar erkennbare Riten und Plätze für Mythen fehlen; sie sind schwer erkennbar gerade dann, wenn sie impliziter Teil eines rational orientierten Denkens sind. So murmeln die Mythen heute vor sich hin.» Bereits als Kind fühlte sich Odermatt zum Gotthard-Territorium hingezogen. Er habe nicht Künstler werden wollen, sagt er. Je intensiver er sich aber dem Gebirge genähert hat, desto stärker musste er erkennen, dass seiner Besessenheit mit dem Gebiet wohl nur durch die Kunst beizukommen war. Odermatt: «Das Zeichensystem der Kunst ist in der modernen Gesellschaft das einzig mögliche und praktikable Ausdruckssystem, systemübergreifende Perspektiven herzustellen.» Dieses Zeichensystem ermöglicht ihm den «Austausch zwischen Berg und Geist» (Martin Schaub). Es ist ein Austausch, der nicht so sehr die äusseren als vielmehr die inneren Topographien jener verändern wird, die mit dem Gotthardprojekt in Berührung

Jean Odermatt, «La prima Linea»: 128 versenkte Bleiplatten im Abstand von einem Kilometer, auf der Linie Gotthard Hospiz–Mailänder Dom.

kommen. Die Wahrnehmung des Menschen und vielleicht auch dessen Handeln. Insofern ist Odermatts Arbeit ein Instrument gegen die fortgeschrittene Entzauberung, wie sie mit der puren Nutzbarmachung und Ökonomisierung der Gebirgslandschaften einhergeht. Zumindest gibt sie Anleitungen und Impulse, sich des Bergs in seinem Wesen, in seiner mythischen Natur, wieder besser bewusster zu werden.

Nach dem Zeitalter der Säumer folgte das Zeitalter der Postkutschen. Was kommt nach den Autos und Lastwagen? Was kommt nach dem Gotthardprojekt, wenn selbst Kunst und Wissenschaft erodiert sein sollten? Die Seele des Gotthards hat kristalline Furchen. Sein Gesicht hat viele Zeitalter überlebt. Das Zentralgebirge wird nicht so leicht abgetragen. Menschengenerationen und ihre Wahrnehmungen und Projektionen: Der Gotthard überdauert sie mit Leichtigkeit.

Pirmin Bossart

Lesen:
Odermatt Jean: Himmelsland. Scalo-Verlag, Zürich 1998.
Aargauer Kunsthaus: Die Schwerkraft der Berge 1774–1997. Stroemfeld/Roter Stern, Frankfurt a. M./Basel 1997.
Stremlow Matthias: Die Alpen aus der Untersicht – Von der Verheissung der nahen Fremde zur Sportarena. Haupt Verlag, Bern 1998.
Bätzing Werner: Die Alpen. Entstehung und Gefährdung einer europäischen Kulturlandschaft. Beck Verlag, München 1991.

17 AIROLO – OSCO

Airolo, Bahnhof (1141 m) – Deggio, Dorfmitte (1210 m)

L	◷ 2 h 35 ➔ 9,2 km ↗ 335 m ↘ 266 m
Route	Ab Bahnhof Airolo bis Deggio durchgehend als «Strada Alta» bezeichnet. Die Route führt mit ganz wenigen Ausnahmen über asphaltierte Fahrsträsschen.
Variante A	Ab Bahnhof Airolo auf der «Strada Bassa» im Talgrund via Quinto nach Deggio (2 h 30).
Abkürzen	Altanca–Deggio mit Postauto (600.56)
Anreise	Bahn Arth-Goldau/Bellinzona–Airolo (600)
Rückreise	Postauto Deggio–Ambri-Piotta Stazione (600.56) Postauto Ambri-Piotta Stazione–Airolo/Bellinzona (625.09)
Service	Restaurants in Brugnasco und Deggio
Schlafen	Ristorante «La Campagnola», Deggio (5 Min. unterhalb des Dorfes), Tel. 091 868 11 95
Jahreszeit	Mai–Oktober
Karten	265 (T) Nufenenpass, 266 (T) Valle Leventina; 1251 Val Bedretto, 1252 Ambri-Piotta

Deggio, Dorfmitte (1210 m)–Osco, Post (1155 m)

L	2 h 15 → 7,4 km ↗ 296 m ↘ 351 m
Route	Ab Deggio Dorfmitte bis Osco durchgehend als «Strada Alta» bezeichnet. Bedeutend weniger Hartbelag als beim vorhergehenden Abschnitt. Im bewaldeten Abstieg (Bosco d'Öss) zwischen Lurengo und Freggio ist bei Nässe Vorsicht geboten.
Abkürzen	Deggio–Lurengo mit Postauto (600.56)
Anreise	Bahn Arth-Goldau/Bellinzona–Airolo (600) Postauto Airolo/Bellinzona–Ambri-Piotta Stazione (625.09) Postauto Ambri-Piotta Stazione–Deggio (600.56)
Rückreise	Postauto Osco–Faido (600.60) Bahn Faido–Arth-Goldau/Bellinzona (600)
Service	Restaurants, Post in Osco
Schlafen	Ristorante «Marti», Osco, Tel. 091 866 11 89, (auch Matratzenlager) Osteria «Salzi», Osco, Tel. 091 866 19 32
Jahreszeit	Mai–Oktober
Karten	266(T) Valle Leventina; 1252 Ambri-Piotta

unterwegs...

Farbenzauber: Smaragd-Eidechse.

Strada Alta Höhenweg der Leventina, 45 Kilometer von Airolo bis Biasca. Einst als Güterstrasse und Säumerweg zwischen den im 13. Jahrhundert gegründeten Terrassensiedlungen genutzt. Die Schweizerische Arbeitsgemeinschaft für Wanderwege (SAW) und der Verkehrsverband Pro Leventina förderten den Ausbau zum heutigen Panoramaweg; 1947 gilt als Geburtsjahr der Strada Alta. *Smaragd-Eidechse*: Flora und Fauna entlang der Strada Alta sind vielfältig und lohnen genaues Hinschauen. Besonders farbenkräftig ist die Smaragd-Eidechse (Lacerta viridis). Zur Fortpflanzungszeit werden die Kehlen der Männchen leuchtend blau, derweil der Rücken smaragdgrün schillert, durchsetzt mit gelben und schwarzen Sprenkeln. Die Smaragd-Eidechse mag Kastanienwälder. Im Tessin kommt die Art bis auf

1800 m vor. Sie ist tagaktiv, und ihr bevorzugter Temperaturbereich liegt zwischen 32 und 33° C.

Madrano Gemeinde Airolo. Durchgangsort des historischen Gotthardverkehrswegs, 1227 erwähnt als Maduranum. Haufendorf mit für die obere Leventina typischen Holzhäusern, teilweise jedoch mit Blechdächern versehen. Spätbarocke Kapelle San Gervasio e Protasio, im Inneren Rokoko-Altar aus Urner Werkstatt.

Brugnasco Letzte zur Gemeinde Airolo zählende Fraktion. Kein Tessiner Weiler ohne Kapelle oder Kirche: Jene in Brugnasco ist der hl. Barbara geweiht, verehrt werden hier zudem Bernhard und Sebastian.
Östlich des Dorfs kreuzt der Pfad das Trassee der 1919 erstellten Ritom-Standseilbahn. Auf 1369 Meter Fahrt überwindet die den SBB gehörende Bahn 786 Höhenmeter, die Maximalneigung der Kabine beträgt 87,8 Prozent (ein Weltrekord). Im Talboden das Flugfeld von Ambri und dahinter eine Ansammlung Häuser, aus der ein gewölbtes Gebäude herausragt: das Stadion Valascia des Eishockeyclubs HC Ambri-Piotta, Magnet für Leventiner und auswärtige Besucher. Die Anhänger des HC Ambri sind in 38 Fan-Clubs organisiert.

Altanca Gemeinde Quinto. Stein- und Holzhäuser prägen das in sich geschlossene Dorfbild; Einflüsse aus dem Süden wie von jenseits des Gotthards. Westlich des Dorfes auf einem Felsvorsprung die mit Steinplatten gedeckte Pfarrkirche San Cornelio e Cipriano, erbaut 1603. Um 90 Jahre jünger ist der Turm. An gleicher Stelle dürfte eine romanische Vorgängerkirche gestanden haben. Die Ausstattung im Innern wurde im Lauf der Jahrhunderte erweitert, der geschnitzte Hochaltar entstand um die Mitte des 18., der Taufstein im 17. Jahrhundert. Bei Ronco die Kapelle San Antonio Abate. Rokoko-Altar aus der Mitte des 18. Jahrhunderts.

Deggio Dorf 1759 durch Feuer zerstört. 1786 Neubau der Kirche. Im Inneren Statuen der Kirchenpatroninnen Katharina und Barbara (16. Jh.).

Kapelle San Martino: Südöstlich des Dorfes. Der Bau mit romanischen und karolingischen Einflüssen reicht zurück ins 11. oder 10. Jahrhundert. Reicher Freskenschmuck, darunter ein Bild des hl. Martin zu Pferd, wie er einem Bedürftigen einen Teil seines Gewandes abtritt. Ein anderes, schlecht erhaltenes Bild, zeigt den Riesen Christophorus. Einmal, so die Legende, trat ein Kind vor Christophorus mit der Bitte, über den reissenden Fluss getragen zu werden. Der Riese setzte sich das Kind auf die Schultern und trat den Weg über den Fluss an. Von Schritt zu Schritt aber lastete das Kind schwerer auf ihm, und es drohte grosse Gefahr. Christophorus' Kopf geriet unter Wasser, das Kind aber hielt dieser hoch. Erst am anderen Ufer erfuhr Christophorus, dass er eben das Christuskind auf seinen Schultern getragen hat. Christophorus ist einer der 14 Nothelfer der katholischen Kirche und Schutzpatron der Reisenden: In zahlreichen Autos und Reisecars finden sich, vorne beim Chauffeur, Christophorus-Medaillen. An Hausfassaden und in Kirchen entlang des ehemaligen Säumerwegs treffen Wanderer häufig auf Darstellungen dieses Heiligen.

Bei Lurengo: Ungenutzte Wasser des Riasco. Catto, katholische Pfarrkirche S. Ambrogio.

Lurengo Da und dort ein baufälliges Haus, ein vor sich hin alternder Palazzo, davor die Schilder *a vendere/zu verkaufen* – auf solche Bilder stossen Wandernde in der Leventina des öftern. Wer früh im Jahr auf der Strada Alta unterwegs ist, steht häufig vor zugezogenen Fensterläden. Arbeitsplätze sind in diesen Dörfern rar. Längst bietet die Landwirtschaft keinen Haupterwerb mehr. *Kapelle S. Maria Immacolata:* Mit kleinem Flankenturm, im Schiff ein Fresko mit dem hl. Antonius von Padua.

Unterhalb Lurengo der Weiler Catto. Ähnlich wie in Altanca steht auch Cattos Pfarrkirche auf einem Geländevorsprung. Sie ist umschlossen von Kapellenkranz und Friedhofsmauer. Ursprünglich freistehender Campanile, Anfang des 20. Jahrhunderts durch Chorflankenturm ersetzt. Im Inneren Handwerksarbeiten von jenseits des Gotthards: Die 200jährigen Figuren und Säulen am Tabernakel stammen von den Urnern Lukas und Georg Regli.

Wegpartie im Bosco d'Öss. Freggio, Kapelle S. Bernardo.

Bosco d'Öss Waldstück über der Piottino-Schlucht. Der Kahlschlag im Bosco d'Öss wird auf den Borkenkäfer zurückgeführt. Die Schlucht bildet eine Geländegrenze zwischen der oberen und der mittleren Leventina. Auf einer Distanz von rund zwei Kilometern – zwischen Rodi und Polmengo – senkt sich das Tal um 180 Meter. Die Eisenbahn bewältigt die Strecke mittels zweier Kehrtunnels. Am nördlichen Eingang der Schlucht die einstige Zollstation Dazio Grande.

Freggio Wie das benachbarte Vigera zu Osco gehörend. Freggio ist altes Siedlungsgebiet: 1884 wurden hier römische Gräber entdeckt, später auch in weit vorchristliche Zeit zurückreichende Funde. Die Häuser des Dorfes in Strickbauweise erstellt (mit horizontal geschichteten, an den Ecken verzapften – gewetteten – Balken), dem Typ nach Gotthardhäuser.

Osco Einst wichtiger Etappenort. Zu Säumerzeiten wurden hier jeweils die Lasttiere ausgewechselt. Um dem gefährlichen Teilstück im Bosco d'Öss auszuweichen, wurde der Gotthardweg im Jahr 1311 von der linken auf die rechte Talseite verlegt. Osco geriet damit ins Abseits. Erhalten geblieben sind Schriften über die Abwicklung des damaligen Transportverkehrs; entsprechende Satzungen aus dem Jahr 1237 im Dorfarchiv.
Pfarrkirche San Maurizio: Erstmals erwähnt 1171. Um- und Neubau im 17. Jh., an den ursprünglich romanischen Bestand erinnert der untere Teil des Kirchturms.

Mundarten – die sprechenden Archive

Nicht pendio und nicht cascata, aber brüga und froda

Deutschschweizer Spuren in der Leventina.

Viele abgelegene Alpen in der oberen Leventina zwischen Airolo und Faido sind heute ans global village gekoppelt. Die Solarzelle liefert den Strom, und die Satellitenschüssel holt die Bilder in die Wohnküche des Sennen. Und mit den Bildern fluten auch fremde, meist englische Sprachfetzen herein. Zwar verspürt der Senn nur selten Lust auf fast food. Warum aber soll er nicht zum handy greifen und unten im Tal einen hamburger bestellen beim take-away neben dem soft e hardware, unweit der jeanseria?

Alpen stoppen Alemannen Unser Senn spricht noch die unverfälschte Mundart von Altanca, jenem Ort, wo er aufgewachsen ist. Doch was heisst hier, von den Anglizismen mal abgesehen, unverfälscht? In der Leventina und im Bleniotal bewegen wir uns im sprachlichen Grenzland. Die Hauptkette der Alpen hat hier im Mittelalter die immer weiter nach Süden vordringenden Alemannen gestoppt. Im 12. Jahrhundert wurde das Urserental den Rätoromanen sprachlich abgerungen und germanisiert. Seither reden die Leute auf der einen Seite des Gebirges deutsch, auf der andern Seite italienisch. Einzig die Walser, wie die ausgewanderten Deutschwalliser genannt wurden, legten in der Folge am Südhang der Alpen noch verschiedene Kolonien an. Als Spezialisten der Urwaldrodung wichen sie auf die von der ansässigen Bevölkerung nicht beanspruchten hohen und höchsten Zonen aus.

In den abgeschlossenen Talschaften der Leventina und des Bleniotals entwickelten sich die Lokalmundarten des Lombardischen. Sie bewahrten ganz am Rande des italienischen Sprachgebietes bis heute viele vorlateinische Wörter, und ein auffälliger Konservatismus in Lautformung und Wortschatz hat sich erhalten. Einen Abhang nennen die Leute zwischen Ronco, Deggio und Lurengo weiterhin brüga (statt it. pendio), der Wasserfall im Valle di Freggio heisst froda (statt it. cascata) und die Geröllhalde oberhalb Osco unter dem Pizzo del Sole und dem Pizzo Predelp lautet gana (statt it. pietraia). Ein kleiner Käse ist ein caso (statt it. formaggino).

Hinrichtung der Führer des Leventineraufstands in Faido, 1755.

Vögte und Untertanen Von Siedlung zu Siedlung waren die Mundarten aufgrund der isolierten Lebensweise unterschiedlich, und doch sind und waren die Alpen nie unüberwindliches Hindernis. Die Talschaften im nördlichen Tessin bilden uraltes Transitland als Korridor zwischen Nord- und Südeuropa. Besonders eng war der Verkehr zwischen den Bewohnern der Leventina und denjenigen Uris, was sich nicht zuletzt auch in der Sprache niederschlug. Die Tessiner Dialekte in den Tälern des Sopraceneri wurden mit mehreren Schichten von Alemannismen und Germanismen überdeckt. Diese Schichten spiegeln die verschiedenen Kontaktschübe und Einflusswellen aus dem Norden wider.

Im Jahre 1439 wird die Leventina zum Untertanengebiet von Uri. Das Bleniotal wird 1496 eine sogenannte Gemeine Herrschaft von Uri, Schwyz und Unterwalden. Über Jahrhunderte verwalten Landvögte nun die Täler. Die wenigsten dieser Administratoren verstanden die italienische Sprache. Um so wichtiger war ein Landschreiber, der zwischen dem fremden landfogto und den Einheimischen als Dolmetscher amtete. Zwar waren Verlautbarungen und Dekrete in der Sprache der Untertanen abzufassen. Die Obrigkeit hatte sich davor zu hüten, das Sprachverhalten der Untertanen beeinflussen zu wollen. Trotzdem gewöhnten sich die Leventiner an broder (Bruder), feierten kilbi (Kirchweihe) und hantierten mit kesli (Kessel), struba (Schraube) und kraza (Chräze oder Kratten). Gewisse Untertanen verstanden es, die sprachliche Isolation des landfogto, bei dem sich manchmal

Macht mit nareda (Narrheit, Dummheit) paarte, weidlich auszunützen. Zieht man ein Fazit aus dieser mehrhundertjährigen Fremdherrschaft, so sind es vor allem technische Ausdrücke für Geräte sowie einige juristische und administrative Bezeichnungen, die sich in den Lokalmundarten im oberen Tessin niederschlagen konnten. Das ist, verglichen mit der langen Herrschaft der Herren aus dem Norden, wenig. Denn die Untertanen hatten damals zu gehorchen und konnten nicht als Gleichberechtigte mit den Deutschschweizern an einen Tisch sitzen. Diskussionen, aus denen sprachlicher Schmelzkäse hätte reifen können, fanden nur selten statt.

Aus- und Rückwanderer In kargen Zeiten konnten die Untertanen von ihren Herren keine Hilfe erwarten, sondern mussten auswandern. Als Söldner, Kaminfeger, Maurer, Konditoren und Gouvernanten fanden sie in der Fremde ihr Auskommen. Sie zogen nach Frankreich, England und Russland, später dann vor allem nach Amerika. Rückwanderer bauten, wenn sie es zu Reichtum gebracht hatten, stolze Häuser, die in den Dörfern des Bleniotals von Malvaglia bis Olivone bestaunt werden können. Zuweilen brachten sie auch sprachliche Ausdrücke aus der Emigration zurück in die Heimat. Davon zeugt etwa der büiott (frz. bouillotte: Bettwärmer). Insgesamt haben aber die rückgewanderten Emigranten mehr architektonische als sprachliche Spuren hinterlassen.
Als im vorigen Jahrhundert der moderne Bundesstaat entsteht, werden aus Untertanen gleichberechtigte Bürger. Mit dem Gotthardtunnel (1882) rückt die Südschweiz näher, das Tessin als schweizerischer Kanton wird nördlich des Gotthards endlich wahrgenommen. Gleichzeitig drängen Wirtschaft und Tourismus aus dem Norden südwärts. Allerdings finden sich die Tessiner als doppelte Minderheit wieder, als schweizerische im italienischen Sprachraum und als italienische in der viersprachigen Schweiz. Mit sprachlichen Eigenwilligkeiten grenzen sie sich – gewollt und ungewollt – von den Italienern ab, obwohl sich immer mehr Tessiner im Laufe dieses Jahrhunderts angewöhnten, statt der Mundart die Standardsprache zu reden. Während Italien vom

Airolo feiert den Gotthard-Durchstich: 1882 wird die Eisenbahnstrecke eröffnet.

föhn spricht, beharren die Tessiner weiterhin auf favonio. Und statt basket und hockey spielen sie pallacanestra und lange Zeit in Ambri auch disco su ghiaccio. Erst die vielen Fanclubs aus der Nordschweiz wollen in der Vallascia partout Hockey sehen. Viele Ausdrücke verdeutlichen, wie sehr nun die Tessiner Mundarten von ihrer Ausrichtung auf das schweizerische Leben und die Kultur dieses Landes geprägt werden. Jeder neue furz aus dem Norden lüftet sich auch in der Sprache aus.
Mit dem Bau der Gotthardbahn dringen büfe, peron und vagon südwärts. Die Bahnhofvorstände in der Leventina schreien und kommandieren afara, bevega und bremsa. Der Tourismus beglückt die Grotti mit kegelban, vinerli, bratwurst und ripli und flaiskes.
Migros und Coop öffnen ihre Filialen, und die Tessiner Zungen verlangen süssmost, osterhase, landjäger, spätzli und rösti. Der Wintersport, der ja keine Erfindung der Sonnenstube sein kann, importiert lo skilift, la tageskarte und una vindiake auch nach Nara ins Bleniotal. Während agraffe (Klammer) eleganter klingt als it. fermaglio per lettere, gibt bei Beispielen wie capanna alpina (Hütte des Alpenclubs) statt it. rifugio oder casco totale (Vollkasko) statt it. tutti rischi die Kultur der Deutschschweiz den Ausschlag.

Babylonisches Zufluchtsland Im vergangenen und in diesem Jahrhundert legen sich die Germanismen nicht einfach auf die Mundarten der Leventina und des Bleniotals, sondern auf diejenigen der ganzen italienischsprachigen Südschweiz. Das hängt damit zusammen, dass sich seit Beginn dieses Jahrhunderts die Lokalmundarten mehr und mehr abschwächen. Die vormals voneinander isolierten Dörfer rücken einander näher. Wer heute nach Germanismen sucht, im Grotto an den Stammtisch sich setzt und mit Ansässigen plaudern will, wird kaum mehr fündig. Statt Mario und Giuseppe trifft er Werner und Otto. Daneben registriert er eine Vielzahl von neuen Sprachen, die wie ein Geräusch aus dem Hintergrund die lokalen Mundarten beträufeln. Leventina und Bleniotal sind Auswandererland geblieben, aber sie sind in dieser modernen Zeit auch Einwanderungsland – besser noch Zufluchtsland – geworden.

Auf dem Fussballfeld in Biasca trainieren die Junioren, und man hört so oft Serbisch wie gleichenorts in der Migros. Ein Asiate, der in Airolo nach einer jahrzehntelangen Flucht gestrandet ist, hat sich seine eigene Sprache geschaffen – ein Gemisch aus Muttersprache, Englisch und Italienisch. Obwohl es für dieses Idiom keinen Namen gibt, verstehen es hier doch alle Leute. Die eleganten dunkelhäutigen Damen in der Dorfbar von Semione – das ist leicht zu hören, wenn sie ihre paar Brocken Italienisch singen und radebrechen – rollen und brechen karibische Zungen.

Was für ein Grenz-, das gilt noch viel stärker für ein Zufluchtsland: Die sprachliche Situation ist äusserst komplex – trotz global village, fast food und jeanseria. Wetten wir also, dass auch die Fussballspieler, Kriegsflüchtlinge und Bardamen, die in der Toilette eine nette condomeria eingerichtet haben, ihre Spuren den Mundarten der Leventina und des Bleniotals vererben werden.

Falls wir ihnen dafür genügend lange Gastrecht gewähren.

Okay? Okei!

Pirmin Schilliger

Lesen:

Orelli Giorgio: Rückspiel – Partita di ritorno. Limmat Verlag, Zürich 1998.
Martini Plinio: Nicht Anfang, nicht Ende. Werner Classen Verlag, Zürich 1974.

18 OSCO – SOBRIO

Osco, Post (1155 m)–Anzonico, Post (982 m)

L	◷ 3 h 35 → 11,9 km ↗ 455 m ↘ 628 m
Route	Ab Post Osco bis Anzonico durchgehend als «Strada Alta» bezeichnet. Viel Wanderweg und wenig Fahrstrasse. Bei Hochwasser ist der Ri Bassengo zwischen Calpiogna und Rossura unpassierbar. Eine entsprechende Umleitung ist markiert.
Variante A	Ab Rossura auf alpinem «Sentiero dei Monti» via Cassin–Monte Angone nach Anzonico (anstrengender, aber mehr Aussicht, 3 h 10) bzw. direkt nach Sobrio (5 h 10).

Variante B	Ab Kapelle in Tengia über Calonico mitten durch die Kastanienhaine nach Anzonico (1 h 35).
Anreise	Bahn Arth-Goldau/Bellinzona–Faido (600) Postauto Faido–Osco (600.60)
Rückreise	Postauto Anzonico–Lavorgo (600.68) Postauto Lavorgo–Airolo/Bellinzona (625.09)
Service	Restaurants in Calpiogna, Rossura und Anzonico Post, Bank, Lebensmittelladen in Anzonico
Schlafen	Grotto «Pro Bell», Calonico, Tel. 091 865 16 49 (auch Matratzenlager) Ristorante «Bellavista», Anzonico, Tel. 091 865 11 10 Osteria «Berta», Anzonico, Tel. 091 865 12 20
Jahreszeit	Mai–Oktober
Karten	266(T) Valle Leventina; 1252 Ambri-Piotta, 1253 Olivone, 1273 Biasca

Anzonico, Post (982 m)–Sobrio, Post (1130 m)

L	1 h 30 → 5,2 km ↗ 268 m ↘ 120 m
Route	Ab Post Anzonico bis Sobrio durchgehend als «Strada Alta» bezeichnet. Viel Fussweg und wenig Asphalt!
Variante C	Ab Anzonico auf alpinem «Sentiero dei Monti» via Suàisa–Usc nach Sobrio (3 h 00).
Abkürzen	Anzonico–Sobrio mit Postauto (600.68)
Anreise	Postauto Airolo/Bellinzona–Lavorgo (625.09) Postauto Lavorgo–Anzonico (600.68)
Rückreise	Postauto Sobrio–Lavorgo (600.68) Postauto Lavorgo–Airolo/Bellinzona (625.09)
Service	Restaurants in Cavagnago und Sobrio; Lebensmittelladen, Post in Sobrio
Schlafen	Ristorante «Ambrogini», Sobrio, Tel. 091 864 13 18
Jahreszeit	Mai–Oktober
Karten	266(T) Valle Leventina; 1273 Biasca

unterwegs...

Mairengo *San Siro:* In Mairengo eine der ältesten Pfarrkirchen der Leventina, sie liegt unterhalb von Osco und erfordert einen Abstecher vom Wanderweg. Erstmals erwähnt wird die Kirche im Jahr 1170. Sie diente ursprünglich auch Faido als Pfarrkirche. Im Mittelalter Ausbau zur bestehenden Doppelchoranlage, 1575 Neubau des wuchtigen Turms. San Siro verfügt über eine reiche Innenausstattung, darunter ein spätgotischer, aus Deutschland stammender Flügelaltar. Ausmalung um 1558 durch den Mailänder Gerolamo Gorla.

Calpiogna Vor und nach Calpiogna typischer Leventiner Mischwald: In den oberen Regionen Tannen, Lärchen und Föhren, vom Tal her stossen Birke, Ahorn, Erle und Esche vor und vermehrt auch Kastanien, da und dort Nussbäume, gut verbreitet die Eberesche (Vogelbeere). Im Dorf die Kirche *Sant' Atanasio.* Darin Rosenkranzgemälde aus der zweiten Hälfte des 17. und Marmorhochaltar aus der zweiten Hälfte des 19. Jahrhunderts.

Rossura Geschlossenes Haufendorf, 1211 erstmals erwähnt. Zahlreiche gestrickte Holzbauten mit Steinplattenbedachung. Vor 100 Jahren lebten rund 400 Menschen ganzjährig im Dorf, heute sind es deren 60. Das Thema Abwanderung ist in den Dörfern der Leventina nur zu bekannt.
Pfarrkirche San Lorenzo e Agata: Wie manche Kirche der oberen und mittleren Leventina steht auch das Gotteshaus von Rossura isoliert vom Dorf, auf einem felsigen Hügel. Umschlossen werden Kirche, Beinhaus und Friedhof von einem Kapellenkranz der 14 Kreuzwegstationen. Erstmals erwähnt wird sie 1247, einschneidender Umbau im 18. Jh. Das Innere ist reich ausgemalt, darunter ein Wandbild von Christophorus, dem Schutzpatron der Reisenden.

Tengia Gemeinde Rossura. Gut erhaltenes Dorfbild mit Strickbauten. Gegenüber der mit Steinplatten gedeck-

Pfarrkirche San Lorenzo, Rossura: Fresko der Geisselung Christi. Pfarrkirche Rossura, umgeben von den 14 Kreuzwegstationen. Cavagnago, Gesamtansicht.

ten barocken Kapelle Sant Antonio steingedeckter Dorfbrunnen. *Kastanien:* Bei Aufgabe der Nutzung drohen Kastanienselven zu verbuschen. Beiträge des Fonds Landschaft Schweiz (FLS) ermöglichen die Rekultivierung eines Kastanienbestands bei Calonico. Der Kanton liess ein Inventar der während Generationen im Tessin gezüchteten Bestände erstellen. Die heute in der Schweiz konsumierten Kastanien (Marroni) stammen meist aus Italien.
Kastanienselven auch um das Grotto Pro Bell vor Anzonico. In Calonico (liegt entlang der Variante B) eine restaurierte Getreidemühle (mulino) mit horizontalem Löffelrad, Baujahr 1813. Gemahlen wurden Kastanien, Roggen und Gerste. Anfang 1900 wurde der Betrieb eingestellt (siehe Seite 223 ff.).

Anzonico Terrassenartig gestuftes Haufendorf. Schmale, teils gepflästerte Gassen. Markante Steinbauten neben sonnenverbrannten Holzhäusern. Am östlichen Dorfrand die 1832 barock umgestaltete Kapelle Sant' Antonio di Padova. *San Giovanni Battista:* Südlich des Dorfes, an buschbestandenem Abhang, die gegen Osten gerichtete Pfarrkirche von Anzonico mit Friedhof. Die Vorgängerkirche, nach 1290 entstanden, wurde 1666 durch eine Lawine weggefegt. Der Chorflankenturm an der Nordseite mündet aus in einen ungewohnten Steinkegel.

Segno *Kapelle Sant'Ambrogio:* Kunsthistorisches Kleinod am südlichen Ende des Weilers. Teile des Baus reichen in romanische Zeit zurück (12./13. Jh.). Im Innern spätgotische Malereien (15. Jh.). An der südlichen Aussenseite ein Wandbild des Pilgerpatrons Christophorus.

Cavagnago Einst Rodungssiedlung von Giornico, heute selbständige Gemeinde. Am Südende des Dorfs die nach Osten gerichtete, der heiligen Anna geweihte Pfarrkirche, erbaut um 1570. Im 18. Jahrhun-

Sobrio: Trocknung des Korns, 1948.

dert erfolgte der barocke Umbau. Der marmorne Hochaltar mit Engeldarstellungen stammt aus einer Mailänder Kirche.

Sobrio Zwischen den Dorfteilen Ronzano und Villa die von einem Kapellenkranz der Kreuzwegstationen umgebene Pfarrkirche San Lorenzo, dazu Friedhof und Pfarrhaus. Die dem Sonnenaufgang zugerichtete Kirche wird im 13. Jahrhundert erstmals erwähnt, Umbauten erfolgten im 16. und 18. Jahrhundert. Im Inneren geschnitzter Hochaltar in Form eines Tempels.
Nordwestlich des Dorfs, erschlossen durch den ins Haupttal führenden Wanderweg, eindrücklicher Kastanienwald. Ein steiler Abstieg (700 Höhenmeter) führt nach *Giornico.* Die dortige Kirche *San Nicolao* (12. Jh.) gilt als bedeutendstes romanisches Baudenkmal der Südschweiz. Daneben weitere Kirchenbauten, romanische Steinbogenbrücken und das volkskundliche Museum der Leventina, untergebracht in der 400jährigen Casa Stanga. *Öffnungszeiten Museo di Leventina: April–Oktober, Di–So 14–17 Uhr, Tel. 091 864 25 22.*

Die Tessiner Edelkastanie

Einst überlebenswichtig, heute kämpft sie selber ums Überleben

Die Sonne brennt erbarmungslos. Schritt für Schritt gewinnen wir an Höhe. Der Boden flimmert, reflektiert die Sonne des Südens. Der Atem geht schwerer. Schritt für Schritt, den Blick zu Boden gesenkt, folgen wir dem Pfad der Säumer, überqueren Wasserläufe, durchstreifen Wiesen und tauchen dankbar ein in die schattenspendenden Laubwälder. Der Blick beginnt sich zu öffnen. Die dürren, langen hellbraunen Blätter am Boden lassen aufblicken. Es sind letztjährige Blätter einer Edelkastanie, die wieder in neues Dunkelgrün gekleidet ist. Der Stamm ist dick und knorrig.

Kastanie: Einst auch Symbol der unbefleckten Empfängnis Marias.

Das Brot der Armen Die Edelkastanie gehört zu den grössten und mächtigsten Bäumen Mitteleuropas. Sie zählt zu den ältesten Kulturpflanzen der Südschweiz. Die Kastanie war im Tessin während Jahrhunderten so etwas wie die Nationalspeise. Vor allem bei der ärmeren Bevölkerung im Tal und in den schlecht erschlossenen höheren Siedlungen kam die Kastanie mindestens zweimal täglich auf den Tisch: mal gebraten, mal gekocht oder als Fladenbrot. Rund 100 Kilogramm Kastanien pro Person wurden benötigt, um einen Winter ohne Hunger zu überstehen. Im Volksmund nannte man die Kastanie das Brot der Armen und den Baum schlicht Brotbaum.

Die Verehrung der Kastanie hat Tradition. So nannten sie die alten Griechen «Gottes Eichel», und im alten Christentum galt die Kastanie ihrer stachligen Schale wegen als Symbol der unbefleckten Empfängnis Marias. Da Kastanienbäume auch nach radikalen Rückschnitten immer wieder stark austreiben, sah man darin sogar das Symbol der Wiederauferstehung Christi. Deshalb wurde sie vielerorts als Lebensbaum verehrt.

In der Maisonne, die in den lichten Wald dringt, leuchten die hellen grünen stachligen Früchte. Bis ein frisch

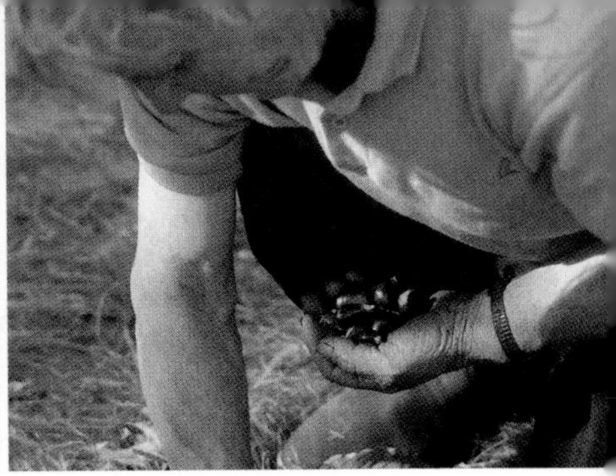

gepflanzter Edelkastanienbaum erstmals Früchte trägt, dauert es 25 bis 30 Jahre. Erst nach 70 weiteren Jahren bringt er die volle Ertragsleistung. Ein gut gepflegter Baum kann pro Jahr 50 bis 100 Kilo Ertrag bringen. Die Edelkastanie ist eine ausgesprochen sonnenhungrige Frucht. Sie braucht 2000 bis 2300 Grad Celsius bis zur vollen Reife. Je nach Jahr ist dieser Zeitpunkt zwischen September und November erreicht.
Das Brot der Armen hat nicht nur hungrige Bäuche gestopft. Nach neusten ernährungswissenschaftlichen Erkenntnissen ist die Edelkastanie ein wertvolles und gesundes Nahrungsmittel. Sie enthält viel Kohlenhydrate, wenig Fett und ist, im Gegensatz zum Getreide, basenüberschüssig.

Darf man? Schon bald wird der Baum seine Früchte abwerfen, doch keiner wird sich danach bücken. Früher war das Sache der Kinder. Die kleinen für die Schweine, die grossen für die Familie, wie sich der Förster Lindo Grandi aus Calonico erinnert; bis Reis, Teigwaren und Brot die Kastanien langsam vom Speisezettel verdrängten. Nach dem Zweiten Weltkrieg wollte man nichts mehr wissen von der Armenkost. Höchstens Touristen sammeln heute noch die rostroten Früchte, stecken diese mehr oder weniger verstohlen in den Rucksack.
Darf man, oder darf man nicht? Auch Einheimische wissen nicht recht, wie sie Marroni sammelnden Touristen begegnen sollen. So hat Förster Lindo Grandi zwei Stimmen in seiner Brust. Die eine freut sich, wenn jemand

«Heissi Maroni!» Der Weg dahin ist aufwendig. Wie weit wird die Renaissance der Kastanie in der Leventina reichen? Das für die Kastanien-Produktion in der Schweiz wichtigste Gebiet ist das Bergell. Aus diesem Val Bregaglia stammen die hier präsentierten Aufnahmen.

Kastanien sammelt, denn die Früchte jener Bäume liegen zu lassen, die ihn, aber vor allem seine Vorfahren, ernährt hatten, diese wertvollen Früchte liegen zu lassen, ist Sünde. Die andere Stimme pocht auf das Recht, und dieses sagt klar: Jeder Kastanienbaum hat einen Besitzer, also hat sich kein Tourist zu bedienen. Bloss lassen eben diese Besitzer die wertvollen Früchte liegen. Darf man nun, oder darf man nun nicht? Wie immer kommt es auch in diesem Fall auf das Mass an respektive auf das Fingerspitzengefühl der Langfinger. Nicht jeder Kastanienbaum an der Strada Alta ist verwaist. Besonders grosse Kastanien sind ein Zeichen von gut gepflegten Bäumen – meist stehen diese in Haus- oder Dorfnähe. Förster Grandi erzählt von jenen Touristen, die sich unter seinem Haus bedienen, die schönen grossen Kastanien abtransportieren, bevor er die Ernte seiner Arbeit einbringen kann. Konsternierung schwingt in seiner Stimme, wie er erzählt, was er von Touristen zu hören bekommt, wenn er sich für seine Kastanien wehrt.

Eine vergessene Welt Mit etwas Fantasie sind die ursprünglichen Selven noch auszumachen. Da wo jetzt Haselstauden, Erlenbüsche und Eschen wachsen, grasten einst Tiere zwischen den Kastanienbäumen. Steinmauern, welche unmotiviert im Wald zu stehen scheinen, eingestürzte Steinhäuschen, alte Ställe oder Kapellen: die vergandeten Selven, eine vergessene Welt.
Stumm stehen sie da, die uralten, knorrigen Bäume, sie, die ganze Generationen ernährten, produzieren unbeirrt

Jahr für Jahr ihre Früchte. Diese werden von Jahrzehnt zu Jahrzehnt kleiner und spärlicher, mangels Licht, Platz und Pflege. Die stattlichen Lebensbäume sind ins Kraut geschossen. Gestorben, ab- und ausgewandert sind die Menschen, die diese Bäume schneiden oder pfropfen sollten. Und jene Menschen, die zurückgeblieben sind, stillen ihren Hunger lieber mit Teigwaren als mit Kastanien. Die Kastanie hat den Beigeschmack von Armut und Hunger bis heute behalten – und wird höchstens noch in sentimentalen Momenten auf dem Feuer gebraten.

Der wirtschaftliche Niedergang der Kastanie im Tessin begann im Jahre 1882 mit der Eröffnung der Gotthardbahn. Mais, Reis und Kartoffeln konnten plötzlich viel billiger importiert werden und verdrängten die Tessiner Brotfrucht schliesslich fast ganz. Einzig während der Kriegsjahre gelangten die Kastanien nochmals auf den Speisezettel. Etwas langsamer ging diese Entwicklung in den Terrassendörfern der Leventina, an der «Strada Alta». Diese wurde zum Teil erst in den 1950er Jahren erschlossen. Nun waren auch diese Leute nicht mehr auf Selbstversorgung angewiesen.

Selven werden saniert Vor einigen Jahren realisierten die Oberförster der Tessiner Verwaltung, dass es schlecht steht um die Kastanien im Kanton. Bereits in den 1930er Jahren hat ein Pilz, der sogenannte Kastanienkrebs, ganze Wälder weggerafft. Nun droht der Restbestand im wahrsten Sinne des Wortes zu ersticken. Da die Kastanie einiges mehr an Licht braucht als andere Bäume, können diese nicht mehr wachsen. Sie werden von den schneller wachsenden Eschen, Linden, Ahorn- oder Kirschbäumen, Birken und Eichen verdrängt. Ohne menschliche Pflege haben junge Kastanienbäume und Selven als Ganzes praktisch keine Chance. Anfang dieses Jahrhunderts bedeckten 8000 Hektaren Kastanienselven das Tessin, heute sind es gerade noch 1400.

Dass die Kastanienkultur im Tessin nun an einigen Orten wieder auflebt, ist nicht zuletzt das Verdienst von Carlo Scheggia, Revierförster im Alto Malcantone. Dank finanzieller Hilfe des Fonds Landschaft Schweiz (FLS)

Bei Calonico: Wiederhergestellte Kastanienselve.

und der Mithilfe der Bevölkerung werden verwilderte Selven wiederhergestellt. Die Wälder müssen bis auf die Kastanien ausgeräumt, die einzelnen Bäume untersucht, geschnitten oder gefällt und durch junge ersetzt werden. Auf dem freigewordenen Boden wächst wieder Gras.
In Calonico an der «Strada Alta» ist eine sanierte Selve zu sehen. Förster Lindo Grandi hat von dem erfolgreichen Projekt im Malcantone gehört und seine Gemeinde dafür begeistern können. Zur Gemeinde gehört auch eine Schar Deutschschweizer und -schweizerinnen, die ferienhalber in Calonico wohnen. Auf ihre Initiative hin wurde der Verein «Pro Mulino di Calonico» gegründet. Sechs Jahre lang dauerte die Wiederherstellung der uralten Kastanien- und Getreidemühle. 1995 wurde das Bijou eingeweiht, doch zum Mahlen braucht sie heute niemand. Denn im Dorf gibt es seit langem keine Bäckerei mehr – und den Einheimischen ist das steingemahlene Mehl zu grob, meint der Gemeindepräsident achselzuckend. Die Steine, die einst Kastanien und Getreide mahlten, stehen schon eine Ewigkeit still. Keiner der Einwohner – auch nicht die ältesten – können sich daran erinnern, dass diese Mühle je in Betrieb war.
Ähnlich museal stehen die Kastanienbäume der sanierten Selve unterhalb des Dorfes da. Die Bäume werden zwar gepflegt, aber kaum genutzt, die Kastanien werden nicht vermarktet, dazu ist die Fläche viel zu klein.

Anne-Marie Haller

Lesen:

Koller Rafael, Häberli Sandra: Heissi Marroni. N.A.P. Verlag, Freienstein 1997.
Guidicelli Maryton/Bosia Luigi: So isst das Tessin. Edizioni San Giorgio, Muzzano 1999.

19 SOBRIO — LEONTICA

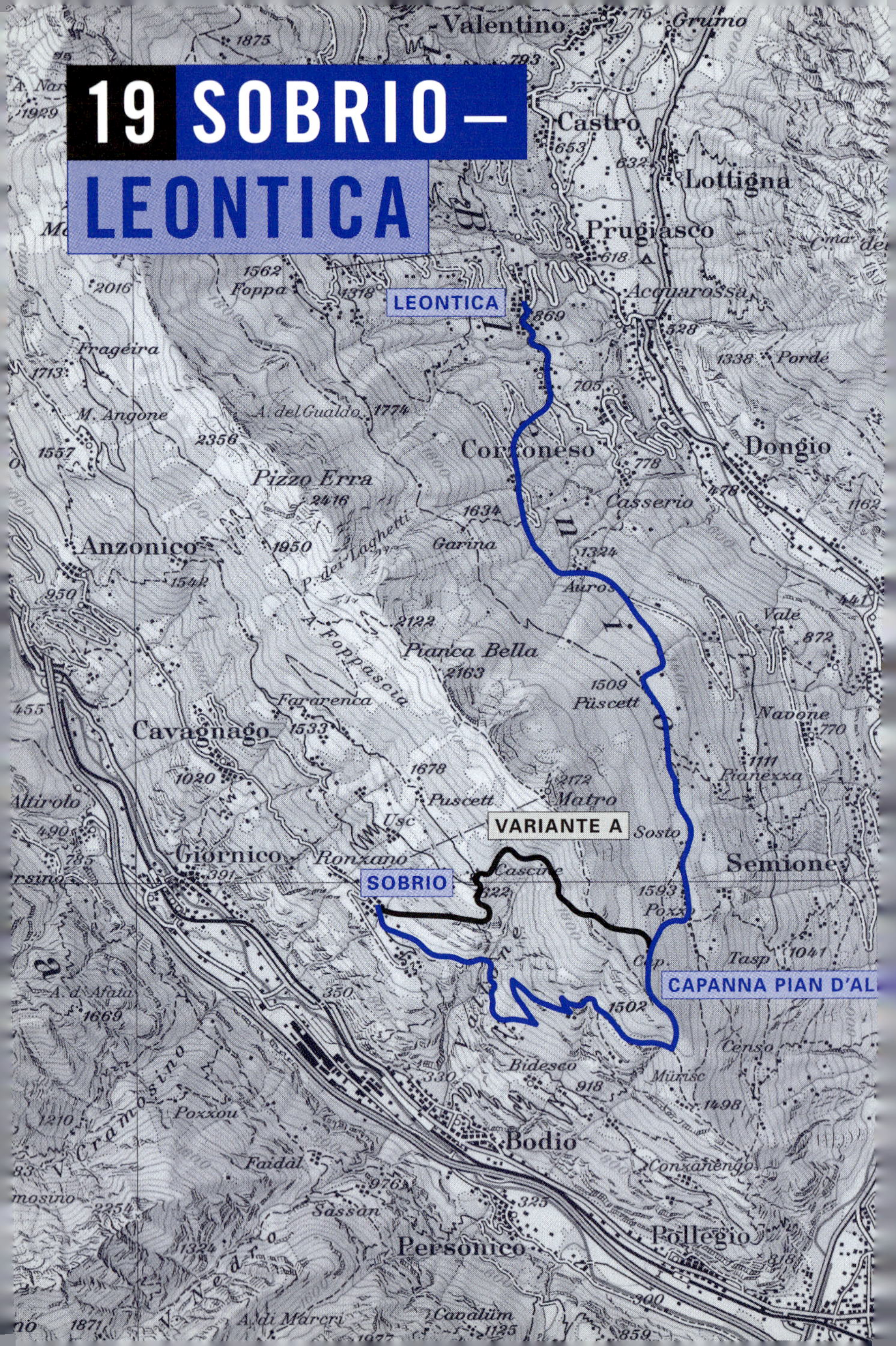

Sobrio, Post (1130 m)–Capanna Pian d'Alpe UTOE (1764 m)

MS	◷ 2 h 40 ➔ 6,7 km ↗ 707 m ↘ 73 m
Route	Ab Post Sobrio bis Püscett di Sopra (Pt. 1070) als «Strada Alta» bezeichnet. Hier links abzweigen und auf «Sentiero Alto Val Blenio» Richtung Capanna Pian d'Alpe. Über Alp von Tenciaréu bis Radura della Cresta (Pt. 1580). Ab hier über einen Bergrücken zur Capanna Pian d'Alpe.
Variante A	Ab Sobrio über Cascine mit mehr Höhenmetern zur Capanna Pian d'Alpe (2 h 45).
Anreise	Postauto Airolo/Bellinzona–Lavorgo (625.09) Postauto Lavorgo–Sobrio (600.68)
Rückreise	keine Möglichkeit
Service	keine Verpflegungsmöglichkeit, Brunnen auf Alp Tenciaréu
Schlafen	Capanna Pian d'Alpe UTOE, kein Hüttenwart, immer geöffnet, Tel. 091 864 25 25/091 862 33 27
Jahreszeit	Mai–Oktober
Karten	266(T) Valle Leventina; 1273 Biasca

Capanna Pian d'Alpe UTOE (1764 m)–Leontica, Pfarrkirche (875 m)

L	◷ 3 h 10 ➔ 9,8 km ↗ 127 m ↘ 1016 m
Route	Ab Capanna Pian d'Alpe Richtung Pozzo–Sosto bis Püscett. Ab hier die Alperschliessungsstrassen immer geschickt meidend hinunter zur Hauptstrasse in Corzoneso und auf Fahrstrasse nach Leontica.
Anreise	keine Möglichkeit
Rückreise	Bus Leontica–Acquarossa (600.75) Bus Acquarossa–Biasca (600.72) Bahn Biasca–Arth-Goldau/Bellinzona (600)
Service	Restaurants, Lebensmittelladen, Post in Leontica
Schlafen	Trattoria «Gianora», Leontica, Tel. 091 871 16 98
Jahreszeit:	Mai–Oktober
Karten	266(T) Valle Leventina; 1253 Olivone, 1273 Biasca

unterwegs...

Vallone Als Eckpfeiler am Ende einer Gebirgskette ragt über Sobrio der Matro (2172 m) heraus. Der mit einem Schiffsbug zu vergleichende Berg bietet enorme Weitsicht, auf seiner Spitze thront eine Telekommunikations-Anlage mit Sendeturm.

Im Gebiet des Matro sammeln sich die Wasser des *Dragone.* Dragone (Drachen) verweist treffend auf die Kraft des Wildbachs. Südlich von Sobrio hat er die Valloneschlucht in die Bergflanke gefurcht; deren Überquerung ist ein landschaftlicher Höhepunkt der Strada Alta Leventina. Der Weg aus der Schlucht führt über eine Folge von Steintreppen.

Arbeitslosigkeit: Vom Höhenweg Blicke in das vom Transitverkehr beherrschte Tal. Vor Ort sind Arbeitsplätze rar, die Zahl der Stellenlosen in der Leventina gehört zu den höchsten der Schweiz. Schwer zu verdauen ist die 1995 erfolgte Schliessung des Von-Roll-Stahlwerks Monteforno bei Bodio. Auf dem Rückzug befindet sich auch die Armee, einst wichtiger Arbeitgeber in der Leventina. Impulse für die Bauwirtschaft werden vom neuen Eisenbahn-Basistunnel erwartet. Dieser soll bei Biasca aus dem Berg kommen. Ein Sondierstollen dazu entsteht bei Faido.

Alpe Pozzo: Noch traditionell bewirtschaftet.

Pian d'Alpe Flurbezeichnungen auf Pian oder Piano sind in der Leventina und dem Val Blenio häufig. Sie verweisen auf einigermassen flaches Gelände, im Deutschen vergleichbar mit «Boden». Auf einem solchen, umgeben von dichtem Tannenwald, steht auf 1764 m die 1934 erbaute und mehrmals vergrösserte Capanna Pian d'Alpe. Sie ist Eigentum der UTOE-Sektion Biasca.

Püscett: Altes, ausgebautes Rustico, ausgestattet mit 25 Schlafplätzen. *Offen zwischen Mitte Juni und Mitte September; kein Hüttentelefon, Anmeldungen unter Tel. 091 871 17 65.* Hüttenumbauten in der Art des Püscett sind im Bleniotal oft anzutreffen: Aus Ställen und Unter-

Armut und grosse Familien: im 19. Jahrhundert Triebfedern zur Auswanderung.

künften für Älpler wurden Ferien- und Wochenendhäuser. Damit sind sie eigentliche Spiegelbilder des anhaltenden kulturellen Wandels.

Val Blenio Die Geschichte des Bleniotals ist auch eine Geschichte der Emigration (siehe Seite 245 ff.). 1850 zählte das Tal 7687 Einwohner, 1997 waren es 5464. Seit 1990 leichter Aufwärtstrend. Das Tal umfasst 17 Gemeinden (der Kanton über 250). Die grösste ist Malvaglia (1197 Einw.), die kleinste Largario (30). Im Tessin wird die Zusammenlegung von Gemeinden angestrebt. Im Bleniotal soll es nur noch drei *comuni* geben: Malvaglia, Acquarossa, Olivone. Die Stimmung darüber in der Talbevölkerung ist geteilt. Einige wollen alles beim alten belassen, andere bloss noch eine einzige *comune: Acquarossa.*

Corzoneso Unterhalb des Dorfes, auf einer Geländeterrasse, die von Friedhofmauer, Kapellenkranz und Beinhaus umgebene katholische Pfarrkirche *Santi Nazario e Celso.* Erstmals erwähnt wird sie 1211, der barocke Umbau erfolgte 1671. Neben dem Hauptportal Reste eines Christophorusgemäldes aus dem 14. Jahrhundert. Vollständig ausgemalt ist die Aussenkapelle neben dem Westportal. Im Innern Hochaltar aus dem 17. Jahrhundert mit prachtvoll geschnitztem Aufbau.

Leontica Mit dem Bau von Seilbahnen und Skiliften ins weitläufige Gebiet der Bassa di Nara (2123 m) hat das ehemals vor allem durch die Landwirtschaft geprägte Leontica (290 Einw.) Akzente für die Entwicklung des Tourismus gesetzt. Der Narapass spielte für Leontica indes auch in der Vergangenheit eine wichtige Rolle: Über ihn setzte um das Jahr 1000 eine Einwanderungswelle aus der Leventina ein, wo aufgrund des Bevölkerungsdrucks Anbau- und Weideflächen rarer geworden waren. Damals gehörten Leontica und Prugiasco zur Vizinanz Chiggiogna in der Leventina. Nach dem Sieg der Eidgenossen bei Giornico 1478 gingen diese Gemeinden und weitere Gebiete des Bleniotals in den Besitz von Uri über.

Leonticas Pfarrkirche *San Giovanni Battista* (Johannes der Täufer) wird 1204 erstmals erwähnt. Der heutige, hochgeschossene Spätbarockbau entstand um 1784. Der romanische Turm der Vorgängerkirche blieb bis Anfang dieses Jahrhunderts bestehen; 1925 erfolgte der Bau des neoromanischen Campaniles. Von Kunstfreunden wird Leontica häufig aufgesucht: Angelockt werden diese durch die ausserhalb des Dorfes ruhende, ins 12. Jahrhundert zurückreichende Kirche *San Carlo di Negrentino.* Mehr Informationen zu diesem Gotteshaus siehe Seite 245 ff.

World-Music aus dem Bleniotal

Vox Blenii – die Stimme eines schon immer multikulturellen Volkes

Luisa Poggi, Sängerin der Vox Blenii.

Draussen lässt die Oktobersonne die verfärbten Wälder aufleuchten. Spaziergänger streifen herum und sammeln Kastanien. Drinnen, im Saal einer stillgelegten Hosenfabrik in Dongio, ist ein gewaltiges Fest im Gang. Das dreitägige Volksmusikfestival, ein alljährliches Ereignis im Tal, brandet seinem Höhepunkt entgegen. Die Bandalpina, ein 22köpfiges Orchester, gönnt sich keine Pause. Marsch, Schottisch, Walzer, Polka dröhnen in den Saal. Übers Parkett wirbeln Tänzerinnen und Tänzer. Die Musiker aus den Tälern von Bergamo, Brescia und dem Südzipfel des Tessin breiten ihr ganzes Repertoire aus. Es ist die traditionelle Instrumentalmusik ihrer Heimat, die sie gesammelt, wiederentdeckt und jetzt auferweckt haben. Sie interpretieren die alten Melodien direkt und schnörkellos. Befreit von allem Ballast, der später hinzugekommen ist, gewinnt die Musik ihren ursprünglichen, unverfälschten Ausdruck. Ihrer suggestiven Kraft, verstärkt durch die hypnotisch mitgeschleppten Untertöne der Dudelsäcke, Leiern und Pfeifen, kann sich niemand entziehen. Wer nicht bereits das Tanzbein schwingt, ist aufgestanden und klatscht den Rhythmus.

Wahre Geschichten Noch erdiger klingt es, wenn die Vox Blenii aufspielt. Das Publikum erkennt die Lieder, nimmt den Refrain auf, übt sich im Wechselgesang mit der Vokalistin Luisa Poggi. Die Ausdruckskraft ihrer Stimme reicht von heiter beschwingten Sequenzen über dramatische Phrasen, wie wir sie vom neapolitanischen Volksgesang her kennen, bis zu melancholisch-elegischen Einschüben. Geschichten aus dem Leben werden da erzählt, wahre Geschichten über Liebe, Leidenschaften, harte Arbeit, politische Intrigen, Auswanderung und Heimweh.

Amelio Baretta (Akkordeon) und Gianni Guidicelle. Vox Blenii, live in Acquarossa 1998.

Und plötzlich greift in ihrer ganzen orchestralen Stärke die «Bandalpina» wieder ein, legt in einer spontanen Session mit der Vox Blenii einen arabesken Klangteppich. Die Bläser schmettern Riffs im besten Big-Band-Stil. Nahtlos verwandelt sich das einfache Lied aus dem Bleniotal in ein vielstimmiges Musikerlebnis. Multikulturell klingt es, je nach Dominanz bestimmter Instrumente schottisch, böhmisch, spanisch...
World-Music aus dem Bleniotal? Die Assoziation ist nur vielleicht abwegig. Sicher, als die Musiker der Vox Blenii vor 15 Jahren, nach ein paar spontanen ersten Versuchen, ihr konzentriertes Werk starteten, hatten sie das Gegenteil im Auge. Damals sprach auch noch niemand von World-Music. Auf Anregung des Musikwissenschafters Paolo Bianchi zogen die Mitglieder von Vox Blenii nicht wie ein Ry Cooder an den Niger oder nach Kuba, sondern in Altersheime in unmittelbarer Nähe. Oder sie besuchten die Betagten in ihren Wohnungen. Mit sich schleppten sie ein Kassettengerät, auf dem die von den Seniorinnen und Senioren vorgesungenen Lieder vor dem Vergessen gerettet wurden. Dann wurden diese Lieder instrumental arrangiert und auf Festen, Märkten und öffentlichen Plätzen gespielt. Das erste Echo war so gewaltig, dass die fünf Musiker, die als Architekt, Gärtner, Gewerkschafter, Familienhelferin und Beamter ganz normalen Berufen nachgehen, ihre künstlerische Arbeit intensivierten. Die musikethnologische Sammlung wuchs und wuchs. Heute umfasst sie Material in der Grössenordnung von 100 Stunden. Zum aktuellen Repertoire gehören 60 Lieder, die unter anderem auf vier CDs verfügbar sind.

Verwandtschaften Wer darauf jene typischen Tessiner Lieder, welche die Deutschschweizer gerne mit dem Dreierklischee von Mandoline, Grotto und Merlot verbinden, erwartet, liegt falsch. Vox Blenii hat einen eigenen, unverwechselbaren Stil entwickelt. Dazu trägt die klassische Instrumentierung bei, im Stile jener kleinen Orchester, wie sie Anfang dieses Jahrhunderts mit Akkordeon, Geige, Gitarre und Kontrabass üblich waren. Multiinstrumentalist Remo Gandolfi, der Geige, Gitarre und Mando-

Remo Gandolfi (Geige) beim Radio-Interview.

line spielt, erklärt: «Das Liedergut, das wir da aus dem oberen Tessin vor dem Vergessen retteten, entpuppte sich als Überraschung. Wir stellten bald einmal fest, dass es nicht spezifische Lieder aus unserem Tal waren. Vielmehr entdeckten wir Melodien, die in zahlreichen Varianten im ganzen südlichen Alpenraum weit verbreitet sind – wie das für eine mündliche Überlieferung typisch ist. Immer wieder stiessen wir auf klassische Volksweisen aus Italien und Frankreich, die rückgewanderte Emigranten aus der Fremde ins Tal zurückbrachten.»
Das Liedmaterial ist somit auch geschichtliches Dokument. Die Suche nach den Wurzeln hat gezeigt, wie multikulturell diese Wurzeln hier schon vor Jahrhunderten waren. Und nicht zuletzt spiegelt sich in dieser Spurensuche eine alte Tatsache wieder: Wie sehr sich nämlich die europäische Volksmusik schon immer durchmischt hat.
Der Erfolg von Vox Blenii beruht nicht nur auf ihrer volkskundlich dokumentarischen Arbeit, darauf, dass sie altes Liedergut gerettet hat. Entscheidender noch ist die künstlerisch konsequente Art der Wiederaufbereitung. Diese orientiert sich streng am ursprünglichen Gesang, ohne kommerziellen Ballast. Entschlackt und frei von angestrengter Virtuosität finden die Musiker zu einer universalen, überall verstandenen Sprache.

Plattform Ganz parallel zur Karriere der Vox Blenii verlief auch der Aufbau des dreitägigen Volksmusikfestivals, das jeweils im Oktober über die Bühne geht. Die Musiker haben dieses Ereignis initiiert, organisiert und mit ihren Auftritten geprägt. Bereits die halbe Welt, von Mexiko bis Indien, ist im oberen Tessin aufgetreten. Gemeinsamer Nenner all dieser Ensembles: Eine Volksmusik, die sich ohne falschen Zierat an den eigenen Wurzeln orientiert. Am besten zeigt sich diese innere Verwandtschaft, wenn sich die Gruppen zur Session treffen. Dann wird daraus, am überstrapazierten Terminus kommen wir leider nicht vorbei, World-Music im

kommunikativsten Sinne. Ein Cantautore wie Nono Salome aus Torino mit seinen vertonten Texten von Pirandello und Majakowski passt da so gut ins Programm wie die «Taraf de Haidouks» aus Rumänien oder «Hickory Skinners» aus North Carolina.
Das dreiteilige Festival hat heute seinen festen Platz im Kulturkalender des Tals. Wenn die Kuchen im Saal gegessen und die Herbstsonne hinter den bereits weissen Gipfeln versinkt, so dass die Kastanienwälder zu dunklen Schatten verglimmen, wissen die Besucher: Das Fest drinnen im Saal neigt sich dem Ende zu, genauso wie der Herbst draussen... bis zum nächsten Jahr.

Pirmin Schilliger

Hören:
Vox Blenii: Polenta gialda, Volkslieder auf CD, Acquarossa 1997,
Vox Blenii, Tel. 091 871 11 31 oder 091 862 22 64.

20 LEONTICA— CAMPO (BLENIO)

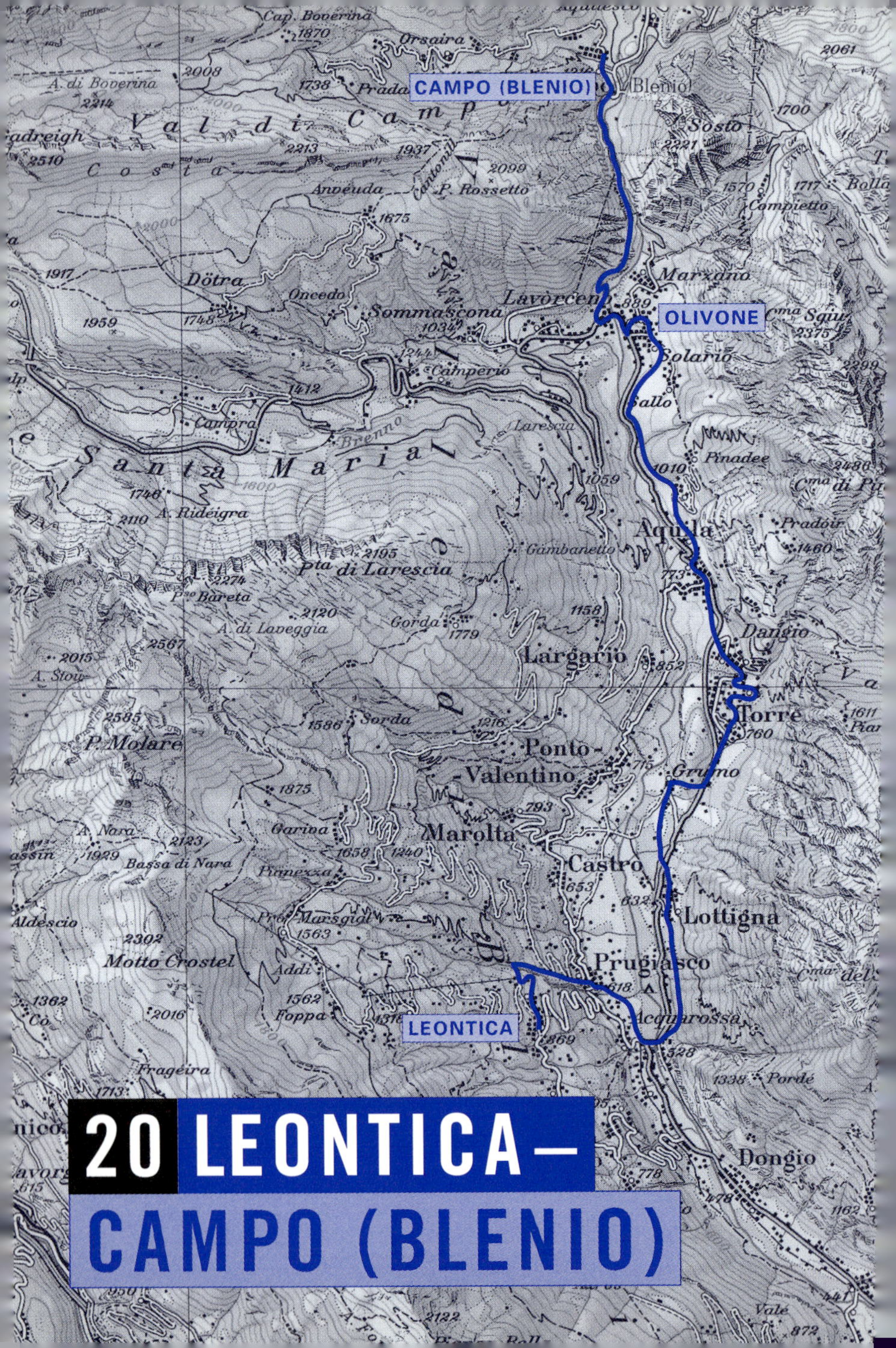

Leontica, Pfarrkirche (875 m)–Olivone, Post (890 m)

L	◷ 4 h 50 ➔ 15,3 km ↗ 578 m ↘ 563 m
Route	Ab Pfarrkirche Leontica Richtung San Negrentino. Von der Kirche auf Fussweg über Prugiasco nach Acquarossa absteigen. Vom ehemaligen Bahnhof Acquarossa auf dem «Sentiero Basso» nach Lottigna und über Torre–Dangio–Acquila bis Olivone.
Abkürzen	Acquarossa/Lottigna/Torre/Dangio/Aquila–Olivone mit Bus (600.72)
Anreise	Bahn Arth-Goldau/Bellinzona–Biasca (600) Bus Biasca–Acquarossa (600.72) Bus Acquarossa–Leontica (600.75)
Rückreise	Bus Olivone–Biasca/Disentis (600.72/600.73/920.80)
Service	Restaurants in Prugiasco, Acquarossa, Torre, Dangio, Aquila und Olivone; Lebensmittelläden in Acquarossa, Torre, Dangio, Aquila, Olivone; Post in Prugiasco, Acquarossa, Lottigna, Torre, Dangio, Aquila und Olivone; Bank in Acquarossa, Aquila und Olivone
Schlafen	Ristorante «Stazione», Acquarossa, Tel. 091 871 11 23 Ristorante «Greina», Torre, Tel. 091 871 12 37 Albergo «Olivone e Posta»***, Olivone, Tel. 091 872 13 66 Albergo «San Martino», Olivone, Tel. 091 872 15 21 Osteria «Centrale», Olivone, Tel. 091 872 11 07
Jahreszeit	Mai–Oktober
Karten	266 (T) Valle Leventina; 1253 Olivone, 1273 Biasca

Olivone, Post (890 m)–Campo (Blenio), Dorfplatz (1216 m)

L	◷ 1 h 20 ➔ 4,2 km ↗ 336 m ↘ 10 m
Route	Ab Post Olivone auf dem «Sentiero Greina» Richtung Campo (Blenio). Von der Trattoria «Genziana» vor Campo auf Fussweg die Talstrasse meidend ins Dorf.
Abkürzen	Olivone–Campo (Blenio) mit Bus (600.78)
Anreise	Bus Biasca/Disentis–Olivone (600.72/600.73/920.80)
Rückreise	Bus Campo (Blenio)–Olivone (600.78) Bus Olivone–Biasca/Disentis (600.72/600.73/920.80)
Service	Restaurants, Post in Campo, kein Lebensmittelladen in Campo!
Schlafen	Trattoria «Genziana», Campo, Tel. 091 872 11 93 Ristorante «Broggi», Campo, Tel. 091 872 11 41
Jahreszeit	Juni–Oktober
Karten	266 (T) Valle Leventina; 1253 Olivone

unterwegs...

Negrentino/Prugiasco Oberhalb des Dorfes Prugiasco, beim Weiler Negrentino, die *katholische Kirche San Carlo:* Sie zählt zu den bedeutendsten romanischen Kirchen der Schweiz. Freskenzyklus aus dem 12. und dem 15. Jahrhundert. Erstmals erwähnt wird die ursprünglich dem hl. Ambrosius geweihte Kirche im Jahr 1214. Näheres zur Geschichte und Ausstattung der Kirche San Carlo siehe Seite 246 ff. *Sant'Ambrogio:* Im Dorf steht Prugiascos eigentliche Pfarrkirche, erbaut um 1700.

Acquarossa:
Das Bäderviertel.

Acquarossa war während Jahrhunderten berühmt für seine Thermalbäder; 1970 wurden sie geschlossen. In modernisierter Form, mit Wellness- und Fitnesseinrichtungen versehen, soll dieser Bäder-Tourismus wieder erstehen. Ein neues Zentrum, konzipiert vom Tessiner Architekten Mario Botta, wird im Jahr 2001 seine Tore öffnen. Für das Projekt sind 60 Millionen Franken veranschlagt. Durch den Bäderbetrieb sollen im Tal über 100 neue Arbeitsplätze geschaffen werden. Aus den Thermalquellen von Acquarossa fliessen pro Minute 200 Liter eisenhaltiges, 26 Grad warmes Wasser.

Brenno Die Wasserentnahme zur Stromerzeugung hat den Talfluss (Brenno) zu einem Rinnsal innerhalb eines riesigen Bachbetts werden lassen. Zwischen Olivone und Biasca führt er teilweise noch einen Viertel seiner früheren Wassermenge. Auf seinen flachen Abschnitten drohen Auenlandschaften von nationaler und europäischer Bedeutung auszutrocknen.

Lottigna Ein Muss ist der Besuch des *Palazzo del Pretorio* (Haus der Landvögte). Erbaut vom Architekten

Lottigna: Wappenverziertes, ehemaliges Haus der Landvögte, heute Talmuseum.

Gian Domenico Cima di Aquila, diente der Palast von 1550 bis 1798 als Sitz der Landvögte aus den Urkantonen und als Haus des Gerichts. Heraldisch gesehen ist der Prätorenpalast das interessanteste Gebäude des Tessins: Die Fassade ist über und über mit den Wappen der Landvögte aus dem 16. und 17. Jahrhundert bedeckt. In den Sälen und Wohnräumen weitere Landvogteiwappen. Seit 1989 beherbergt der Palazzo del Pretorio das Museo di Blenio (Talmuseum). Zahlreiche Objekte und Zimmereinrichtungen orientieren über bäuerliches Kunsthandwerk, religiöse Kunst, Trachten, Land- und Forstwirtschaft, Käseproduktion, Weinbau und Bienenzucht. Zudem bedeutende Waffensammlungen mit Feuerwaffen aus 40 Ländern vom 14. Jahrhundert bis heute. In ehemaligen Gefängniszellen Gerätschaften, die von Wilddieben verwendet wurden. Dokumentation zur Auswanderung, über Marroni-Röster und Schokolade-Hersteller. *Öffnungszeiten: Ostern bis 1. November, Di–Fr 14–17 Uhr; Sa, So und Feiertage 10–12 und14–17 Uhr. Ausserhalb der Öffnungszeiten und für Gruppen nach Vereinbarung. Anmeldung: Tel. 091 871 19 77 oder Verkehrsbüro Bleniotal, Tel. 091 871 17 65.*

Torre Die barocke Pfarrkirche Santo Stefano bildet mit Pfarrhaus und Beinhaus ein Ensemble. Von der Vorgängerkirche hat sich der fünfgeschossige, romanische Turm (12. Jh.) mit weiss verputzter Pilasterfassade er-

Torre mit romanischem Turm der Pfarrkirche S. Stefano.

halten. *Casa Baltera:* An der Aussenfassade dieses Hauses prangt ein Fresko aus dem Jahr 1495; es zeigt die Madonna del Latte, perspektivisch gemalt und versehen mit zahlreichen Details. *Burg:* Im Ortsteil Ingerio ehemalige Burg der Della Torre. Sie erinnert an eine Keimzelle der frühen Eidgenossenschaft: 1182 hatten sich die Leventina und das Valle di Blenio im «Schwur zu Torre» miteinander verbunden. Man gelobte, ohne Einwilligung der Gemeinden keinen weiteren Burgenbau des einheimischen und von den deutschen Kaisern abhängigen Feudaladels mehr zuzulassen. Die Idee kommunaler Selbständigkeit von bäuerlichen Gemeinschaften und das politische Credo mittels eines Schwurs wurden damit im Bleniotal noch vor dem Rütlischwur und der Gründung der Eidgenossenschaft verwirklicht. Dieses Kundtun von Autonomie hat die hiesigen *comuni* seit jeher charakterisiert.
Cima Norma: Im Talgrund des Ri di Soi. Bis 1968 wurde in der Fabrik Cima Norma die Schokolade gleichen Namens produziert. Die Fabrik war einer der wichtigsten Industriebetriebe der Talschaft. Das Fabrikgebäude stammt aus dem 19. Jahrhundert. Mehr zur Schokolade-Industrie des Bleniotals siehe Seite 245 ff.

Dangio Die Häuser des Dorfs verziert mit Fresken, viele davon aus dem 15. Jahrhundert. Am häufigsten ist die Gottesmutter dargestellt, als thronende Jungfrau mit Kind. Das Dorf schmiegt sich um die Kirche Sant' Ambrogio. Darin eine Muttergottesstatue aus dem 18. Jahrhundert.

Aquila Stattliches Strassendorf, Hauptort des mittleren Bleniotals. Einige Gebäude sind mit Aussentreppe und Balkon ausgestattet und mit Fresken aus dem 16. bis 18. Jahrhundert versehen. Viele davon stammen aus der Hand des 1733 in Aquila geborenen Künstlers Giovanni Battista Degiorgi.
Jeweils am ersten Sonntag im Juli wird in Aquila die *Storica milizia* gefeiert, ein religiöses Fest, an dem in einer Prozession die Madonna in die Kirche gebracht wird und die männlichen Teilnehmer napoleonische

Storica milizia: Wird nebst Aquila auch in Leontica begangen.

Uniformen tragen. Die Storica milizia wird auch in Ponto Valentino (dritter Sonntag im Juli) und in Leontica (letzter Sonntag im Juni) begangen.
Ponto Aquilesco: Wegkapelle zu Ehren des hl. Antonius. Der Weiler gehört wie das benachbarte, etwas höher gelegene Pinadee zur Gemeinde Aquila.

Olivone An den historischen Verkehrswegen zum Greinapass und zu dem nach Disentis im Bündner Oberland führenden Lukmanierpass (1972 m) gelegen, erlebte Olivone im Mittelalter eine Hochblüte. Das Dorf setzt sich zusammen aus mehreren Ortsteilen, im Zentrum Chiesa. *Kath. Pfarrkirche San Martino:* 1136 erstmals erwähnt, im 17. Jahrhundert vollständig umgebaut. Von der Vorgängerkirche ist der romanische Glockenturm erhalten. Er wird durch zwei- und dreibogige Schallarkaden und ein Pyramidendach charakterisiert. Kanzel und Beichtstuhl aus dem mittleren 17. Jahrhundert. Die Ölgemälde wurden zum grössten Teil um 1600 angefertigt.
Heilpflanzen: Zurzeit (Sommer 1999) laufen die Aufbauarbeiten für das Alpine Institut für Phytopharmakologie (Istituto Alpino di Fitofarmacologia). Darin involviert sind Wissenschafter diverser Schweizer und ausländischer Hochschulen. Wichtige Anbaugebiete für Heilpflanzen (u.a. Melisse, Kamille, Johanniskraut, Thymian) finden sich im hinteren Bleniotal, insgesamt beteiligen sich daran 50 private Produzenten, einige davon wirken im angrenzenden Italien. Das Labor, das in Olivone entsteht, wird vom traditionellen Wissen über Heilkräuter ausgehen (frühere Forscher auf diesem Gebiet waren Sebastian Kneipp und Johann Künzle), will dieses Wissen durch Reevaluation indes weiter voranbringen. Damit soll der Einsatz von Pflanzenextrakten in der Heilkunde erweitert und durch den seriösen Umgang mit dem Rohmaterial – von der Produktion bis zur Trocknung – die Wertschätzung (auch die finanzielle) der Heilpflanzen gesteigert werden. Initiant des in Gemeinde, Kanton wie an Hochschulen abgestützten Projekts ist der am Pathologischen Institut in Locarno wirkende Neuroimmunologist Ario Conti.

Museo Cà da Rivöi: 1969 eröffnetes Talmuseum neben der Pfarrkirche. Untergebracht in einem im 17. Jahrhundert von Handwerkern aus der Zentralschweiz erbauten Bauernhaus. Mit dem Ineinander von Holz und Mauerwerk ist es ein typisches Gotthardhaus. Sammlung von Votivgaben sowie typischen Trachten aus der Gegend u.v.m. *Öffnungszeiten: Ostern bis 31. Oktober. Sa, So und Feiertage 10–12 und 14–17 Uhr. Werktage 14–17 Uhr. Mo geschlossen. Tel. 091 872 10 56.*

Campo (Blenio) In die Felsen des Sosto (2221 m) gebaut ein Wasserkraftwerk der Idroelettriche di Blenio SA. Seiner Gestalt wegen wird der Sosto mitunter als Matterhorn des Bleniotals bezeichnet. «Er war beeindruckt vom Sosto, der das Tal vor ihm abschloss und ihm, sichtbar schon vom Weg aus, eine Grenze setzte. Ein bedrohlicher Berg, von Guntens Standort aus mit stumpfer Spitze; die Sonne leuchtete jede Felsnase und -rinne aus, jeden möglichen Aufstieg – und, wie zur Warnung, jeden Abbruch.» Soweit Werner Schmidli in seinem in und um Olivone spielenden, 1989 erschienenen Kriminalroman «Guntens stolzer Fall».
Campo (80 Einw.) legt Wert auf Autonomie. Für die internen Geschäfte ist der Gemeinderat zuständig; die administrativen Arbeiten werden indes in der Gemeindekanzlei von Olivone erledigt. Wirtschaftsmöglichkeiten ergeben sich vorab aus der Landwirtschaft und dem Sommer- und Wintertourismus, Campo verfügt über zwei Unterkünfte für Schul- und Ferienlager (über 150 Betten).
Am rechten Flussufer des Brenno die *kath. Pfarrkirche S. Maurizio e Agata.* Erstmals erwähnt um 1225. Die heutige, am Ort der romanischen Vorgängerkirche erstellte, zweischiffige Anlage reicht zurück ins Spätmittelalter.

Val Blenio – und talwärts bis nach London

Auch von einer Kirche, die nicht mehr im Dorf steht

Carlo Gatti.

Als Carlo Gatti 1829 von Dongio nach Paris marschierte, mit 25 Franken in den Taschen und noch fern davon, als Millionär in die Emigrationsgeschichte einzugehen, thronte die Kirche San Carlo di Negrentino bereits seit über 700 Jahren auf dem Geländevorsprung bei Prugiasco. San Carlo di Negrentino, früher San Ambrogio geheissen, ist eines der bedeutendsten romanischen Bauwerke im Alpenraum. Trotz ihrer exponierten Lage hat die Kirche die Jahrhunderte überdauert. Carlo Gatti, der Emigrant, der es in der Fremde geschafft hatte und begütert zurückgekehrt war, starb am 6. September 1878 im Alter von 61 Jahren, zu Hause in Dongio, unweit von San Carlo. Die Blütezeit der Shops und Restaurants, die er in London gegründet hatte, stand erst noch bevor. San Carlo aber, die Kirche, hatte ihre bedeutungsvollen Zeiten damals längst hinter sich.
Was sie nicht an ihrem angestammten Ort verwirklichen konnten, haben die Blenieser anderswo gesucht. Die Menschen, die hier wohnten, haben sich trotz ihrer abgeschiedenen Wohnlagen seit jeher nach aussen orientiert. Auswanderungen haben das Val Blenio geprägt. Bewegung herrschte zudem auch im Tal selbst: Ganze Weiler wurden sukzessive als Wohnstätten aufgegeben, wenn die Lebensbedingungen anderswo, und sei es ganz in der Nähe, besser waren.

Zunehmende Entvölkerung Es war eine dieser Wanderungen talwärts, die das Schicksal der Kirche San Carlo di Negrentino besiegelt haben. Die Entvölkerung der Alpengebiete von Negrentino führte dazu, dass diese Kirche heute alles andere als im Dorf steht. In ihrer Blütezeit, die bis 1500 dauerte, war San Carlo noch religiöser Mittelpunkt für eine grössere Region um Pru-

Prugiasco, Kirche San Carlo di Negrentino.

giasco und bis unterhalb des Narapasses gewesen: Gegenden, die damals viel stärker besiedelt waren als heute. Dass in den drei ambrosianischen Tälern (Blenio, Leventina, Riviera) fast sämtliche noch bestehenden Gotteshäuser bis ins 12. Jahrhundert zurückreichen, hat gemäss Untersuchungen des Historikers Karl Meyer eben auch konkret mit der damals relativ starken Bevölkerungsdichte zu tun. Grundlage für diese Ansiedlungen bot nicht zuletzt der Ackerbau, der um 1200 auch in Höhenlagen von 1000 Metern stark verbreitet war, wie Fritz Glauser in seiner Untersuchung über die mittelalterliche Landwirtschaft nachgewiesen hat. Erstmals erwähnt wurde die Kirche um 1214.

Die zweischiffige Anlage ist in Etappen entstanden. Der ursprünglich romanische Apsidensaal des späten 11. oder frühen 12. Jahrhunderts erfuhr wahrscheinlich im 13. Jahrhundert eine südliche Erweiterung durch einen etwas schmaleren, aber gleichgearteten Raum. Auch hier wird deutlich: es brauchte Platz für mehr Leute.

Nach dem Sieg der Eidgenossen bei Giornico 1478 über die Mailänder gingen Teile der drei Täler Leventina, Blenio und Riviera in den Besitz von Uri über. Das wird auch am Kirchturm von San Carlo di Negrentino deutlich gemacht, wo über den zwei Kreuzwappen der Leventina das Wappen des Landes Uri gemalt ist.

Kirche im Abseits Ab 1500 begann die Kirche ins Abseits zu rücken: Der Siedlungsschwerpunkt verlegte sich talwärts. Das hatte nicht zuletzt damit zu tun, dass andere Verkehrswege favorisiert wurden. Der Narapass, der lange auch als Teilstück der Nord-Süd-Route wichtig war, verlor seine Bedeutung, nachdem in der Leventina die Talroute durchgehend passierbar gemacht wurde. Die aufblühenden Handelsbeziehungen brachten neue Erwerbsmöglichkeiten. Die Weiler oberhalb von Prugiasco und Negrentino wurden sukzessive verlassen. Der Bericht eines Bischofs aus dem Jahre 1682 hält fest, «dass dort oben niemand mehr wohnt». Diese Verlagerung hatte zur Folge, dass um 1700 in Prugiasco eine neue Kirche erbaut wurde. Dabei kam es zum Namenswechsel: Die Dorfkirche Prugiasco übernahm von der alten Kirche den Namen Sant' Ambrogio, während diese in Anlehnung an den damaligen Mailänder Erzbischof Karl Borromäus neu San Carlo genannt wurde. Mittlerweile ist das alte romanische Bauwerk, das einstmals San Ambrogio geweiht war, nur noch als San Carlo di Negrentino bekannt. Ab dem 17. Jahrhundert begann das Bauwerk zu verfallen. Dank dem Zürcher Kunsthistoriker Johann Rudolf Rahm, der Ende des 19. Jahrhunderts die romanischen Bauten inventarisierte und wiederholt auf die Bedeutung von San Carlo di Negrentino aufmerksam machte, wurden aber schliesslich Massnahmen zu ihrer Erhaltung ergriffen. In den 1940er und 1950er Jahren konnte das Bauwerk einer umfassenderen Renovation unterzogen und die Malerei restauriert werden. Kunsthistorisch bedeutsam ist vor allem die Figurengruppe an der Westwand des Nordschiffes, die vermutlich Christi Himmelfahrt darstellt – ein seltenes Thema in der abendländischen Malerei. Die Gestaltung weist einen byzantinisch beeinflussten, expressiven Stil auf. Die leuchtend bunten Wandmalereien in der Nordapsis stammen aus dem 15. Jahrhundert. Sie wurden von lombardischen Meistern angefertigt, die vermutlich unterwegs nach Disentis waren.

Sprung ins Ausland Während San Carlo di Negrentino nach Jahrhunderten glanzvoller Geschichte endgültig in die Vergessenheit zu geraten drohte, war im Bleniotal eine weitere Auswanderungswelle im Gang. Bereits im 16. und 17. Jahrhundert zogen Leute aus dem Bleniotal nach Mailand, Genua, Florenz, Rom oder Turin, später auch nach Paris, St. Petersburg und Wien, wo sie sich als Köche, Träger oder Marroniverkäufer durchschlugen. Vielen von ihnen gelang der Aufstieg. Sie wurden Besitzer von Läden und Tavernen oder importierten Früchte und Gemüse. Die Marroniverkäufer, die in Italien oder Frankreich arbeiteten, kehrten in der Regel im Sommerhalbjahr in ihr Tal zurück, um bei der Ernte mitzuhelfen. Noch um 1850 waren 52 Prozent der männlichen Bevölkerung des Bleniotals in den Herbst- und Wintermonaten abwesend, während dieser Prozentsatz im übrigen Tessin nie höher als 35 Prozent war. Jede Talschaft im Tessin hatte ihr eigenes Spezialitäten-Gewerbe entwickelt, mit dem die Emigranten im Ausland Verdienst erwarben: Aus dem Val Lavizzara kamen die Fumisten/Rauchfangverbesserer, aus dem Centovalli die Kutscher und Stallknechte, aus dem Val Colla die Kupferschmiede, aus dem Onsernonetal die Kaminfeger, aus dem Sottoceneri die Maurer und Steinmetzen oder aus Brissago die Gipser. Das Bleniotal wurde berühmt für seine Marroniverkäufer sowie – ab Mitte des 18. Jahrhunderts – für das Gewerbe der Schokolademacher.

Gatti in London Ab dem frühen 19. Jahrhundert stieg die Zahl jener, die ihr Glück in Frankreich versuchten. Die Tessiner wurden in Paris zur grössten Gruppe der Schweizer; die meisten von ihnen kamen aus dem Bleniotal und der Leventina. 1829 verliess auch Carlo Gatti das Bleniotal. In Paris schlug er sich nicht sehr erfolgreich durch. Das sollte sich ändern: Im Juli 1847 kam Gatti in London an, wo er vom Strassenverkäufer zum Millionär aufstieg. Zunächst eröffnete er kleine Shops, in denen er Gebäckwaren verkaufte. Diesen Lokalen folgten bald mehrere Café-Patisserie-Lokale und mit der Zeit sogenannte Café-Restaurants. Damit schuf Gatti eine Einrichtung, die bisher in England so nicht bekannt war: ein Restaurant, das nicht nur für die obersten Klassen erschwinglich, aber auch nicht mit den schmuddligen Tavernen vergleichbar war.

Gatti erwarb weitere Shops, Cafés und Music Halls, kaufte Schokoladenfabriken, stellte Glacé her und begann um 1857 mit dem Import von Eis aus Norwegen, ein Geschäft, das bald zu seiner Haupteinnahmequelle wurde. Auch Carlo Gattis Neffen Agostino und Stefano sowie andere Freunde aus dem Bleniotal emigrierten nach London, arbeiteten bei ihm und erwarben Unternehmungen. Die Betriebe des Gatti-Clans waren sehr wichtig für das Prosperieren der wachsenden Tessiner Gemeinschaft in London und England, da sie zahlreiche Arbeitsplätze schufen. Nach 1882 beschäftigte allein die Royal Adelaide Gallery um die 200 Kellner und 40 Chefs. Dazu kamen eine Vielzahl von Handwerkern

Erfolg für Carlo Gatti in London: Programm-Plakat für Gattis Varieté-Palast, 1898.

HENRY GOOD & SON. LONDON, E.C.

Torre, Schokoladenfabrik Cima Norma, 1909: Der Auswanderer Giuseppe Pagani brachte diese zur Blüte.

aus allen möglichen Branchen, die indirekt von den Gatti-Konzernen profitieren konnten. 1880 gab es allein in Central London mindestens 90 Läden und Restaurants, die Tessiner Emigranten gehörten, von denen die Mehrzahl aus dem Bleniotal stammte. Die meisten hatten mit dem Verkauf von Schokolade, Gebäck und Limonaden begonnen und dann Restaurants, Tea-Rooms oder Sandwich-Bars eröffnet. Zwischen 1900 und 1930 erreichten die Swiss Café-Restaurants in London, von denen viele im Art-nouveau-Stil und mit rotem Plüsch ausgestattet waren, ihre Hochblüte.

Wie Carlo Gatti und seine Nachfahren gelangten noch weitere Emigranten aus dem Bleniotal zu Geld und Ruhm. Viele von ihnen kehrten später zurück, bauten Villen in ihren Heimatdörfern oder unterstützten Bevölkerung, Politik und Gewerbe mit Geldbeträgen. Carlo Gatti half den Ausbau der Lukmanierstrasse oder experimentierfreudige Landwirtschaftsbetriebe zu finanzieren. Einer der erfolgreichen Auswanderer, die ihr Geld im Hotel- und Gastgewerbe in London gemacht hatten, war auch Giuseppe Pagani. Er finanzierte 1903 den Bau der Eisenbahn von Biasca nach Acquarossa, die 1974 ihren Betrieb einstellte. 1913 kaufte er die Schokoladenfabrik Cima in Torre, und ein Jahr später erwarb er die Maschinen der Fabrik von Norma in Zürich. Daraus entstand die Schokoladenfabrik Cima-Norma, die in Spitzenzeiten 300 Personen beschäftigte. Aber auch diese wurde 1968 geschlossen.

Werden und Vergehen Über das Gemäuer der Kirche San Carlo di Negrentino huschen Eidechsen. Wie schon vor vielen hundert Jahren. Das Urner Wappen am Turm ist bloss noch zu erahnen. Der Wind rauscht in den Kastanienbäumen und Eschen. Der Ausblick, hinunter ins Tal und nordwärts Richtung Olivone und Lukmanier, hat sich seit Bestehen dieser Kirche kaum verändert. Und doch hat sich alles verändert. Entvölkerung, Neuansiedlung, Abwanderung, beginnender Wohlstand, Verlust von Arbeitsplätzen, Pendler und Rückkehrer, Aufschwung und Hoffnung. Das Bleniotal hat sich von den Fluktuationen des Emigrierens und Wirtschaftens nie unterkriegen lassen. Erstmals seit 1870, abgesehen von einem kurzfristigen Hoch in der Zeit um 1960, zeigen die Bevölkerungszahlen ab 1990 wieder einen Aufwärtstrend.

Ti amo, hat jemand in die Seitentüre der alten Kirche geritzt. Die Liebe stirbt nicht aus. Unweit daneben steht auch «Ufo». Ist in kommenden Zeiten eine erneute Auswanderungswelle angesagt? Würde sie dannzumal bis zu den Kolonien im Weltraum gehen? Werden und Vergehen. Es wäre auch dort oben nicht anders.

Pirmin Bossart

Lesen:

Solari Luca: Blenio – una valle a confronto. Salvioni, Bellinzona 1998.
Gesellschaft für Schweizerische Kunstgeschichte: Sant'Ambrogio vecchio di Prugiasco-Negrentino, Bern 1999.

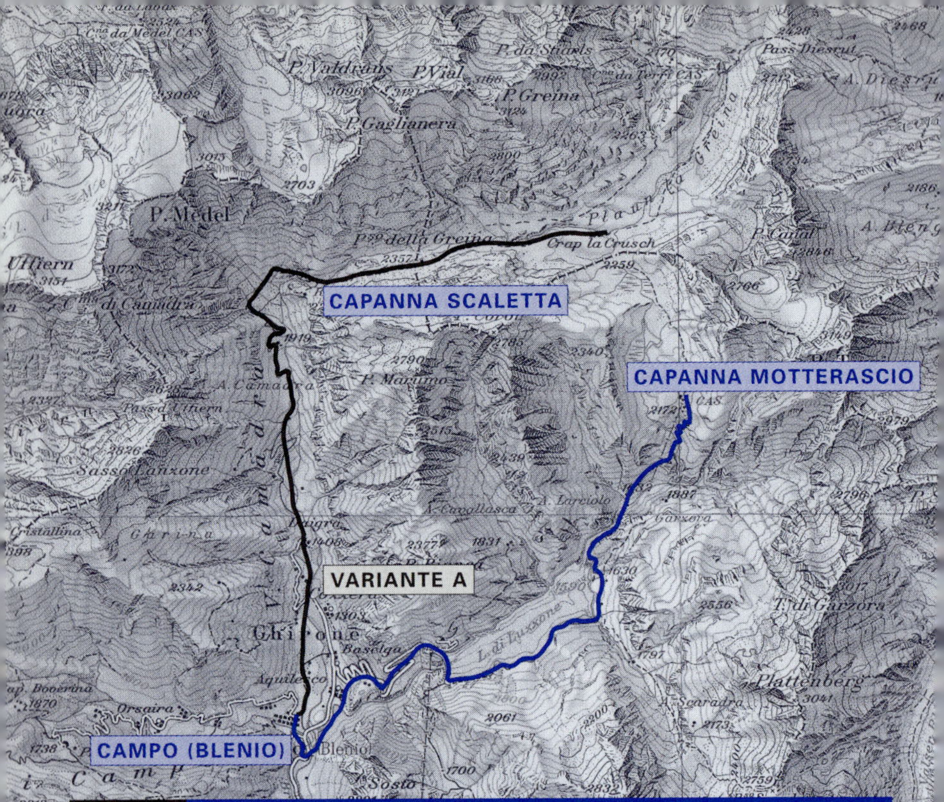

21 CAMPO (BLENIO)–MOTTERASCIO

Campo (Blenio), Dorfplatz (1216 m)–Capanna Motterascio SAC (2172 m)

MS — 4 h 15 → 11,2 km ↗ 1029 m ↘ 73 m

Route — Vom Dorfplatz in Campo (Blenio) talauswärts Richtung Lago di Luzzone–Capanna Motterascio («Sentiero Luzzone»). Bei der Trattoria «Genziana» Talstrasse überqueren. Auf Fahr- und später Fussweg zur Strasse, die zum Lago di Luzzone führt. Auf Wanderweg bis Staumauer. Durch einen Strassentunnel, über die Mauerkrone und durch zweiten Tunnel dem linken Seeufer entlang bis Garzott.

	Auf zum Teil schmalem Weg durch eine Schlucht, die bei starken Niederschlägen unpassierbar sein kann. Den Bach auf Brücke überqueren und auf anderer Talseite hoch zur Capanna Motterascio.
Variante A	Ab Campo (Blenio) Richtung Passo della Greina mit Übernachtung in der Capanna «Scaletta» (3 h 20) und anderntags weiter Richtung Crap la Crusch zur Route des Abschnitts Motterascio–Vrin (1 h 30).
Abkürzen	Campo (Blenio)–Lago di Luzzone mit Taxi, Tel. 091 872 11 24
Anreise	Bus Biasca/Disentis–Olivone (600.72/600.73/920.80) Bus Olivone–Campo (Blenio) (600.78)
Rückreise	keine Möglichkeit
Service	Restaurants in Aquilesco und unterhalb des Lago di Luzzone, Verpflegungsmöglichkeit in der Capanna Motterascio «Michela»
Schlafen	Capanna Motterascio «Michela» CAS, Tel. 091 941 56 56/079 221 56 56 (Reservation obligatorisch), bewartet von Juni bis Oktober Capanna «Scaletta», Tel. 091 872 26 28 (Reservation obligatorisch), bewartet von Juni bis Oktober, übrige Zeit offen für Selbstversorger (alte Hütte)
Jahreszeit	Juli–Oktober
Karten	256(T) Disentis/Mustér, 266(T) Valle Leventina; 1233 Greina, 1253 Olivone

unterwegs...

Lago di Luzzone Stausee auf 1600 m, oberhalb Campo, 1956 durch die Officine Idroelettriche di Blenio SA realisiert. 1994 Beginn der Arbeiten zur Erhöhung der Staumauer um 16 auf 237 Meter. Das Fassungsvermögen stieg damit um 20 Millionen auf 107 Millionen Kubikmeter. Gleichzeitig Bau einer Fahrstrasse über die Staumauer mit 800 Meter langem Tunnel bis zur Alpe Garzott. Einweihung des Werks im Oktober 1998.

Im Lago di Luzzone sammeln sich die Wasser aus einem Einzugsgebiet von 100 km^2. Sie fliessen 20 km talauswärts und 1200 Meter tiefer wieder ins Bachbett: Am Ausgang des Bleniotals bei Biasca. Auf der Zwischenstrecke fliesst das Wasser in Stollen und wird dreimal turbiniert. Die Blenio Kraftwerke erzeugen jährlich 900 Millionen Kilowattstunden (rund 40 % der Tessiner Jahresproduktion).

Capanna Motterascio (Michaela) Hütte auf 2172 m, inmitten der Alpe di Motterascio, an der Südgrenze der Plaun la Greina (Greinaebene). 1967 erbaut, seitdem zweimal erweitert. Ursprünglich durch ein Legat ermöglicht. Die Unterkunft dient auch als Ausgangspunkt für Hochtouren (Piz Terri, Pizzo Corói, Piz Vial, Piz Gaglianera, Piz Valdraus).

Crap la Crusch (2259 m) markiert die Grenze zwischen den Kantonen Tessin und Graubünden. Crap la Crusch ist Sprachgrenze zwischen dem Italienischen und dem Rätoromanischen. Und Crap la Grusch ist, wie der Passo della Greina (2357 m), eine kontinentale Wasserscheide: Gegen Süden fliessen die Wasser via Brenno und Ticino dem Mittelmeer zu, gegen Norden mit dem Rein da Sumvitg und Vorderrhein (Rein Anteriur) Richtung Nordsee. *Rifugio Scaletta:* Abseits der Route, westlich des Passo della Greina (oder Pass Crap) unterhalb des Weges zur Rifugio Scaletta, ein 40 Meter langer Natursteinbogen.

Alpe di Motterascio.

Die Greina – Hochland der Steine und des Wassers

Dort hinauf. Was ist zuoberst?

Greinaebene – Plaun la Greina.

Der Blick von unten täuscht. Wer würde ahnen, dass sich hinter den steilen Hängen eine Hochebene öffnet? Ein Gebiet der Ursprünglichkeit, so ganz und gar nicht von dieser Schweiz, mit ihren perfektionierten Nutzungs- und Erschliessungsstrategien. Weite Flächen mit Steinwüsten und begrünten Flecken, allein der Natur überlassen. Sogenannt unproduktiv. Wo sind wir? Im Norden Schottlands? An der Ostküste Grönlands? In Tibet? So weit der Blick reicht: Kein Haus, keine Masten, keine Seilbahn, kein Berghotel, keine Strasse, nicht einmal ein Alpweg. Menschen gibt es hier oben nur vereinzelt als Hirten zu sehen oder als durchschnittlich urbanisierte Tieflandbewohner, die gut ausgerüstet und in wachsender Zahl durch diesen urtümlich gebliebenen Naturraum wandern.

Dunkle Bündnerschiefer Die Greina ist eine Hochebene zwischen dem bündnerischen Sumtvitg und dem Bleniotal. Kerngebiet ist die Schwemmebene der Plaun la Greina mit dem mäandernden Rein da Sumtvitg und seinen Zuflüssen. Nördlich wird die Ebene begrenzt durch die über 3000 Meter hohe Kette der Granitgipfel vom Piz Medel bis zum Piz Vial, die den südöstlichen Saum des Gotthardmassivs bilden, das Urgestein der Alpen. Am südlichen Rand der Greina liegt die hügelige Mulde der Alpe di Motterascio, über die sich die dunkle Pyramide des Piz Terri (3149 m) erhebt, der dominierende Gipfel weitherum. Im Übergang zwischen der Alpe di Motterascio und der Plaun la Greina liegt der flache Sattel des Crap la Crusch. Über diesen Punkt des Geländes schrieb der Benediktinerpater und Greinaforscher Placidus a Spescha 1820: «Wenn eine unschuldige Seele, das, was man von hier aus sieht, mit unparteiischem Gemüte betrachtet und überlegt und vorzüglich die zahme Weide mit der Wildheit der Gebirge vergleicht, so wird er ungern diese Stelle verlassen.» Es geht einem noch heute so.

Am Crap la Crusch, dem Herzen der Hochebene, verläuft auch eine Grenzlinie der Gesteine: Hier beginnen die dunklen Bündnerschiefer des Lias, welche die Landschaft südlich der Greina bestimmen. Sie setzen sich fort bis zu den schwärzlichen Schieferhängen am Pizzo Coróì (2785 m). Einen markanten Gegensatz bilden die nördlich im Talgrund liegenden Formationen des Trias, die vor über 200 Millionen Jahren in ein flaches, tropisches Meer abgelagert wurden. Die hellen, brüchigen und oft bizarr geformten Karbonatgesteine ziehen sich in bisweilen 200 Meter mächtigen Bändern gegen den Passo della Greina hin und liegen, auch optisch gut zu unterscheiden, zwischen dem grauen Granitgneis des Gotthardmassivs am Nordrand der Ebene und dem schwarzen Schiefer der südlichen Flanken. Die Triasschichten sind dreifach gegliedert. Am auffallendsten sind aber die weissgelblichen Dolomite und Rauhwacken.

Geologie und Poesie Während der 30 Millionen Jahre, in denen sich die Alpen angehoben haben, sind auch die Gesteinsschichten im Greinagebiet hundertfach verformt und verbogen worden. Die Feinheiten der Tektonik, die diesen Naturraum aufbauen, sind für Laien nur beschränkt wahrnehmbar. Hören wir das differenzierte Vokabular der Geologen, wie es etwa Johann Dietrich Frey in seiner Geologie des Greinagebietes 1967 beim Aufzählen von Gesteinsarten extensiv zum Klingen bringt, können wir zumindest das Spiel der Farben und Formen erahnen: «Feinschiefriger, serizithaltiger, gelblichweisser, kalkfreier Quarzit. Grünliche, rostig anwitternde Serizitphyllite. Dichter, weisser, hellgelb anwitternder, dünnplattiger Dolomit. Rosabräunlicher Dolomit, blass rosa anwitternd, mit einigen tiefrot gefärbten Lagen. Spätiger, dunkelgrauer Kalk mit Sandlagen. Schwarzblaue, kalkfreie Schiefer, dunkelrostbraun anwitternd, fein gefältelt. Feine, gelbe Rauhwacke, schwarzgelb anwitternd. Grünlichweisse, ölglänzende Quarzite. Hell-

Poesie mit und um den Stein.

Bryan Cyril Thurston, Stufenmündung Val Canal, 1973.

grauer, grobkörniger, rostigbraun anwitternder Sandkalk, rekristallisiert. Feinkörniger, weisser Kalk, geflammt mit schwarzen, unregelmässigen Bändern, intensiv rotgelb anwitternd.» Ist Geologie Poesie?
Am stärksten ist die heute sichtbare Landschaft in der letzten Eiszeit geformt worden. Das ganze Greinagebiet wurde damals von einem zusammenhängenden Eisstrom bedeckt. Nur die Gipfel des Gotthardmassivs ragten hervor. Die Gletscher haben vielgliedrige Moränenzüge hinterlassen und das Relief an vielen Stellen zu den charakteristischen Rundhöckerlandschaften geschliffen, wie sie auf der Alpe di Motterascio oder am Südhang des Piz Vial zu sehen sind. In den Mulden, die von Gletschern ausgekerbt wurden, haben sich kleine Seen gebildet. Der weichgeformte Transfluenzpass beim Crap la Grusch ist das Ergebnis des Gletscherrückzugs nach Süden. Auch beim Passo della Greina wurde im Bereich der kontinentalen Wasserscheide der Sattel so rund geschliffen, dass nur wenige Dezimeter den Ausschlag geben, ob die Gewässer zum Mittelmeer (Brenno, Ticino, Po) oder eben zur Nordsee (Rhein) fliessen.
Flachmoore und sumpfige Niederungen sind nach dem Zurückweichen des Eises entstanden. Der vielfältige Gesteinsuntergrund und seine Böden haben eine reiche Flora ermöglicht. Es gibt keinen Baum in dieser Hochebene, dafür seltene Pflanzengesellschaften, wie sie nur noch in Rückzugsgebieten anzutreffen sind, so etwa die Zweifarbige Segge oder die Kastanienbraune Binse. Auf der Greina wurden 17 national und 29 kantonal geschützte Pflanzenarten gezählt. «Unproduktiv»?

Südliche Interessen Anders als der Gotthard oder der Lukmanier hat die Greina nie ausgeprägt Passgeschichte geschrieben, auch wenn Josef Siegwart 1972 meint, dass es sich bei der Greina um den Übergang des «Mons Aduelas» handeln könnte, den der griechische Geograph Strabon 20 n. Chr. an den Quellen des Rheins und des Ticino situiert hatte. Rege benutzt worden ist er vor allem für den lokalen Handel und die Alpwirtschaft. Viehhändler und Kaufleute aus dem Lugnez zogen über die Greina, um zu den Märkten in Malvaglia, Roveredo und

Lugano zu gelangen. Begehrt war die Greina insbesondere für die Bauern aus dem Bleniotal. Sie müssen als die ersten neuzeitlichen Nutzer der Hochebene betrachtet werden. Das Bleniotal war schon im 13. Jahrhundert stark besiedelt. Die dynamischste Entwicklung war denn auch vom 13. bis zum 16. Jahrhundert zu verzeichnen, als von Süden her sich der wachsende Bedarf an Weideland auf die Greina ausdehnte. Mit Pacht- und Kaufverträgen sicherten sich die Blenieser begehrte Weideflächen von den Gemeinden Vrin und Sumvitg, denen die Hochebene gehörte. Dabei kam es immer wieder zu Streitigkeiten über die Festsetzung der Grenzen, da auch die Menschen aus dem Lugnez ihre Tiere auf der Greina sömmerten. Die flachen und steppenartigen Weidegründe waren vor allem für Pferde geeignet.
Während des Sommers wurden die auf den Alpen rund um die Greina hergestellten Produkte (Käse, Butter, Ziger) zweimal wöchentlich mit Eseln nach Ghirone/ Campo (Blenio) geführt. Martin Bundi berichtet im Buch «La Greina» (1997), wie die grossen Käse jeweils von zehn bis fünfzehn jungen Frauen, die von Semione nach Diesrut kamen, kurz vor der Alpentladung nach Vrin getragen wurden. Von dort gelangten die Laiber mit Pferdefuhrwerken nach Ilanz, Disentis und über den Lukmanier nach Semione. Am 8. September, dem Vortag der Alpentladung, wurde in Diesrut ein Markt abgehalten, an dem die Lugnezer und Blenieser ihre gesellschaftlichen und wirtschaftlichen Kontakte pflegten. Tags darauf wurde das Vieh von den Alpen geholt und ins Tal geführt. Eine Spezialaufgabe erhielten wiederum die jungen Frauen: Sie trieben die gesömmerten Schweine über die Greina heimwärts ins Bleniotal.
Das waren die alten Zeiten. Nach der Jahrhundertwende begannen sich die Blenieser von den Alpgebieten der Greina zurückzuziehen. Der Alpbetrieb wurde zu teuer. Der letzte Pächter der Lampertschalp, die in den 1950er Jahren von der Bleniogemeinde Aquila an die Kraftwerke Zervreila AG verkauft worden war, soll noch bis 1972 nach altem Recht und Brauch der Kirche in Vals jährlich 12 Krinnen Butter abgeliefert haben. Auch auf der anderen Seite setzte der Rückzug ein: Schon 1923 hatte Lug-

nez seine Rossweiderechte jenseits des Diesrutpasses an die Gemeinde Aquila verkauft. Bis heute erhalten hat sich aber die Schafsweidewirtschaft, die vor allem von den Bauern aus dem Sumvitg betrieben wird.

Kampf gegen den Stausee Die Greina hat die Nutzungen der Alpwirtschaft unbeschadet überstanden. Überstanden hat sie auch das Vorhaben, die Hochebene mit dem Bau einer 80 Meter hohen Staumauer unter Wasser zu setzen. Schon 1958 hatten die Greina-Gemeinden Vrin und Sumvitg einem Kraftwerk-Konsortium die Konzession für die Nutzung der Greinaebene erteilt. Seit den frühen 70er Jahren machte der Architekt und Maler Bryan Cyril Thurston wiederholt auf diesen besonderen Naturraum aufmerksam und forderte den Schutz der Greina. In den 80er Jahren, als die Wasserkraft-Nutzung wieder konkret aufs Tapet kam, wurde die Greina endgültig zum Symbol des Widerstands gegen die Ausbeutung intakter Naturlandschaften: Einer breit abgestützten Opposition, die sich in der Schweizerischen Greina Stiftung (SGS) bündelte, gelang es, das Vorhaben zu verhindern. 1996 wurde die Greina ins Bundesinventar der Landschaften von nationaler Bedeutung (BLN-Gebiet) aufgenommen.
Es war der Sieg eines beherzt und klug geführten Engagements, das nicht nur verhindern wollte, sondern eben auch konstruktive Vorschläge einbrachte, beispielsweise zugunsten der beiden Standortgemeinden, die bei einer Inbetriebnahme des Greina-Kraftwerkes jährlich je 2,5 Millionen Franken an Wasserzinsen erhalten hätten. Mit der Revision des Gewässerschutzgesetzes konnte aufgrund von wiederholten Vorstössen und nach zähen Verhandlungen in den Parlamenten die Einführung von jährlichen Ausgleichszahlungen erreicht werden. Im Mai 1997 haben Vrin und Sumvitg erstmals je eine Million Franken erhalten. Die Gemeinden garantieren im Gegenzug, dass die Greinaebene im heutigen Zustand für die nächsten 40 Jahre erhalten wird. Als Dank für die erbrachten Ausgleichsleistungen widmeten sie die Greinaebene allen Bewohnerinnen und Bewohnern dieses Landes.

Greina: Land der Steine und des Wassers. Nächste Doppelseite: unterwegs zur Alp Diesrut.

Zurück zur Einöde So wird die Greina bleiben, was sie geworden ist: ein Land der Steine und des Wassers, der Geröllwüsten und Felsen, aber auch der weichen Moorböden und der tundraartigen Steppen. Ein Streifen Hochland mit einer unvergleichlichen Ausstrahlung, wie es sie in den übernutzten Gebieten der Alpen immer weniger gibt. Ein Land nah bei Gipfeln und Wolken, in Fühlung mit Sonne und Regen, Nebel und Schnee, wo die Stimmungen je nach Jahres- und Tageszeit wechseln, wo das Weiche und das Harte aufeinandertreffen, das Düstere und das Liebliche. Die Greina wird bleiben – und sich doch verändern: Die Kräfte von Wasser, Wind und Wetter werden weiterhin auf sie einwirken und ihre Topographien stetig erodieren und transformieren.
«Wir brauchen als Ausgleich zum Alltag unausweichlich solche wilden Einöden. Es will mir scheinen, dass die Greina für die kommende Zeit neue Ausstrahlung gewinnen kann.» So schrieb Bryan Cyril Thurston 1973. Thurston hat auch bei seiner Einschätzung der künftigen Nutzung nicht ins Leere geredet: Drei Hütten mit insgesamt gegen 200 Plätzen sind am Rand des Hochlandes zu finden. Es herrscht mittlerweile – nicht nur in der Hochsaison – ein Grossandrang. Die wild gebliebene Greina ist endgültig zu einem temporären Refugium geworden, wo Menschen mit Rucksäcken herumsteigen und ihre Büro- und Bildschirm-Gedanken in die Winde schicken können, wo sie zurückkehren zum Erleben der elementaren Kräfte, zu den Formen und Rhythmen einer unverbauten Natur, die einem zumindest eine Ahnung vermitteln, wie es auf dieser Erde gewesen sein könnte, als der Mensch noch keine Erholungsräume brauchte.

Pirmin Bossart

Lesen:

Thurston Brian Cyril: Greina – wildes Bergland. Desertina Verlag, Disentis 1973.
Schweizerische Greina Stiftung: La Greina: Das Hochtal zwischen Sumvitg und Blenio. Verlag Bündner Monatsblatt/Desertina, Chur 1997.

22 MOTTERASCIO–VRIN

Capanna Motterascio SAC (2172 m)–Pass Diesrut (2428 m)–Vrin, Post (1448 m)

MS	5 h 20 → 15,4 km ↗ 426 m ↘ 1150 m
Route	Ab Capanna Motterascio Richtung Crap la Crusch. Wenig oberhalb der Hütte kleine Holzleiter. Auf gutem Weg bis Crap la Crusch. Zum Rein da Sumvitg hinunter, nach rechts, dem Fluss entlang Richtung Pass Diesrut–Vrin. Vor Puzzatsch beginnt die Fahrstrasse. Wenige Meter auf derselben, dann nach rechts zum Bach hinunter und auf rechter Talseite talauswärts. Der Glogn wird zweimal überschritten, bevor ein Gegenanstieg zur Talstrasse und weiter nach Vrin führt.

Variante A	Ab Beginn der Fahrstrasse oberhalb Puzzatsch über San Giusep nach Vrin (1 h 00)
Abkürzen	Puzzatsch–Vrin mit Postauto
Anreise	keine Möglichkeit
Rückreise	Postauto Vrin–Ilanz (920.40); Bahn Ilanz–Chur (920)
Service	Restaurants in San Giusep und Vrin; Lebensmittelladen, Post, Bank in Vrin
Schlafen	«Terrihütte» SAC, Greina, Tel. 081 933 32 93/081 943 12 05 Ustria «Tgamanada», San Giusep, Tel. 081 931 17 43, (auch Matratzenlager) Hotel «Péz Terri», Vrin, Tel. 081 931 12 55 (auch Matratzenlager)
Jahreszeit	Juli–Oktober
Karten	256 (T) Disentis/Mustér, 257 (T) Safiental; 1233 Greina, 1234 Vals

unterwegs...

Plaun la Greina 1986 fiel die Entscheidung: Die Greinaebene wird nicht unter Wasser gesetzt; die bei der Talenge geplante, 80 Meter hohe Staumauer wird nicht realisiert. In der Greina-Opposition engagierten sich auch der Komponist Armin Schibler (er schuf 1975 ein Greina-Oratorium) und der Maler Bryan Cyril Thurston. Greina wurde zum Inbegriff für Opposition gegen Naturzerstörung. Tage vor der 1986 erfolgten Verzichtserklärung hinterlegte ein anonymer Spender zur Rettung der Greina-Ebene eine Million Franken. 1996 Aufnahme der Greina-Ebene ins Bundesinventar der Landschaften und Naturdenkmäler von nationaler Bedeutung (BLN). Näheres siehe Seite 255 ff.

Pass Diesrut Vom Pass (2428 m) beste Sicht auf die Greinaebene. Aus dem Widerstand gegen das Wasserkraftprojekt ist die Greina-Stiftung entstanden. Sie setzt sich ein für den Erhalt der alpinen Fliessgewässer. Gleichzeitig engagiert sie sich für Lösungen, wie den Gemeinden der Verzicht auf die Wasserkraftnutzung abgegolten werden kann.

Alp Diesrut.
Puzzatsch, Lumnezia.
Vrin mit Marienkirche.
Vrin, Beinhaus:
Memento mori.

Bis ins 19. Jahrhundert war der Pass Diesrut für die Bewohner der Lumnezia wichtiger Übergang für Handelsbeziehungen mit dem Süden. Diese reichten von Lugano (Viehmarkt) bis nach Mailand. Zahlreiche Vriner zogen jeweils im Herbst als lattès (Molkereiarbeiter) nach Mailand; im Frühjahr kehrten sie in ihr Tal zurück. Mit der Überschreitung des Passes Eintritt ins Sprachgebiet des Surselvischen.

Puzzatsch Oberstes Maiensäss (1667 m) beim Abstieg nach Vrin. Barocke Kapelle Sogn Valentin (St. Valentin), erbaut 1643, früher zusätzlich dem hl. Bartholomäus geweiht. Im Innern aufwendige Ausmalung und Ausstattung aus der Mitte des 18. Jh., restauriert 1986.

Vrin Landwirtschaftlich geprägtes Haufendorf. Für die umsichtige Ortsplanung 1998 mit dem Wakker-Preis des Schweizer Heimatschutzes ausgezeichnet. Wie Neues in einem historischen Kontext umgesetzt werden kann, zeigen im Dorf diverse landwirtschaftliche Ökonomiegebäude und die Turn- und Mehrzweckhalle, realisiert durch den einheimischen Architekten Gion A. Caminada. 1997 wurde dieser Bau mit dem Preis der Baubiologen bedacht. Biologisches auch beim Essen: zu beachten das Infoblatt *products biologics dalla regiun.* Apropos Essen: Der Architekt Peter Zumthor hat die Renovation des Bäckerei- und Cafégebäudes durchgeführt.

Das Schichten:
Balken auf Balken,
Brett auf Brett,
Stein auf Stein.
Und die Verbindung
In den Ecken;
So ist Vrin gebaut.
(Gion A. Caminada, Architekt in Vrin)

Die 1694 von Antonio Broggio aus dem Misox erbaute und 1984 letztmals renovierte Marienkirche besticht im Innern durch den leuchtenden, südländisch anmutenden Barockprunk (Hochaltar von Johann Ritz). Die Vriner Kirche gilt als grosszügigster Bau der Lumnezia. Nach italienischem Vorbild auch der Kirchturm: der mit zwei Glockengeschossen versehene Campanile steht frei. Der Kirche angebaut das Beinhaus – auch *Karner* genannt (romanisch *kar:* Stein) – mit vierreihigem Fries aus Totenschädeln, verstanden als Memento mori («Gedenke, dass du sterben musst»). Solche Beinhäuser sind im Alpenraum seit dem 12. Jahrhundert bekannt. Aus den meisten davon wurden die darin aufbewahrten, verblichenen Gebeine entfernt.
Im Jahr 1880 zählte Vrin mit seinen sechs Weilern 383 Einwohner, 1997 waren es 287. Die Abwanderung, die nach 1950 einen weiteren Höhepunkt erreicht hatte, wurde gestoppt.

Wasserschlange

Annäherung an den Kreis

Zeitig aus der Capanna Motterascio heraustreten, ein Blick hinunter zum Sosto, vorbei dann an kauenden Kälbern und runden Säuen auf sumpfigen Wegen hinüber in eine Landschaft aus Fels und Wasser, Grün und Luft. Ab und zu ein Flieger am Himmel: die Greina.
Sagenhaft, die Greina. Weite, Alleinsein, der Pizzo Corói als ein dunkler Schutzengel die Arme ausbreitend, darunter vernichtend klein die Menschlein: Greinagänger, solche der ersten Stunde, mit Sack und Pack, die schon immer für Umweltschutz waren, für Max Havelaar und Zugfahren, bleichgesichtige Städter, und andere, die nichts dagegen gehabt hätten, damals, von wegen Diversifizierung und aufgrund Nutzwertanalyse analog Leistungssymmetrie gemäss Ertragswertschöpfungsparameter – das ist sie jetzt also, hört man sie alle sagen, wäre doch jammerschade gewesen, und einer mit Schlapphut und einem Stecken schaut nach den Rindern, der Zusenn vielleicht, verloren alle und die Gipfel weit oben, nur Stille, jene Stille, die plötzlich zu plaudern beginnt:

Das Nachtvolk und der Zusenn Auf der Alp Greina stieg der Zusenn eines Abends zu den Zeitkühen auf den Sattel, um ihnen Salz zu geben. Er wusste, dass das Nachtvolk seinen gewohnten Weg über diesen Bergsattel nahm. Auf der Höhe angekommen, vernahm er hinter sich ein Geräusch. Im gleichen Augenblick wurde er in die Lüfte gerissen. Als er wieder zu sich kam, fand er sich in einem unbekannten Tal. Dort irrte er die halbe Nacht umher und fing an, um Hilfe zu rufen. Auf der Alp Greina hörten die andern Alpknechte seine Rufe und machten sich auf, den Zusenn zu suchen. Aber sie fanden keine Spur von ihm. Tage später kam der Zusenn ausgehungert und mit zerfetzten Kleidern in die Hütte auf die Alp Greina zurück. Aber erzählen konnte er nicht viel. (Aus: Sagen der Schweiz: Graubünden)

Bryan Cyril Thurston, Passo della Greina, 1980.

sortend dalla val canal viers il plaun,
il flad seretegn dil smarvegl –
aspect d'in scenari midau che seporscha:
radis sulegl che s'emplunan sils fils argentai,
spartan il plaun da statur 'undegionta en pendas,
midan il vonn neblus en untgidas da glisch

atemberaubend
das heraustreten aus der val canal
plötzlich
ändert die szene vor unseren augen
sonnenstrahlen brechen durch –
die gewundenen bachadern
sind leuchtend goldsilbern,
die wogenförmige gestalt
des plaun da greina wird zerrissen –
aus dem nebel in eine freudvolle
zuflucht des lichts

(Bryan Cyril Thurston)

Die Geschichten aus der Nebenwelt, Nebelwelt, aus dem Jenseits. Dieser Blick hinter die Kulissen! Dem Lichtbruch gleich blitzt die Sage unvermittelt ins Diesseits, im Prisma der Gegenwart aufgefächert in bunte Farben. Der gewohnte Weg, der Flug durch die Lüfte, das unbekannte Tal, die zerfetzten Kleider, die gewundenen Bachadern, die Zuflucht des Lichts. Symbole als Brücken zur andern Welt. Die Welt der Steine, der Götter, des ruhenden Schnees. Wir begegnen unterwegs dem Crap Crusch, hören vielleicht das Nachtvolk. Das Nachtvolk erzählt von Blindheit. Einstmals soll hier, vor Hunderten Jahren, eine Christina aus Vrin von ihrem Tessiner Gatten brutal in die andere Welt... ihre Leiche sei nie gefunden worden. Dazu all die Dramen durch Wettersturz, Kälte, Schnee, der Tod als Begleiter im dünnen Glockenklang einer geheimen Kapelle tief im Terri-Gletscher, altertümlich gekleidete Geister büssend in stillem Gebet versammelt. Die Menschen wollen zertrennen, urteilen, feuerfegen, die Guten in den Himmel, die Schlechten ins Terri-Eis. Die Menschen wollen die Schlange nicht verstehen. – Wandern über die Greina, über den gerundeten Gneis, die sandige Weite, den schwarz glänzenden Schiefer, den Pass Diesrut, hinunter nach Puzzatsch, Geschichten links, Verschwiegenes rechts, unter uns die Erdmannli, weit oben auf der Alp der verwunschene Senn, der nur alle 100 Jahre oder nur am Karfreitag, oder von einer zarten Jungfrau vielleicht, erlöst, befreit, wer weiss wann.
Kurz vor Vrin der Blick auf die rechte Talseite. Da oben, irgendwo, liegt die Alp Salischina. *Man erzählt:* Der Schutzgeist eines Ortes wird stets als Schlange gedacht. Diese Schlange ist den unschuldigen Kindern des Hauses so vertraut, dass sie sich keineswegs vor ihr fürchten – ja die Schlange von Salischina kam an den Tisch und frass aus der Milchschüssel, welche den Kindern diente. Die Kleinen schlugen, wie sie es unter sich zu tun pflegten, auch der Schlange mit dem Löffel auf den Kopf und sagten: «Friss auch Brotbröckli, nicht nur Milch!» In jener Schlange steckte eben der Schutzengel der Kinder. Wenn das Elternpaar sich in die weit abgelegene Pfarrkirche zum Gottesdienst begab, dann stellte sich die Schlange zum Schutze der Kinder ein.

Die Schlange Die eine und die andere. Die eine: brachial das Wildwasser als braune Rüfe verheerend die Runse herunterdonnernd, den Kopf mit Geröll und Holzwerk hinaus auf die Felder flutend – die Schlange der Zerstörung. Die andere: Die Hüterin des Herdes, der Segen des Hauses. Mintga sulom ha sia siarps – jede Heimstatt hat ihre Schlange. Sie, dem Erdreich nahe. Die Höhlen und das Erdinnere bewohnend. Symbol der Unterwelt und des Jenseits. Die Schlangen sind die Boten des lebendigen Totenreiches. Die Schlange im Haus bedeutet, dass die Ahnen uns beschützen. Die Verstorbenen sind unter uns. Leben und Tod gehören zusammen, für die Kinder weiter nicht erstaunlich. Und alles im ewigen Rhythmus, hiersein dortsein wieder hiersein und leben wie die Schlange, die sich häutet, verjüngt und den Zyklus neu beginnt, wie der Mond im Wechsel von Fülle und Ruhe, immer derselbe Mond, dieselbe Schlange, dieselbe Seele. Die Schlange als Seelentier.
Wie die Wasser der Greina, leuchtend goldsilbern in gewundenem Lauf, im Fluss hinunter bis ins ruhende Meer, in den Wasserschlaf, kein Rein da Sumvitg mehr und kein Rein Anteriur, nicht Aare nicht Po kein Amazonas – und dann lange Zeit später wieder in die Plaun la Greina, dasselbe Wasser im goldsilbernen Rhythmus, das Nachtvolk im Dunkel, die Schlangen am Tag immer noch da, nur die Steine sind älter geworden und der Pizzo Corói etwas runder.

Thomas Bachmann

Lesen:
Sagen der Schweiz: Graubünden. Limmat Verlag, Zürich 1995.

23 VRIN – ILANZ

Vrin, Post (1448 m)–Vella, Post (1244 m)

L	◷ 4 h 00 → 13,4 km ↗ 549 m ↘ 753 m
Route	Ab Post Vrin Richtung Surin. Vrin breitseits durchqueren, auf Fahrweg zum Glogn absteigen und hoch nach Surin. Unterhalb der Kapelle auf Fahrweg zum Glogn hinunter. Gegenanstieg nach Lumbrein. Bei Pfarrkirche Weg Richtung Vignogn wählen und Dorf bergseitig verlassen. Zu den Heustadeln aufsteigen, nach rechts abzweigen und auf Fahrweg leicht absteigend in einen Wald. Auf schmalem Weg rund 100 Meter aufsteigen. Den Wald verlassen, erst über Alpweiden und später auf Fahrstrasse nach Vignogn absteigen. Bei Pfarrkirche zweigt die Fahrstrasse nach Degen ab. In Degen geradeaus an freistehender Kapelle von San Bistgaun vorbei hoch auf die Ebene von Vella.
Variante A	Ab Surin über Silgin–Surcasti–Degen (2 h 40)
Abkürzen	Vrin/Lumbrein/Vignogn–Vella mit Postauto (920.40)
Anreise	Bahn Chur–Ilanz (920); Postauto Ilanz–Vrin (920.40)
Rückreise	Postauto Vella–Ilanz (920.40); Bahn Ilanz–Chur (920)
Service	Restaurants in Surin, Lumbrein, Vignogn, Degen und Vella; Lebensmittelladen, Post, Bank in Lumbrein, Vignogn, Degen und Vella
Schlafen	Ustria «Alpina», Lumbrein, Tel. 081 931 15 37 (auch Matratzenlager) Hotel «Dalla Posta», Vignogn, Tel. 081 931 13 72 Hotel «Gravas»**, Vella, Tel. 081 931 21 21 Ustria «Pellas»*, Vella, Tel. 081 931 15 07 (auch Matratzenlager)
Jahreszeit	Mai–Oktober
Karten	257 (T) Safiental; 1214 Ilanz, 1234 Vals

Vella, Post (1244 m)–Ilanz, Bahnhof (698 m)

L	◷ 2 h 40 → 11,5 km ↗ 200 m ↘ 746 m
Route	Ab Post Vella Richtung Pleif–Cumbel. In Pleif durch Gebäudegruppe, dann im Wald leicht absteigen. Auf sanft ansteigendem Weg nach Cumbel. Unterhalb Pfarrkirche nach links auf Fahrstrasse Richtung Scansins–Luven. In Scansins Strasse verlassen und auf der «Senda Lumnezia» in ein steiles Waldstück. Abstieg auf schmalem Fussweg zu den Maiensässen oberhalb Luven. Auf Alperschliessungssträsschen

zum Dorfbrunnen von Luven. Auf Saumweg jeweils vorsichtig die Fahrstrasse überquerend zur Kirche von Sogn Martin und durch ein kleines Waldstück hinunter nach Ilanz. Bei der ersten Strassenkreuzung geradeaus in die Altstadt.

Abkürzen	Vella–Cumbel mit Postauto (920.40) Luven–Ilanz mit Postauto (920.38)
Anreise	Bahn Chur–Ilanz (920); Postauto Ilanz–Vella (920.40)
Rückreise	Bahn Ilanz–Chur (920) Bahn Chur–Zürich/St. Gallen (900/880)
Service	Restaurants, Lebensmittelladen, Post in Cumbel, Luven und Ilanz; Bank in Cumbel und Ilanz
Schlafen	Hotel «Casutt», Ilanz, Tel. 081 925 11 31 Hotel «Rätia», Ilanz, Tel. 081 925 23 93 Restaurant «Glenner», Ilanz, Tel. 081 925 14 37
Jahreszeit	Mai–Oktober
Karten	257 (T) Safiental; 1214 Ilanz

unterwegs...

Val Lumnezia Die Lumnezia (deutsch: Lugnez) liegt im Sprachgebiet des Surselvischen. In den 15 Gemeinden des Tals leben (1998) 3890 Personen. 25 Prozent der Erwerbstätigen arbeiten in der Landwirtschaft. Daneben rund 400 Pendler, davon über 140 nach Ilanz. 1990 Gründung der Pro Val Lumnezia, die sich für umweltgerechtes Wirtschaften und sanften Tourismus engagiert. Realisiert wurden u.a. das Direkt-Vermarktungskonzept *Ecolumnezia,* ein durchgehendes Wanderwegnetz und der Badsee bei Vattiz. Die Lumnezia wirkt mit im internationalen Gemeindenetzwerk *Allianz in den Alpen*; deren Ziel ist die Umsetzung der Alpenkonvention.
In der Talschaft stehen 32 Kirchen und Kapellen. Die Bezeichnung *Sakrallandschaft* ist für die Lumnezia damit zutreffend. Der Ethnologe Peter Egloff: «Was heute von vielen nunmehr als ästhetische Bereicherung wahrgenommen wird, ist als Konkretisierung einer Vorstellungskraft entstanden, welche das alltägliche Empfinden und Handeln der katholischen Bergler tief durchdrang.

Was die Landwirtschaft im materiellen Bereich war, war die Religion im geistigen Leben der traditionellen Gesellschaft von Lumnezia und Valsertal – die Grundlage eben.»

Crestaulta-Surin Ab 1930 legte der Archäologe Walo Burkart die prähistorische Siedlung Crestaulta bei Surin frei. Bedeutungsvoll die Tongefässe mit Leistenverzierung, sie werden der inneralpinen Bronzekultur zugerechnet (Funde im Rhätischen Museum Chur). Crestaulta blieb während der mittleren Bronzezeit (bis 13. Jh. v. Chr.) bewohnt. Bronzezeitliche Siedlungen auch in Pfleif, Surcasti und Vals.

Surin Gemeinde Lumbrein. Geburtsort von Christianus Caminada, 1941 zum Bischof von Chur gewählt. Caminada ist Verfasser des 1986 erschienenen volkskundlichen Werkes «Graubünden – die verzauberten Täler. Die urgeschichtlichen Kulte und Bräuche im alten Rätien».
Kapelle St. Nikolaus: Erbaut 1695. Die Kapelle ist zwei Heiligen geweiht: im Sommer der hl. Anna, im Winter dem hl. Nikolaus.

Lumbrein,
Wohnturm Capaul.

Lumbrein Der Bündner Peter Zumthor zählt zu den meistdiskutierten Architekten im Alpenraum. Starke Beachtung fand sein Thermalbad in Vals. 1998 erhielt er den weltweit höchstdotierten Architekturpreis, den Carlsberg Architectural Prize. In Sumvitg realisierte Zumthor zuvor die Kapelle Sogn Benedetg, in Bregenz das Kunsthaus. Seit 1993 Planungsarbeit für das Dokumentationszentrum «Topographie des Terrors» in Berlin. Weniger bekannt Zumthors Arbeiten in Lumbrein: der 1983 realisierte Umbau eines alten Gebäudes zur *Casa communala* (Gemeindehaus) und die Restauration des 17 Meter hohen, aus dem Jahr 1316 stammenden *Wohnturms von Lumbrein.* Seit dem 16. Jahrhundert ist dieser casti im Besitz der Lumbreiner Familie Capaul; nicht öffentlich zugänglich.

Lumbrein, Kapelle Nossa Dunna: Prozession zu Ehren der Sieben Schmerzen Mariäs.

Auswanderung: Zwischen 16. und 19. Jahrhundert von Bedeutung war das Söldnertum, im 19. Jh. zudem Kinderarbeit: Im Frühling verliessen jeweils gegen 300 Kinder zwischen 8 und 15 Jahren das Tal Richtung Süddeutschland, um als Hirten zu dienen. Im November kehrten sie zurück. Einige wenige brachten es im Ausland zu Wohlstand. Einer davon war Gion de Capaul, der es in Prag zum königlichen Maurermeister brachte. Seiner Heimatkirche liess er von dort silbernen Altarschmuck zukommen. *Pfarrkirche St. Martin:* Erwähnt 1345, neu erbaut 1647, barocke Saalkirche. 1969 kam an der Westwand ein abgedecktes, 1694 realisiertes Jüngstes Gericht von Nicolao Giuliani zutage. Ein Kreuz mit einem von Wundmalen übersäten Jesus – von unbekanntem Meister Ende 17. Jh. geschaffen – wurde 1887 auf den Dachboden verbannt, 1972 erhielt das expressive Werk seinen Platz in der Kirche zurück.
Alljährlich am zweiten Sonntag im Oktober begeht Lumbrein die Prozession der Sieben Schmerzen Mariä. Angeführt wird der Zug von den Drei Marien mit den Totenschädeln. Dahinter der unter dem Baldachin schreitende Pfarrer mit dem Allerheiligsten.

Vignogn *Kath. Pfarrkirche St. Florinus:* Erbaut um 1500. Mit Sternengewölben gedeckte, spätgotische Kirche. Flügelaltar von 1516; Chorgemälde mit der Mutter-

gottes und den Heiligen Matthäus, Florinus, Markus und Johannes. *Kapelle St. Gaudentius:* 1345 erwähnt, 1648 neu erbaut. Rokoko-Orgel von 1790.

Surcasti Nach Surcasti – auf der Ostseite des Glogn (Glenner) – führt die als Variante A bezeichnete Wanderroute. Erste Besiedlung in der Bronzezeit. Der Turm der Kirche St. Laurentius war Teil der einstigen Kirchenburg. *Panorama-Menhir:* Oberhalb des Dorfes, an der Strasse nach Arliu–Gegls–Schumials, ein auf weite Distanz hin sichtbarer Felsblock, bekannt als Panorama-Menhir. Südlich des Dorfes der Kultstein *Crap della Gneida.*

Degen (Igels) In Degen die spätgotische Pfarrkirche St. Mariä Himmelfahrt, erbaut um 1504, an der Stelle einer um 800 erstmals erwähnten Vorgängerkirche; zudem die Kapellen Sogn Bistgaun (St. Sebastian) und Sogn Vetger (St. Viktor). In ersterer eine um 1200 gegossene Glocke, sie zählt damit zu den ältesten der Schweiz.
Vattiz: Gemeinde Degen, liegt abseits des Wegs. Ungewohnter Kirchenbau, bildet ein gegen Nordost gerichtetes Achteck, 1700 erbaut und den Bischöfen Nikolaus und Valentin geweiht. Im Dorf renovierter Holzbackofen, die Backdaten kennt das *Verkehrsbüro Vella: Tel. 081 931 18 58.*
Davos Munts: 1998 eingeweihte Naherholungsanlage mit Badesee und Naturschutzgebiet. Davos Munts bedeutet *Hinter den Hügeln.*

Vattiz, Kapelle St. Nikolaus und Valentin.
Backtag in Vrin, 1942.

Vella Hauptort der Lumnezia (467 Einw.) mit dem turmbewehrten Schloss als Wahrzeichen. Erbaut 1666 von der Witwe Margreth de Mont. Beherbergt Verkehrsbüro für die gesamte Talschaft. *Café de Mont:* Im Besitz der Familie de Mont. 1970 restauriert durch Peter Zumthor, dessen erstes eigenständig durchgeführtes Architekturprojekt. *Kapelle:* Den *Pestheiligen* Rochus und Sebastian geweiht, 1587 erbaut, 1992 letztmals renoviert. Hochaltar des Bündners Hans Ardüser sowie um 1940

von Alois Carigiet angebrachte Wandmalereien. Populär geworden ist Carigiet (1902–1983) durch die Illustration des Kinderbuchs «Schällen Ursli».
Open air: Jeweils im Juli bei Vella das Rockfestival Lumnezia. Daten und Programm beim Verkehrsbüro Vella.
Pleif: Kirche Sogn Vintschegn, ehemals Talkirche, in karolingische Zeit zurückreichend. In einer Zeitspanne von 1200 Jahren wiederholt umgebaut. Oft benutzt als Konzertraum. Schlüssel beim Verkehrsbüro. Näheres zu dieser Kirche siehe Seite 280 ff.

Cumbel «La glisch sin il candlier invidada» heisst das über 1000seitige Legenden-, Mirakel- und Historienbuch, das 1687 in Cumbel gedruckt wurde. «Das entzündete Licht auf dem Leuchter», so die Übersetzung, stammt aus der Feder Paters Zaccarias da Salò, eines Begründers der surselvischen Barockliteratur.
Bei Porclas, und damit nicht am Weg gelegen, das *Frauentor.* Es würdigt die Kraft der Frauen im Zwist gegen die Herren von Werdenberg. *Pfarrkirche St. Stephan:* Ursprünglich spätgotischer Bau, 1689 erweitert und barockisiert.

Luven Wird geografisch der Lumnezia zugezählt, durch die Annahme der Reformation ging Luven jedoch früh einen anderen Weg, abzulesen in Dorf- und Kirchenarchitektur. Der Turm der Kirche reicht zurück ins 12. Jahrhundert, das Schiff entstand um 1520, Umbau im 18. Jh. *Castelberg:* Südöstlich des Dorfes. Burgruine, im 14. Jh. im Besitz der Familie Castelberg, seither verlassen. *Kirche St. Martin:* An der Hauptstrasse nach Ilanz. Ehemalige Pfarrkirche, erwähnt 765, heutiger Bau entstand um das Jahr 1000, Einbau des Beinhauses um 1663. Turm und Innenraum mehrmals übermalt, Verkündigungsbild u.a. mit Gottvater, Taube und König mit Lilienzepter.

Ilanz (rätoromanisch: Glion), «erste Stadt am Rhein» (2300 Einw.), wirtschaftliches und kulturelles Zentrum der Surselva. Erstmals erwähnt um 765 im Testament des Churer Bischofs Tello.

Ilanz, Oberes Tor.
Ilanz, Museum Regiunal Surselva: Schlosserei.

Oberes Tor (Porta sura): Rundbogentor, nach dem Stadtbrand von 1513 neu erbaut. An der Aussenseite über dem Torbogen das Wappen der Stadt, darüber jene der Drei Rätischen Bünde. An der Innenseite die Standeswappen von Zürich und Bern, zudem Familienwappen der Schmid von Grüneck, angebracht zum Dank für die erfolgte Hilfe bei der Renovation des Tores von 1717.
Reformierte Kirche St. Margarethen: Nach Stadtbrand von 1483 neu erbaut. 1526 Ort des Disputs zwischen Katholiken und Reformern, in dessen Folge sich Ilanz für die Reformation entschied. Im Innern der Barockkirche reiche Ausmalung. Als Wahrzeichen der Campanile, der vom Kirchenschiff getrennte, mittelalterliche Wehr- und Wohnturm.
Dominikanerinnen-Kloster: Nördlich des Vorderrheins, erbaut 1970. Mutterhaus der Kongregation der Ilanzer Schwestern, gegründet 1868. Die Bündner Bäuerinnen- und Haushaltungsschule wird von Dominikanerinnen geleitet. An diesem Ort der Stille finden im Kloster Einzelpersonen (ab 18 Jahren) für zwei und mehrere Tage Aufnahme. *Anmeldung: Tel. 081 925 27 26.*
Museum Regiunal Surselva: Untergebracht in der Altstadt im 1611 entstandenen Patrizierhaus Casa Carniec. Die Sammlung des Museums umfasst über 6000 Exponate, ausgestellt in 40 Räumen. Thematisiert sind Land- und Forstwirtschaft, Handwerk, Brauchtum, Wohnkultur, Verkehr und Tourismus. *Öffnungszeiten: Juni–Oktober, Di, Do, Sa und 1. So des Monats 14–17 Uhr; geschlossen: 20.4.–31.5. und 1.11.–26.12.*

Heilige Orte zum wechselnden Gebrauch

Wie oben – so unten, wie früher – so heute

«Der Bergmensch weiss, dass Gott im Himmel ist. Aber der Himmel ist gross und weit weg, besonders für die einfachen Herzen der Gläubigen. Darum baut man Gott ein Haus auf Erden. Es steht immer an der richtigen Stelle, meist mitten im Dorf, manchmal auch auf einer nahen Anhöhe oder in einem Wiesentrog. Die Glocken auf seinem Turm sind von bischöflicher Hand geweiht, ihr Geläute soll Ungewitter und Hagel abwehren. Wegkreuze sollen den einsamen Wanderer beschützen, den Kühen hängt man geweihte Amulette um, um sie vor Schlangenbiss und anderem Ungemach zu beschützen. Kirchen sind heilige Stätten, Orte der Andacht und der Beschaulichkeit. Der Glaube ist etwas Mächtiges, er kann Berge versetzen. Doch bekommt der Mensch selten eine Antwort vom Himmel, und oft ist sie niederdrückend. Und trotzdem glaubt der Mensch unbeirrt weiter.» (G. Bini, S. Bechaz, 1980)

Oben: das Firmament, die Sonne, der Mond und der Lauf der Sterne. Unten: das Säen, Reifen und Ernten, das Entstehen und Vergehen in der Natur. Wie der Himmel geordnet war, so musste auch die Erde geordnet werden. Wie oben – so unten. Gestaltete der Mensch seine Erde nach den Gesetzen des Himmels, so lebte er in Einheit mit Gott. Diese Erkenntnis musste schon den Menschen der Bronzezeit im Herzen gelegen sein.

Observatorium Vor 3500 Jahren schon beobachteten die Menschen in der Lumnezia und im grossen Talkessel von Ilanz den weiten Himmel. Nahe ihrer Siedlungen legten sie ihre «Observatorien» an: Steinreihen, Steinkreise und einzelne Menhire, aber auch Horizonteinschnitte dienten zur Bestimmung der Sommer- und Wintersonn-

wende und der Festlegung des Bauernjahres. Die Weisen des Volkes dürften es gewesen sein, die den Zeitpunkt für Aussaat, Ernte, Feste und Gebet bestimmten.
Aber nicht allein die Unendlichkeit der Zeit, auch das weite Land sollte die himmlische Ordnung widerspiegeln. Bestimmte Verbindungs- und Visierlinien zu Sonne und Mond, aber auch häufig vorkommende Winkel galten als heilbringend – oder eben heilig – für die Erde. Mit solchen Linien wurde das Land überzogen. Auf solchen Linien und bei den himmlischen «Observatorien» war der Bergmensch seinem Gott nahe.
«Immer steht das Haus Gottes an der richtigen Stelle.» Um die «richtige Stelle» zu finden, beobachteten die Menschen aber nicht nur das Oben, sondern auch das Unten, die Erde. Bedeutende Kultorte stehen immer an Orten besonderer Erdstrahlung. Solche Kraftorte sind ebenfalls linienförmig verbunden miteinander und können durch den Menschen geschaffen, verstärkt oder zerstört werden. Die Ururahnen der Lugnezer haben ihre Kultstätten abgestimmt auf den ewigen Lauf des Himmels und die Kräfte der Erde. Und Generationen von Menschen scheinen um die besondere Kraft kultischer Orte gewusst zu haben. Die Namen der Götter haben gewechselt, jetzt sind die Bergler Christen, die Opfer- und Gebetsstätten jedoch sind dieselben geblieben. Und unbeirrt glaubt der Mensch weiter. Die Übernahme der heidnischen Kultorte scheint sich bewährt zu haben – der Erdkraft wegen, aber auch deshalb, weil die heidnischen Göttinnen und Götter direkt vor Ort umgeweiht werden konnten: Wasser- und Erdgeister wurden zu Hexen und Teufeln dämonisiert oder aber unverfänglich einer Heiligenfigur zugeordnet. Im Netz der alten Lugnezer Kultlinien herrschen heute die Heiligen Mauritius, Martin, Rochus oder Maria, starke Figuren also, die es mit ihren heidnischen Vorgängern aufnehmen können. Der heilige Georg an der Aussenwand der Vriner Kirche zeigt als Drachentöter sehr deutlich, dass der böse Vorgänger besiegt wurde. Das Motiv des Drachen findet sich bereits in keltischer Kultur als Symbol irdischer Kraftlinien. Nur in den Sagen und Märchen fristen Teufel und Hexen, manchmal auch gutmütige Schlangen, ein noch verstecktes Dasein.

Auf der Wanderung durchs weite Tal wächst der Eindruck, dass die Lugnezer, oder zumindest ihre Vorfahren, ein frommes Volk sein müssen. 32 Kirchen und Kapellen hat man Gott auf Erden erbaut, dazu viele Bildstöcke, Wegkreuze und Zeichen der Demut. Von zentraler Bedeutung ist die Kirche von Pleif bei Vella.

Knotenpunkt Pleif Pleif, vom lateinischen «Plebs» abgeleitet, ist die Volks- und damit die Hauptkirche. Sie gilt als das älteste Gotteshaus der Talschaft Lugnez und Vals. Lange vor dem christlichen Gotteshaus stand hier eine bronzezeitliche Siedlung. Über diesen Siedlungsresten fand man die Grundmauern karolingischer, romanischer, gotischer und barocker Bauten. Die Lugnezer und Valser Christen bildeten bis ins 14. Jahrhundert hinein eine einzige Pfarrei. Sonntag für Sonntag mussten die Vriner und Valser und alle andern Dörfler von weit her zur Messe hierher kommen, viele Stunden hin und zurück. Hier wurde geheiratet und bestattet. Erst im 14. Jahrhundert lösten sich die ersten Pfarreien ab.
Die neu erbauten Kirchen wurden aber nicht «irgendwo» ins Dorf gestellt, sondern fügen sich ins alte kultische Netz ein. Pleif ist ein zentraler Knotenpunkt des sakralen Netzes geblieben. Sternförmig lassen sich meist mehrere der umliegenden Kirchen, Kapellen und Schalensteine anpeilen. Etwa 20 Minuten unterhalb von Pleif liegt der Crap da treis Siarps, der Stein mit den drei Schlangen.

Bei Pleif: Der Stein mit den drei Schlangen – Crap da treis Siarps. Degen (Igels), Altar der Marienkirche.

Ave Maria

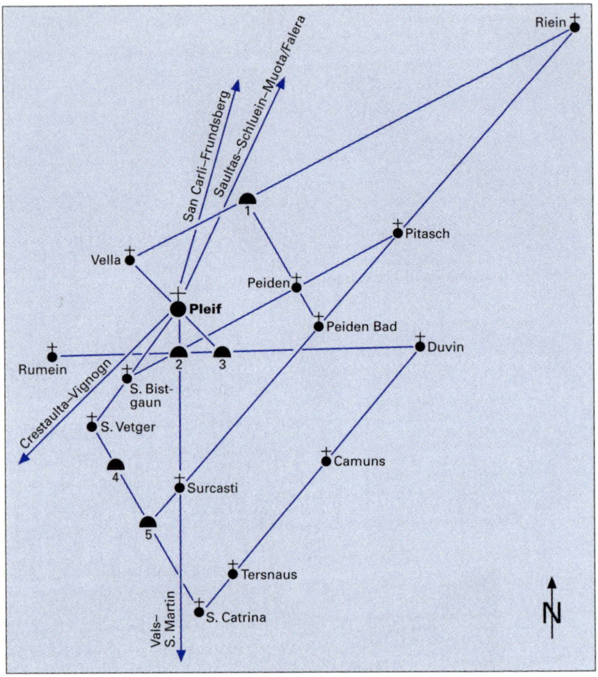

1 Schalenstein Cumbel
2 Crap digl Giavel
3 Crap da treis Siarps
4 Crap Malèe
5 Panoramastein

Kirche, Kapelle
Schalenstein

Das Ehepaar Büchi, das die Kultsteine der Region Ilanz während vieler Jahre vermessen und interpretiert hat, deutet den Crap da treis Siarps als Teil eines astronomischen Zentrums, zur einstigen Siedlung Pleif gehörig. Um ihn zu erreichen, folgt man bei der Kapelle S. Bistgaun in Degen am besten dem Wegweiser Richtung Cumbel. Bald senkt sich der Weg, und nach kurzer Zeit wird oberhalb einer Rechtskurve der Crap digl Giavel sichtbar, der Teufelsstein, auf dem der Leibhaftige mit seinem Ziegenfuss einst getanzt haben soll. Nach wenigen Minuten befindet man sich unterhalb der nächsten Felspartie. Blickt man nun Richtung Cumbel, so wird an der Hangkante ein grosser Stein sichtbar, mit der steilen Fläche talwärts gerichtet. Dies ist der Crap da treis Siarps, umgeben von weiteren Steinen. Er enthält an der talseitigen Fläche vier Schalen, einen Halbmond, und mit etwas Phantasie erkennt man drei Schlangen –

Pleif, Pfarrkirche.

leicht bearbeitete Gesteinsklüfte –, die aus drei dieser Schalen zu trinken scheinen. Dies erinnert an das Motiv der Sage von Vrin. Zieht man von diesem Stein eine Verbindung nach Pleif, so zielt deren Fortsetzung direkt zur Kirche der Heiligen Sebastian und Rochus in Vella. Verbindet man den Schlangen- mit dem Teufelsstein, so führt diese Gerade einerseits zur Kapelle Rumein, andererseits zur Dorfkirche Duvin.
Auch die Dorfkirchen von Cumbel und Degen liegen auf einer Linie mit Pleif. Auf einer dazu parallelen Geraden stehen die Kirchen von Riein, Pitasch, die Kapelle von Peiden Bad, die Schlosskirche von Uors und ein Menhir oberhalb Surcasti. Wiederum parallel dazu befinden sich die Kirchen von Duvin, Camuns, Tersnaus und die Kapelle S. Catrina. Verschiedene Verbindungen bestehen aber auch zum Talkessel von Ilanz und zur Nordseite des Rheins. Die Kapelle S. Carli und die Krete bei Saultas scheinen dabei als «Relaisstationen» gedient zu haben. Die meisten Verbindungen laufen über diese Punkte. Allein zwischen Vrin und Laax lassen sich rund 30 präzise Visierlinien rekonstruieren.
Bis heute ist Pleif die Hauptkirche der Lugnezer Sakrallandschaft. Und über Jahrtausende wurde der Standort und sein Genius loci, der Geist des Ortes, beibehalten. Heute nennt man ihn Vinzenz, heiliger Vinzenz von Pleif. Vielleicht können wir an diesem beschaulichen Ort, umgeben von mächtigen Eschen, diesem Geist in die Stille nachlauschen – hellhörig sein für das, was er aus über drei Jahrtausenden zu erzählen weiss.

Thomas Bachmann

Lesen und Hören:
Bini Gianfranco, Bechaz Sandrino: Dort oben die Letzten. Edizioni Virginia-Pero, Milano 1980.
Büchi Ulrich, Büchi Greti: Die Megalithe der Surselva, Bd. 2 Lumnezia/Valsertal; Bd. 3 Foppa/Gruob. Desertina Verlag, Disentis 1984 und 1985.
Büchli Arnold: Mythologische Landeskunde von Graubünden. Ein Bergvolk erzählt, 2. Teil: Das Gebiet des Rheins vom Badus bis zum Calanda. Sauerländer Verlag, Aarau 1966.
Chor viril Lumnezia: Ei catscha gis. CD. Radio Rumantsch, Chur 1998.

24 ILANZ – CHUR

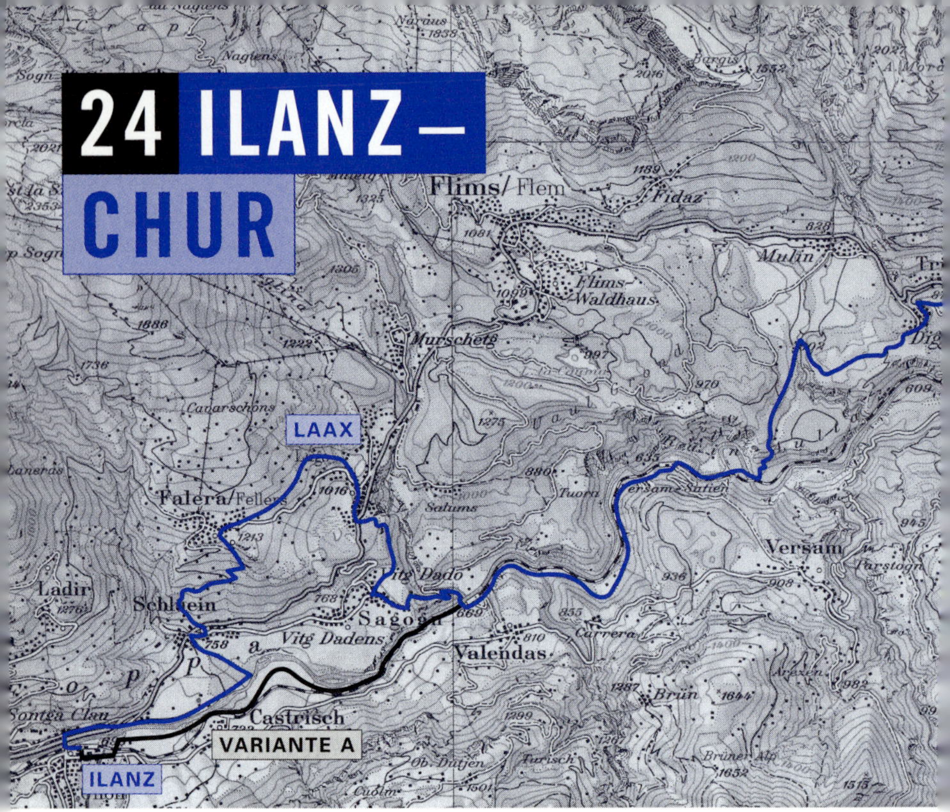

Ilanz, Bahnhof (698 m) – Laax, Post (1020 m)

L	🕓 3 h 00 → 10,7 km ↗ 535 m ↘ 213 m
Route	Vom Bahnhof Ilanz auf Bahnhofstrasse zur Rheinbrücke. Rhein überqueren und rechts zur Abzweigung ins Industriequartier. Durch dieses zum Kieswerk und bis zur Brücke, die den Rhein zur Hälfte überspannt. Hier links Richtung Schluein. Vor dem Dorf rechts haltend zur Pfarrkirche. Auf der Rückseite des Gotteshauses vorerst steiler Aufstieg Richtung Falera. Nach Erreichen der Fahrstrasse hoch zur ersten Kurve. Hier nach rechts und leicht absteigend in wenigen Schritten auf den Weg, der durch Wald direkt zur St.-Remigius-Kirche führt. Bei der Pfarrkirche Falera nach rechts und auf der «Senda Sursilvana» Richtung Laax. Nach ca. 20 Min. rechts abzweigen und ins Zentrum von Laax absteigen.

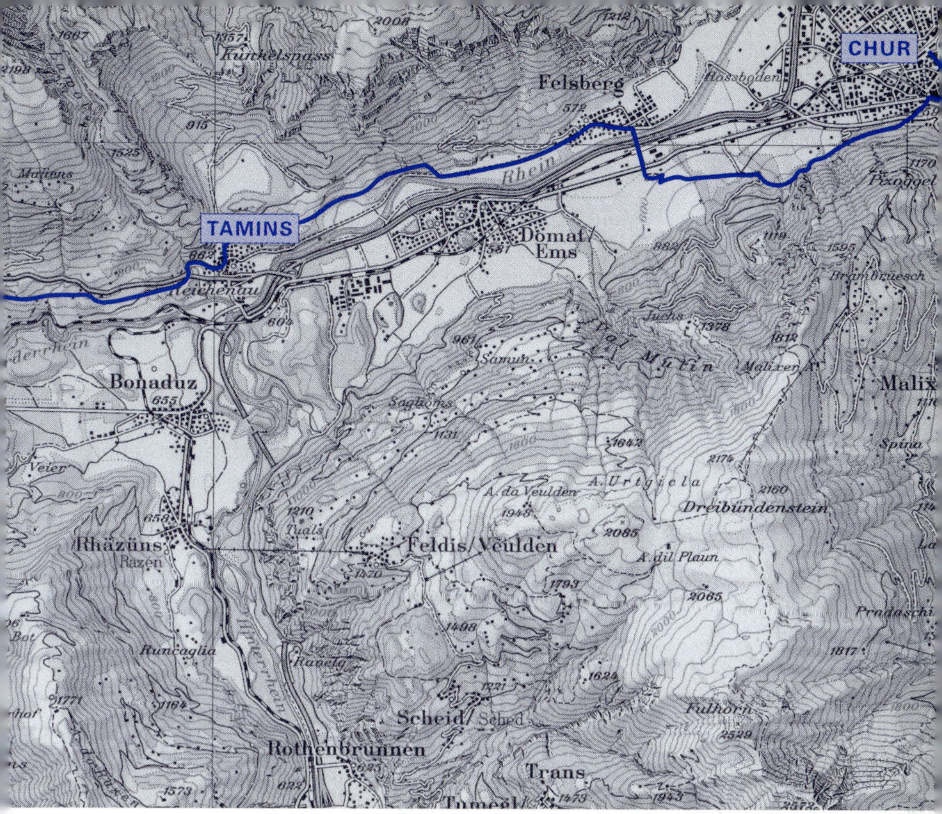

Variante A	Ab Ilanz dem rechten Rheinufer entlang nach Valendas-Sagogn Station (2 h 00).
Abkürzen	Ilanz/Schluein/Falera–Laax mit Postauto (920.30)
Anreise	Bahn Zürich/St. Gallen–Chur (900/880) Bahn Chur–Ilanz (920)
Rückreise	Postauto Laax–Ilanz (920.30) Bahn Ilanz–Chur (920) Postauto Laax–Chur (900.75) Bahn Chur–Zürich/St. Gallen (900/880)
Service	Restaurants, Lebensmittelladen, Post in Schluein, Falera und Laax; Bank in Falera und Laax
Schlafen	Hotel «Encarna», Falera, Tel. 081 921 33 44 Hotel «Bellaval»***, Laax, Tel. 081 921 47 00 Hotel «Seehof», Laax, Tel. 081 921 41 21 Hotel Garni «Cathomen», Laax, Tel. 081 921 45 45 Backpacker Hotel «Gutveina», Flims-Waldhaus,

	Tel. 081 911 29 03 (Mehrbettzimmer), mit Postauto ab Laax (900.75)
Jahreszeit	Mai–Oktober
Karten	247 (T) Sardona; 1194 Laax
Spezielles	Strandbad am Lag Grond in Laax.

Laax, Post (1020 m)–Tamins, Post (662 m)

MS	◷ 5 h 20 → 20,9 km ↗ 490 m ↘ 848 m
Route	Ab Post Laax Richtung Valendas. Unterhalb der «Posta Veglia» nach links und bis Sagogn absteigen. Beim Dorfbrunnen in Sagogn links Richtung Station Valendas-Sagogn. Auf Fahrstrasse und später Fahrweg zum Rhein absteigen. Vom Bahnhof auf Fussweg bis Versam-Safien Station und ab hier Richtung Trin. Nach steilem Aufstieg auf gegenüberliegender Seite des Rheins vorerst Richtung Trin–Mulin und nach ca. 30 Min. rechts abzweigen Richtung Trin-Digg–Tamins. Vom Dorfbrunnen in Digg auf der «Senda Sursilvana» direkt nach Tamins. Insgesamt wenig Hartbelag.
Abkürzen	Valendas-Sagogn Station/Versam-Safien Station–Reichenau-Tamins mit Bahn (920)
Anreise	Bahn Zürich/St. Gallen–Chur (900/880) Postauto Chur–Laax (900.75)
Rückreise	Postauto Tamins–Chur (900.75) Bahn Chur–Zürich/St. Gallen (900/880)
Service	Restaurants in Versam-Safien Station, Digg und Tamins; Lebensmittelladen, Post, Bank in Tamins
Schlafen	Ustria «Parlatsch», Trin, Tel. 081 635 15 66 Gasthaus «Ringel», Trin, Tel. 081 635 11 09 (auch Matratzenlager) Hotel «Krone», Tamins, Tel. 081 641 11 14
Jahreszeit	Mai–Oktober
Karten	247 (T) Sardona; 1194 Laax, 1195 Reichenau

Tamins, Post (662 m)–Chur, Bahnhof (585 m)

L	◷ 3 h 20 → 12,4 km ↗ 247 m ↘ 324 m
Route:	Ab Post Tamins Dorfplatz überqueren zum Restaurant «Bündnerstübli». Rechts vorbei und nach ca. 100 Metern rechts Richtung Pradamal («Senda Sursilvana»). Nach 30 Min. nicht zum Rhein hinunter, sondern vorerst auf dem Hangweg und später auf Fahrstrasse bis

Felsberg. Am alten Dorfteil mit Kirche vorbei zur Rheinbrücke. Über den Fluss zur Hauptstrasse Chur–Domat-Ems. Aufstieg Richtung Chur. Nach Unterqueren der Hochspannungsleitung zum Wald hoch. Bei der zweiten Kurve im Wald Richtung Rosenhügel–Stadt abzweigen und auf Forstweg hoch zur Eckertsruh. Leicht absteigend Richtung Rosenhügel. Beim Reitverbot nach rechts und auf Fussweg zum Restaurant Rosenhügel. Der Hauptstrasse entlang zum Obertor der Churer Altstadt. Auf selbstgewählter Route zum Bahnhof.

Abkürzen	Felsberg–Chur mit Bahn (941)/Stadtbus
Anreise	Bahn Zürich/St. Gallen–Chur (900/880) Postauto Chur–Tamins (900.75)
Rückreise	Bahn Chur–Zürich/St. Gallen (900/880)
Service	Restaurants, Lebensmittelläden, Post, Bank in Felsberg und Chur
Schlafen	Hotel «Drei Könige»***, Chur, Tel. 081 252 17 25 Hotel «Franziskaner», Chur, Tel. 081 252 12 61 Hotel «Schweizerhaus», Chur, Tel. 081 252 10 96, (auch Matratzenlager) Naturfreundehaus «Brambrüesch», Brambrüesch (mit der Seilbahn ab Chur), Tel. 081 284 42 67/ 081 252 59 75 (Reservation obligatorisch)
Jahreszeit	April–November
Karten	247 (T) Sardona; 1195 Reichenau

unterwegs...

Natur pur in der Kiesgrube: Schlingnatter.

Schluein Auch der noch junge Rhein wird vielfach genutzt, vorab zur Stromproduktion und als Lieferant von Kies. Entsprechende Kieswerke stehen in Realta am Hinterrhein (nahe Thusis), in Reichenau und in der Gemeinde Schluein. Gegründet wurde die Kieswerk Schluein AG zusammem mit dem Betonwerk im Jahr 1969. Das Unternehmen bietet sechs ganzjährige Arbeitsplätze und versorgt die einheimische Bauindustrie mit Sand, Kies und Beton. Für die Gemeinde ist das Kieswerk ein bedeutender Steuerzahler. Dem Gedanken des Naturschutzes wird Rechnung getragen: An Kies abgebaut wird so viel Material, wie der Fluss jährlich wieder heranschafft, zudem sind durch die zentrale Lage des Werks die Transportwege zu den Verbrauchern relativ kurz.

Falera, alte Pfarrkirche St. Remigius.

Falera Innert Jahrzehnten Wandel vom Bauerndorf zum Touristenort. In ältesten Schriften taucht Falera als Falaria und Phalers auf. Für die Herkunft wird auf Ferraria (Eisenschmelze, Eisenschmiede) verwiesen. Eine Siedlung bestand bereits zur Bronzezeit (1800–800 v. Chr.; Fundgegenstände im historischen Museum Chur). Östlich der hochgelegenen Kirche St. Remigius Schalen- und Opfersteine, gedeutet als Zeugen einer einstigen Sonnenkultstätte. Steinsetzungen sind Jahreskalender: darauf abzulesen auch Daten der Winter- und Sommersonnenwende. Laut Kirchgemeinde Falera sind Kirchen und Kapellen im Raum Ilanz über heidnischen Kultstätten erbaut, die bereits zur Bronzezeit nach bestimmten Sonnenaufgängen angelegt wurden. Auf diese Weise versuchte das Christentum, den «heidnischen» Kult zu verdrängen. Eine von Linden- und Ahornbäumen gesäumte Allee führt zur alten *Pfarrkirche St. Remigius,* dem Wappenzeichen Faleras. Mit ihrer Lage, den Grabkreuzen und der die Anlage umfassenden Mauer gilt sie vielen als schönste Kirche des Vorderrheintals.
Faleras neue, 1904 erbaute Pfarrkirche steht im Dorf. Geweiht ist sie dem Heiligsten Herzen Jesu.

Laax Rasante Entwicklung vom Bauerndorf zur Winter- und Sommertourismus-Destination mit zahlreichen Bergbahnen (220 km Skipisten), mit Mountain-Bike-Routen, Tennisplätzen und Wellness-Angeboten. Über 8000 Gästebetten, pro Jahr eine halbe Million Logiernächte. Auch Laax (Rätoromanisch: Lags) wehrt sich für seine Ortssprache, das Sursilvan. An einer Gemeindeversammlung von 1991 sprach sich die Mehrheit für das Territorialprinzip aus. In den ersten drei Schulklassen ist das Romanische Pflichtfach.
Die Gemeinde am Fuss des Crap Sogn Gion (Stein des hl. Johann) ehrt den Fisch: Sie führt den Hecht im Wappen. Laax deutet auf die Heimat dieses Fisches hin. Für

See steht im Lateinischen *lacus,* im Romanischen *lag.* Der Hecht als Wappentier von Lags schwimmt im Laaxersee resp. Lag Grond. Der zweite See in Laax, der Lag digl Oberst, verlandet und erreicht nur nach der Schneeschmelze seine einstige Ausdehnung.
Kirche St. Gallus und St. Othmar: Barocke Saalkirche, neu erbaut 1678 durch Domenico Barbieri aus Roveredo. Beinhaus erbaut 1685. *Ortsmuseum:* Untergebracht in ehemaliger Sennerei. Themen sind Wohnkultur (vor 150 Jahren), Landwirtschaft, Handwerk und Sport. *Öffnungszeiten: Juli–Oktober täglich 15–18 Uhr, Tel. 081 921 51 51.*

Sagogn Der Ort setzt sich zusammen aus Vitg Dado und Vitg Dadens. Zwischen Vorderrhein (Rein Anteriur) und Laaxertobel die 1968 ausgegrabene Burganlage Schiedberg. Belegt ist eine kontinuierliche Besiedlung seit der mittleren Bronzezeit (16.–13. Jh. v. Chr.). Die Burg dürfte im Mittelalter zur Sicherung der Lukmanierroute gedient haben. *Bregl da Haida:* Überreste der ins 7. Jahrhundert zurückreichenden Kolumbanskirche. *Kath. Pfarrkirche Mariä Himmelfahrt:* Erbaut 1639. Archäologische Forschungen belegen am gleichen, leicht erhöhten Standort bis ins 7. Jahrhundert zurückreichende Vorgängerkirchen. Im Innern Malereien zu Maria (sie erscheint als Himmelskönigin), Karl Borromäus (Pestheiliger und Förderer des Kapuzinerordens), Jesus und Franziskus (mit Stigmatisierung). Die beiden 1757 angebrachten, dem Rokoko verpflichteten Chorstuhlaltäre stammen aus der Werkstatt des Disentiser Bildhauers Placy Schmid.

Rheinschlucht – Ruinaulta.

Rheinschlucht Tourismuspromotoren bezeichnen die bis zu 600 Meter tiefe Rheinschlucht (rätoromanisch: Ruinaulta) als Grand Canyon der Schweiz. Seit 1903 wird sie von der Rhätischen Bahn durchfahren, zuvor war sie unerschlossen und weglos. Massgebend an der Projektierung der Bahnlinie beteiligt war der Zürcher Geologe Albert Heim. Die Eisenbahnstrecke führt über zwei Brücken und durch drei Tunnels (total 787 m). In der Schlucht liegen die Bahnstationen Valendas/Sagogn, Versam-Safien und Trin. Die Landschaft zwischen Ilanz und Chur (auch der Tomalandschaft bei Domat/Ems) ist die Folge des vor ca. 15 000 Jahren erfolgten Flimser Bergsturzes. Etwa 13 Mia. m^3 Gestein lösten sich und bauten im Tal einen 12 km langen Riegel auf; es entstand ein See, bis sich der Rhein einen neuen Weg gegraben hatte. Heute warnen Umweltschützer vor intensiver touristischer Nutzung der Schlucht, ins Schussfeld der Kritik geraten ist insbesondere das Riverrafting.

Trin Zu Trin (1100 Einw.) gehören Digg, Mulin und Pintrun. Über dem Dorf Ruine der ehem. Kirchenburg Hohentrins, erbaut um 759. Die reformierte Pfarrkirche entstand 1491 am Standort einer Vorgängerkirche; Renovationen um 1888 und 1959. Nördlich davon einheitliche Häusergruppe aus dem 16.–18. Jh.
Südwestlich von Digg gut erhaltene, artenreiche inneralpine Kulturlandschaft. Zwischen Trin und Felsberg verläuft der Wanderweg teilweise auf dem historischen Wegtrassee des Vorderrheintals.

Tamins Von weithin sichtbar die auf einem Bergsturzhügel thronende, ins Jahr 1494 zurückreichende reformierte Dorfkirche. Sie wurde mehrmals umgebaut und vergrössert, 1899 erhielt sie einen neuen Turm, 1920 wurde das dadurch verlorengegangene Verhältnis zwischen Dach und Turm durch Erhöhung des Dachstuhls und des Schiffs wiederhergestellt. Die vier Glocken im Turm wiegen fünf Tonnen, sie stammen aus der ehem. Giesserei im benachbarten Felsberg. Auch Handy-Telekommunikation erfordert Antennen: Eine solche ist im Kirchturm von Tamins untergebracht.

Tomahügel Zwischen Ils Aults (südöstlich von Tamins) und Domat/Ems erheben sich zwölf kegelförmige, isolierte Hügel. Geologen bezeichnen diese als Toma. Der romanische Name Toma wird abgeleitet vom lateinischen *tumulus* (Hügel, Erhebung), im Rätoromanischen wird daraus Tuma. Solche Tuma sind beliebte Gebäudestandorte: Tamins' Kirche steht auf einem Tuma, ebenso jene von Domat/Ems, und auf dem benachbarten Tuma Casti thront die um 1725 erbaute Antoniuskapelle. Die Höhe dieser Tuma variiert zwischen 10 und 68 Metern.

Der höchste, der Tuma Tschelli, erhebt sich südwestlich des Dorfzentrums von Domat/Ems. Tuma sind Reste der einst ausgedehnten Bergsturzmasse.

Felsberg Zwischen 1817 und 1901 bestand in Felsberg die Glockengiesserei Theus. Sie produzierte in dieser Zeit insgesamt 226 Kirchenglocken. Aus der Werkstatt Theus stammt auch das Taminser Geläute. Mit seinen fünf Tonnen Gesamtgewicht ist es das schwerste vierstimmige Geläute, das die Gebrüder Theus für eine Bündner Kirche gegossen haben.
Orgelbau Felsberg: Eindrückliches Werkverzeichnis der Orgelbau Felsberg AG: Zwischen 1968 und 1998 führte sie nicht weniger als 140 Orgelneubauten und Restaurierungen durch. Zahlreiche Orte, die auf die Felsberger Orgelbauer setzten, liegen am Kulturweg: Ardez, Falera, Chur, Ilanz, Klosters, Lavin, Lumbrein, Lü, Tamins, Schluein, Scuol, Valchava. Felsberger Orgeln stehen zudem in der Kathedrale von Colmar und zu St-Vincent in Lyon. Das Felsberger Orgelbau-Unternehmen beschäftigt bis zu 15 Fachkräfte. Die Orgelbau-Tradition in Felsberg reicht ins Jahr 1898 zurück.

Chur: Überragt vom bischöflichen Hof. Im Zentrum die Kathedrale St. Mariä Himmelfahrt.

Chur (33500 Einw.) zählt kulturgeschichtlich zu den wichtigsten Orten der Zentralalpen. Erste Siedlung *(im Welschdörfli,* Funde sind konserviert) bereits um 2500 v. Chr. In römischer Zeit war Curia Raetorum Hauptort der Raetia Prima. Seit Ende 4. Jh. Bischofssitz. Über Jahrhunderte Ausgangspunkt und Warenumschlagplatz für die Passübergänge nach Süden. 1464 Stadtbrand, mit dem Wiederaufbau Verdrängung des Rätoromanischen durch das Deutsche. 1524 bis zur Helvetik 1798 Zusammenschluss des Gotteshausbundes, des Grauen Bundes und des Zehngerichtebunds zum Freistaat der Drei Bünde. 1532 Reformation, der die Stadt überragende bischöfliche Hof bildet seither eine konfessionelle Enklave. In der Altstadt wertvolle Ensembles und Einzelbauten. Enge, an die mittelalterliche Stadtanlage erin-

nernde Strassenzüge; erhalten geblieben auch Teile der Befestigungsanlage (Obertor). *Weiterführende Stadtpläne und -führer beim Verkehrsbüro an der Grabenstrasse 5, Tel. 081 252 18 18.*
Kathedrale St. Mariä Himmelfahrt: Bischofskathedrale, erbaut zwischen 1150 und 1272 (am Standort zweier Vorgängerkirchen), spätromanischer Bau, Ausstattung reicht von karolingischer Zeit bis zum Barock. Die Gesellschaft für Schweizerische Kunstgeschichte GSK in Bern gibt seit Jahren eine Schriftenreihe zu wichtigen kunsthistorischen Bauten der Schweiz heraus, so auch zur Bischofskathedrale und zum Dommuseum. Diese Broschüren liegen meist in den jeweiligen Gebäuden zum Kauf auf. Die Kontinuität von über 1500 Jahren kirchlicher Kulturgeschichte bringt das *Dommuseum* zur Geltung. Einen Schwerpunkt der Sammlung bilden Reliquiare, deren Entwicklung sich in Chur in einem einzigartigen Querschnitt verfolgen lässt. *Kirche St. Luzi:* Für die Schweiz herausragendes Beispiel karolingischer Ringkrypta und eines dreischiffigen spätromanischen Hochchors, erbaut 1. Hälfte des 8. Jh.; Luzius ist der Bündner Landespatron. *Ref. Pfarrkirche St. Martin:* Ehem. karolingische Saalkirche, nach dem Stadtbrand von 1464 neu erbaut. Im Innern Glasfenster des Bergeller Künstlers Augusto Giacometti (1877–1947).
Museen: Chur bietet eine Auswahl guter Museen. Vier davon seien erwähnt:
Rätisches Museum: Täglich ohne Mo 10–12 und 14–17 Uhr, Tel. 081 257 28 89. Bündner Kunstmuseum: Täglich ohne Mo 10–12 und 14–17 Uhr, Do bis 20 Uhr, Tel. 081 257 28 68. Natur-Museum: Täglich ohne Mo 10–12 und 14–17 Uhr, So durchgehend, Tel. 081 252 15 58. Dommuseum: Besichtigung nur nach Anmeldung möglich, Tel. 081 252 90 50. Open-air-Kinofestival: In der Altstadt, jeweils in der ersten Hälfte August. Weitere Auskünfte: Chur Tourismus, Tel. 081 252 18 18; Internet: www.chur-tourismus.ch

Alberto Giacometti,
Buste de Silvio, 1944.

Ahnen der Sonne?

Megalithe und Schalensteine – auch in der Schweiz erzählen grosse Steine aus einer anderen Welt

Das vorchristliche Weltverständnis hat in der Kulturlandschaft der Surselva deutliche Spuren hinterlassen. Auch wenn die «grossen Steine» in Irland oder der Bretagne bedeutend mächtiger sind, die steinernen Zeugen in der Surselva lassen sich durchaus sehen ... und bewundern!

Die Menschen bemerkten schon zur Bronzezeit die Regelmässigkeit der Himmelsphänomene. So begannen sie, die wichtigsten Sonnen-, Mond- und Sternpositionen mit Hilfe stabiler Markierungen festzuhalten. Zu einer Zeit, als Swatch und Digitalanzeige des täglichen Datums noch nicht erfunden waren, dienten Menhire und Schalensteine als Kalender für das bäuerliche Jahr. Sie waren aber ebenso Kultorte, weil man hier mit den göttlichen Gesetzen des Himmels in Verbindung stand.

Betrachtet man das Sonnenjahr, so ergeben sich in unseren Breitengraden vier markante Stichtage: die Wintersonnwende (22./23. Dezember), also der kürzeste Tag, die Tagundnachtgleiche im Frühling (21. März), die Sommersonnwende (21. Juni) mit dem längsten Tag und die Tagundnachtgleiche im Herbst (21. September).

Für den Ablauf des bäuerlichen Jahres scheinen zudem die Bestimmung des «Bauernwinters» und des «Bauernsommers» von Bedeutung gewesen zu sein. Der Bauernwinter bezeichnet die Zeitspanne von 42 Tagen vor und nach der Wintersonnwende, begrenzt vom 11. November und vom 2. Februar. Der 11.11. ist der St.-Martins-Tag, «Martini» genannt, und auch der Fasnachtsbeginn. Der 2.2. wird in der christlichen Mystik als Mariä Lichtmess bezeichnet, was die Bedeutung des (Sonnen-) Lichtes erhellt. Der Bauernsommer umfasst den Zeitraum vom 21. Mai bis zum 21. Juli, also je einen Monat vor und nach der Sommersonnwende. Es gilt dies als die Zeit der Reife und Ernte. In praktisch allen Megalithanla-

gen der Surselva finden sich – nebst der Festlegung der Himmelsrichtungen – Hinweise auf die Bestimmung dieser genannten acht Daten. Man bestimmte sie in erster Linie aufgrund des Sonnenaufgangs am jeweiligen Horizont.

Die heute noch vorhandenen Steinreihen ergeben wichtige Peillinien. Ob die feinen Schalen und Rinnen, die in den Fels gerieben wurden, demselben Zweck dienten, gilt der begrenzten Messgenauigkeit wegen als umstritten. Nebst der Sonne wurden auch bestimmte Aufgänge des Mondes oder einzelner Sterne beobachtet.

Schon zur Bronzezeit wurde das Jahr in 12 fast gleich lange Perioden eingeteilt, und wichtige Stichtage wurden hervorgehoben. Der keltische Kalender wie auch römische und christliche Festtage belegen die Kontinuität bedeutender Zeitmarken über fast 4000 Jahre hinweg.

Ausrichtung So vielfältig die astronomischen Zusammenhänge bei Falera auch sind, es können hier nur wenige Aspekte erwähnt werden. Auf dem bewaldeten Hügel zwischen Dorf und Rheintal stand einst eine bedeutende bronzezeitliche Siedlung. Die Wiese zum Dorf hin diente hingegen als astronomisches «Observatorium», das für das Tal von Ilanz, das Lugnez und das Valsertal von grosser Bedeutung gewesen sein muss. Besonders auffällig präsentiert sich zunächst eine Reihe von fünf Menhiren und weiterer drei Steine in derselben Linie. Bereits vor 50 Jahren wurde wieder erkannt, dass diese Linie gegen Ostnordost den Sonnenaufgang am 21. Mai und 21. Juli – also zu Beginn und Ende des Bauernsommers – anvisiert. Blicken wir in die entgegen-

Falera: Menhire um Sogn Rumetg. Auf dem Muota-Hügel: St. Remigius – Sogn Rumetg.

gesetzte Richtung, so liegen die Kirchen S. Rumetg/Falera, S. Sein/Ladir, S. Gieri/Ruschein sowie die bronzezeitliche Siedlung von Frundsberg/Ruschein ebenfalls auf dieser Kultlinie, die in ihrer Fortsetzung auf die Sonnenuntergänge am 11. November und am 2. Februar (Bauernwinter) zielt.
Der dritte und vierte Menhir markieren zusammen mit einem dritten, dorfseitig und ebenerdig liegenden Stein ein rechtwinkliges Dreieck. Die kürzeren Seiten dieses Pythagoras-Dreiecks liegen genau in Richtung Nord-Süd beziehungsweise West-Ost. Man vermutet, dass dieses Dreieck als Basis diente für die Errichtung der gesamten astronomischen Anlage. An der Böschung zum Dorf hin finden sich nochmals zwei Steinreihen mit der Ausrichtung zum Sonnenaufgang zur Zeit der Sommersonnenwende.

Der Lachende Im Jahre 1984 wurde wenig oberhalb der Kirche ein von Menschenhand bearbeiteter Felsblock entdeckt. Die Darstellung zeigt einen munter dreinblickenden Menschen mit einem Strahlenkranz um den Kopf und einer Art Lanzenspitze. Seiner freundli-

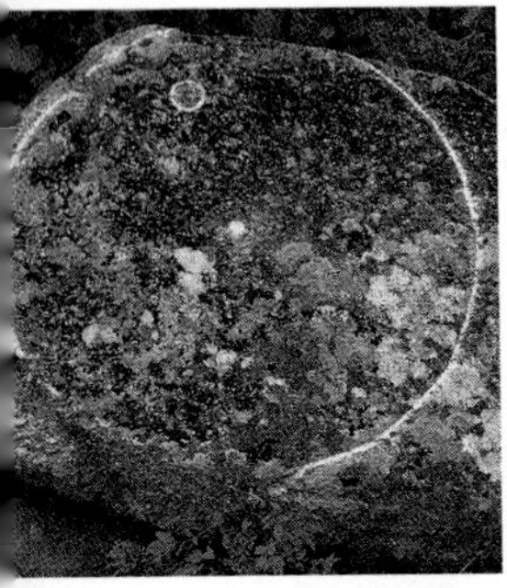

Falera, Kultstein: Sonnenkreis.

chen Erscheinung wegen nannte man ihn «il legher megalit», den lachenden Megalithiker. Von der Kirche weg führt ein Pfad zu ihm hinauf.
Ein lohnender Rundweg schlängelt sich um den Muota-Hügel und hinüber zu einem Felskopf mit bronzezeitlichen Schalen und Rinnen. Unterhalb der Kirche St. Remigius, an der unteren Variante dieses Rundweges, steht seit Jahrtausenden ein heller Stein mit glatter Fläche. Diese Fläche neigt mit 64° genau nach Süden und trägt eine feine Kreisrille von 120 cm Durchmesser. Dies ist der Sonnenstein. Im Zentrum des Kreises ist das Zirkelloch sichtbar, und im Nordwest-Viertel entdeckt man eine feine schalenförmige Vertiefung. Wird nun ein Stab, dessen Länge vom tiefsten bis zum höchsten Punkt des Kreises reicht, senkrecht direkt vor dem Stein aufgestellt, so fällt das obere Ende des Schattens zur Zeit der Sommersonnwende bei höchstem Sonnenstand am Mittag genau ins Zirkelloch. Setzt man den Stab senkrecht zur Steinfläche in das Zirkelloch, so weist er jenen Winkel von 26° zur Horizontalen auf, der dem Sonnenhöchststand am 11. November und am 2. Februar entspricht. Zu Beginn und zum Abschluss des Bauernwinters wirft der Stab am Mittag also keinen Schatten.

Ort der Seelen? Die bisherigen wissenschaftlichen Untersuchungen von Falera wie auch weiterer Menhire und Schalensteine der Surselva haben vor allem deren astronomische Bedeutung betont. Das kultische Zentrum von Falera dürfte allerdings nicht nur ein gross angelegter Kalender gewesen sein. Die Steine von Falera dienten möglicherweise auch der Verbindung zu den Ahnen. Man vermutet, dass es sich um einen heiligen Ort der Seelenwanderung handelt: Hier, an diesem Ort, konnten die verstorbenen Seelen, die sich gerade auf ihrer Traumreise befanden, durch eine Frau wieder neu empfangen werden. Die Vorstellung, dass sich die Seelen in Tieren, Pflanzen oder Gegenständen manifestieren und wieder ins diesseitige Leben treten können, kennt man von verschiedenen Urvölkern. Man spricht dann von Totemismus.

3000 Jahre lang haben die Kultsteine der Surselva vor sich hingeträumt, wurden als Sagen-Steine verehrt oder gemieden. Die meisten standen der Landwirtschaft im Wege und wurden irgendwann umgestürzt, zerstört oder verbaut. In Falera ist man sich der bronzezeitlichen Sonnenkultur und ihrer totemistischen Bedeutung erst in den letzten 15 Jahren wieder bewusst geworden. Deren umfassende und naturbezogene Denkweise verlangt heute, in der durchdigitalisierten Präzisionsgesellschaft, wieder zunehmend an Aufmerksamkeit und Interesse. In den 1980er Jahren wurden 27 Menhire wieder aufgerichtet.

Thomas Bachmann

Lesen:
Kirchen Emil: Wenn der Berg stürzt. Das Bergsturzgebiet zwischen Chur und Ilanz. Terra Grischuna Verlag, Chur 1993.
Derungs Kurt: Mythologische Landschaft Schweiz. Landschaftsmythologie der Alpenländer, Band 1: Schweiz. Edition amalia, Bern 1997.

25 CHUR–LANGWIES

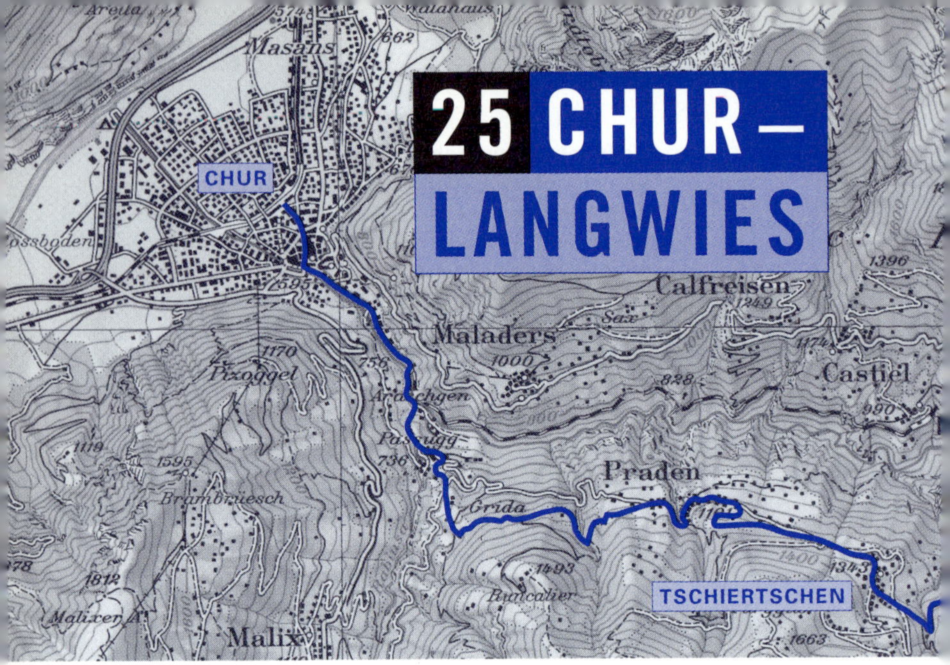

Chur, Bahnhof (585 m) – Tschiertschen, Post (1343 m)

L (MS)*	4 h 00 → 11,6 km ↗ 843 m ↘ 85 m
Route	Ab Bahnhof Chur zum Obertor der Altstadt nach eigenem Gusto. Auf der rechten Seite der Plessur den Bahngeleisen entlang, die verschiedenen Fussgängerstege jeweils ausser acht lassend. Am Kraftwerk vorbei, über die Plessur zur Bushaltestelle Rabiusabrücke. Hier nach rechts zum Bad Passugg aufsteigen. Auf Fahrstrasse am ehemaligen Kurhaus vorbei, nach 150 m Richtung Churwalden («Polenweg»). Beim Schulhaus abzweigen nach Grida – Ricaldei – Praden. Der Weg im äusserst steilen Steinbachtobel vor Praden kann nach Unwettern Mühe bereiten *(MS). Allenfalls Chur – Praden mit Postauto zurücklegen. 150 m oberhalb der Kirche Praden nach rechts hoch Richtung Frauenmatten – Höhi. Nach Erreichen der Hauptstrasse ins Dorfzentrum von Tschiertschen.
Abkürzen	Chur, Bahnhof – Rabiusabrücke mit Stadtbus Linie 9 Chur/Passugg-Araschgen/Praden – Tschiertschen mit Postauto (900.73)
Anreise	Bahn Zürich/St. Gallen – Chur (900/880)

Rückreise	Postauto Tschiertschen–Chur (900.73) Bahn Chur–Zürich/St.Gallen (900/880)
Service	Restaurants, Post in Praden und Tschiertschen; Lebensmittelladen, Bank in Tschiertschen
Schlafen	Hotel «Alpina»**, Tschiertschen, Tel. 081 373 11 22 Pension «Weisshorn», Tschiertschen, Tel. 081 373 11 92 Pension «Sumpfhüsli», Tschiertschen, Tel. 081 373 12 31 (auch Matratzenlager)
Jahreszeit	Juni–Oktober
Karten	247 (T) Sardona, 248 (T) Prättigau; 1195 Reichenau, 1196 Arosa

Tschiertschen, Post (1343 m)–Langwies, Bahnhof (1317 m)

L	🕓 4 h 00 → 11,9 km ↗ 533 m ↘ 559 m
Route	Ab Post Tschiertschen auf Fahrstrasse Richtung Uf Wald–Molinis. Nach ca. 45 Min. links abzweigen und über Uf Wald bis Molinis. Ab hier auf linker Talseite bleibend den Fahrweg Richtung Prätschwald–Langwies bis Abzweigung Langwies benutzen. Bahnviadukt unterqueren und hoch nach Langwies.
Abkürzen	Molinis–Langwies mit Bahn (930)

Anreise	Bahn Zürich/St.Gallen–Chur (900/880) Postauto Chur–Tschiertschen (900.73)
Rückreise	Bahn Langwies–Chur (930) Bahn Chur–Zürich/St.Gallen (900/880)
Service	Restaurants, Post in Molinis und Langwies; Lebensmittelladen, Bank in Langwies
Schlafen	Hotel «Alte Post», Langwies, Tel. 081 374 20 33 Hotel «Bahnhof», Langwies, Tel. 081 374 22 76 Jugendherberge, Arosa (mit Bahn ab Langwies, 930), Tel. 081 377 13 97
Jahreszeit	Juni–Oktober
Karten	248(T) Prättigau; 1196 Arosa

unterwegs...

Passugg Quelle in Passugg bereits im 16. Jahrhundert genutzt. Im Jahr 1863 wurden die verschütteten Mineralquellen in der Rabiusaschlucht neu entdeckt. Ab 1896 etappenweise Errichtung des Kurhauses Passugg (heute Hotel- und Touristik-Fachschule). 1948 Felssturz auf Trinkhalle und Abfüllbetrieb. 1951 Wiederaufnahme des heutigen Passugger-Betriebs.

Praden, auf der Litzisita – der Schattenseite.

Praden Boda, Bord, Büdemi, Düregga, Höhi, Ifang, Litzi, Matta, Tristel, Wannetli – dies einige Prader Flurnamen, die auf die Walserpräsenz hinweisen. Von den für Praden aufgelisteten über 150 Flurnamen sind die meisten deutsch und davon eine grosse Anzahl walserisch. Die Besiedlung durch die Walser – von Langwies her – erfolgte ab 1300. Auf die vorwalserische, romanische Zeit verweist der Ortsname Praden. Dahinter steckt das lateinische *pratum* (Wiese, Wiesengelände). Der Ort setzt sich zusammen aus Inner- und Usser-Praden.
Bevölkerungsmässig hat Praden im 20. Jahrhundert eine Entwicklung durchlaufen, wie sie für zahlreiche Berggemeinden typisch ist: Jahrhundertelang bewegte sich die Bevölkerungszahl bei etwa 120 bis 150 Personen, in den Jahren nach 1960 erfolgten dramatische Einbussen. 1980 zählte die Gemeinde noch 51 Einwohner,

von den 24 Viehhaltern blieben noch deren fünf. Heute (1999) zählt die Gemeinde 125 Einwohner; die Primarschule teilt sie sich mit Tschiertschen.

Tschiertschen: Der Ortsname erinnert an tscherescha, Kirschbaum.

Tschiertschen Im letzten Jahrhundert unterhielt das Walserdorf Tschiertschen zwei Getreidemühlen, der Ackerbau spielte eine wesentliche Rolle (Gerste, Weizen und Hanf). Noch Anfang der 1950er Jahre wurden in Tschiertschen Kartoffeln angepflanzt. 1958 ratterte der erste Traktor durchs Dorf. Heute zählt die Gemeinde vier landwirtschaftliche Haupterwerbsbetriebe. Im Zuge der 1998 abgeschlossenen Gesamtmelioration entstanden am Dorfrand neue Grossviehställe.
Im Jahr 2000 soll der Zusammenschluss der Bergbahnen und Skilifte der Region Arosa–Lenzerheide–Tschiertschen (240 km Skipisten) realisiert sein. Es werden Investitionen von rund 26 Millionen Franken getätigt. *Kirche:* 1450 errichtet auf den Grundmauern einer Kapelle von 1405. Das an der Nordseite angebrachte, sechs Meter hohe Christophorusbild wird dem gleichen Meister zugeschrieben, der auch im benachbarten Churwalden (am ehemaligen Prämonstratenkloster) gewirkt hat.

Molinis liegt als einzige Gemeinde im Schanfigg in der Talsohle der Plessur. Der Ortsname deutet auf früher hier betriebene Mühlen hin. Erstmals aufgeführt wird der Ort 1335 als Mulina. Anders als die Nachbarorte sind in Molinis (rom. Molina) die meisten Flurnamen romanisch. 1999 zählt das einstige Bauerndorf noch vier Landwirtschaftsbetriebe mit je ca. 40 Stück Vieh. Die Bevölkerungsabnahme durch Abwanderung um fast 40 Prozent in der Mitte dieses Jahrhunderts wurde gestoppt: Anfang 1999 zählt die Gemeinde 165 Einwohner, doppelt so viele wie 1980.
Telfbach: Ende Juli 1980 hat der Telfbach rund zwei Drittel des Dorfes überschwemmt und verwüstet. Heute ist dieser Bach bis auf 2000 m verbaut. Kosten verursacht

auch die Rungser Rüfi. Bei Gewittern führt der Jolferbach Unmengen von Schutt zu Tal; ein- bis zweimal jährlich wird das Bachbett ausgebaggert.

Langwies: Eisenbahn-Viadukt über die Plessur.
Langwies: Reformierte Pfarrkirche.

Langwies Durchs Schanfigg führt die 26 km lange Eisenbahnstrecke der 1909 gegründeten Bahngesellschaft Chur–Arosa (1941 fusioniert mit der Rhätischen Bahn RhB). Insgesamt sind 41 Brücken zu überqueren, 2400 Meter der Strecke verlaufen in Tunnels. Ein Bauwerk besonderer Art ist der über die Plessur führende Langwieser Viadukt. Er ist 287 m lang und liegt 62 m über der Schlucht. Zum Bau waren 7400 Kubikmeter Beton und 330 Tonnen Armierungseisen erforderlich. Der Transport der Baumaterialien erforderte über 1000 Vierspännerfuhren auf der damals schlechten Zufahrtsstrasse.
Mattli ist in Langwies ein oft gehörter Familienname. Mattli heisst der Gemeindepräsident (1998), und Mattli hiess jener Mann, der am 23. April 1384 den Bauplatz für die Kirche stiftete; dieser Platz wurde als «die lang Wiese» bezeichnet. Durch den Bau des Gotteshauses wurde Langwies den in den Seitentälern und Arosa siedelnden Walsern zum Kirchdorf. 1488 erhielt die Kirche durch den im Kanton Graubünden bekannten Baumeister Steffan Klain die spätgotische Decke. Seit 1976 steht sie unter kantonalem Denkmalschutz.
Langwies' Gemeindefläche umfasst rund 54 Quadratkilometer. Zur Gemeinde gehören die Seitentäler Fondei und Sapün, zudem die Fraktionen Hof Palätsch, Sonnenrüti, Litzirüti, Prätschwald, Pirigen und Medergen-Tschuggen-Tiejen. Insgesamt unterhält die Gemeinde ein Strassennetz von über 30 Kilometern.

Unterwegs auf Walserwegen

Die Kunst, sich den Walsern zu nähern

Das über der Plessur gelegene Tal zwischen Chur und Arosa ist Walsergebiet. Es wurde im Hochmittelalter von Walliser Bergbauern besiedelt, die aus dem Goms auswanderten. Diese Walser genannten Walliser haben sich in Graubünden, im St. Galler Oberland, im Fürstentum Liechtenstein und im Vorarlberg niedergelassen.
Die Besiedlung vieler Gegenden durch die Walser erfolgte über die Berge von oben her und hat vermutlich schon im 9. Jahrhundert angefangen. Ausmasse einer Alpen-Völkerwanderung haben die Walserwanderungen indessen erst im 12. Jahrhundert entwickelt. Gedauert haben sie bis ins 16. Jahrhundert. Lange bevor sie einsetzten, waren die Alemannen den Tälern und Wasserläufen entlang bis in das Berner Oberland vorgedrungen und über die Hochalpenkette bis an den Oberlauf der Rhone, ins Goms, gelangt, von wo sie dann ein, zwei Jahrhunderte später wieder ausschwärmten.
Die Walser Wanderungen hat man sich allerdings nicht als einen Massenaufbruch, sondern als einen stetigen Kolonisierungsprozess vorzustellen. Dieser entwickelte sich nach den gegebenen politischen und wirtschaftlichen Möglichkeiten und Bedingungen. In den Tälern waren die Besitzverhältnisse schon längst geregelt und das Land bewirtschaftet. Doch hoch oben in den Wäldern und an den Berghängen gab es immer noch ungenutztes Land. Seine Besitzer waren an mehr Einwohnern, mehr Einkommen und mehr Kriegern interessiert. Es gab Feudalherren, die deshalb bereit waren, den Walsern für die Bewirtschaftung ihrer Alpen nicht nur günstige Bedingungen zu gewähren, sondern auch Freiheiten zuzugestehen, welche ihre Untergebenen im Tal nicht hatten. Ihre Existenz wurde längerfristig mit sogenannten Erbleiheverträgen (verliehener Erbgrundbesitz) abgesichert. Ein grosses, zusammenhängendes und einheitliches Walsergebiet ist nie entstanden, eben-

Praden, vom Überleben auf dem Dorfe, Dokumentation von Katharina Krauss-Vonow, 1982.

sowenig wie nach der Reformation eine einheitliche Religion. Die Walser leben deshalb weit verstreut in Einzelhöfen und Dörfern. Gemeinsam blieb ihnen die Sprache, das Walserdeutsch.

Ein Walserschlag? Die meisten Walser trieben vor allem Vieh- und Milchwirtschaft. Doch es gab auch andere «typische» Walserberufe, Säumer zum Beispiel. Früher als im Tal gingen die Walser zur Geldwirtschaft über und bezahlten den Bodenzins nicht mehr in sogenannten Wertkäsen, Schmalz (Butter) oder Lämmern. Ihre kulturelle Leistung bestand in der Erschliessung der Berge mit Axt und Sense. Und wie viele andere Schweizer zog es auch die Walser als Söldner immer wieder in die Fremde und wohin das Geld lockte.
Die Walser sind nicht auf einen einzigen Nenner zu bringen. Es gibt keinen einheitlichen Walserschlag, auch wenn gelegentlich Eigenschaften wie Unternehmensgeist, fortschrittlicher Sinn, Individualismus, Freiheitsliebe, Anpassungsfähigkeit ins Feld geführt werden. Hält man nach kulturellen oder ethnographischen Merkmalen Ausschau, nach einer typisch walserischen Siedlungsart oder einem walserischen Haustypus zum Beispiel – es wird vergeblich sein. Auch ihr Sagenkreis unterscheidet sich nicht wesentlich vom weiteren der Alpensagen, und ihr Volksliedgut kann man vernachlässigen, umfasst es doch nur ganz wenige herkunftsmäs-

sig gesicherte Weisen. So bleibt am Schluss nur noch die Sprache als verbindendes Merkmal. Eine heute kaum mehr rein gesprochene, nicht sehr lebendige Sprache. Mit der modernen Abwanderung drohte auch den Walsern das Schicksal, vergessen zu werden. Die 1960 erfolgte Gründung der Walservereinigung Graubünden vermochte dies zu verhindern. An ihrem Ziel arbeitet sie weiter: Schutz der Walser Sprach- und Kulturgüter. Seit 1963 besteht zudem die internationale Vereinigung für Walsertum. Doch erst seit 1980 gehören die Walser auch zum Geschichtsunterricht an den Bündner Volksschulen.

Wandern und Kunst Für Nichtbündner ist Wandern auf den Wegen der Walser wohl die einfachste Art, sich ihnen zu nähern. Das Schanfigg zwischen Chur und Arosa eignet sich bestens dafür. Vom Walser- und Wintersportort Tschiertschen blicken wir auf die gegenüberliegenden Heuberge und die Walserdörfer Castiel und Lüen sowie auf viele Einzelhöfe und Maiensässe. Trotz der vielen zum Teil rustikalen Ferienhäuser konnte dank der strengen Bauordnung das Dorfbild Tschiertschens mit dem alten Kern erhalten werden. Die Dörfer des Schanfigg stehen für die konservative, bewahrende Art, mit dem Walsererbe umzugehen.
Anders Langwies, am Eingang zum innern Schanfigg. Es ist ein Walserdorf, aber ein Dorf mit zwei Gesichtern. Etwas hinter dem schönen Kirchlein liegt eine gedeckte Holzbrücke über der Plessur, der Sapünersteg. Daran ist auf einer Aluminiumtafel das rührende Sapünerlied von der Braut angeschlagen, die ihren Bräutigam einer reicheren Rivalin überlassen muss – mitsamt einem musikwissenschaftlichen Kommentar. Und im hoch über der Rabiusa gelegenen, heute zu Langwies gehörenden Walser Vorzeigedorf Sapün, in dem kaum noch eine Handvoll Familien lebt, gibt es ebenfalls eine solche Tafel, nun mit viel Lokalgeschichte. Das ist das konservative Gesicht des Dorfes. Das Bauerndorf hat aber ein zweites Gesicht. Seit der Eröffnung der Arosabahn richtet es sich immer stärker nach dem modernen, touristischen und städtischen Sommer- und Wintersportparadies Arosa aus – und nicht mehr nach Davos, wohin

es einst die schönen Schanfigger Mädchen zog. Es ist gewissermassen eine Dépendance von Arosa geworden. Davos und Arosa stehen für eine andere Art, mit dem Walsererbe umzugehen, nämlich ohne geschichtlichen und kulturellen Rückspiegel.

Ernst Ludwig Kirchner, Kopf vor den Bergen, 1922.

Nicht nur durchgewandert ist der Deutsche Expressionist Ernst Ludwig Kirchner (1880–1938). Er hat die Welt der Walser durch viele Beobachtungen und Begegnungen kennengelernt und auch gemalt. Seit 1992 sind seine Alpenbilder in Davos in einem eigens für ihn durch die Architekten Annette Gigon und Mike Guyer entworfenen Museum zu bewundern.

Kirchner hat nach einem bewegten Leben in Berlin, nervlich und gesundheitlich völlig zerrüttet, in den 1920er Jahren im noch nicht ganz so verstädterten Davos ein neues Leben und ein neues Werk angefangen. Über die Menschen, die er in dieser Bergwelt vorgefunden hat, schreibt er: «Es ist ein stolzer Mensch, der hier lebt. Die harte Arbeit, die mit grosser Liebe verrichtet wird, der Umgang mit den Tieren (man sieht sehr selten, dass ein Tier geschlagen wird) geben ihm die Berechtigung dazu. Die Arbeit hat hier in den meisten Fällen das wirklich Ideale, dass sie mit Liebe getan wird. Man sieht es den Handbewegungen an. Und das adelt wieder den Ausdruck der Gesichter, und gibt die grosse Zartfühligkeit im persönlichen Verkehr. Wir haben hier das Land der Wirklichkeit gewordenen Demokratie. Hier gilt das Wort noch, und man kann ruhig bei offenen Türen schlafen.»

Walo von Fellenberg

Lesen:

Zinsli Paul: Walser Volkstum in der Schweiz, in Vorarlberg, Liechtenstein und Italien – Erbe, Dasein, Wesen. Verlag Bündner Monatsblatt, Chur 1991.

Wanner Kurt: Unterwegs auf Walserpfaden – Ein Wanderbuch. Verlag Bündner Monatsblatt, Chur 1989.

26 LANGWIES–KLOSTERS

Langwies, Bahnhof (1317 m)–Fondei, Strassberg (1919 m)

L	2 h 00 → 5,6 km ↗ 632 m ↘ 30 m
Route	Ab Bahnhof Langwies hoch ins Dorf Richtung Strassberg. Hinter der Langwieser Kirche links bergauf Richtung Fondei. Bei der grossen Rechtskurve der Strasse Chur–Arosa links zur Abzweigung Fondei/Sapün und auf dem «Sommerweg» nach Strassberg aufsteigen.
Anreise	Bahn Zürich/St.Gallen–Chur (900/880) Bahn Chur–Langwies (930)
Rückreise	keine Möglichkeit
Service	Restaurant in Strassberg

	Skihaus «Casanna», Fondei, Tel. 081 374 20 82
Schlafen	Berghaus Strassberg, Fondei, Tel. 081 374 20 43 (auch Matratzenlager)
Jahreszeit	Juli–Oktober
Karten	248 (T) Prättigau; 1196 Arosa

Fondei, Strassberg (1919 m)–Durannapass (2125 m)–Klosters-Platz, Bhf (1191 m)

L	◷ 4 h 40 → 14,5 km ↗ 263 m ↘ 991 m
Route	Vom Dorfbrunnen in Strassberg auf Fahr- und Fussweg Richtung Durannapass–Grünsee–Klosters-Platz. Bei Alphütte Sattel links hoch zur Passhöhe. Grünsee rechts liegen lassen und zur obersten Alp Richtung Conterser Schwendi absteigen. Nach der markanten Alpsiedlung Fideriser Duranna rechts abzweigen und über Conterser Schwendi durch Wald zur Serneuser Schwendi. Auf Fahrweg nach Cavadürli und zum Bahnhof von Klosters-Platz. Die sanfte Hügel- und Weidelandschaft am Durannapass kann bei Nebel Orientierungsschwierigkeiten bereiten.
Abkürzen	Conterser Schwendi/Serneuser Schwendi–Klosters mit Taxi, Tel. 081 422 11 97/081 422 17 13
Anreise	keine Möglichkeit
Rückreise	Bahn Klosters-Platz–Landquart (910) Bahn Landquart–Zürich/St. Gallen (900/880)
Service	Restaurants in Conterser Schwendi, Serneuser Schwendi und Klosters-Platz; Lebensmittelläden, Post, Bank in Klosters Platz
Schlafen	Berghaus «Schwendi», Serneuser Schwendi, Tel. 081 422 12 89/081 422 10 15, (auch Matratzenlager) Hotel «Rustico», Klosters-Platz, Tel. 081 422 12 12 Hotel «Sonne», Klosters-Platz, Tel. 081 422 13 49 Hotel «Casanna», Klosters-Platz, Tel. 081 422 12 29 Jugendherberge «Soldanella», Klosters-Platz, Tel. 081 422 13 16
Jahreszeit	Juli–Oktober
Karten	248 (T) Prättigau; 1177 Serneus, 1196 Arosa, 1197 Davos

Im Fondei.

Strassberg Einzug ins Fondei hielten die Walser ab dem 14. Jahrhundert. In Strassberg lebten 1623 über 200 Personen, heute wohnt niemand mehr über das ganze Jahr im Dorf. Ähnlich die Situation im Nachbartal: An die 250 Einwohner lebten Anfang des 17. Jahrhunderts in Sapün-Dörfji, 1998 war es einzig der Postmann, der ganzjährig im Dorf lebte. Strassberg mit seinen Holzhäusern ist ein gutes Beispiel traditioneller walserischer Bauweise.

Barga Was aussieht wie ein Kriegsbunker, entpuppt sich beim Näherkommen als Ruine einer Skiliftstation. Während des Booms der 60er Jahre wurden auch im Fondei Skilifte gebaut, einer aufs Strassberger Fürggli (2308 m), der andere Richtung Parsenn Furgga (2365 m) mit Anschluss ans Davoser Parsenn-Gebiet. Die Lifte rentierten nicht, und ihr Betrieb wurde eingestellt. In den Landeskarten sind sie noch aufgeführt. 30 Jahre später, mit der Kontroverse um das Neuerschliessungs-Projekt Parsenn 2000, wurde damit begonnen, die Skiliftruinen abzuräumen.

Durannapass Für die Fondeier einst wichtiger Übergang, um an die Kübliser Märkte im Prättigau zu gelangen. Während des Zweiten Weltkriegs arbeiteten 120 französische Internierte am Ausbau und an der Pflästerung des Wegs zwischen Strassberg und Barga. Um ihre Waldrechte im Fondeierwald auf der Nordseite des Passes zu nutzen, arbeiteten die Fondeier früher mit ihren Menenen. Unter Meni verstanden wird ein Rind oder eine etwa zweijährige Kuh, die einen Schlitten oder Wagen zieht. Als Zugtiere wurden auch Ochsen, seltener Pferde eingesetzt. Mit diesen Menenen schleiften die Fondeier das geschlagene Holz über den Pass in ihr Tal. Vom Fondeierwald zur Passhöhe waren 300 Höhenmeter zu bewältigen. Ein Einsatz der gleichen Tiere an aufeinanderfolgenden Tagen war nicht möglich.

Werbeplakat von Eduard Stiefel, 1926.

Klosters (4000 Einw., 8800 Gästebetten, 250 000 Übernachtungen pro Jahr) entwickelte sich innert 50 Jahren vom Bergdorf zum Weltkurort. Zur Gemeinde gehören Seltranga, Äuja, Monbiel, Serneus und Mezzaselva. Die Ortsgründung geht zurück auf Churwaldner-Mönche, die um 1208 das Kloster St. Jakobus errichteten. 1525/26 setzte diesem die Reformation ein Ende; zu jener Zeit umfasste der Besitz 14 Höfe, zwei Alpen und mehrere Weinberge. Besiedlung durch Walser ab 1300. Über Jahrhunderte hielten österreichische Herren ihren Anspruch auf Klosters aufrecht. 1629 raffte die Pest die Hälfte der Bevölkerung dahin, 1799 Verwüstung der Siedlung durch Truppen Napoleons.

Klosters' Aufstieg begann mit dem Strassen- und Bahnbau. 1889 wurde die Eisenbahnstrecke Landquart–Klosters eröffnet. Zwischen 1870 und 1890 entstanden die ersten Hotels (u.a. Mezzaselva, Schweizerhaus, Belvedere). Als Hotelpionier in die Geschichte eingegangen ist Josias Mattli.

Nach dem Zweiten Weltkrieg Bau der ersten Seilbahnen und Skilifte. 1950 Anbindung ans Skigebiet von Parsenn, 1963 Erschliessung beim Madrisahorn und damit «grenzenlose» Skifreiheit resp. der Zusammenschluss mit dem österreichischen Gargellen.

Kirche St. Jakob: Erstmals erwähnt 1222. Von der damals erbauten Kirche ist der romanische Turm erhalten geblieben. Nach einem Brand wurde dem 1493 errichteten Chor um 1621 das barocke Langhaus angefügt. Vom Bergeller Künstler Augusto Giacometti stammen

Klosters: Nutli-Hüschi, 1565 erbaut, heute Talmuseum

die 1928 realisierten Glasmalereien (Jakob's Traum) in den Chorfenstern. Günstigste Besuchszeit ist der Morgen, dann bringt die tiefstehende Sonne die Scheiben zum Leuchten.

Nutli-Hüschi: Das 1565 erbaute Nutli-Hüschi (Hüschi: kleines Haus) wurde 1918 abgetragen, versetzt und 200 Meter neben der ref. Kirche neu aufgebaut. Im Hüschi untergebracht das Heimatmuseum (samt Viehstall). Gotthardhäuser von der Art des Nutli waren einst im ganzen inneralpinen Raum verbreitet. *Öffnungszeiten: Ende Juni bis Mitte Oktober Mi und Fr 15–17 Uhr, Gruppen nach Absprache, Tel. 081 422 21 53.*

Rohrmühle: Einst standen 20 Getreidemühlen in Klosters, heute ist es noch eine: die Rohrmühle am Mülliweg. Die unter Denkmalschutz gestellte Mühle vermag innert 8 Stunden 30 kg Körner zu mahlen, das Mehl (24 kg) reicht zur Produktion von 36 kg Brot. Ab Mitte 19. Jahrhundert verschwand der Ackerbau aus dem Prättigau, einzig während der Weltkriege wurde erneut Gerste und Weizen angebaut. An einigen Tagen im Sommer steht die Mühle in Betrieb, die Mahltage sind im Veranstaltungskalender des Verkehrsvereins aufgeführt.

Fondei – skiliftfrei!

Wie vier Frauen ein Bergtal vor dem Massentourismus zu retten versuchen

Hinteres Fondei, Weiler Satteli: Standort des geplanten Ski-Restaurants.

Die Stimmung in der Gemeinde Langwies ist gereizt. Die Frage, ob im Fondei, einem vom Massentourismus noch unberührten Hochtal, Skilifte und Seilbahnen gebaut werden dürfen, hat das Dorf im hinteren Schanfigg in zwei gleich grosse Lager geteilt. Ein drei Jahre dauerndes, nervenaufreibendes Seilziehen findet an der Gemeindeversammlung vom 3. September 1998 ein Ende. Mit 61 zu 56 Stimmen wird der neue Zonenplan angenommen. Der Gemeindepräsident Lorenz Beck ist glücklich, dass seine Kompromissvariante eine Mehrheit gefunden hat, auch wenn er gerne ein eindeutigeres Ja gesehen hätte. So kann mit diesem Ja das Fondei nur im hinteren Teil touristisch genutzt werden. Mit der alten Wintersportzone aus dem Jahre 1986 war es theoretisch möglich, im ganzen Tal, ausgenommen einigen Schutzzonen, Skilifte zu bauen. Für die Gegnerinnen, die Frauen «für ds Fondei», die sich für eine Aufhebung der Tourismuszone einsetzen, ist dieser sogenannte Kompromiss nichts anderes als eine auf die Bedürfnisse der Parsenn-Bahnen AG, Davos, massgeschneiderte Variante.

Auf Kosten der Natur Tatsächlich zieht sich die heutige Zone genau um die drei geplanten Seilbahnen, die das Parsenngebiet via Fondei von Klosters oder Fideris her erschliessen sollen. Ein kleines, aber nicht unbedeutendes Detail: Damit die Bahnen gebaut werden können, brauchte es eine Perimeterkorrektur der geschützten Moorlandschaft «Durannapass», was sowohl vom Amt für Landschaftspflege und Naturschutz Graubünden (ALN) als auch vom Bundesamt für Umwelt, Wald und Landschaft (Buwal) abgesegnet wurde.
Mit dem Ja der Langwieser Gemeinde steht nun dem Projekt «Parsenn 2000» nichts mehr im Wege, das mit der Erschliessung des Fondeis auf einen Schlag von derzeit 284 auf 615 Hektar Skipisten kommt und damit in die weltweit «Top Ten» der Skigebiete aufsteigt. Im «Weltklassegebiet Berga» im Fondei sollen sich an Spitzentagen über 7000 Skifahrerinnen und Snowboarder tummeln. Zur Stärkung der 7000 ist ein Restaurant geplant. Total, so rechnen die Promotoren vor, werden auf diese Weise 15 neue Stellen geschaffen. Bei näherer Betrachtung entpuppt sich das verlockende Angebot als reine Farce.
Keine einzige Person aus Langwies wird im Fondei je zusätzlich Arbeit finden, ausser er oder sie nehme in Davos eine Saisonstelle an, denn die Strasse von Langwies ins Fondei ist im Winter geschlossen. Der gigantische Skizirkus wird der Gemeinde keinen einzigen zusätzlichen Touristen bringen. Dies gibt der Gemeindepräsident, Ingenieur und Planer sowie SVP-Grossrat auch unumwunden zu. Dafür stellt er Steuereinnahmen von 75 000 Franken in Aussicht.

Auch der Bau der Bahnen und des Restaurants bringt Langwies nur unbedeutend Arbeit, denn in Langwies gibt es kein Baugeschäft. In Langwies leben noch über 20 Bauernfamilien, die meisten finden im nahen Arosa während der Wintersaison einen Zusatzverdienst. Die Langwieser Bauern sind nicht bloss Landwirte, sondern Walser Bauern, die bis heute stark mit ihrer Walser-Tradition verwurzelt geblieben sind.

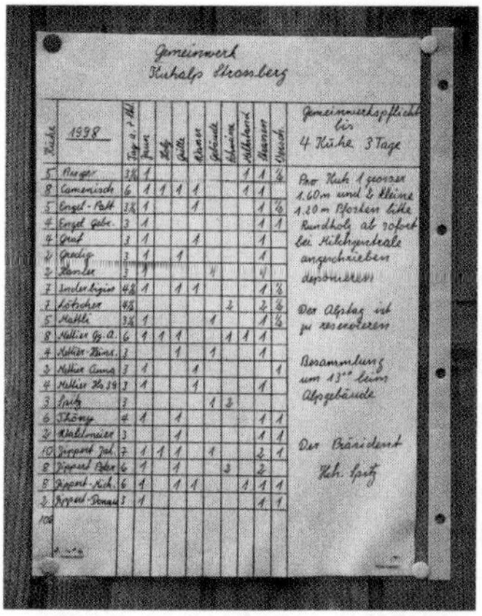

Alp Fondei: Traditioneller Gemeinwerk-Einsatzplan.

Die Walser Auch wenn die Zeit in Langwies nicht stehengeblieben ist, so pflegen die Nachkommen der Walliser, die sich um 1300 von Davos her kommend im hinteren Schanfigg niederliessen, in harter Arbeit eine Kulturlandschaft, wie sie in dieser Unversehrtheit heute nur noch selten zu finden ist. Die Schanfigger Walser Bauern waren eigentliche Nomaden, viele sind es in moderater Form bis heute geblieben. Noch Mitte des 20. Jahrhunderts zogen die Bauern mit Vieh und Haushalt dem Heu nach. Im Sommer lebten die Familien in den höhergelegenen Fraktionen – im Fondei, in Sapün, Medergen, Pirigen, um zu heuen und das Vieh auf den Alpweiden zu sömmern, im Winter, um das Heu zu verfüttern. Scheunen und Ställe waren verstreut, direkt bei den Heuwiesen, damit das Heu nicht weit transportiert werden musste. Mit dem Vieh zog man im Winter von Stall zu Stall – eben dem Heu nach. Oft waren die Menschen im Winter vom Tal abgeschlossen, wenn eine grosse Lawine den Weg abschnitt – oder wenn man mit «der» Lawine rechnen musste.

Im Winter leben zwar seit langem keine Bauern mehr im Fondei, aber auch heute noch werden die Heuwiesen und Alpen traditionell genutzt. Der Grossteil der Ernte wird aber im Tal, in Langwies, eingebracht. Nach wie vor leben im Sommer einige Familien zum Heuen in Strassberg. Im September ziehen sie hinunter nach Langwies, emden und lassen das Vieh weiden, und ziehen wieder hinauf, wenn es kein Gras mehr hat, und füttern ihre Tiere bis im Dezember in der sogenannten Vorwinterung im Fondei. Loni Patt Engel ist eine der Bergbäuerinnen, welche diese alte Tradition aufrechterhalten. Sie ist eine der vier Frauen, die sich 1995 zur Gruppe «für ds Fondei» zusammengeschlossen haben, um den Bau der Seilbahnen im Fondei zu verhindern.

Gegen Massentourismus Sie seien weder rückständig noch grundsätzlich gegen Tourismus, wehren sich die Frauen. Ihnen wird vorgeworfen, sie wollten die Zukunft von Langwies verbauen. So hat keine der Frauen etwas dagegen, dass die meisten Häuser und Ställe von Strassberg heute als Ferienhäuser genutzt werden. Ohne Unterländer, die mit viel Sorgfalt und Liebe alte Ställe umbauen, stellt Loni Patt Engel nüchtern fest, wäre Strassberg heute zerfallen: Man profitiere gegenseitig voneinander. Die Bergbauern schätzen den Austausch, die Freundschaften, das Leben, das die Ferienleute an den Strassberg bringen; die Unterländer ihrerseits sind glücklich, dass die Welt, dank der Bergbauern, da oben «noch in Ordnung» ist. Ohne Kühe, Kuhglocken und Chäschessi – nicht auszudenken!
Das gute Einverständnis zwischen Ferienleuten und Einheimischen ist nicht zuletzt auf die gemeinsame Liebe zum Fondei zurückzuführen, einem vom Massentourismus unberührten Hochtal mit seinen duftenden, blumenreichen Heuwiesen, den weitläufigen Weiden und stillen Mooren. Für die einen ein Stück Heimat, für die anderen ein Ausgleich zum stressigen Stadtleben. Die Strassberger Touristen haben sich für ein einfaches Ferienleben entschieden: ohne Strom und ohne fliessendes Wasser. So war den aufmüpfigen Frauen – Myrtha Zippert-Michel, Loni Patt Engel, Maria Margreth-Zippert und Maria Sprecher-Patt – die Unterstützung vieler Ferienleute gewiss.
Natürlich ist viel Nostalgie mit im Spiel, doch sind die Frauen alles andere als reaktionär, eher visionär. Auch sie wissen, wie wichtig der Tourismus für den Kanton Graubünden ist. Doch auf den Massen-Wintertourismus zu setzen sei falsch. Mit den zusätzlichen Bahnen komme weder Davos noch Klosters aus der Krise heraus. Der Wintertourismus stecke Ende des 20. Jahrhunderts

Skiliftanlage Totalp im Parsenngebiet, Sommer 1988. Davos, Weissfluhjoch.

grundsätzlich in einer tiefen Krise, das sei eine Binsenwahrheit. Angesichts der verbauten Berglandschaften gewännen touristisch nicht erschlossene Gebiete wie das Fondei an unschätzbarem Wert.

Die Unerschrockenen Und dafür haben sich die vier mutigen Frauen drei Jahre lang eingesetzt. In einem Dorf, das seine demokratischen Rechte bis anhin vor allem mit Zustimmen der Vorschläge des Gemeindevorstandes wahrgenommen hatte, kam eine heile Welt ins Wanken. Die Frauen «für ds Fondei» mussten sich einigen Spott und Anfeindungen gefallen lassen. Unbeirrt schrieben sie Leserinnenbriefe, machten Informationsveranstaltungen, präsentierten ihre Vorschläge für einen sanften Tourismus und trafen sich für die «Rundschau» des Schweizer Fernsehens mit Parsennbahnen-Verwaltungsratspräsident Andreas Gredig und nahmen vor laufender Kamera klar und überzeugend Stellung. Mit Erfolg: Am 20. September 1996 beschlossen die Langwieser Stimmbürger und -bürgerinnen mit 67 zu 60 Stimmen die totale Streichung der Wintersportzone im Fondei! Doch die Freude war gedämpft: Gemeindepräsident Beck hatte nämlich die Abstimmung kurz vor Beschluss als lediglich konsultativ erklärt. Knapp drei Monate später wurde das Resultat mit 62 zu 54 Stimmen wieder rückgängig gemacht. Am 3. September 1998 fielen die Würfel endgültig. Nun kann also gebaut werden – theoretisch. Doch müssen die Projekte noch alle Bewilligungen erhalten, die Umweltverträglichkeitsprüfung bestehen und – mit Einsprachen muss gerechnet werden ...
Zusätzlichen Druck auf die Langwieser Bevölkerung übte eine Studie aus, die die Parsennbahnen, verschiedene Gemeinden und der Kanton Graubünden bezahlt haben. Ein Churer Ingenieur- und Planungsbüro für Seilbahnen hat für rund 50 000 Franken herausgefunden, dass es die drei Bahnen im Fondei wirklich braucht. Die Kapazitäten der Zubringerbahnen im Parsenngebiet seien heute zu klein, Skifahrerinnen und Snowboarder müssten in Davos und Klosters viel zu lange warten, weshalb die beiden Kurorte Touristen verlören. Ange-

sichts dieser Lage könne man sich nicht länger abkapseln, meint Gemeindepräsident Beck, Langwies müsse seinen Beitrag zur Lösung dieser Probleme leisten.
Die Fondeier Frauen sehen dies anders: Wenn die Zubringerkapazität zu klein sei, brauche es das Fondei erst recht nicht, sondern mehr Kapazität auf der anderen Seite, in Klosters und in Davos. Noch ist nicht gebaut, die rechtlichen Mittel nicht ausgeschöpft – und die vier Frauen der Gruppe «für ds Fondei» werden weiterkämpfen. Sie wissen die Hälfte der Langwieser Bevölkerung hinter sich.

Anne-Marie Haller

Lesen:
Glauser Peter, Siegrist Dominik: Schauplatz Alpen. Rotpunktverlag, Zürich 1997.
Internationale Alpenschutz-Kommission Cipra: Alpenreport – Daten, Fakten, Probleme, Lösungsansätze. Haupt Verlag, Bern 1998.
Müller Hansruedi, Flügel Martin: Tourismus und Ökologie, Wechselwirkungen und Handelsfelder. Forschungsinstitut für Freizeit und Tourismus, Bern 1999.

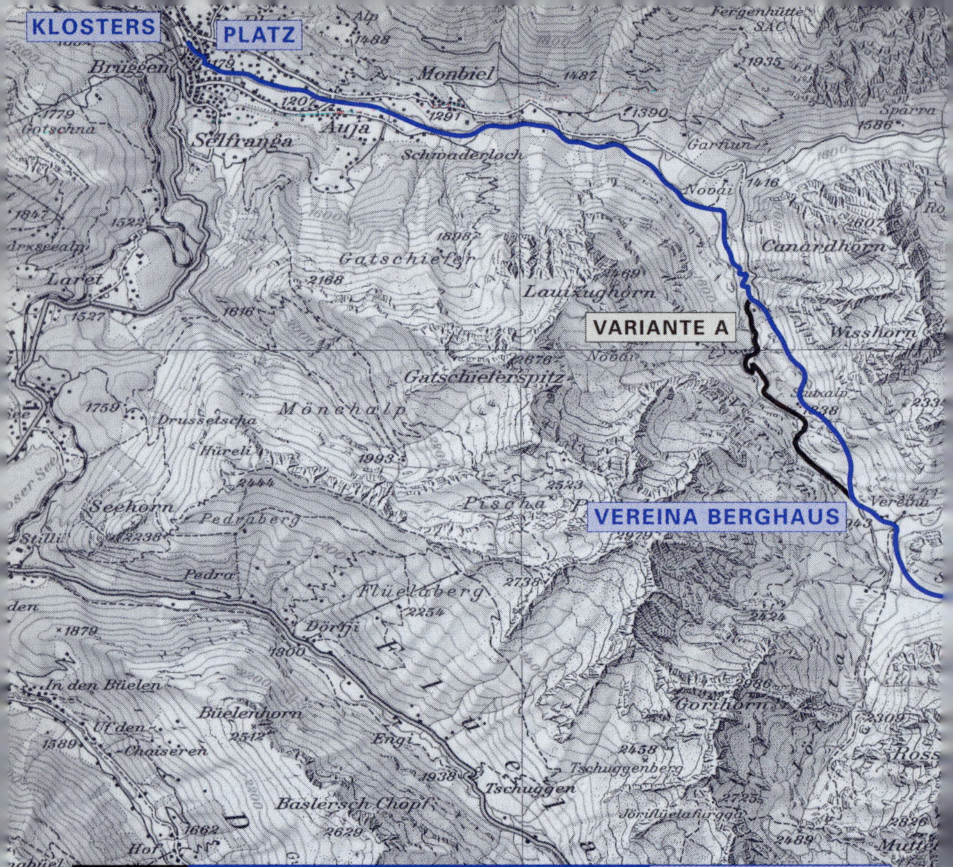

27 KLOSTERS–LAVIN

Klosters-Platz, Bahnhof (1191 m)–Vereina, Berghaus (1943 m)

L	4 h 30 → 13,6 km ↗ 812 m ↘ 60 m
Route	Ab Bahnhof Klosters-Platz auf Bahnhofstrasse Richtung Dorfzentrum. In erste Seitenstrasse rechts und nach Touristeninformation links. Hauptstrasse überqueren und auf Fussweg Richtung Vereina. Vorerst auf rechter und später auf gegenüberliegender Seite der Landquart zu den Weiden von Masura und zur Alp Novai, wo der Bach wieder überquert wird. Auf Damm und Alpweg steil hoch zum Chänzeli. Fahrweg gleich wieder verlassen und erneut steil

	Richtung Berghaus aufsteigen. An Jagdhütte mit Brunnen vorbei und auf Bergweg zum Fahrweg, der in wenigen Minuten zum Berghaus Vereina hochführt.
Variante A	Ab Chänzeli auf Fahrweg zum Berghaus Vereina (1 h 30)
Abkürzen	Klosters-Platz/Chänzeli–Berghaus Vereina mit Bus (Tel. 081 422 11 97/081 422 12 16)
Anreise	Bahn Zürich/St. Gallen–Landquart (900/880) Bahn Landquart–Klosters-Platz (910)
Rückreise	Bus Vereina-Berghaus–Klosters-Platz Bahn Klosters-Platz–Landquart (910) Bahn Landquart–Zürich/St. Gallen (900/880)

Service	Restaurant im Berghaus Vereina (Nachtessen um 18.30 Uhr)
Schlafen	Berghaus «Vereina», Tel. 081 422 12 16/081 422 11 97 (auch Matratzenlager)
Jahreszeit	Juli–Oktober
Karten	248(T) Prättigau; 1197 Davos

Vereina, Berghaus (1943 m)–Vereinapass (2585 m) – Lavin, Bahnhof (1432 m)

MS	⏲ 5 h 00 ➔ 14,4 km ↗ 682 m ↘ 1193 m
Route	Vom Berghaus Vereina zur ersten Rechtskurve absteigen und Richtung Vereinapass-Lavin abzweigen. Erst auf rechter und später linker Seite des Süser Baches das gleichnamige Tal hinauf. Oberhalb der (verschlossenen) Jagdhütte Abzweigung zum Vereinapass nicht verpassen (Vorsicht bei Nebel!). Nach der Passhöhe vorerst eher links haltend zum Talgrund des Val Sagliains absteigen. Auf einem mit Steinen durchsetzten Pfad stets auf rechter Seite des Baches über verschiedene Steilstufen zu einem Fahrweg absteigen. Hier nach links und auf Fahrstrasse bis Lavin.
Anreise	Bahn Zürich/St. Gallen–Landquart (900/880) Bahn Landquart–Klosters-Platz (910) Bus Klosters-Platz–Berghaus Vereina
Rückreise	Bahn Lavin–Samedan (960) Bahn Samedan–Chur (940) Bahn Chur–Zürich/St.Gallen (900/880)
Service	Restaurants, Lebensmittelladen, Post, Bank in Lavin
Schlafen	Hotel «Crusch Alba», Lavin, Tel. 081 862 26 53 Hotel «Piz Linard»***, Lavin, Tel. 081 862 26 26/ 081 862 27 38 Hotel «Bär+Post», Zernez, Tel. 081 851 55 00 (Matratzenlager), mit Bahn ab Lavin (960)
Jahreszeit	Juli–Oktoberß
Karten	248(T) Prättigau, 249(T) Tarasp; 1197 Davos, 1198 Silvretta

unterwegs...

Monbiel Im Wald bei Monbiel Steinzeichen von Juan Rios Ce-Acatl. Realisiert hat der mexikanische Künstler die kreisförmig angelegten Steinplatten auf Anregung des Bündner Forstamtes. Auf das zu Klosters gehörende Monbiel donnerte am 2. August 1770 ein Bergsturz und tötete 17 Menschen; 13 Häuser wurden zerstört.

Tannenhäher – Nucifraga caryocatactes.

Vereina Arven säumen den Weg zum Berghaus Vereina. Die Arve (Pinus cembra) gedeiht in Höhenlagen, die mehr als die Hälfte des Jahres von Schnee bedeckt sind und wo Temperaturen auf minus 30 Grad oder tiefer absinken. Für die Verbreitung dieser Bäume sorgt der Tannenhäher. Im Herbst pickt er die reifen Arvennüsschen aus den Zapfen und vergräbt diese als Wintervorrat. Rund 25 Kilogramm Arvennüsschen versteckt ein Tannenhäher pro Jahr, und es dürften 10 000 solcher Verstecke sein, die der etwa 170 Gramm leichte Vogel pro Saison anlegt. Etwa 20 Prozent davon findet er nicht mehr, diese vergrabenen Arvensamen erhalten die Chance, auszuwachsen. Im Rätoromanischen heisst der Tannenhäher «Cratschla». Dem Schweizerischen Nationalpark dient er als Emblem.
Arvensamen schmecken wie Pinienkerne. Hauptverbreitungsgebiete der Arve in der Schweiz sind Engadin, Münstertal und südliche Teile des Wallis. Einer der schönsten Arvenwälder ist jener von Tamangur südlich von S-charl. Vom *Vereinapass* aus Blick auf Piz Zadrell und Piz Linard. Die Namen der beiden Gipfel werden auf Pfarrer Lienhard Zadrell zurückgeführt. Dieser soll – ums Jahr 1700 – jeweils am gleichen Sonntag sowohl in Klosters wie in Lavin gepredigt und dazu den Weg über die Fuorcla Zadrell gewählt haben.
Der Vereinapass markiert neben der Sprach- auch eine Wetterscheide. Auf der Engadiner Seite sind die Bergflanken bis auf über 2200 Meter hinauf bewaldet; auf der Alpennordseite liegt die obere Waldgrenze bei rund 1800 Metern.

Das Unterengadin ist eine Trockeninsel innerhalb der Alpen. Entsprechend die Auseinandersetzungen um das kostbare Nass. Wässerungszeiten für die Kulturen wurden genaustens kontrolliert. Im Münstertal reichen schriftliche Hinweise auf Bewässerung ins frühe 13. Jahrhundert zurück. Heute bestimmen Hydranten und Sprinkler das Bild. Die Vegetation der Trockenhänge wird dadurch wohl verändert. Nahezu vollständig aufgegeben wurden die Bewässerungsgräben. «Aual» nannte man diese im Romanischen; in *aual* (Graben) steckt das lateinische Wort *aqua* (Wasser).

Val Sagliains, Aua da Sagliains. Vereina-Eisenbahntunnel: Schnellste und wintersichere Verbindung ins Unterengadin.

Vereina-Tunnel Ab November 1999 ist das Unterengadin durch den Vereina-Eisenbahntunnel mit Klosters verbunden. Durch den 2,1 km langen Zugwald- und den 19,06 km langen Vereina-Tunnel (längster Meterspurtunnel der Welt) wird die Reisezeit von Chur ins Unterengadin um gut die Hälfte verringert. Pro Stunde vermögen die Autozüge 190 Fahrzeuge in jede Richtung zu transportieren. Damit wird auch der Trend zu touristischen Kurzaufenthalten unterstützt. Das Engadiner Portal liegt zwischen Crusch und Nusch. In das Tunnelprojekt wurden rund 800 Millionen Franken investiert. Die Bauzeit dauerte neun Jahre.

Lavin Allein die Kirche, erbaut um 1480, und die Dorfteile Sur Punt (ob der Brücke) und Suot Röven (unterhalb des Hanges) blieben von der letzten Brandkatastrophe (Oktober 1869) verschont. Drei Personen kamen damals in den Flammen um, 300 wurden obdachlos, 68 Häuser brannten nieder. Beim Wiederaufbau (italienische Unternehmen) wurden weite Hausabstände realisiert, Schindel- und Bretterdachungen waren verboten. Der südländische, spätklassizistische Einfluss ist unübersehbar. Zu den erhalten gebliebenen älteren Gebäuden gehören das Chasa Pitschna auf der Ostseite des Inn sowie das Chasa Cuorat (mit Giebel-Bundwerk nach Tiroler Vorbild) südlich des Lavinuoz-Baches.

Lavin: Nach dem Dorfbrand vom 1. Oktober 1869.

Die Gemeinde Lavin spielt bei der Gebietserweiterung des am 1. August 1914 gegründeten Nationalparks (heute 169 km^2) eine Pionier- und Schlüsselrolle. In Lavin soll der Dialog zwischen den Interessengruppen – Naturschutz, Landwirtschaft, Jagd, Fischerei, Tourismus – exemplarisch geführt werden. Mit der Parkerweiterung (auf Gemeindeland u.a. von Ftan, Scuol, Tschierv, Müstair) soll um den Park eine Umgebungszone realisiert werden. In diesem Gebiet würden weniger rigorose Bestimmungen gelten; eine nachhaltig ausgerichtete Nutzung der Ressourcen wäre erlaubt. Zusammen mit der erweiterten Kernzone soll der Nationalpark 500 km^2 Land umfassen. Von der Gemeinde Lavin würden neu die Karseen von Macun sowie das Val Zeznina in den Park einbezogen.

Lingua è cultura

Verständigung schafft Raum, und dieser kann Heimat werden oder: Stopp der Verödung

Lingua è cultura. Il chantun Grischun è il sulet chantun svizzer cun trais linguas naziunals uffizialas: tudestg, talian e rumantsch. Emprender ina lingua estra avra spazis (culturals). Plurilinguitad è ina ritgezza. Senza engaschi na datti nagina plurilinguitad. Discurrer signifitga sa chapir. Chapientscha pretenda respect. Respect creescha spazi e quest spazi po daventar patria.

Tableau 1 Da sagt ein Unterengadiner: «Mit meinem Rätoromanisch bin ich um die halbe Welt gereist, problemlos!» Übertreibt der? Das Rätoromanische gehört zur Gruppe der romanischen Sprachen. Wo Deutsche «Sonntag» sagen, setzen Rätoromanen dumengia hin, Italiener sagen domenica, die französisch sprechenden Afrikaner, Kanadier und Schweizer sagen zusammen mit den Franzosen dimanche, auf der Iberienhalbinsel, in Süd- und Lateinamerika sowie im Südwesten der USA sprechen sie vom domingo, in Rumänien heisst's duminica, in Katalanien diumenge, und auf Dolomitisch heisst der Sonntag domenia.

Tableau 2 Über dem Dorfladen prangt ein Schild: Super-Marchà. Zwei Buben treten ein, die Szene spielt im Unterengadin. Laut Volkszählung gilt das Rätoromanische hier bei 78 Prozent der Bevölkerung als bestbeherrschte Sprache, 88 Prozent der hiesigen Bevölkerung verwenden das Ratöromanische regelmässig in Familie, Schule und/oder Beruf. Die zwei Buben – sie besuchen die zweite Primarklasse der örtlichen Schule – ziehen durch den Marchà, kommen zur Kasse. Dort sitzt eine Frau aus dem deutschsprachigen, zu Italien gehörenden Vinschgau. Sie verlangt – auf deutsch – zusätzlich ein Depotgeld für die Cola-Flasche. Die beiden

Jungs verstehen's nicht, sagen «ma, che...». In ihrem Dorf, in dem der Discount-Laden mit Super-Marchà überschrieben ist und der unter anderen Alois Carigiets Kinderbuch «Uorsin», den «Schellen-Ursli», verkauft, in diesem, ihrem Heimatdorf werden die beiden Rätoromanisch sprechenden Buben nicht verstanden.

Eines der meist-verkauften Kinderbücher: «Uorsin» von Selina Chönz und Alois Carigiet.

Vus vulais emprender rumantsch? Ün, duos, treis – einatmen, ausatmen, ün, duos, treis – zum Lernen muss der Kopf klar sein, ün, duos, treis – vor offenen Fenstern die Arme hoch, die Arme runter, einatmen, ausatmen. Frauen und Männer drücken die Schulbank. Sie haben auf Plakate reagiert: «Romanisch für unsere Feriengäste». Ün, duos, treis – dem sagt man «spielend lernen». Allegra, bun di, buna saira, buna not und nochmals ün, duos, treis – ausatmen und Feierabend, Ende der Lecziun ün, ein Blick auf die Uhr, id es las desch, grazcha fitg, tuot il bun, a revair.
Rätoromanische Sprachkurse werden in Graubünden und darüber hinaus vielerorts angeboten. Wer sich dafür interessiert, wird eine Entscheidung treffen müssen: Welches Rätoromanisch will ich lernen? Fragt man den Sprachwissenschafter, so startet der eine Exkursion, blickt über Landesgrenzen hinweg und teilt den Begriff Rätoromanisch in drei Gruppen; er unterscheidet zwischen dem Bündnerromanischen (von ca. 70 000 Menschen gesprochen), dem Dolomitenladinischen (Muttersprache von ca. 30 000 Menschen in den Dolomitentälern, u.a. in Gebieten der Provinzen Bozen, Trento und Belluno) und dem Friaulischen (von ca. 700 000 Menschen in der Region Friuli-Venezia-Giulia gesprochen).
Pulsiert in den Adern unseres Sprachwissenschafters ein Anteil Historikerblut, führt die Reise noch ein paar Stationen weiter. Ausgehend vom 1985 in Graubünden gefeierten Jubiläum «2000 Jahre Rätoromania» wird er in die Vergangenheit blicken: Im Jahr 15 vor Christus zogen die Römer in Rätien ein, und aus der Verbindung des Volkslateins der Soldaten und Händler mit den vorrömischen Idiomen eben dieser Rätier (von deren Sprache wir annehmen, dass sie nicht indogermanisch

war), entstand das Vulgärlatein rätischer Prägung; und daraus entwickelte sich das noch heute gesprochene Rätoromanisch.
In ihrer Blütezeit, so wird der Forscher beifügen, reichte die römische Provinz Raetia von der oberen Donau bis an die Adria; aufgeteilt in zwei Verwaltungsbezirke: 1. die Raetia prima mit Curia Raetorum (Chur) als Hauptstadt, zu welcher die heutige Ostschweiz gehörte, dazu Graubünden, Vorarlberg, der angrenzende Teil des Tirols, das Vinschgau sowie Gebiete der Innerschweiz, und 2. die Raetia secunda mit Augsburg als Hauptstadt, zu welcher die bayerisch-schwäbische Hochebene nördlich des Bodensees und nördliche Ländereien des Tirols zählten.
Da der Wissenschafter bemerkt, dass angesichts der fortgeschrittenen Germanisierung der eine und die andere ihm die Gefolgschaft zu kündigen drohen, zitiert er Beispiele von Ortsnamen, in denen die Latinität bis zum heutigen Tag unüberhörbar geblieben ist: Romanshorn, Arbon, Bregenz, Konstanz, Quinten, Sargans, Vaduz.

Utschels separan il tschiel da la terra.
Vögel trennen den Himmel vom Land.

(Clo Duri Bezzola)

Anc duas minutas concentraziun Zurück zum Entscheid, welches Rätoromanisch (tge rumantsch?) zu lernen sei. Es gilt vorab: Das Bündnerromanische teilt sich auf in die Schriftidiome Surselvisch, Sutselvisch, Surmeirisch, Puter und Vallader. So schreibt der im Vorderrheintal lebende Rätoromane für «Haus» das surselvische Wort casa, im Hinterrheintal wird dieses Haus auf Sutselvisch tgeasa geschrieben, im Oberhalbstein und im Albulatal auf Surmeirisch wird daraus tgesa, im Oberengadin auf Puter chesa und im Unterengadin und im Münstertal auf Vallader verlangt die korrekte Schreibweise für Haus das Wort chasa. Bloss Details? Nun, ist es von Belang, ob wir Haus, Huus, Hüs oder Hüsch schreiben? Am genannten Beispiel lässt sich zudem ein Teil des Weges zur inzwischen nicht mehr

Die Sonne strahlt und noch ist es ganz ruhig im kleinen gallischen Dorf, das wir so gut kennen.
Nutzen wir doch diesen schönen Tag und machen wir Jagd auf Wildschweine, Obelix!
O, ja, Asterix!
Wuuff!
He, he, Obelix! Macht es dir Spass, ganze Bäume zu fällen, während ich nur einen Mistelstrauss binden möchte?

ganz neuen gemeinsamen rätoromanischen Schriftsprache, dem Rumantsch Grischun, aufzeigen. Der 1982 dafür gelegte Grundsatz basiert auf dem Ausgleich zwischen den Idiomen. Ausgehend vom Vallader, Surselvischen und Surmeirischen gibt jeweils das Mehrheitsprinzip die Form für den entsprechenden Begriff im Rumantsch Grischun: Wo zwei dieser drei Idiome für «Nacht» das Wort notg und bloss eines davon not verlangen, setzt das Rumantsch Grischun auf den Sieger – und der heisst notg. Dieses Rumantsch Grischun wird mit allerlei Kose- wie Schimpfnamen versehen; den einen ist es die ersehnte Brücken- und Einheitssprache, die dem Rätoromanischen zu mehr Präsenz verhilft, andere nennen es einen Bastard, eine Kunstsprache, ein Kauderwelsch. Wie dem auch sei, «Chur» und «Bern» haben auf Rumantsch Grischun umgestellt, Werbeagenturen bedienen sich der neuen Sprache, Schriftsteller und Lyriker ebenfalls, und seit 1993 liegt mit dem «Pledari grond» ein Wörterbuch vor: 180 000 Begriffe, Deutsch-Rumantsch Grischun, herausgegeben vom 1919 gegründeten rätoromanischen Dachverband Lia Rumantscha in Chur.

Rätoromanisches Sprachgebiet:
1 Surselvisch
2 Sutselvisch
3 Surmeirisch
4 Putèr
5 Vallader

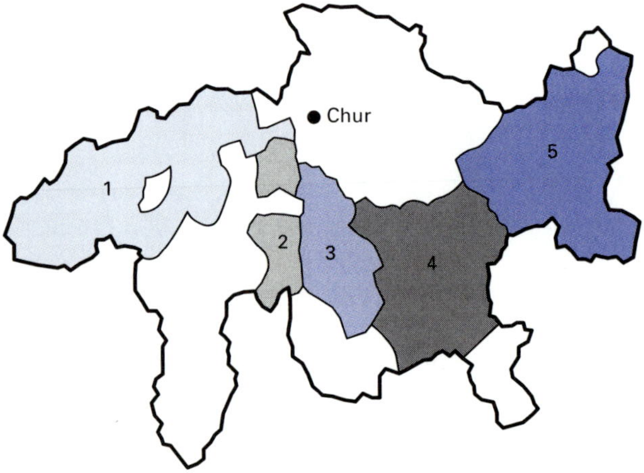

Per ina politica da sanadad sauna

Di da las porta avertas en il spital cirquital Surses

Fögl Ladin
GASETTA ROMONTSCHA
LA CASA PATERNA
LA PÜNT

DIE SÜDOSTSCHWEIZ

LA QUOTIDIANA

SAGOGN
Il CMS ha festivau dignamein

Schluein ella quarta ligia

DOPING
Pantani e Villiger a Glion

Cun l'arma sur il Fuorn

Fermas secziuns grischunas a Müstair

Nach Fusionen realisiert: Die erste rätoromanische Tageszeitung.

Anc in pau pratica Über das Rätoromanische reden ist das eine, es zu erleben das andere. Ein Beispiel (von Rumantsch Grischun) ist diesem Text vorgestellt. Unkundige mögen versuchen, dieses laut zu lesen – es hilft. PS: Radio Rumantsch sendet auf 88,8 (UKW), und da ist ab 06.00 Uhr Rätoromanisch zu hören. Seit dem Januar 1997 erscheint die Tageszeitung «La Quotidiana», und die liegt in jedem Restaurant auf. Wer auf den Geschmack kommt, holt sich am Kiosk den neusten rätoromanischen «Asterix» oder die Jugendzeitschrift «Punts». Und schliesslich verlocken unter dem strahlenden Engadiner Himmel Hausfassaden mit Sinnsprüchen zum Studium, und man wird den einen – seine Schönheit trifft ins Herz – nicht mehr vergessen: «La sort es l'aradè da l'orma» oder «Das Schicksal ist der Pflug der Seele».

Herbert Gruber

Lesen:

Lia Rumantscha: Rätoromanisch – Facts & Figures, Chur 1996.
Bezzola Clo Duri: Das gestohlene Blau/Il blau engulà, Pendo Verlag, Zürich 1998.
Semadeni Jon: Die rote Katze/Il giat cotschen. Limmat Verlag, Zürich 1998.

28 LAVIN – SCUOL

Lavin, Bahnhof (1432 m)–Ardez, Bahnhof (1432 m)

L	2 h 30 → 8,8 km ↗ 274 m ↘ 274 m
Route	Ab Bahnof Lavin an Kirche vorbei Richtung Resgia–Guarda. In Guarda Dorfstrasse hoch Richtung Bos-cha–Ardez. Die Route ist identisch mit der «Senda Culturala» und verläuft vorwiegend auf Fahrwegen.
Abkürzen	Lavin–Guarda Station mit Bahn (960) Guarda Station–Guarda mit Postauto (960.30) Guarda–Guarda Station mit Postauto (960.30) Guarda Station–Ardez mit Bahn (960)
Anreise	Bahn Zürich/St.Gallen–Chur (900/880) Bahn Chur–Samedan (940); Bahn Samedan–Lavin (960)
Rückreise	Bahn Ardez–Samedan (960); Bahn Samedan–Chur (940) Bahn Chur–Zürich/St.Gallen (900/880)
Service	Restaurants, Lebensmittelladen, Post, Bank in Guarda und Ardez
Schlafen	Hotel «Piz Buin», Guarda, Tel. 081 862 24 24 Pension «Val Tuoi», Guarda, Tel. 081 862 24 70

	Restaurant «Posta Veglia», Giarsun, Tel. 081 862 20 25 (Matratzenlager)
	Hotel «Aurora», Ardez, Tel. 081 862 23 23
	Hotel «Alvetern», Ardez, Tel. 081 862 21 44
Jahreszeit	Mai–Oktober
Karten	249 (T) Tarasp; 1198 Silvretta

Ardez, Bahnhof (1432 m)–Scuol, Bahnhof (1286 m)

L	◷ 3 h 15 ➔ 10,7 km ↗ 308 m ↘ 454 m
Route	Ab Bahnhof Ardez zur Kirche aufsteigen und weiter Richtung Ftan. In Ftan durch Ortsteil Pitschen und auf Hangweg nach Scuol hinunter. Um direkt zum Bahnhof zu gelangen, Abzweigung ca. 30 Min. nach Ftan benützen. Die Route ist identisch mit der «Senda Culturala» und verläuft vorwiegend auf Fahr- und Fusswegen.
Abkürzen	Ftan–Scuol mit Postauto (960.50)
Anreise	Bahn Zürich/St.Gallen–Chur (900/880) Bahn Chur–Samedan (940)

	Bahn Samedan–Ardez (960)
	Bahn Scuol–Samedan (960)
Rückreise	Bahn Samedan–Chur (940)
	Bahn Chur–Zürich/St.Gallen (900/880)
Service	Restaurants, Lebensmittelladen, Post, Bank in Ftan und Scuol
Schlafen	Hotel Garni «Pradatsch», Ftan, Tel. 081 864 09 25
	Hotel Garni «Panorama»***, Scuol, Tel. 081 864 10 71
	Hotel «Curuna»**, Scuol, Tel. 081 864 14 51
	Hotel «Alpenrose»*, Scuol, Tel. 081 864 14 74
	«Villa à Porta», Scuol, Tel. 081 864 99 27 (Matratzenlager)
Jahreszeit	Mai–Oktober
Karten	249(T) Tarasp; 1198 Silvretta, 1199 Scuol

unterwegs...

Gonda Im 16. Jahrhundert aus nicht bekannten Gründen aufgegebene Siedlung, dürfte etwa 30 Steinbauten umfasst haben. Konserviert sind Mauerreste einiger Häuser und einer um 1200 erbauten romanischen Kirche.

Guarda Mit dem 1865 realisierten Bau der Talstrasse wurde das auf einer Terrasse gelegene Guarda seiner Funktion als Säumerort beraubt. Die Transporteure liessen Guarda fortan links liegen. Heute kommt dieser Umstand dem Dorf zugute. Vielen gilt Guarda (200 Einw.) als schönstes Engadiner Dorf; die meisten Häuser entstanden vor 300 Jahren. Hier angesiedelt ist die vom Truner Maler Alois Carigiet (1902–1985) illustrierte und von Selina Chönz geschriebene Geschichte über «Schellen-Ursli» (rätoromanisch: «Uorsin») rund um den Chalanda Marz (1. März).
In den Jahren 1939 bis1945 erfuhr Guarda eine Gesamtrestauration (Leitung: Jachen Ulrich Könz). 1975 wurde das Dorfbild mit dem Wakker-Preis des Schweizer Hei-

matschutzes ausgezeichnet. Bemerkenswert die Sgraffiti, Wappensteine und romanischen Hausinschriften. Daneben Fassaden-Dekorationen neueren Datums, u.a. von Constant Könz und Steivan Liun Könz.

Ardez Überragt von der Burgruine Steinsberg (Gründung im 12. Jh.), blieb Ardez über drei Jahrhunderte lang vor Katastrophen (Feuer, Lawinen) verschont. Entsprechend der Dorfkern: Die Häuser stehen in engem Bezug zueinander und sind allesamt auf einen Brunnenplatz ausgerichtet. Der freie Blick auf den Brunnen ist wichtig, bei Bedarf hilft ein Erker nach.

Ardez: Über 30 Gebäude stehen unter kantonalem und/oder nationalem Schutz. Ardez, Chasa Claglüna: Adam und Eva an der Hausfassade.

Anders als auf den meisten Türmen reformierter Kirchen thront auf jenem von Ardez ein Steinbock. Der Turm wurde 1445 gebaut, die Kirche 1577 (mit Elementen aus Spätgotik und Renaissance); sie ist die erste reformierte Emporenkirche der Schweiz.
Chasa Claglüna: Bekanntestes Ardezer Gebäude ist das 1647 erbaute Chasa Claglüna (Adam-und-Eva-Haus). Unmittelbar daneben Haus Nr. 66, erbaut 1603: Man beachte dessen für Ardez einzigartigen Giebel, üblich sind diese in Sent (östlich von Scuol). Über 30 Bauten in Ardez stehen unter kantonalem oder eidgenössischem Schutz. Zudem wurde die Gemeinde 1991 mit dem Binding-Preis für vorbildliche Waldpflege ausgezeichnet.
Zur Gemeinde gehören Sur En dad Ardez und Bos-cha. Die am Wegrand nach Bos-cha gelegene Mühle war bis 1945 in Betrieb, 1951 wurde sie von einer Lawine weggeputzt; erhalten sind das Wasserrad und Mauerreste.

Ftan Überragt wird das Dorf vom 1916 eröffneten Hochalpinen Institut. Pionier für das Engadiner Schulwesen war Andrea Rosius à Porta (geb. 1754). Heute besuchen rund 220 Jugendliche (teils im Internat) das Maturitäts-Institut. Unterrichtssprachen sind Deutsch und Rätoromanisch.
Südwestlich des Dorfs die wasserbetriebene, 100 Jahre alte, unter eidgenössischem Denkmalschutz stehende

Scuol: Aus fünf Brunnen im Dorf sprudelt Mineralwasser.
Ftan, Getreidemühle: Spenden aus der Bevölkerung und der Einsatz des Schweizerischen Heimatschutzes verhinderten den Abbruch.

Muglin (Getreidemühle). 1957 wurden hier 36 Tonnen Korn gemahlen, heute sind die Mengen bescheidener.
Ftans Wahrzeichen ist dessen freistehender, schiefer Kirchturm. Zwischen 1723 und 1885 wurde der Ort dreimal eingeäschert. 1720 verschüttete eine Staublawine das halbe Dorf. Entsprechend ist die Siedlung zweigeteilt: in Ftan Grond (gross) und Ftan Pitschen. Letzteres ist bäuerlicher geprägt. In Ftan Grond nebst Neubauten (Ferienhäuser) italienisch beeinflusste Patrizierhäuser.
Casa Vulpius: 1674 erbaut, hier lebte Pfarrer Jakob Anton Vulpius, der erste Übersetzer der Bibel ins Ladinische; diese Fassung wurde 1743 in Scuol gedruckt und wird im dortigen Talmuseum aufbewahrt.

Scuol Hauptort des Unterengadins, geteilt in Scuol Sura (Ober-Schuls) und Scuol Sot. Im Dreigestirn Scuol, Tarasp, Vulpera entspringen über 20 Quellen. Aus fünf Dorfbrunnen in Scuol sprudelt Mineralwasser. 1993 Eröffnung des Badezentrums Bogn Engiadina Scuol, u.a. mit römisch-irischem Bad.
Am Fuss des Kirchenhügels (Kirche 1516 erbaut) breitet sich das ruhigere Scuol Sot aus. Dorfplatz mit Brunnen, Fassaden mit angebauten Backöfen, traditionelle Sgraffito-Verzierungen und Malereien.
Das Haus Chà Gronda (grosses Haus) beherbergt seit 1954 auf sechs Etagen das Museum d'Engiadina Bassa (Talmuseum); als dessen geistiger Vater gilt der Dichter, Liedermacher und Redaktor Men Rauch. Noch vor weniger als 50 Jahren wurde in dieser Talschaft Heu bis auf 2300 m hinauf gewonnen. Das Museum vermittelt Ein-

In Ftan ins Rätoromanische übersetzte und in Scuol gedruckte Bibel: Ein Exemplar davon besitzt das Museum d'Engiadina Bassa in Scuol.

blicke in alle Bereiche des (vergangenen) meist bäuerlichen Alltags. Zudem reiche Bibliothek, u. a. mit einer 1743 von Pfarrer Vulpius aus Ftan übersetzten und in Scuol gedruckten Bibel. Exemplare davon wurden aus den Kirchen von Scuol und Sta. Maria gestohlen. Früher gehörten Bibel und Ofenbank zum Inventar eines Hauses: beim Umzug wurden sie zurückgelassen. Für eine der genannten Bibelübersetzungen gelten heute Händlerpreise von rund 12 000 Franken. Im 17. Jh. hat ein Interessent dafür zwei Ochsen oder zwei Kühe offeriert. *Öffnungszeiten Museum d'Engiadina Bassa: Mitte Mai – Juni/Oktober: Di und Do 16 – 18 Uhr; Juli – September, Mo – Mi und Fr 15 – 18 Uhr; Dezember – Ostern, Di und Do um 17 Uhr Führung; Juli – September, Do Führung um 17 Uhr.*

Scuol Nairs: Zeitgenössische Kunst im ehemaligen Badehaus in Scuol Nairs, direkt am Inn, nahe der Trinkhalle. 1988 eröffnete die Stiftung BINZ39 darin ein Kulturzentrum und förderte damit den Austausch mit Künstlern aus Osteuropa. Heute wird das Haus getragen vom Kanton Graubünden und vom Gemeindezusammenschluss Pro Engiadina Bassa. Von Mai bis Oktober stehen im früheren Badehaus auf 1500 m^2 Grundfläche zehn Ateliers zur Verfügung. Es sollen Freiräume sein für Reflexion und Experimente. Während der Saison öffentliche Veranstaltungen und Ausstellungen, siehe Veranstaltungskalender des Verkehrsvereins.

Auf Safari

Picturas d'ina exposiziun – als wär's eine Ausstellung

Scuol, Chasa Paradis, erbaut 1997.

Otmar Derungs steht auf dem Baugerüst und pinselt einen Drachen an die Wand. Draguns oder drun – so nennen Rätoromanen die Drachen – gehören zum Engadin. Draguns sind im Tal des jungen Inn heimisch. Die züngeln an jeder zweiten oder dritten Fassade; aufgemalt oder als Sgraffito in den Verputz geritzt. Einige seit zwei-, dreihundert und mehr Jahren. Die sind von Süden hierher gelangt, mit dem Aufkommen und der Verbreitung der italienischen Renaissanceornamentik.

Gewiss, des Menschen Verhältnis zum Drachen reicht weiter zurück. Man blättere in der Bibel, da steht es geschrieben, in der Offenbarung des Johannes (12, 3–4): «Und es erschien ein anderes Zeichen im Himmel, und siehe da, ein feuerroter grosser Drache, der sieben Köpfe und zehn Hörner und auf seinen Köpfen sieben Kronen hatte. Und sein Schwanz zog den dritten Teil der Sterne des Himmels nach sich; und er warf sie auf die Erde. Und der Drache stand vor dem Weibe, das gebären sollte, um, wenn sie geboren hätte, ihr Kind zu verschlingen.» Oder man erinnere sich des altgermanischen Nibelungenlieds mit Drachentöter Siegfried. Oder man denke an die Legende vom Lasia: In jener kleinasiatischen Stadt war es Ritter Georg, der die Königstochter vor dem Drachen rettete und jenen erschlug. An Kirchenwänden im Bündnerland wird diese Geschichte noch und noch erzählt. Da tritt Ritter Georg als heiliger Georg auf – in rätoromanischen Gebieten entsprechend als Sogn Gieri.

«Il drun vain» – der Drache kommt –, heisst es in Sedrun, und ist das der Fall, gibt's in jenem Dorf in der Surselva (Bündner Oberland) nichts zu lachen. Weil il drun dort den Rutsch eines ganz bestimmten Bachs meint. Drache, Wasser, Feuer, Schutz und Gegenkraft – das Thema Drache ist ein Fass ohne Boden. Man trifft auf dieses Wesen, wohin man schaut, auch in Indien, China, Japan... Derweil Otmar Derungs, Sgraffito-Maler aus dem Unterengadin, nach wie vor auf dem Baugerüst steht und an seinem Ungeheuer pinselt. Der Drache, der da das Licht der Welt erblickt, hat mehr Füsse, als ich Finger habe, Flügel wachsen ihm mehrere, und Köpfe hat er zum Verschwenden viele. Otmar wird bei seinem Tun von Kollegen beobachtet. Einer davon ist der Maurermeister. Der schaut zu, was an der Fassade geboren wird, und nach einigen Malen leer Schlucken platzt ihm der Kragen: «He, Otmar, vergiss es! Mit so einem Drachen kannst nicht kommen, das gibt's nicht.» Otmar hört sich's an, kontert: «Nun wie denn, sag mal, wie denn sieht so ein echter Drache aus?»

Paradis rückwärts «Paradis» heisst ein Wohn- und Geschäftshaus am östlichen Dorfausgang von Scuol. Es ist in aller Leute Mund. Weil jenes 1997 eingeweihte Chasa Paradis, das sich aus der Asche des dort 1995 abgebrannten Vorgängerhauses erhob, einen alten Faden aufnimmt und ihn über das Bisherige führt. Das Haus ist über und über bemalt, teils in Kombination mit Sgraffito-Technik. Adam und Eva kommen darin ebenso vor (allerdings im Rollentausch resp. er als Verführer) wie die Idylle vom verschneiten Engadiner Bergdorf, es tänzelt ein Seiltänzer ohne Netz, Blumen blühen im dichtgrünen Laubwerk, darin versteckt Kondom, Banane und Telefon – und über allem versprüht ein Drache feurige Freude.

Diese Fassadengestaltung des Chasa Paradis ist ein Gemeinschaftswerk von fünf Engadiner Kunstschaffenden, vier Männern und einer Frau: Anita Fries, Jachen Canal, Paulin Nuotclà, Gian A. Albertini. Dem fünften sind wir bereits begegnet: Otmar Derungs. Hervorgegangen ist das Projekt aus einem Wettbewerb, ausgeschrieben unter dem Motto Paradies.

Bevor wir nach Scuol gelangen, durchstreifen wir Lavin, Ardez, Guarda und die beiden Dorfteile von Ftan. Wir stossen hier auf Arbeiten weiterer zeitgenössischer Engadiner Maler, zweier davon besonders häufig: Constant Könz und Steivan Liun Könz. Vor allem aber begegnen wir den Vorläufern des «Paradis»: traditionellen Hausdekorationen in Hochblüte. Guarda und Ardez sind diesbezüglich 1a, beide Ortschaften preisgekrönt, deren Häuser Postkartensujets. Die meisten davon renoviert in den Jahren nach 1970, in Guarda auch bereits während des Zweiten Weltkriegs. Dabei wurden unzählige Fassaden aufgefrischt, Sgraffiti zum Teil von Grund auf erneuert, stets mit dem Original als Massstab. Heute steht eine Vielzahl dieser Häuser unter kantonalem und/oder eidgenössischem Schutz, meist ist dies aus der Hausinschrift ersichtlich: «sta suot proteczіun chantun grischun» oder «Monumaint federal e chantunal». Böse Zungen mögen beim Anblick dieser Ortskerne von Freilichtmuseen sprechen; Tatsache ist, dass die Renovationen die Aussagen der Häuser wieder lesbar machten, man nimmt diese Fassaden heute wahr als Trachten, als Kleider, diese Häuser (deren Bauweise und enge Anordnung zueinander, deren Ausrichtung auf einen Platz mit Brunnen allein ein Geschichtenbuch füllte) – ja, diese Häuser sind eingekleidet in wunderliche Gewänder, so ein Dorf ist ein Kostümball, Register der Phantasie und Täuschung werden voll gezogen, Bekenntnisse abgelegt, Hoffnungen ausgedrückt, Gebete gesprochen, Grenzen markiert. An diesen Fassaden tummeln sich Fische und Hähne, Löwen, Steinböcke und Hirsche, Hasen, Schlangen und Drachen, Nymphen und Tauben, Sterne und Muscheln, Rosen, Kelche, Nelken und immerzu Dreiecke, Vierecke, Kreise, Zahlennetze, Kreuze, Wellenlinien, Rosetten, Masken.

Kann ich lesen? Niemand weiss mit Bestimmtheit, was eine Unterengadiner Familie vor 300 und mehr Jahren bewogen hat, ihre Hausfassade in dieser oder jener Weise zu «zieren». 1525 in Lavin? Was galt damals? 1625 in Ardez? 1725 in Scuol? Was bewegte Mann und Frau? Es fällt nicht leicht, sich in jene Zeit zu versetzen; versuchte man's, ginge es wohl (auch) um «Glauben», «Zauber», «Hexen»; wer darauf sich einlässt, hat die Distanz zwischen Heute und Gestern zu beachten. Man müsste zudem eine Symbolsprache (wieder)erlernen.

Scuol, Chasa Paradis: Ausschnitt aus der 1997 realisierten Fassadengestaltung.

Fassadengestaltung: Wo Zierde und Aussage Hand in Hand gehen. Ausmalung der Fensterreibung: Verändert auch die Wahrnehmung realer Grössenverhältnisse.

Das entsprechende ABC würde allenfalls damit beginnen, wonach das Zeichen eines Kelchs oder Fischs als Jesus (auch INRI, JHS) zu interpretieren wäre, dass drei Fische auf die Dreieinigkeit verweisen, der Hahn ein Symbol der Wachsamkeit darstellt und an die Verleugnung Jesu durch Petrus erinnert und ein Stern an die Mutter Gottes gemahnt. Man hätte auch zu beachten, dass sich Symbole oft in verschiedener Weise interpretieren lassen. So wird die im Bündnerland oft anzutreffende Lilie einerseits als Hoheitszeichen Frankreichs gedeutet, andererseits hat das Zeichen der Lilie auch zur Abwehr des Bösen gedient. So wie das Kreuz. Oder wie Hirsch und Löwe: starke Zeichen, starke Kräfte.
In welcher Gestalt kam das Böse damals daher? Als neidischer Nachbar? Die Macht des Bösen: War es eine Krankheit? War es die Pest, die 1587 allein in Ftan 559 Menschen dahinraffte – mehr Menschen, als das Dorf heute an Einwohnern zählt. War es das Feuer, jene Brunst, die Lavin wiederholt zerstörte, Sent und Zernez einäscherte, Ftan, Susch, Ramosch und Tschlin in Flammen aufgehen liess? Oder waren es plündernde Krieger, Unwetter, Lawinen?
Dieses Suchen und Rätseln: Wer darin eintaucht, wird sich alsbald wiederfinden in Bibliotheken und bei Volkskundlern – wird erneut an diesen Fassaden hochschauen, und noch einmal und noch einmal wird einem «ein Licht aufgehen», und man meinte zu verstehen, und gleichwohl bliebe das Eingeständnis: Die Vergangenheit ist ein tiefer See, und dieser wurde gespiesen aus zahlreichen Flüssen, aus gesellschaftlichen, geistigen, wirtschaftlichen, künstlerischen Einflüssen. Das Engadin war nie eine isolierte Insel…

Alles hat seine Zeit Man will was darstellen. Man mag kein Waschlappen sein. Das war immer so. Da kommen einem Sgraffito und Hausmalerei entgegen. Man schaue sich Torumrandungen alter Engadiner Häuser an, man achte auf Fenstereinfassungen: Winzig eigentlich sind jene Fenster, mehr lag damals nicht drin, es hätte die Kälte ins Haus dringen können. Also bemalte man sie entsprechend, und was war/ist das Resultat? Diese Luken

wirken viel grösser, als sie in Wahrheit sind. Was hier gespielt wurde, ist ein Spiel optischer Täuschungen! Man beachte die Ecken dieser in die Jahre gekommenen Bauernhäuser: Da sehen wir mächtige, aufeinandergetürmte Steinquader und wunderschön geschwungene Säulen – doch die sind gar nicht dort, alles bloss aufgemalt, in den Verputz eingeritzt. Das ist Schein und nicht Sein – es ist wunderschöner Schein, herrliche Vorspiegelung falscher Tatsachen. Selten mag man Betrügereien lieber als hier. Heutige Engadiner Bau- und Dekorationsweise hat vieles davon übernommen. Einige dieser Versuche sind kläglich ausgefallen, auch in Sachen Materialien: dumpfe Imitationen. Erinnern an Plastik-Indianerschmuck aus dem Billig-Warenhaus – zu Neuem fehlte der Mut.
Doch es steht geschrieben – an der Cantieni-Fassade in Ftan Pitschen: «Per tuot es destinà sia ura, mincha chosa suot il tschél ha seis temp – Nascher ha seis temp e murir ha seis temp, implantar ha seis temp e sragischar ha seis temp, sbodar ha seis temp e bear ha seis temp (...)». Das ginge hier noch weiter, und was es sagt, ist etwa dies: Alles unter dem Himmel hat seine Zeit, geboren werden hat seine Zeit, und sterben, einpflanzen und ausreissen, abbrechen und aufbauen – alles hat seine Zeit...
Abbrechen und aufbauen, alles hat seine Zeit. Auf der im November 1997 fertiggestellten Malerei am Chasa Paradis haben Adam und Eva das Rollenspiel vollzogen: Unter dem Farbpinsel des Künstlers Gian A. Albertini wurde Adam zum Verführer, Eva lehnt ab, sie zieht das Paradies dem Apfel vor. Und anders als gewohnt führt Otmar Derungs seine Malerei bis in die Fensterreibung – es wuchern die Blätter überall, und Paulin Nuotclàs Skifahrer kurvt ohne Ski. Kritik oder Spass? Man erinnere sich einer Fassaden-Inschrift in Ftan: Menschen ohne Humor sind wie Wiesengewächs ohne Blüte. Im Original, von Artur Caflisch, heisst dies: «Umans sainza umur, sun erba sainza flur».

Herbert Gruber

Lesen:
Vital Ulrich: Ils simbols populars e lur misteri – Die volkstümlichen Symbole und ihr Geheimnis. Uniun dals Grischs, Celerina/Schlarigna 1997.

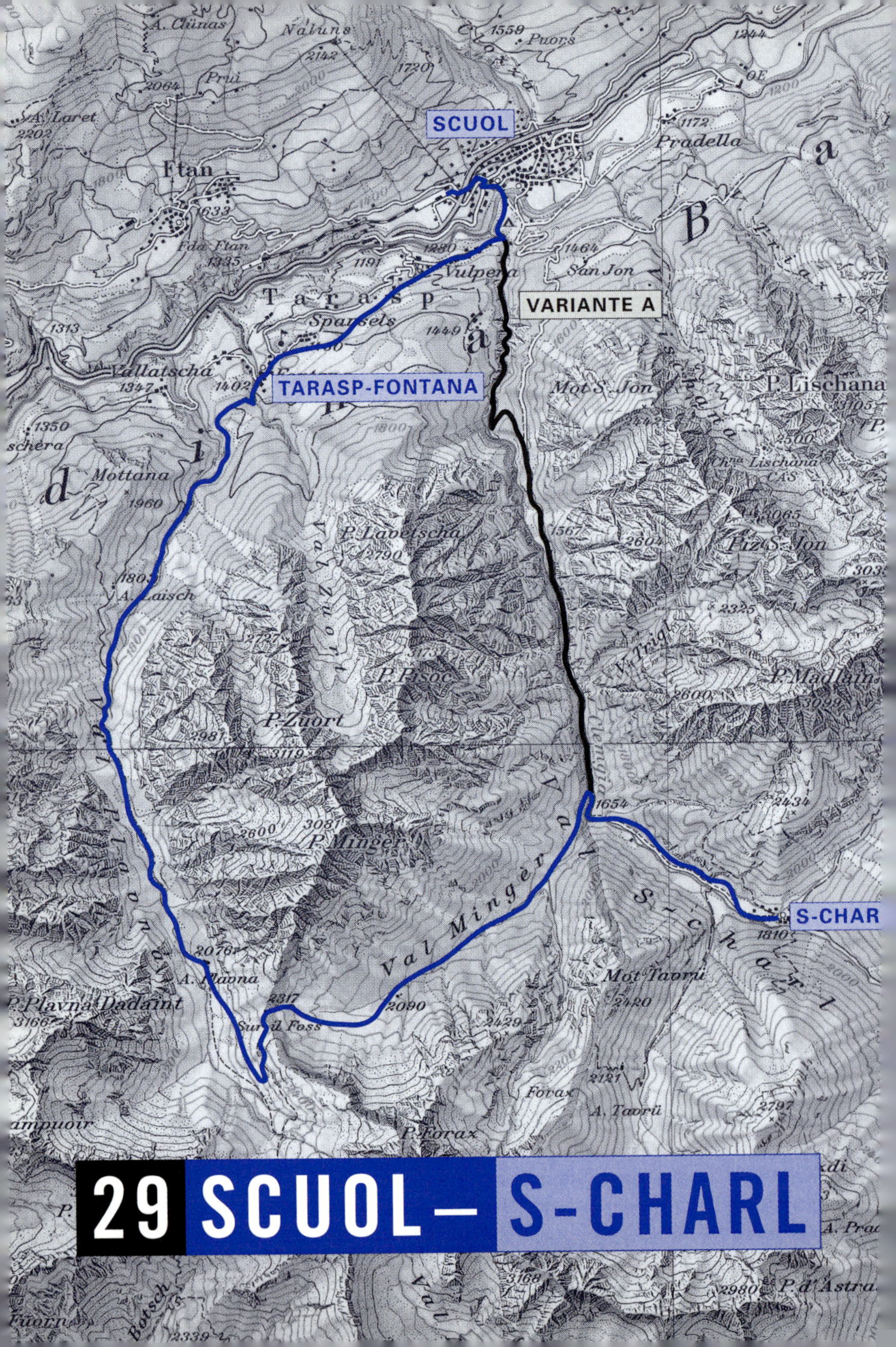

29 SCUOL – S-CHARL

Scuol, Bahnhof (1286 m)–Tarasp-Fontana, Post (1406 m)

L	◷ 1 h 40 → 5,2 km ↗ 247 m ↘ 127 m
Route	Ab Bahnhof Scuol den Geleisen entlang Richtung Posta. Von der Post Richtung Vulpera–Tarasp-Fontana. Inn auf hoher Fussgängerbrücke überqueren und dann nicht Richtung Kurhaus-Tarasp, sondern direkt durch Hotellandschaft von Vulpera weiter bergauf, bis Schloss Tarasp und Fontana sichtbar werden.
Variante A	Ab Scuol Post durch Clemgia-Schlucht bis Plan da Funtanas und auf Fahrweg nach S-charl (4 h 00). Landschaftlich nicht ganz so imposant, aber bedeutend kürzer als die unten beschriebene Route über den Pass Sur il Foss.
Abkürzen	Scuol/Plan da Funtanas/Val Mingèr–S-charl mit Postauto (960.60)
Anreise	Bahn Zürich/St.Gallen–Chur (900/880) Bahn Chur–Samedan (940) Bahn Samedan–Scuol (960)
Rückreise	Postauto Tarasp-Fontana–Scuol (960.55) Bahn Scuol–Samedan (960) Bahn Samedan–Chur (940) Bahn Chur–Zürich/St.Gallen (900/880)
Service	Restaurants in Vulpera und Fontana; Lebensmittelladen, Post in Fontana
Schlafen	Hotel «Tarasp»***, Tarasp-Fontana, Tel. 081 864 14 45
Jahreszeit	Mai–Oktober
Karten	249(T) Tarasp; 1199 Scuol

Tarasp-Fontana, Post (1406 m)–Sur il Foss (2317 m)–S-charl, Dorfmitte (1810 m)

L	◷ 7 h 15 → 20,7 km ↗ 1117 m ↘ 713 m
Route	Ab Post Tarasp-Fontana Richtung Alp Plavna–Sur il Foss–Mingèr. Nach Verlassen des Dorfes sämtliche Abzweigungen ignorierend, stets auf dem fahrbaren Talweg bleibend zur Alp Plavna (Brunnen). Auf gutem Fussweg über den Pass Sur il Foss in den Schweizer Nationalpark. Beim Stauwehr Mingèr den Nationalpark verlassen. Über den Bach und nach rechts – vorerst auf Fahrweg – und später auf einem links abzweigenden, schmalen Fussweg bis S-charl.
Abkürzen	Mingèr–S-charl mit Postauto (960.60)
Anreise	Bahn Zürich/St.Gallen–Chur (900/880)

	Bahn Chur–Samedan (940)
	Bahn Samedan–Scuol (960)
	Postauto Scuol–Tarasp-Fontana (960.55)
Rückreise	Postauto S-charl–Scuol (960.60)
	Bahn Scuol–Samedan (960)
	Bahn Samedan–Chur (940)
	Bahn Chur–Zürich/St.Gallen (900/880)
Service	Restaurants, Kiosk in S-charl
Schlafen	Gasthaus «Crusch Alba», S-charl, Tel. 081 864 14 05 (auch Matratzenlager)
	Gasthaus «Mayor», S-charl, Tel. 081 864 14 12
Jahreszeit	Juli–Oktober
Karten	249 (T) Tarasp, 259 (T) Ofenpass; 1199 Scuol, 1219 S-charl

unterwegs...

Vulpera Feriendorf mit Flair eines Nobelkurorts. Mit Golf- und Tennisplätzen, grosszügigen Park- und Blumenanlagen. Mehrere Gross- und Kleinhotels, total über 1600 Gästebetten. Dichter Veranstaltungskalender. Den Grundstein für die Ferienoase legte der Hotelpionier Duri Pinösch in der zweiten Hälfte des letzten Jahrhunderts.

Chaste Tarasp: Wahrzeichen des Unterengadins.

Schloss Tarasp Das aus dem 11. Jahrhundert stammende Schloss (Chaste) Tarasp gilt als eine der imposantesten Burganlagen der Alpen und als Wahrzeichen des Unterengadins. Bis 1803 markierte die auf einem Fels (1499 m) thronende Burg einen Anspruch der Habsburger Herrschaft im Land der Drei Bünde. Man beachte die Wappen mit Doppeladler. 1900 kaufte ein Dresdener Industrieller die Burg zu einem Preis von 20 000 Franken. Zwischen 1907 und 1916 aufwendige Totalrestauration. Heute sind Schloss und Lai da Tarasp (See) im Besitz von Prinzessin Marguerite von Hessen.
Teile des Schlosses sind öffentlich zugänglich. Von Juni bis Oktober täglich Führungen; Anmeldung via Schlossverwaltung (Tel. 081 864 93 68) oder Verkehrsbüro Scuol (Tel. 081 861 22 22).

Fontana mit Lai da Tarasp.
Alp Plavna mit Piz Plavna Dadaint.

Fontana Der Tiroler Einfluss ist in Fontana offensichtlich. Anders als Scuol und die umliegenden Gemeinden schloss sich Fontana der Reformation nicht an; markiert wird dies u.a. durch den im 16. Jh. erfolgten Bau der katholischen Dreifaltigkeits-Kirche. Fontana löste sich von Scuol. Wegkreuze und Bildstöcke drücken die eigene Ausrichtung in religiösen Fragen aus – im mehrheitlich reformierten Engadin besonders auffallend.

Val Plavna Die 1998 lancierte Diskussion zur Gebietserweiterung des Nationalparks (eine Übergangszone soll die Kernzone umschliessen) betrifft auch das Val Plavna. Das Tal besticht durch seinen Waldbestand und – nachdem man weiter vorgestossen ist – durch Weite und Offenheit. Während der Schneeschmelze und nach Regengüssen schwillt der Aua da Plavna an, und wir erkennen ihn als das, was er ist: ein Wildbach. Im Herbst beziehen Jäger die Alphütten des Tals als Stützpunkte. Südöstlich der Alp Plavna führt ein Wanderweg zur Fuorcla Val da Botsch und nach Il Fuorn an der Ofenpassstrasse.

Val Mingèr Der Pass Sur il Foss (über den Wiesen) führt ins Val Mingèr und markiert die Grenze zum Nationalpark (heutige Fläche: 169 km^2). Während der Brunftzeit

(September/Oktober) halten sich im Mingèr-Tal bis zu 180 Hirsche auf. 1904 wurde hier letztmals ein Bär geschossen. Bis Herbst 1998 informierte im Tal eine Tafel die Besucher dahingehend, dass das Gebiet als Lebensraum für Bären kaum ausreichend sei. Die Parkverwaltung hat diese Tafel entfernen lassen. Mittlerweile gilt: Wenn Bären von sich aus ins Gebiet einwandern soll dies in Ordnung sein.

S-charl, Museum Schmelzra: Geschichte des Bergbaus.

S-charl zählte einst zu den bedeutendsten Bergbauorten (Blei, Zink, Silber) der Schweiz. Erzabbau am Mot Madlain und in benachbarten Gebieten sind bis ins 12. Jh. belegt. Die letzte Blütezeit des Bergbaus erlebte S-charl zwischen 1822 und 1830. Daran erinnert ein heute zugängliches Tunnelsystem von rund 15 km Länge.
Museum: Über die Geschichte des Bergbaus informiert das Museum Schmelzra in S-charl. *Öffnungszeiten: Juni–Oktober 14–17 Uhr; Sa und Mo geschlossen; mehr Infos, auch für Führungen in die Stollen: Tel. 081 861 22 22, Scuol Tourismus.* Im Bergbau-Museum untergebracht zudem die Nationalpark-Ausstellung «Uors – Bären» zur Geschichte und Zukunft der Braunbären im Alpenraum. Einen weitereren Zeugen des Bergbaus stellt das *Chasa dals Cnaps* (Knappenhaus) in der Dorfmitte dar.
S-charl, das 1965 ans Stromnetz angeschlossen wurde, ist nicht mehr ganzjährig bewohnt; winters versinkt das zur Gemeinde Scuol gehörende Dorf in Tiefschlaf.

Jagdfieber

Sehnsucht wonach?

Jagd ist Politik. Manchmal schwingt darin die Illusion einer heilen Welt. Doch die gibt es nicht. Darum ist Jagd eine Frage des Managements. Dessen Gelingen ist zum voraus nicht garantiert. Im Kanton Graubünden gilt: Auf 75 Prozent der Waldfläche muss die natürliche Waldverjüngung gewährleistet sein. Die durch Wildtiere verursachten Schäden am Jungwuchs werden reduziert.

Wer darf? Reglementiert im 1991 verabschiedeten kantonalen Jagdgesetz.

Bis vor kurzem schützten Förster ihre Tännchen mit Einzäunungen. Im Val Müstair stehen noch immer 35 Kilometer Drahtzaun. Heute, so der Engadiner Politiker und Jäger Jon Peider Lemm, heute will man mit diesen Zäunen aufhören. Wo nötig, werde diesem Begehren gezielt nachgeholfen. In Wäldern mit Schutzfunktion (Lawinen, Steinschlag usw.) würden Wildbestände besonders intensiv beobachtet. Und falls nötig, jage man darin, bis «die festgelegten Zahlen erreicht sind».

Ein zu managender Wildbestand ist ein Organismus im Organismus. Darin geht es auch um angemessene Verhältnisse zwischen Weiblich und Männlich sowie Jung und Alt. Diesen Grundsatz erkannt zu haben und dementsprechend Jagd zu betreiben – dafür heimst der Kanton Graubünden seit Jahren Lob ein. Einige sagen gar, die Bündner Jagd sei ein Modell für Europa.

Intermezzo Jägerlatein. Die Kuh frisst, das Reh äst. Ohren hat letzteres keine, es hat Lauscher. Ein Rehbock kann ein Sechser sein; ist dem so, wird die Stangenhöhe von der Rose aus gemessen. In den 1998 erlassenen Jagdbetriebsvorschriften des Kantons Graubünden (in deutscher und italienischer Sprache) ist von Gablern und Spiessern die Rede, dementsprechend

Steinbock-Jagd: Dem Einzelnen nur alle zehn Jahre erlaubt. Beim Tierpräparator: Trophäen. Jagdwaffen, Jagdfieber, Jägerlatein, Jägersymbolik: Leidenschaft.

auch vom Spiesserbock. Für Jäger gibt's keine Rehfüsse, für ihn sind das Läufe. Mit denen weiss heute aber kaum einer mehr was Gescheites anzufangen. Darum gelangen die meisten Läufe in Kadaversammelstellen. Dort hört für den Durchschnittsjäger das Spiel auf. Man hat Gigot, Würste und Plätzli, Geweih und Horn. Derweil Haut und Haar und Knochen und oft auch der Kopf des Tieres – alles zusammen etwa ein Drittel des Gesamtgewichts – in Spezialöfen verbrannt werden. Hat ein Jäger ein Reh angesprochen und waidmännisch zur Strecke gebracht (d.h. das entsprechende Tier stand im Feuer), steckt er seiner Beute einen Zweig in den Äser. Es ist dies der letzte Biss. Jägersymbolik.

Bestände In Graubünden gilt die Patentjagd. Jeder Volljährige, der die Jagdprüfung bestanden hat, darf innerhalb der Kantonsgrenzen jagen. 1998 machten 5500 Personen von diesem Recht Gebrauch. Der Anteil Frauen ist gering, knapp ein Prozent. 5500 Patente für die Hochjagd. Die beginnt stets am 9. September – man hört, dieser Tag sei wie Weihnachten und stelle Terminkalender auf den Kopf. Es kursiert die Geschichte, wonach einmal an einem eidgenössischen Abstimmungssonntag in einem Bündner Dorf die Urnen nicht geöffnet wurden, weil Stimmbürger samt Urnenbüro-Mitglieder zur Jagd bliesen. Jägerlatein? Wie dem auch sei, die Jagd auf Hirsche (1998 waren im Kanton 4150 zum Abschuss freigegeben), Gemsen, Rehe, Wildschweine, Dachse, Murmeltiere dauert bis Ende September. Andere Daten gelten für die Nieder- sowie für die Pass- und Fallenjagd.

Hat einer seine Steuern oder den Militärpflichtersatz nicht berappt, kriegt er im Bündnerland kein Patent. Dieses wird ihm auch verweigert, wenn er allfälligen Unterhalts- und Unterstützungspflichten nicht nachgekommen ist. All die Gründe für eine Patentverweigerung sind vom Volk gutgeheissen und im kantonalen Jagdgesetz aufgelistet, von a bis l. Für ein Hochjagd-Patent hatte einer im Jahr 1998 über 600 Franken hinzublättern. Ein Schweizer ohne Wohnsitz im Kanton (der jedoch einen früheren Aufenthalt von mindestens

zehn Jahren im Bündner Hoheitsgebiet nachweisen konnte, bezahlte gut das Dreifache, ein ausländischer Anwärter über 12000 Franken.

Jägern wie dem erwähnten Jon Peider Lemm – er ist kantonaler Parlamentarier, führt ein Immobilienbüro und ist Präsident des 8500köpfigen Vereins Bündner Patentjäger – sind die Ereignisse des Winters 1969/70 schlecht eingefahren: Hunderte toter Wildtiere. Verhungert, der Kälte, dem Schnee nicht gewachsen. Zu schwach in den Winter gestiegen, schlechte Kondition. An einem einzigen Tag, so Chasper Buchli, hätten sie damals in Zernez an die 100 tote Tiere bei der Kläranlage Zernez deponiert. Rund 900 Hirschkadaver habe man über den Winter hin eingesammelt; wie viele zuvor von Füchsen und Raben und anderen Aasfressern weggeräumt wurden, weiss niemand. Chasper Buchli ist Wildbiologe und Präsident der Nationalpark-Gemeinde Zernez.

Die Ereignisse jenes Winters wirkten nachhaltig. Fallwild in jenen Mengen mochte niemand. Da hatte man was zum Nachdenken. Was dabei herauskam? Dass man als Jäger einstweilen Abschied zu nehmen hatte von den männlichen Trophäenträgern. Das damals neu formulierte Jagdgesetz sagte dem Jäger statt dessen, jetzt sei vermehrt weibliches und junges Wild zu schiessen. Jene Klassen sollten verstärkt bejagt werden, die auch unter natürlichen Bedingungen am häufigsten sterben. Zudem lagen verbindliche Zahlen bezüglich Abschuss vor. Seit 1977 gilt diese Regel für das Steinwild. Offensichtlich mit Erfolg. Gemäss Jagdinspektorat sind seit Einführung der Steinwildjagd 11118 Steingeissen und -böcke im Verhältnis nahe bei eins zu eins erlegt worden – und dies ohne die gewachsene Bestandesstruktur negativ zu beeinflussen. Der heutige Bündner Frühjahresbestand an Steinböcken wird auf 6200 Tiere geschätzt; die Zahl der Hirsche auf 11000, jene der Rehe auf 16000 bis 18000 und jene der Gemsen auf 25000.

Überleben Man verrät nicht jede Vertraulichkeit. Darum werde ich den Namen jenes Menschen nicht preisgeben, der von folgendem erzählte. Der betreffende Mann gilt als respektierter Einzelgänger. Ein Künstler, der im

Der letzte in der Schweiz erlegte Bär: Val S-charl, 1904.

Herbst zur Jagd aufbricht. Er besitzt ein Gewehr, das älter ist als er mit seinen 45 Jahren. Was er von der Jagd nach Hause bringt, verwerten er und seine Liebe eigenhändig. Fleischstücke herauslösen, nicht in die Muskeln schneiden – die beiden sind Autodidakten mit Geduld. Die Felle lassen sie gerben. Aus dem einen wird Hirschleder, aus dem anderen entstehen am heimatlichen Tisch Taschen und Kleider. Man träumt in jenem Haus davon, aus gegerbtem Hirschleder Schuhe herzustellen. Töte allein, was du zum Überleben nötig hast.
Der Mann erzählt. Von seinem ersten Schuss. Auf ein Tier. Total intensiv sei das gewesen. Suchen, warten, finden. Diese Anspannung, die volle Konzentration, die Sekunden davor, das Tier im Korn. Dann Päng. Und danach nichts als Schlottern.
Schlottern warum? 100 Gründe, 1000 Gefühle. Er hat über Leben und Tod entschieden. Für Tod entschieden und abgedrückt. Besitz ergriffen. Das Gesetz besagt es: Die Beute gehört dem, der den tödlichen Schuss anbringt. Ich ernte. Eben war da vorne ein freier Hirsch, jetzt ist er tot – und gehört mir.
Eine riesige Freude habe er dabei erlebt. Völlig ausgefüllt. Ein Wahnsinnsereignis. Ist das Macht? Er denkt darüber nach. Und sagt ja, das ist Macht. Er hat überlebt, das eine Tier nicht.

Hüten Politik hat mit Feilschen zu tun. Jagdpolitik ebenfalls. Debatten über Hirsche, Füchse und anderes Wildtier gehören zum Bündner Parlament wie Kaufbeschlüsse über High-Tech-Anlagen. Nicht lange her ist es, da besprachen die Grossräte mit der Kantonsregierung das Thema Schaf und Wolf. Daraus resultierte die Verordnung, wonach durch Wildtiere gerissene Schafe nur dann durch die öffentliche Hand abgegolten werden, wenn die Schafherde unter Hirtschaft stand.
Insider wissen zu berichten, ein Zürcher Arzt halte im Bündnerland eine Schafherde von 2000 Tieren. Und der lasse diese unbehütet herumziehen. Braucht ein Arzt zur Lohnaufbesserung eine Schafherde? Jäger und Politiker Lemm kann dem nicht zustimmen. «Hat ein Lehrer aus Freude zehn Schafe –, weil er damit seinen Kindern was bieten will – wende ich nichts ein; aber ein Arzt mit 2000 Schafen ...!»
Luchs, Bär, Wolf, Schaf: Jon Peider Lemm will nicht entweder, oder. Er will «keine Verhärtung der Fronten». Lemm plädiert dafür, sich jetzt und hier darüber Gedanken zu machen, wie man sich auf die Rückkehr der Raubtiere einstellen will. Dass sie – früher oder später – kommen werden, daran zweifelt er nicht. Die am nächsten zum Engadin hin frei herumstreifenden Bären leben in etwa 50 Kilometer Entfernung.
In Italien und Spanien, so Jäger Lemm, könnte man lernen, dass man Schafe nicht unbeaufsichtigt herumziehen lässt. Dass sie bei Einbruch der Dunkelheit zusammengetrieben und eingezäunt werden sollten. Dass der Hirt bei den Tieren bleibt. Ihm zur Seite Hunde. Feuer sollten lodern. Zum Aufwärmen und zur Sicherung des Geländes. Und tagsüber, so Jon Peider Lemm, sorge die Hirtschaft dafür, dass Schafe nicht dazu kommen, einzelne, von ihnen bevorzugte Lagen voll abzufressen und damit Erosionsgefahren zu provozieren.

König Seit Menschen aufrecht gehen, ziehen sie auf die Jagd. Pfeile und Speere gegen Mammuts. Mächtige Tiere, mächtige Jäger. Bärenkrallen als Trophäe und Beweis. Ich blieb Sieger, trinke dein Blut, deine Kraft ist in mir, dein Kopf krönt mein Haus. Bloss kalter Kaffee?

Im Herbst 1998 schoss der Präsident der Bündner Jäger eine 26 Kilogramm schwere Steingeiss und einen Steinbock (45 kg). Jon Peider Lemms erster Steinbock war 3 1/2jährig; der war noch kein König. Jenen schoss er vor zehn Jahren. Jetzt gilt es Geduld zu üben. Denn so steht es im Gesetz: nur alle zehn Jahre darfst du auf Steinbock-Jagd, und was du dabei erlegen darfst, hängt von deinem Alter ab. Also wird Jon Peider warten müssen – bis ins Jahr 2008; dann wird er einen Steinbock im Alter zwischen vier und fünf Jahren schiessen (dürfen). Im Jahr 2018 einen sechs- bis zehnjährigen und schliesslich – 2028 – einen über elfjährigen. Dieser elfjährige wird gross, stark, ein König sein; eindrückliches Horn, die Trophäe Symbol der Kraft, eine Krönung.

Herbert Gruber

Lesen:
Cratschla. Zwei-monatlich erscheinende Publikation (Abonnement) des Schweizerischen Nationalparks.
Gesetz über die Jagd und den Wildschutz im Kanton Graubünden (Jagdgesetz), Ausgabe 1991, Staatskanzlei Graubünden, Chur.

30 S-CHARL—MÜSTAIR

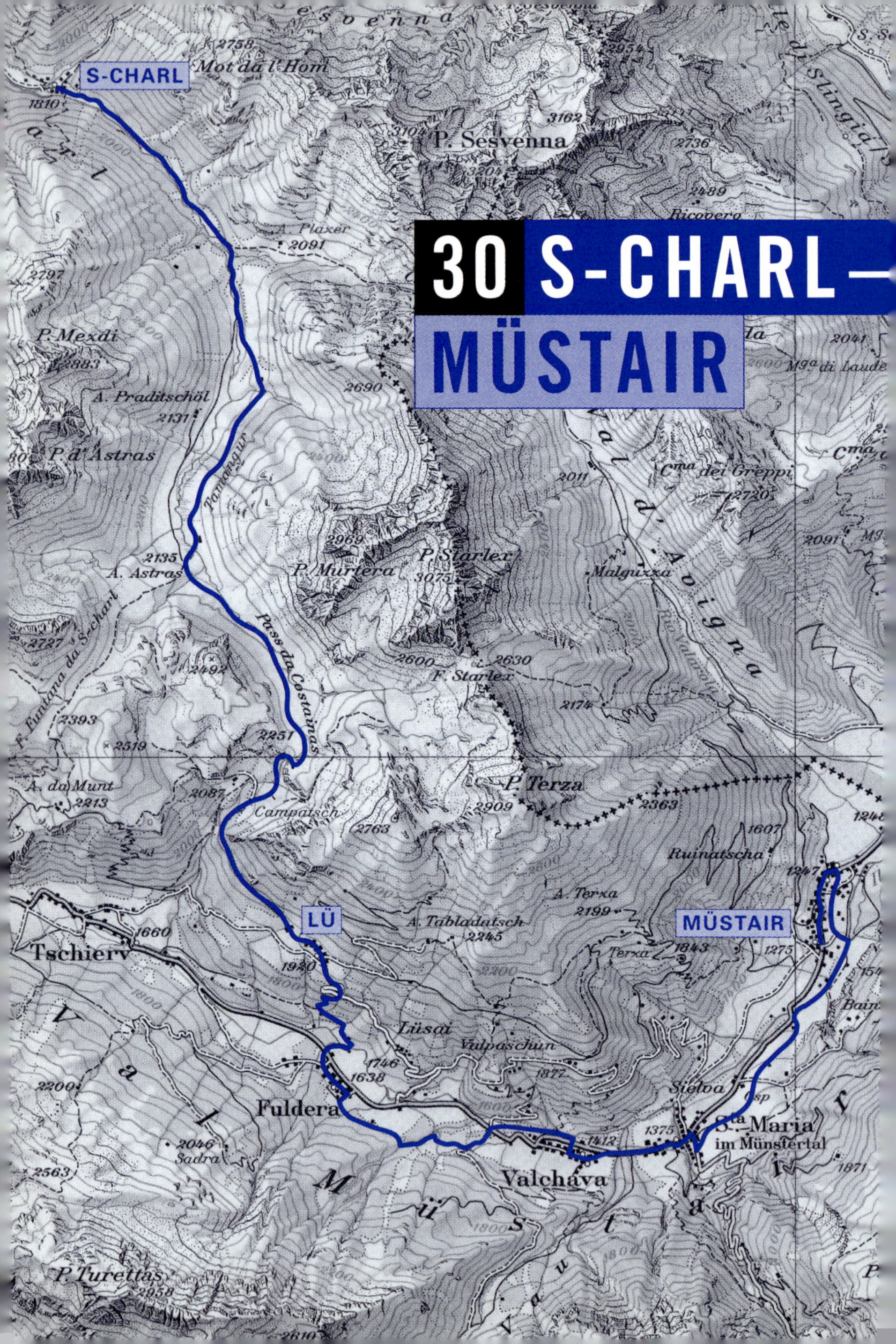

S-charl, Dorfmitte (1810 m)–Pass da Costainas (2251 m)–Lü, Post (1935 m)

L	◷ 4 h 00 ➔ 13,9 km ↗ 481 m ↘ 356 m
Route	Ab S-charl Dorfplatz Richtung Alp Astras–Pass da Costainas–Lü. Bei Brücke nach ca. 1 h 00 links abzweigen zur Alp Tamangur Dadora/Dadaint. Durch den Wald von Tamangur bis Alp Astras und über Pass da Costainas ins Val Müstair. Abstieg nach Lü erfolgt über Fuss- und Fahrwege.
Anreise	Bahn Zürich/St.Gallen–Chur (900/880) Bahn Chur–Samedan (940); Bahn Samedan–Scuol (960) Postauto Scuol–S-charl (960.60)
Rückreise	Postauto Lü–Fuldera (960.25) Postauto Fuldera–Zernez (960.20) Bahn Zernez–Samedan (960); Bahn Samedan–Chur (940) Bahn Chur–Zürich/St.Gallen (900/880)
Service	Restaurant, Post in Lü
Schlafen	Restaurant «Hirschen», Lü, Tel. 081 858 51 81 Restaurant «Staila», Fuldera, Tel. 081 858 51 60
Jahreszeit	Juli–Oktober
Karten	259 (T) Ofenpass; 1219 S-charl, 1239 Sta. Maria

Lü, Post (1935 m)–Müstair, Post (1260 m)

L	◷ 3 h 50 ➔ 14,3 km ↗ 100 m ↘ 775 m
Route	Ab Post Lü Dorfstrasse hinunter Richtung Fuldera. Bei erster scharfer Rechtskurve ausserhalb des Ortes auf Fussweg einmal die Bergstrasse schneidend in den Talgrund absteigen. Nach Überqueren der Ofenpassstrasse zur Kirche von Fuldera und weiter Richtung Valchava–Müstair. Abstieg Richtung Valchava. Nicht auf Wiesenweg ins Dorf, sondern Ofenpassstrasse überqueren und durch lichten Wald hinunter ins Dorfzentrum von Valchava. An ref. und kath. Kirche vorbei und der Passstrasse entlang nach Sta. Maria. Ab Hauptkreuzung ein paar Schritte auf Umbrailpassstrasse und links abzweigen Richtung Müstair. Auf Fahrweg bzw. Fahrstrasse zur Talstrasse absteigen. Dem bewaldeten Bach entlang zum Sportplatz. Bach überqueren und nicht direkt hoch ins Dorf, sondern weiter, bis das Kloster am unteren Dorfende von Müstair auftaucht.
Abkürzen	Lü–Fuldera (960.25)/Valchava/Sta. Maria–Müstair mit Postauto (960.20)

Anreise	Bahn Zürich/St.Gallen–Chur (900/880) Bahn Chur–Samedan (940); Bahn Samedan–Zernez (960); Postauto Zernez–Fuldera (960.20) Postauto Fuldera–Lü (960.25)
Rückreise	Postauto Müstair–Zernez (960.20) Bahn Zernez–Samedan (960); Bahn Samedan–Chur (940); Bahn Chur–Zürich/St.Gallen (900/880)
Service	Restaurants, Lebensmittelladen, Post, Bank in Fuldera, Valchava, Sta. Maria und Müstair
Schlafen	Hotel «Löwen/Liun»***, Müstair, Tel. 081 858 51 54 Hotel «Steinbock/Stambuoch», Müstair, Tel. 081 851 60 10 (auch Matratzenlager) Jugendherberge «Chasa Plaz», Sta. Maria, Tel. 081 858 50 52
Jahreszeit	Juni–Oktober
Karten	259 (T) Ofenpass, 259bis Glorenza/Glurns; 1239 Sta. Maria, 1239bis Müstair
Speziell	Für einen Abstecher ins Vinschgau: Pass nicht vergessen!

unterwegs...

Abzweigung Cruschetta Südöstlich von S-charl die Abzweigung zum Cruschetta-Pass (2296 m), Übergang bereits in vorrömischer Zeit benutzt. Die Cruschetta-Route war Teil der Verbindung Rheintal–Vinschgau; sie ist 30 km kürzer als jene über den Reschenpass.

Tamangur Der Wald von Tamangur mit seinen 800jährigen Arven steigt hoch bis auf 2300 Meter und ist damit der höchstgelegene Arvenwald Europas. Der Unterengadiner Peider Lansel (1863–1943) hat ihm ein Gedicht gewidmet; es ist ein Aufruf zur Sorge für die Natur und das Rätoromanische: «Rumantschs, da pro! – Spendrai tras voss'amur nos linguach da la mort da Tamangur!» «Tamangur» nennt Linard Bardill seine 1998 erschienene CD, darauf eine Vertonung des Gedichts «Tamangur» von Peider Lansel. «Tamangur» heisst ein 1998 uraufgeführtes, vom Bündner Forstinspektorat initiiertes Film-

Tamangur: Höchstgelegener Arvenwald Europas. Alpgebäude von Champatsch: Seit 1989 im Freilichtmuseum Ballenberg am Brünigpass.

porträt von Stephen Mcmillan (Musik: Christian Zehnder), es ist beim *Forstinspektorat in Chur als Video erhältlich (Tel. 081 257 38 54).*

Pass da Costainas *Europäische Wasserscheide:* Die mit der Clemgia abfliessenden Wasser gelangen via Inn und Donau ins Schwarze Meer; die mit der Aua da Laider gegen Süden fliessenden Wasser finden ihren Weg ins Adriatische Meer, und zwar via Rombach, Etsch und Po. Vor dem Strassenbau über den Ofenpass galt der Saumpfad über den Costainas als Hauptroute zwischen Unterengadin und Münstertal; entsprechend wurde er auch winters freigehalten. Dafür verantwortlich waren in Lü ansässige *Rotters.* Der Begriff dürfte vom romanischen *rot* (gebrochen) stammen; die Schneedecke wurde aufgebrochen.

Alp Champatsch Balken und Steine des Mauerwerks der 1825 erbauten Alphütte von Champatsch wurden 1989 ins Schweizerische Freilichtmuseum Ballenberg gezügelt. Abbau, Transport und Wiederaufbau am neuen Ort kosteten 800 000 Franken. Die heutigen Gebäude der Champatsch wurden 1984 eingeweiht. Urkundlich taucht der Name der Alp erstmals 1466 auf. Die Alp mit ihren 540 ha Weidefläche ist eine Exklave Valchavas.

Lü Von dem auf einer Geländeterrasse gelegenen Bauerndorf Lü (1920 m; höchstgelegene politische Gemeinde der Schweiz, 60 Einw.) bieten sich Blicke von der Ofenpasshöhe bis zum Ortler (3905 m), dem höchsten Berg

Lü (1920 m), höchstgelegene politische Gemeinde der Schweiz.

des Südtirols. Dank Sonnenlage kann auf den Äckern Getreide geerntet werden. Der Name Lü wird auf *lucus* (Hain) zurückgeführt. In der um 1500 entstandenen und mit Arvenholz ausgekleideten Kirche haben Veronika Strehlke (Barockvioline) und Egino Klepper (Kirchenorgel) 1994 ihre CD «Violino discordato» eingespielt. Die unscheinbar wirkende Orgel in Lü stammt aus der Orgelbau-Werkstatt in Felsberg/GR. Sie wurde 1977 eingebaut. Damit verfügt Lü über die zweithöchstgelegene Orgel Europas.

Fuldera Durch Meliorationen und Güterzusammenlegungen wurde die Kulturlandschaft des Münstertals verändert. Dank frühzeitiger Zusammenarbeit zwischen Naturschutzorganisationen und der Meliorationsgenossenschaft Val Müstair konnten Schutzgebiete (ca. 5% der gesamten Kulturlandfläche) ausgeschieden werden. Der 1979 angelegte Weiher Punt Planet am Rombach hat sich zu einem Amphibienlaichgebiet von nationaler Bedeutung entwickelt.
Der Ortsname Fuldera (früher auch als Val Dera beschrieben) dürfte auf eine *Fundaira* (Schmelze) verweisen. Die Häuserarchitektur im Dorf ist vom Baustil des Engadins geprägt. Die Pfarrkirche stammt aus dem Jahr 1708, der achteckige Turmaufsatz mit Zwiebel entstand 1937. Mit Fuldera in enger Verbindung stand der Schriftsteller William Wolfensberger; er wirkte hier von 1914 bis 1916 als Pfarrer. Ebenfalls durch ihr Schreiben hervorgetan hat sich die im Dorf lebende Lilly Bardill.
Eine Schönheit ist Fulderas Postbüro. Wie einst allgemein üblich, blieb das Amt des Posthalters über Generationen in einer Familie; diese stellte meist auch Räume des eigenen Hauses als Büro zur Verfügung. Es scheint, dass mit dem Ende des Jahrtausends für Fulderas altes Postbüro die letzte Stunde schlagen wird.

Valchava Zwei Kirchen stehen in Valchava: die spätgotische St. Martins-Kirche und die 1896 geweihte katholische Marienkirche. Ein weiteres Kulturzentrum Valchavas stellt das Talmuseum *Chasa Jaura Val Müstair* dar. Das im 17. Jahrhundert erbaute Haus vereint Elemente aus dem Engadin und dem Tirol; bis 1972 diente es als Gemeindehaus. Mit Ausstellungen, Lesungen und Konzerten setzt das Chasa Jaura Vergangenes und Zeitgenössisches in Dialog. *Öffnungszeiten: Di–Fr 10–12 und 14–17 Uhr, Sa und So 15–18 Uhr, Mo geschlossen; im Winterhalbjahr geschlossen, für Gruppen nach Vereinbarung.*

La Chalchera: Im Sinne eines Brückenschlags zwischen Alt und Neu ist das Kalkbrennen zu verstehen. 1977 sprachen sich die Valchavner für die Restauration ihres aus den 1840er Jahren stammenden, südlich des Dorfs gelegenen Kalkofens *La Chalchera* aus. Seither wurde zweimal Kalk gebrannt: 1982 und 1998. Der Kalkmörtel wird bei Restaurationsarbeiten im Kloster St. Johann in Müstair eingesetzt.

Valchava, La Chalchera – Kalkbrennofen.

Sta. Maria Stattliches Strassendorf, Hauptort des Münstertals. Über den Umbrailpass (2501 m, höchster Strassenpass der Schweiz) ist das Veltlin zu erreichen, vom Engadin und Ofenpass herkommend talabwärts das Vinschgau. Sta. Maria weist zahlreiche Häuser im Stil des Unterengadins auf, so das 1651 durch Podestà Oswald erbaute Chasa Capol (heute Hotel) und das Haus Perl. Die Kirche stammt aus dem Jahr 1492, erbaut von Andreas Bühler. Das monumentale Christophorusgemälde auf der Aussenwand wurde von einem Meister aus dem Südtirol angebracht. Dieser hat auch bei der Ausmalung der Kapelle St. Sebastian, im Oberdorf von Müstair, mitgearbeitet. *Arven:* Hiesige Handwerker verfügen über reiche Erfahrung in der Verarbeitung von Arvenholz. Ob in Restaurants, Hotels, Kirchen oder Privathäusern – Beispiele (Arvenstuben, Arvenmöbel, Schnitzereien) finden sich auf Schritt und Tritt. Da und dort werden entsprechende Ferienkurse angeboten; beim Verkehrsbüro Sta. Maria nachfragen.

Im Val Müstair nimmt der Arvenbestand 8 % der Waldfläche ein (35 % Lärchen, 52 % Fichten). Über ein Dutzend Betriebe im Tal sind in der Ver- oder Bearbeitung von Arvenholz tätig. An den Waldreichtum und an die damit verbundene frühere Bezeichnung für Sta. Maria – damals *Silvaplana* – erinnert der Flurname *Sielva* nordöstlich des Dorfes, oberhalb des Spitals.

Müstair, Benediktinerinnenkloster St. Johann.

Müstair Durch das Kloster St. Johann hat das Dorf Weltruhm erlangt. Die Klosterkirche mit ihren karolingischen und romanischen Fresken gilt als einzigartiges abendländisches Kulturdenkmal: 1983 Aufnahme in die Unesco-Liste der Weltkulturgüter. Im 15. Jh. Umwandlung des Dreiapsidensaals in eine spätgotische, dreischiffige Hallenkirche. *Führungen durch die Kirche: im Sommerhalbjahr jeweils Mi um 9 Uhr, für Gruppen nach Vereinbarung, Anmeldung: Tel. 081 858 54 06, Frau Fallet Chatrina.*

Im Trakt der ehemaligen Bischofsresidenz das *Klostermuseum*. Im Jahr 2000 soll es in den über 1000jährigen Plantaturm gezügelt werden. *Öffnungszeiten Museum: Juni–Oktober 9–11 und 14–17 Uhr, So ab 15 Uhr.*

Teil des Klosters, dessen lateinische Bezeichnung *monasterium* für Dorf und Talschaft namengebend war, ist der Bio-Landwirtschaftsbetrieb; zu diesem gehören die Alp Praveder im Val Vau und die Alp Ruinatscha. Letztere ist vom Kloster aus in 50 Minuten zu erreichen und bietet Weitblicke – auch ins Vinschgau und auf das deutschsprachige Dorf Taufers im italienischen Teil des Münstertals. *Waldschaden:* Am nordwestlichen Talhang über dem Dorf wütete im Juli 1983 ein Waldbrand. Auf einer Fläche von 50 Hektaren wurden 20 000 Bäume eines Fichten-Arven-Lärchen-Bestandes zerstört. Kurz darauf Bepflanzung mit 2001 Pflanzen/ha. Beobachtung der seitherigen Entwicklung/Naturverjüngung durch Wissenschafter des Schweizerischen Nationalparks.

Calven: 1499 Schlacht an der Calven. 1999 im Münstertal, beidseits der Grenze, 500-Jahr-Gedenkfeiern. Zahlreiche Veranstaltungen und Schriften. Am Vorabend der Fehde soll der Bündner Benedict Fontana von der Terrasse der *Chasa Chalavaina* (zu deutsch: Calvenhaus, heute sehenswertes Gasthaus) aus die Truppen der drei Bünde für den Kampf gegen das österreichische Heer motiviert haben.

Grenzen? Brücken!

Bis an die Grenze gehen – und das ist nicht das Ende

Nebelfetzen und tiefe Wolken hangen über der Alp Praditschöl. Vom Arvenwald von Tamangur aus gesehen erscheint die dem Pass da Costainas zu marschierende Kolonne wie ein Wurm.
Der Wurm ändert sein Aussehen, wird zum Tausendfüssler. Er zieht nicht mehr länger vorwärts, vielmehr driftet er seitwärts auseinander. Marschhalt. «Zigarettenpause», ruft der Vorgesetzte. Die 150 Männer gehören zur Minenwerfer-Kompanie IV, die meisten davon Bündner. Die Truppe ist zu Fuss unterwegs, durchs Tal der Clemgia, von S-charl nach Sta. Maria im Münstertal. Wo die Minenwerfer-Rekruten pausieren, soll einst auch ein Kaiser mit seinem Heer durchgezogen sein. Jener Kaiser war ein einflussreicher Herrscher. In der Klosterkirche St. Johann in Müstair erinnert eine ums Jahr 1170 geschaffene Steinstatue an ihn. In Händen hält das Standbild den Reichsapfel und das Lilienzepter – «Zeichen universaler weltlicher und geistlicher Herrschaft in göttlichem Auftrag», bestätigt der Kunstgeschichtslehrer und Theologe Peter Hawel.

Grenzen An welche Grenzen schritt jener Kaiser? Von sich soll er gesagt haben, er sei «Karl, von Gottes Gnade König, Lenker des Reiches der Franken, demütiger Verteidiger und Helfer der Kirche». Uns bekannt ist er unter dem Namen Karl der Grosse; ehrend auch die ihm gewährten Titel «Bischof der Bischöfe» oder «Kaiser Karl, der neue David». Was er anstrebte – ab dem Jahr 771 war Karl alleiniger Frankenkönig –, war die Umsetzung der biblischen Vorstellung vom heiligen Volk Gottes. «Wie einst die Propheten und alttestamentlichen Könige das auserwählte Volk der Juden anstelle Gottes geführt haben, so wünschten Karl und sein Sohn Ludwig diese Pflicht für das Volk Gottes des Neuen Testaments zu übernehmen.» So umschreibt es der erwähnte Peter

Hawel. Mit der theokratischen Staatsauffassung Karls wurden Klöster – es existierten Hunderte davon – und deren Äbte in einem heute kaum vorstellbaren Masse in den Dienst des Reichs herangezogen.
Der Überlieferung nach hat Karl der Grosse auch den Grundstein für den Klosterbau in Müstair gelegt. Zuvor sei Karl auf dem Umbrailpass in einen Wintersturm geraten, doch dank Gottes Hilfe heil davongekommen. Als Ehrerweisung dann die Gründung des Klosters. Nun, diese liesse sich auch anders erzählen: Man müsste auf die strategische und wirtschaftliche Bedeutung der Alpenübergänge hinweisen (Flüelapass, Ofenpass, Reschen usw.), und dahin gehörte der Hinweis, dass Müstair, dass diese Niederlassung nahe der durchs Vinschgau führenden historischen Römerstrasse Via Claudia Augusta einst wichtige Station auf der Achse Aachen–Chur–Trient–Adria war sowie jener aus Bayern ins Veltlin und in die Lombardei.

Hildegard von Bingen, Benediktiner-Äbtissin.

Glauben Die heute im Kloster St. Johann in Müstair lebenden zwölf Ordensschwestern orientieren sich nach Benedikts Grundsatz «ora et labora». Danach gehören Beten und Arbeiten zusammen. Arbeiten im Gemüsegarten, in der Verwaltung, der Bibliothek, in Küche, Keller und Lingerie, am Stickrahmen (Seidenstickereien für die Engadiner Tracht, Fenstervorhänge usw.) und für den Dorfkindergarten, der im Kloster untergebracht ist. Nie aber steht das Tätigsein vor dem Gebet. Den Rahmen dazu geben die Stundengebete, am frühen Morgen angefangen mit der Vigil, am Abend abgeschlossen durch das Komplet.
Der seit dem 11. Jahrhundert bestehende Benediktinerorden kann auf eine Frau verweisen, die zurzeit eine Renaissance erfährt: Hildegard von Bingen. Zu der von Benedikt von Nursia (geboren um ca. 500) eingeführten Regel soll diese Äbtissin gesagt haben: Die «Regula Sancti Benedicti» ist von der Liebe eingegeben und ganz aus dem Geiste der Liebe formuliert. Hildegard von Bingen, deren 900. Geburtstag 1998 gefeiert wurde, wird heute auch in esoterischen Kreisen rezipiert. Entsprechend die CD- und Bücherpalette: Hildegard-Gesänge,

Hildegard-Ernährungsbücher, pflanzenmedizinische Ratgeber, astrologisch abgestimmte Saatkalender usw. In der Klosterkirche leuchten an einer Seitenwand rotweisse Papierblumen mit kleinen Zetteln. Darauf notiert Wünsche, Hoffnungen, Sehnsüchte, Dankesworte von Zeitgenossen. Gestern hier deponiert. Gott, hörst du mich? Schwester Pia Willi, vor ihrem Klostereintritt als Grafikerin tätig und seit 1986 Priorin im St. Johann, bestätigt die danebst grosse Anzahl direkter Anfragen aus der Bevölkerung: Frauen und Männer, die im persönlichen Gespräch darum bitten, man möge für sie beten.

«Nicht zu Beginn des monastischen Lebens, später erst fängt man an, sich der Weisheit der ‹Regula Sancti Benedicti› zu überlassen, sich mit ihr vertraut zu machen. Dann erkennt man, unser Klostertag ist nicht Einbahn nach ‹drüben›. Er ist Raum und Zeit durch sein blaues, rotes und gelbes ‹Jetzt› für die nicht erklär- aber erfahrbare Begegnung mit Gott.» So hat es Silja Walter ausgedrückt, die Schwester des 1994 verstorbenen Schriftstellers Otto F. Walter. Silja Walter, ebenfalls Schriftstellerin, lebt seit über 50 Jahren im Benediktinerinnenkloster Fahr (Kanton Aargau).

Lectio. Lektüre. Bücher. In der nicht öffentlich zugänglichen Bibliothek des Klosters Müstair lagern um die 17 000 Bände. Einige 400 und mehr Jahre alt. Darunter zahlreiche Biografien über Heilige. Klöster als Orte überlieferter Geschichte. Ora, labora, lege.

Investition Die Klosterkirche von Müstair rangiert auf derselben Liste wie die Pyramiden von Gizeh; 1983 hat die Unesco diese Dreiapsidenkirche zum Weltkulturerbe erklärt. Vieles, das hier bewundert wird, basiert auf Ideen aus dem europäischen Osten, aus fernem, byzantinischem Kulturgut. Es gibt Menschen, die sehen sich darin an die Hagia-Sophia-Kathedrale in Istanbul erinnert.

Weltruhm geniesst St. Johann seit Ende der 1950er Jahre. Was bei den zwischen 1947 und 1951 durchgeführten Restaurationsarbeiten zum Vorschein kam – und danach systematisch freigelegt wurde –, sind karolingische

Fresken, die vor über 1100 Jahren an diese Wände gemalt wurden. Erdige Farben. Man muss die Kirche an einem sonnigen Vormittag oder Nachmittag besuchen! Dann leuchtet sie – in warmem Rotbraun. In ihr «nachzulesen» sind zudem Höhepunkte der hochmittelalterlichen Zeit der Romanik (11.–13. Jh.), der Spätgotik (15./16. Jh.) und des Hochbarocks (17. Jh.).
In der Mittelapsis der Kirche ein vollzogenes Köpfe rollen. Das Opfer ist Johannes der Täufer. Der Künstler bildet dessen Körper kopflos ab. Die tanzende Salome lässt sich den auf ihr Geheiss hin abgeschlagenen Kopf auf ein Tablett legen und führt ihn Herodes vor. Salomes Tanz steuert dem Höhepunkt zu, sie vollzieht einen Überschlag, steht Kopf. Dieses Bild, das «Gastmahl des Herodes», kam ca. 1170 an diese Wand. Aufgemalt auf ein vorher dort bestandenes Fresko aus früherer, karolingischer Zeit. An anderen Stellen treffen Bilder aus diesen beiden Epochen (9. und 12. Jh.) direkt aufeinander, altes und neues. Eine Führerin kann einem helfen, diese Bilder lesen zu lernen. Zur Zeit, als diese Fresken geschaffen wurden, war es umgekehrt: Damals vermochten die wenigsten das geschriebene Wort zu entziffern.
St. Johann ist eine Brücke in die Vergangenheit. Die Kirche lädt ein zur Zeitreise. Gleichzeitig ist sie ein Ort des Jetzt. Während der warmen Jahreszeit kommen hier die Ordensschwestern zu ihren Stundengebeten zusammen. Diese Kirche ist ein Gotteshaus.
Hier und Gestern – verbunden durch Brücken. In Valchava, wo das Talmuseum Chasa Jaura einlädt (Jaura kommt von jau: ich. Die Münstertaler bezeichnen sich selbst als Jauer, und so rufen sie auch ihren Eishockey-Club: Il Jauers). In Valchava legten Menschen im Herbst 1998 eine weitere Brücke in die Vergangenheit. Sie brannten Kalk – in der Art, wie es ihre Vorfahren taten. Eingesetzt wurde der Valchavner Kalk an den Fassaden des jahrhundertealten Klosters St. Johann.
Einst war diese Art des Kalkbrennens weitverbreitet. Gebrannter Kalk war begehrtes Bindemittel zur Produktion von Kalkmörtel und Kalkputz. Was nicht vorweg beim Fassaden- und Mauerbau verwendet wurde, liess sich (auch über Jahre) einsumpfen, d.h. unter Wasser

Müstair, Klosterkirche: Grablegung Johannes des Täufers, dem Schutzpatron des Klosters.

setzen und als Grubenkalk aufbewahren. Wichtig war dieser Kalk zudem beim Weisseln der Kuhställe resp. bei Tierseuchengefahr. Mit dem Aufkommen des industriell hergestellten Zements verlor er an Bedeutung.
Was es zum Kalkbrennen braucht, liegt vor der Haustür: Steine und Holz. Zur Verarbeitung besonders geeignet ist der blaugraue oder weissliche Kalkstein; in reiner Form zu mehr als 95 Prozent aus Calciumcarbonat ($CaCO_3$) bestehend. Beim letzten Kalkbrennen in Valchava wurden zirka 40 Tonnen gelöschter Kalk gewonnen. Nötig dazu waren 80 Ster Holz und ungezählte Arbeitsstunden; der Prozess dauerte vom Einfeuern (1000 Grad Hitze im Ofen!) bis zum Auskühlen und Entleeren gut zwei Wochen; während des eigentlichen Brennens musste der (1980 restaurierte) Ofen Tag und Nacht betreut werden. In dieser Zeit standen Männer der Dorffeuerwehr im Einsatz, der einheimische Kalkbrenn-Veteran, der Chef einer Baufirma aus Müstair und dessen Maurerlehrlinge sowie Mitarbeiter der Eidgenössischen Technischen Hochschule (ETH).
Valchavner Kalk, Jahrgang 1998. Verwendet an den Fassaden des Weltkulturguts von Müstair. Es ist die Art von Kalk, die an den dortigen Klostermauern vor Jahrhunderten schon eingesetzt wurde. Damals und heute – Kalk als Investition in die Zukunft. In Valchava löste dieses Ereignis ein Volksfest aus. Im Museum Chasa Jaura (es beging 1998 das 25-Jahr-Jubiläum) lockte die Ausstellung «Fö e Flamma» (Feuer und Flamme), die Jauers und ihre zahlreichen Gäste feierten unter dem Motto «Öfen hinter dem Ofenpass».

Valchavner Kalk: Eingesetzt an den Mauern des Klosters in Müstair. Hier Schweiz, dort Italien: Grenzstein Nr. 13, oberhalb Müstair.

Herbert Gruber

Lesen und Sehen:
Sennhauser-Girard Marese: Das Benediktinerinnenkloster St. Johann in Müstair. Gesellschaft für Schweizerische Kunstgeschichte, Bern 1986.
Gnädinger Louise, Moosbrugger Bernhard: Müstair. Pendo Verlag, Zürich 1994.
Obermüller Klara: Die Fähre legt sich hin am Strand. Arche Verlag, Zürich 1999.
Die Bräute Jesu, Video über das Klosterleben in Müstair 1998, Televisiun Rumantscha.

1861

Distanzen und Adressen

Kap.	von–bis	🕓	→	↗	↘	Karte 1:50 000
1	St-Gingolph–Villeneuve	3 h 00	12.6	170	181	262(T)
	Villeneuve–Montreux	1 h 10	5.4	29	8	262(T)
2	Montreux–Les Avants	1 h 50	4.8	602	30	262(T)
	Les Avants–Col de Jaman	1 h 40	3.8	574	30	262(T)
	Col de Jaman–Montbovon	2 h 40	9.7	125	840	262(T)
3	Montbovon–Château-d'Oex	3 h 30	13	583	420	262(T)
	Château-d'Oex–Saanen	3 h 10	13.3	329	278	262(T), 263(T)
4	Saanen–Abländschen	5 h 10	14.7	971	686	253(T), 263(T)
	Abländschen–Jaun	2 h 40	6.9	360	642	253(T)
5	Jaun–Boltigen	4 h 20	13.5	623	819	253(T)
	Boltigen–Oberwil	1 h 45	7.3	280	262	253(T)
6	Oberwil–Erlenbach	2 h 30	10.4	95	250	253(T)
	Erlenbach–Spiez	3 h 30	15.7	377	430	253(T)
7	Spiez–Merligen	0 h 20	1.3	10	70	253(T), 254(T)
	Merligen–Sichle–Innereriz	5 h 30	14.5	1111	639	254(T)
8	Innereriz–Schangnau	4 h 10	12.5	547	657	254(T), 244(T)
	Schangnau–Marbach	2 h 30	7.7	495	554	244(T)
9	Marbach–Hilferenpass–Flühli	4 h 10	14.0	469	457	244(T)
10	Flühli–Sattelpass–Giswil	5 h 25	19.4	731	1129	244(T), 245(T)
11	Giswil–Sachseln	1 h 20	6.1	0	13	245(T)
	Sachseln–Flüeli-Ranft	1 h 10	3.4	284	28	245(T)
	Flüeli-Ranft–Melchtal	2 h 00	6.5	400	238	245(T)
12	Melchtal–Storeggpass–Engelberg	5 h 50	14.2	1055	945	245(T)
13	Engelberg–Blackenalp (1778 m)	4 h 00	12.9	788	10	245(T)
	Blackenalp–Surenenpass–Brüsti	3 h 15	8.6	579	832	245(T)
	Brüsti–Altdorf	2 h 50	7.4	10	1077	245(T), 246(T)
14	Altdorf–Amsteg	3 h 30	15.3	195	127	246(T), 256(T)
	Amsteg–Gurtnellen-Wiler	2 h 30	7.9	464	245	256(T)
15	Gurtnellen-Wiler–Treschhütte	2 h 50	7.5	760	30	256(T)
	Treschhütte–Fellilücke–Andermatt	6 h 30	19.5	1033	1072	255(T), 256(T)
	Gurtnellen-Wiler–Göschenen	2 h 30	8.6	494	133	255(T), 256(T)
	Göschenen–Andermatt	1 h 30	4.9	370	40	255(T)

Karte 1:25 000	PLZ	Ort	Verkehrsbüro	Internet
1264	1844	Villeneuve	021 960 22 86	www.villeneuve.ch
1264	1820	Montreux	021 962 84 84	www.montreux.ch
1264	1833	Les Avants	021 964 55 35	www.genferseegebiet.ch
1264	–	–	021 964 55 35	www.montreux-mountain.ch
1244, 1245, 1264	1835	Montbovon	026 919 85 00	www.montagne.ch/bra.html
1245	1837	Château-d'Oex	026 924 25 25	www.chateau-doex.ch
1245, 1246	3792	Saanen	033 748 81 60	www.gemeindesaanen.ch
1226, 1246	1657	Abländschen	026 929 82 30	www.pays-de-fribourg.ch
1226	1656	Jaun	026 929 81 81	www.lyoba.ch/tourisme
1226	3766	Boltigen	033 773 69 19	www.simmental.ch
1226	3765	Oberwil i.S.	033 783 10 90	www.simmental.ch
1226, 1227	3762	Erlenbach i.S.	033 681 14 58	www.simmental-diemtigtal.ch
1227	3700	Spiez	033 654 20 20	www.spiez.ch
1207, 1208	3658	Merligen	033 251 12 35	www.thunersee.ch
1208	3619	Eriz	033 453 24 54	www.thunersee.ch
1208, 1188	6197	Schangnau	034 493 37 87	www.emmental.ch
1188	6196	Marbach LU	034 493 38 04	www.marbach-lu.ch
1188, 1189	6173	Flühli	041 488 21 77	www.soerenberg.ch
1189, 1190	6074	Giswil	041 675 17 60	www.bruenig.ch
1190	6072	Sachseln	041 660 26 55	www.obwalden.com
1190	6073	Flüeli-Ranft	041 660 34 56	www.bruderklaus.ch
1190	6067	Melchtal	041 669 12 10	www.melchsee-frutt.ch
1190, 1191	6390	Engelberg	041 637 37 37	www.engelberg.ch
1191	–	–	041 637 37 37	www.engelberg.ch
1191	–	–	041 870 75 70	www.altdorf.ch
1191, 1192	6460	Altdorf	041 872 04 50	www.altdorf.ch
1192, 1212	6474	Amsteg	041 883 11 36	www.urionline.ch
1212	6482	Gurtnellen-Wiler	041 885 13 24	www.gurtnellen.ch
1212	–	–	041 883 11 36	www.gurtnellen.ch
1212, 1231, 1232	6490	Andermatt	041 887 14 54	www.centralswitzerland.ch/andermatt
1211, 1212, 1231	6487	Göschenen	041 885 11 80	www.urionline.ch
1231	6490	Andermatt	041 887 14 54	www.centralswitzerland.ch/andermatt

Kap.	von–bis	⏱	→	↗	↘	Karte 1:50 000
16	Andermatt–Gotthardpass	4 h 00	12.1	705	50	255(T), 265(T)
	Gotthardpass–Airolo	2 h 00	7.9	20	970	265(T)
17	Airolo–Deggio	2 h 35	9.2	335	266	266(T)
	Deggio–Osco	2 h 15	7.4	296	351	266(T)
18	Osco–Anzonico	3 h 35	11.9	455	628	266(T)
	Anzonico–Sobrio	1 h 30	5.2	268	120	266(T)
19	Sobrio–Capanna Pian d'Alpe	2 h 40	6.7	707	73	266(T)
	Pian d'Alpe–Leontica	3 h 10	9.8	127	1016	266(T)
20	Leontica–Olivone	4 h 50	15.3	578	563	266(T)
	Olivone–Campo (Blenio)	1 h 20	4.2	336	10	266(T)
21	Campo (Blenio)–Capanna Motterascio	4 h 15	11.2	1029	73	256(T), 266(T)
22	Capanna Motterascio–Pass Diesrut–Vrin	5 h 20	15.4	426	1150	256(T), 257(T)
23	Vrin–Vella	4 h 00	13.4	549	753	257(T), 257(T)
	Vella–Ilanz	2 h 40	11.5	200	746	257(T)
24	Ilanz–Laax	3 h 00	10.7	535	213	247(T)
	Laax–Tamins	5 h 20	20.9	490	848	247(T)
	Tamins–Chur	3 h 20	12.4	247	324	247(T)
25	Chur–Tschiertschen	4 h 00	11.6	843	85	247(T), 248(T)
	Tschiertschen–Langwies	4 h 00	11.9	533	559	248(T)
26	Langwies–Strassberg (Fondei)	2 h 00	5.6	632	30	248(T)
	Strassberg–Durannapass–Klosters-Platz	4 h 40	14.5	263	991	248(T)
27	Klosters Platz–Berghaus Vereina	4 h 30	13.6	812	60	248(T)
	Berghaus Vereina–Vereinapass–Lavin	5 h 00	14.4	682	1193	248(T), 249(T)
28	Lavin–Ardez	2 h 30	8.8	274	274	249(T)
	Ardez–Scuol	3 h 15	10.7	308	454	249(T)
29	Scuol–Tarasp-Fontana	1 h 40	5.2	247	127	249(T)
	Tarasp-Fontana–Sur il Foss–S-charl	7 h 15	20.7	1117	713	249(T), 259(T)
30	S-charl–Pass da Costainas–Lü	4 h 00	13.9	481	356	259(T)
	Lü–Müstair	3 h 50	14.3	100	775	259(T), 259bis

Karte 1:25 000	PLZ	Ort	Verkehrsbüro	Internet
1231, 1251	–	–	091 869 15 33	www.alptransit.ch
1251	6780	Airolo	091 869 15 33	www.tourism-ticino.ch
1252	–	–	091 869 15 33	www.tourism-ticino.ch
1253	6763	Osco	091 869 15 33	www.tourism-ticino.ch
1252, 1253, 1273	6748	Anzonico	091 866 16 16	www.tourism-ticino.ch
1273	6749	Sobrio	091 866 16 16	www.tourism-ticino.ch
1273	–	–	091 871 17 65	www.tourism-ticino.ch
1253, 1273	6716	Leontica	091 871 17 65	www.tourism-ticino.ch
1253, 1273	6718	Olivone	091 872 14 87	www.tourism-ticino.ch
1253	6720	Campo (Blenio)	091 872 14 08	www.tourism-ticino.ch
1233, 1253	–	–	091 872 14 08	www.tourism-ticino.ch
1233, 1234	7149	Vrin	081 931 18 58	www.graubuenden.ch
1214, 1234	7144	Vella	081 931 18 58	www.graubuenden.ch
1214	7130	Ilanz	081 925 20 70	www.graubuenden.ch
1194	7031	Laax GR	081 920 81 81	www.laax.ch
1194, 1195	7015	Tamins	081 641 37 27	www.grweb.ch/tamins
1195	7000	Chur	081 252 18 18	www.churtourismus.ch
1195, 1196	7064	Tschiertschen	081 373 12 32	www.graubuenden.ch
1196	7057	Langwies	081 374 22 55	www.graubuenden.ch
1196	–	–	081 374 22 55	www.graubuenden.ch
1177, 1196, 1197	7250	Klosters-Platz	081 410 20 20	www.klosters.ch
1197	–	–	081 410 20 20	www.rhaetische-bahn.ch/Vereina
1197, 1198	7543	Lavin	081 862 20 40	www.unterengadin.ch
1198	7546	Ardez	081 862 23 30	www.unterengadin.ch
1198, 1199	7550	Scuol	081 861 22 22	www.scuol.ch
1199	7535	Tarasp	081 861 20 52	www.scuol.ch
1199, 1219	–	–	081 861 22 22	www.graubuenden.ch
1219	7534	Lü	081 858 54 84	www.graubuenden.ch
1239, 1239bis	7537	Müstair	081 858 55 66	www.graubuenden.ch

Abbildungsverzeichnis

Alpen-Initiative, Brig: 190
Thomas Bachmann, Bern: 153 o, 266/2, 296
Berner Oberland Tourismus: 75/2, 84
Bibliothèque de Genève: 21
Blenio Turismo: 243
Eugen Bollin, Engelberg: 148
Claude Bornand, Lausanne: 18, 19. 23
Greti Büchi, Forch: 282, 297, 298
Bühler-Verlag AG, Lengnau: 45
(aus «Wappen und Fahnen der Schweiz»)
Christiana-Verlag, Stein am Rhein: 366
(aus «So heilt Gott»)
Lucia Degonda, Zürich: 11, 39, 44, 179, 255, 262/263, 275, 276, 277o, 279 o, 283, 303, 304 u, 314
Denkmalpflege des Kantons Bern: Johannes Gfeller, Münchenbuchsee, 63 o, 74, 79;
Hans Keusen, Bern, 73
Carl Desax, Fribourg: 57
Documenta Natura: 214, 215, 217
Beda Durrer, Gemeindearchiv Kerns: 123, 126
Karl Engelberger, Stansstad: 98 u, 145, 146, 241, 246
Editions Centre du Découpage, Flendruz: 40
Les Editions du Ruisseau, Genf: 41
Foto Aschwanden, Altdorf: 154, 180 u, 197
Foto Lüdi, Lauperswil: 97 u
Foto-Service SBB, Bern: 199/2
Susanne Fibbi-Aeppli, Grandson: 369
Freilichtmuseum Ballenberg, Brienz: 361/2
Robert Furrer, Erstfeld: 168, 169, 170, 172
A. Geiser-Barkhausen, Roggliswil: 110
Georg Gerig, Altdorf: 78
Glasi, Hergiswil: 108, 109
Graubünden Ferien: 293
Herbert Gruber, Bern: 53 u, 72, 86/2, 87/1, 89, 101, 103, 211 o, 223, 326 o, 337 u, 340, 343, 344 o, 363, 370
Marcus Gyger, Bern: 86/1, 104
Christof Hirtler, Altdorf: 120, 131/2, 133, 140/141, 143, 155, 175, 185, 187o, 192, 353
Institut für Volkskunde, Foto Ernst Brunner, Basel: 222, 277u
Kanton Uri, Jann Marx: 187 u, 191
Karch (Koord.-Stelle für Amphibien- und Reptilienschutz in der Schweiz), Bern:
Alex Labhardt, 209; Bertrand Baur, 289
Archiv Susanna Krebs: 67
Kreisforstamt, Scuol: 361/1
Keystone, Zürich: 66, 69, 267/2, 304 o, 315, 319, 326 u
Kirchner Museum, Davos: 309
Kora, Muri: 55
Katharina Krauss-Vonow, Forch: 302, 306, 307
Kunstmuseum Thun: 76
Lavenham Press, London: 245, 249
(aus «Coffee and Ices. The Story of Carlo Gatti in London»)
Leventina Turismo, Faido: 199/1
Lia Rumantscha, Chur: 329, 331, 332
Albert Mächler, St. Moritz: 351, 352
Herbert Maeder, Rehetobel: 91 o, 193, 198, 261
René Moor, Hünibach: 16, 28, 32, 33, 42, 52, 53 o, 62, 63 u, 64, 75/1, 77, 85, 96, 97o, 98 o, 113, 118, 119/2, 144, 153 u, 164, 180 o, 181, 182 o, 211 u, 212, 213, 221 m/u, 230, 240, 242, 254, 257, 266/1, 267/1, 285, 290, 312, 317, 337 o, 338, 344 u, 349, 362, 371, 377
Mineralien Museum, Seedorf: 182 u
Erwin Müller, Giswil: 125
Museum Bruder Klaus, Sachseln: 130 u
Museum d'Engiadina Bassa, Şcuol: 327, 339
Museum Erlenbach: 81
Museum für Gestaltung, Zürich, Plakatsammlung: 29, 313
Museum Regiunal Surselva: 279 u
Museum Schmelzra, S-charl: 350, 355
Musée gruérien, Bulle: 30, 47
Museo Cantonale d'Arte, Lugano: 231
(aus «Roberto Donetta – pioniere della fotografia nel Ticino di inizio secolo»)
Nord-Süd-Magazin, 5/1998: 216
Nymphenburger Verlag München: 24
(aus «Don Juan oder das Leben Lord Byrons»)
Jean Odermatt, Eglisau: 201, 202, 204, 205, 207
Pedrazzini, Tipo-Offset, Locarno: 221o
Pro Litteris, Zürich: 294
Hans Rausser, Bern: 87/2, 90, 93, 99
Albert Rohrer, Sachseln: 119/1, 130 o
Max Rothenfluh, Schattdorf: 157, 158
Salvioni arti grafiche edizioni: 250
(aus «Blenio: una valle a confronto»)
Pirmin Schilliger, Luzern: 233, 234, 235
Schweiz Tourismus, Zürich, 291, 348, 364
Schweiz. Vogelschutz SVS, Zürich: 15, 325
Staatsarchiv Uri, Sammlung Grafica, Sammlung Bilddokumente: 166, 167, 183, 189, 214
Bryan Cyril Thurston, Uerikon: 258, 269
Niklaus Troxler, Willisau: 91 u
Verkehrsverein Sörenberg: 107
Wallfahrts-Sekretariat, Sachseln: 131/1, 132, 135, 137, 139
Marcel Zürcher, Luzern: 17
Karten Inhalt und Umschlag: Reproduziert mit Genehmigung des Bundesamtes für Landestopografie, 13.1.1999, 2.6.1999

Wege führen Menschen zusammen, ermöglichen Kommunikation und Zusammenarbeit. Deshalb ist auch der «Kulturweg Alpen» ein gemeinsames Projekt des Schweizer Bäcker-Konditorenmeister-Verbandes SBKV, der Stiftung Alp Action und der Naturfreunde Schweiz. Mehr Informationen über diese Organisationen auf den folgenden Seiten.

Schweizer Bäcker-Konditorenmeister-Verband

Informationen:
Schweizer
Bäcker-Konditorenmeister-Verband SBKV
Postfach
3001 Bern
Tel. 0041 (0)31 381 78 77
Fax. 0041 (0)31 382 15 06
Internet:
www.swissbaker.ch

Der 1885 gegründete Schweizer Bäcker-Konditorenmeister-Verband SBKV repräsentiert rund 2800 Mitglieder mit Geschäft, meist Kleinst-, Mittel- und Familienbetriebe. Sie sichern rund 30 000 Arbeitsplätze und bilden jährlich 1000 Lehrlinge aus.

Ziel des Verbandes ist u.a. der Erhalt und die Förderung des traditionellen Handwerkes der Bäcker-Konditorenmeisterinnen und die daraus resultierende hohe Qualität und Natürlichkeit der Brot- und Backwaren.

Der SBKV unterstützt verschiedene Institutionen, wie z.B. das Archiv für Brot- und Gebäckkunde, welches sich für den Erhalt des Kulturgutes rund um das Brot einsetzt und dem die Führung und Verwaltung des Brotmuseums Ballenberg obliegt. Der SBKV unterstützt auch das Brotmuseum in den unterirdischen Mühlen von Col-des-Roches.

Mit dem Alpenbrot – dem Brot zum Teilen – leistet die Bäckerschaft einen aktiven Beitrag an den «Kulturweg Alpen» und die vielfältigen Kulturen im Alpenraum und lädt Sie herzlich ein, das Alpenbrot zu teilen und zu kosten. Wir wünschen Ihnen dazu viel Freude und Genuss!

Renaldo Nanzer
Direktor SBKV

André Lambelet,
Morges

Die drei Plakate auf den folgenden rechten Seiten – ausgewählt aus zehn – sind im Rahmen eines Gestaltungswettbewerbs entstanden, welchen die Projektpartner des Kulturwegs Alpen zusammen mit der Zeitschrift «ANIMAN» und jungen Gestaltern des Art Center College of Design, Passadena (California) durchgeführt haben.

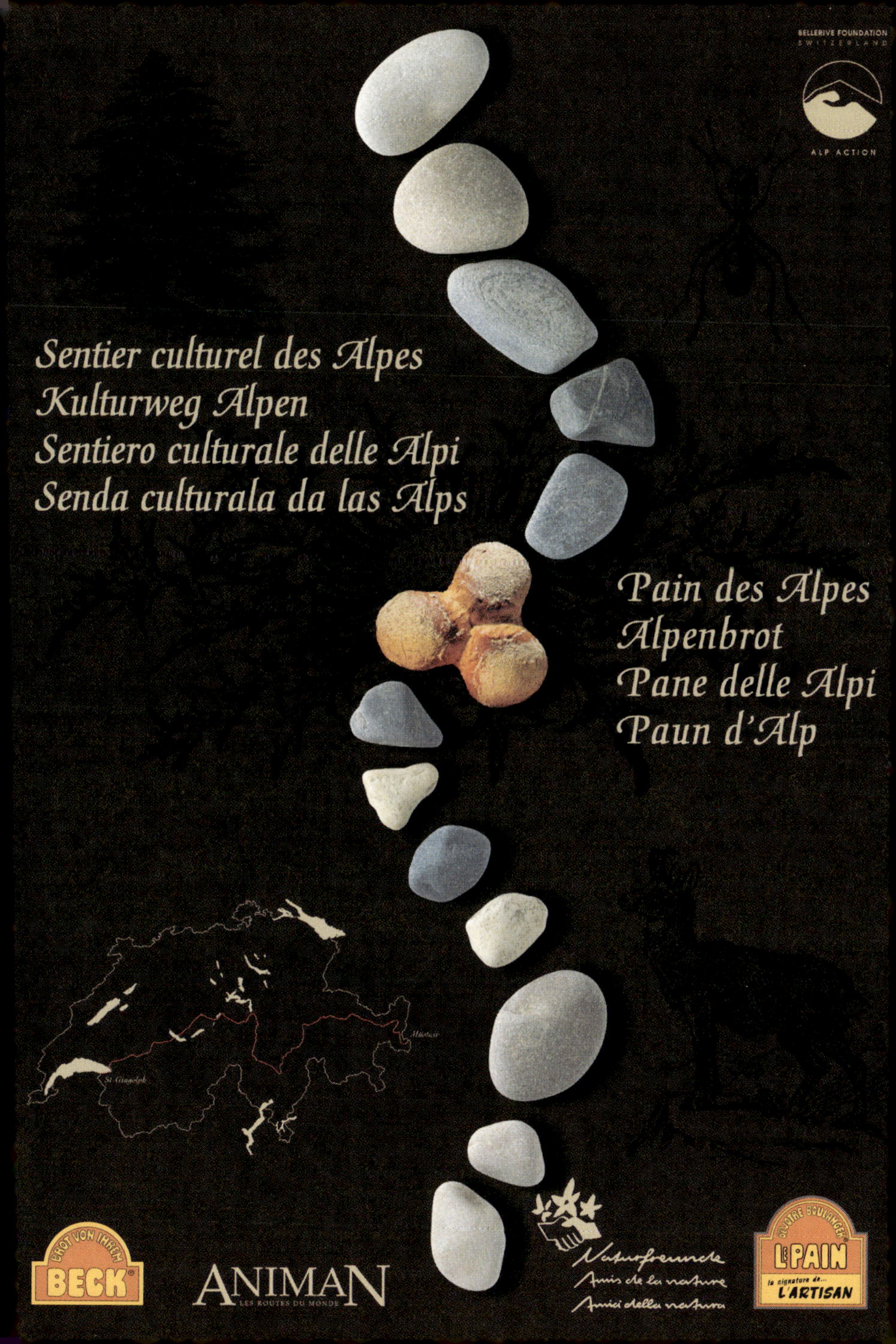
BELLERIVE FOUNDATION
SWITZERLAND
ALP ACTION
Sentier culturel des Alpes
Kulturweg Alpen
Sentiero culturale delle Alpi
Senda culturala da las Alps
Pain des Alpes
Alpenbrot
Pane delle Alpi
Paun d'Alp
St-Gingolph
Müstair
BROT VON IHREM
BECK
ANIMAN
LES ROUTES DU MONDE
Naturfreunde
Amis de la nature
Amici della natura
DE VOTRE BOULANGER
LE PAIN
la signature de...
L'ARTISAN

Alp Action

Informationen:
Alp Action
Case postale 3006
CH-1206 Genève
Fax 0041 (0)22 704 35 01
Internet:
www.cyberalps.com

Gründung Alp Action, die internationale Stiftung der Privatwirtschaft zum Schutz der Umwelt mit Sitz in Genf, wurde im Februar 1990 unter der Schutzherrschaft der bereits im Jahre 1977 von Prinz Sadruddin Aga Khan gegründeten Bellerive Stiftung ins Leben gerufen. Alp Action ist eine NGO (Non-Governmental Organisation) und in diesem Sinne unabhängig und politisch neutral.

Konzept und Zielsetzung Das Ziel von Alp Action ist es, konkret zur Erhaltung der natürlichen und kulturellen Vielfalt der Alpen beizutragen. In Zusammenarbeit mit ausgewählten Partnern wird der Privatsektor mit einem Modellprojekt in Verbindung gebracht mit dem Ziel, den Umweltschutzgedanken in die Unternehmenskultur miteinzubeziehen. Die Projekte von Alp Action fördern Initiativen von Umweltorganisationen zum Schutze von Flora und Fauna, Wäldern, Bergflüssen, Landwirtschaft, traditionellem Handwerk und ökologisch wertvollen Landschaften.

Projektauswahl Die Projekte werden Alp Action von Gemeinden oder Umweltorganisationen unterbreitet und aufgrund ihrer nachhaltigen Wertschöpfung hin ausgewählt. Die Projekte, die ins Portfolio von Alp Action aufgenommen werden, werden mit allen Beteiligten sorgfältig abgesprochen und von der betroffenen Gemeinde unterstützt.

Alp Action 1990 bis heute Bis heute hat Alp Action 140 verschiedene Projekte in sechs Alpenländern dank der Unterstützung von 30 Partnern aus dem Privatsektor realisiert.

Öffentlichkeitsarbeit – Medienpartnerschaften Die Sensibilisierung der Öffentlichkeit ist ein Hauptanliegen von Alp Action. Qualitativ hochstehende Information erlaubt es, ein grosses Publikum auf Umweltprobleme aufmerksam zu machen und gleichzeitig das Verständnis für konkrete Umweltaktionen zu fördern.

Jean-Benoît Levy, Basel

ALPEN-BROT
PAIN DES ALPES
PANE DELLE ALPI
PAUN D'ALP
BELLERIVE FOUNDATION
SWITZERLAND
ALP ACTION
SENTIER CULTUREL DES ALPES
VIA CULTURALA DA LAS ALPS
KULTURWEG ALPEN
SENTIERO CULTURALE DELLE ALPI
BROT VON IHREM BECK
ANIMAN
LES ROUTES DU MONDE
Naturfreunde
Amis de la nature
Amici della natura
LE PAIN
la signature de... L'ARTISAN

Naturfreunde Schweiz

Informationen:
Naturfreunde Schweiz
(NFS), Pavillonweg 3,
Postfach, CH-3001 Bern
Tel. 0041 (0)31 306 67 67
Fax 0041 (0)31 306 67 68
Internet:
www.naturfreunde.ch

Die Naturfreunde Schweiz sind ...

... Menschen, die gemeinsam ihre Freizeit gestalten, die Spass haben an Bewegung und Sport in der Natur, die einen umsichtigen Tourismus pflegen und dem umweltschonenden Verkehr den Vorzug geben.

... tolerant und stellen den Mitmenschen in den Mittelpunkt, ungeachtet seiner Herkunft, seiner politischen und religiösen Einstellung oder seines Geschlechts und Alters.

... engagiert für einen gesunden Lebensraum, in welchem sie sich bewegen und die Freizeit verbringen. Mit Projekt- und Öffentlichkeitsarbeit sowie offiziellen Stellungnahmen geben die Naturfreunde ihrem Anliegen für den Erhalt einer vielfältigen Natur- und Kulturlandschaft Ausdruck.

Die Naturfreunde Schweiz haben ...

... rund 25 000 Mitglieder in allen Landesteilen. Weltweit gehören der 1895 gegründeten Bewegung gegen 600 000 Menschen an.

... Ausbildungsangebote und Dienstleistungen im Bereich Sport und Freizeit: Aus- und Weiterbildung für Leiterinnen und Leiter sowie eine breite Palette von Kurs- und Bildungstätigkeiten in den Ressorts Bergsteigen, Trekking, Kanu, und Natur. Zusätzliche Dienstleistungen: Mitgliederzeitschrift, Buchverlag, Reisebüro, Hotels in Zermatt und Wildhaus, Freizeitartikel.

... 90 Häuser als gemütliche und kostengünstige Standorte in naturnaher Umgebung, dargestellt im Verzeichnis «Naturfreundehäuser der Schweiz» und im Internet.

Igor von Moos,
Thomas Hug, Luzern

BELLERIVE FOUNDATION
SWITZERLAND
ALP ACTION
SENTIER CULTUREL DES ALPES
KULTURWEG ALPEN
SENTIERO CULTURALE DELLE ALPI
Essen Sie Alpenbrot zur Unterstützung des Kulturweges Alpen
BECK
ANIMAN
L'ARTISAN

Alpenbrot-Sandwiches und Kulturweg Alpen

VON IHREM BECK®

Der Kulturweg Alpen wird von den gewerblichen Bäckereien unterstützt.

Le Sentier culturel des Alpes est soutenu par des patrons boulangers-pâtissiers.

Sandwiches «Pain des Alpes» et le Sentier culturel des Alpes

DE VOTRE BOULANGER®
la signature de...
L'ARTISAN

Alpenbrot · pan dels Alps · Pane delle Alpi · Pain des Alpes · ALP ACTION

Amis de la nature

Kulturweg Alpen
Sentier culturel des Al
Sentiero culturale dell
Senda culturala da las